확실한 미국 조기유학 성공 가이드

전옥경 지음

도서
출판 사람과 사람

책 머리에

    5년 전『엄마와 함께 하는 조기유학 길라잡이』를 쓸 당시에는 조기유학에 대한 찬반 양론이 있었고 부정적인 시각 또한 적지 않았던 게 사실이다. 그러나 21세기 세계화의 물결과 IMF 이후 영어를 모국어 이상으로 잘해야 하는 현실적인 상황, 그리고 '세계가 하나' 라는 생각으로 많은 학부모들과 중·고등학교 학생들이 조기유학에 많은 관심을 갖게 되었다.

    무엇보다도 특징적인 현상은 부모님들보다 아이들 스스로 유학을 원한다는 점, 그리고 우등생들이 유학을 지원하는 숫자가 늘고 있다는 사실이다. 흔히들 21세기의 인터넷 시대에는 정보가 홍수를 이룬다고 하는데, 조기유학에 관한한 정보의 빈곤을 겪는다고 하소연하는 사람이 의외로 많다. 또 믿을 수 있는 정보인지, 제대로 확인된 사항인지, 그리고 꼭 필요한 내용인지를 가려낼 수 없어 힘겹다는 분도 많다.

    오랫동안 유학 상담을 해온 필자로서는 학부모들과 학생들이 유학의 장단점을 제대로 알고 올바르게 선택하여 성공적인 유학생활을 할 수 있도록 돕는 길잡이 역할을 하고 싶었다. 인생에 있어 가장 중요하고 민감한 시기인 사춘기 청소년들이 유학을 통해 올바른 가치관을 갖고 그들의 꿈과 이상의 날개를 펼 수 있다면 얼마나 좋을까. 이 책은 25년 동안 교육 현장에서의 경험을 바탕으로 조기유학에 꼭 필요한 에센스 정보만을 모은 것이다.

    사실 유학 상담을 하면서 갖게 되는 가장 큰 보람이라면 어린 학생들이 유학생활을 하면서 달라져 가는 모습 그 자체이다. 우리 나라에서 꼴찌만 하던 학생이 유학 가서 일 등했다든가, 중학교에 유학 갔던 학생들이 Phillips Academy, Choate

Rosemary Hall 등 명문 고등학교로 진학했다고 할 때, 또 고등학교에 입학시켰더니 어느새 하버드대, 프린스턴대, 예일대 등 아이비리그인 명문 대학으로 진학한다는 소식을 들을 때면 보람이라기보다는 일종의 자부심마저 갖게 된다.

그러나 필자를 가장 기쁘게 해주는 일은 그런 가시적인 성과가 아니다. 교육 환경이나 성적 부진 등으로 이 땅에서 자신의 존재가치를 제대로 깨닫지 못해 힘들어 하던 청소년들이 자기 자신을 사랑하게 되고, 어떤 일이든지 잘 할 수 있다는 자신감을 갖게 되면서 책임감 있는 모습으로 성장하여 돌아오는 모습을 보는 것이었다.

물론 조기유학을 가면 누구나 영어를 잘 하게 된다. 그러나 이 책에서 누누히 설명했듯이, 영어 그 자체가 유학의 목적은 아니다. 다양한 경험을 통해 넓은 시야로 세상을 바라볼 수 있는 안목을 갖고 다른 사람들을 배려하는 마음을 갖게 되는 일이 더욱 소중하다. 또 성실한 자세로 홀로 세상에 우뚝 설 수 있게 하는 자신감을 기를 수 있다는 점 역시 유학의 가장 큰 장점이다.

마지막으로 이 책이 나오기까지 도움을 아껴주지 않은 미국 교육상담가협회(IECA)의 Helen L. Savage를 비롯한 여러 선생님들, 올해 3~5월에 이 책에 수록할 최신 자료와 정보를 수집하기 위해 찾아갔을 때 높은 관심을 보여주면서 많은 도움을 아끼지 않은 사립 중고등학교 입학담당 Director들에게 깊은 감사를 드린다.

아무쪼록 조기유학에 관심이 많은 학부모님과 중·고등학생들에게 확실하고도 유용한 길잡이로서의 정보 안내서가 될 수 있기를 기대한다.

2000년 6월

전옥경 드림

확실한 미국 조기유학 성공가이드

차 례

243	CHAPEL HILL-CHAUNCY HALL SCHOOL	MA
244	CHATHAM HALL	VA
245	CHESHIRE ACADEMY	CT
246	CHRISTCHURCH EPISCOPAL SCHOOL	VA
247	CHRIST SCHOOL	NC
248	THE COLORADO SPRINGS SCHOOL	CO
249	CONCORD ACADEMY	MA
250	CUSHING ACADEMY	MA
251	THE DALTON SCHOOL	NY
252	DANA HALL SCHOOL	MA
253	DARLINGTON SCHOOL	GA
254	DARROW SCHOOL	NY
255	DUBLIN SCHOOL	NH
256	DUNN SCHOOL	CA
257	EAGLEBROOK SCHOOL	MA
258	EMMA WILLARD SCHOOL	NY
259	EPISCOPAL HIGH SCHOOL	VA
260	THE ETHEL WALKER SCHOOL	CT
261	FAY SCHOOL	MA
262	THE FENSTER SCHOOL OF SOUTHERN ARIZONA	AZ
263	THE FESSENDEN SCHOOL	MA
264	FOUNTAIN VALLEY SCHOOL OF COLORADO	CO
265	FOXCROFT SCHOOL	VA
266	FRYEBURG ACADEMY	ME
267	GARRISON FOREST SCHOOL	MD
268	GEORGE SCHOOL	PA
269	GEORGETOWN PREPARATORY SCHOOL	MD
270	GILMOUR ACADEMY	OH
271	GOULD ACADEMY	ME
272	GOVERNOR DUMMER ACADEMY	MA
273	THE GRAND RIVER ACADEMY	OH
274	THE GRIER SCHOOL	PA
275	GROTON SCHOOL	MA
276	GROVE SCHOOL	CT
277	THE GUNNERY	CT
278	HACKLEY SCHOOL	NY
279	THE HARKER SCHOOL	CA
280	THE HARVEY SCHOOL	NY
281	HAWAII PREPARATORY ACADEMY	HI
282	HEBRON ACADEMY	ME

283	THE HILL SCHOOL	PA
284	HILLSIDE SCHOOL	MA
285	THE HOCKADAY SCHOOL	TX
286	HOLDERNESS SCHOOL	NH
287	HOOSAC SCHOOL	NY
288	THE HUN SCHOOL	NJ
289	HYDE SCHOOL	ME
290	IDYLLWILD ARTS ACADEMY	CA
291	INTERLOCHEN ARTS ACADEMY	MI
292	THE JUDSON SCHOOL	AZ
293	KENT SCHOOL	CT
294	KENTS HILL SCHOOL	ME
295	KIMBALL UNION ACADEMY	NH
296	THE KISKI SCHOOL	PA
297	LAKE FOREST ACADEMY	IL
298	LAWRENCE ACADEMY	MA
299	THE LEELANAU SCHOOL	MI
300	LINDEN HALL	PA
301	THE LINSLY SCHOOL	WV
302	THE LOOMIS CHAFFEE SCHOOL	CT
303	THE LOWELL WHITEMAN SCHOOL	CO
304	THE MADEIRA SCHOOL	VA
305	MAINE CENTRAL INSTITUTE	ME
306	MARIANAPOLIS PREPARATORY SCHOOL	CT
307	MARMION ACADEMY	IL
308	MARVELWOOD SCHOOL	CT
309	THE MASTERS SCHOOL	NY
310	MAUR HILL PREP SCHOOL	KS
311	THE MCCALLIE SCHOOL	TN
312	MCDONOGH SCHOOL	MD
313	MERCERSBURG ACADEMY	PA
314	MILLBROOK SCHOOL	NY
315	MILTON ACADEMY	MA
316	MISS HALL' S SCHOOL	MA
317	MISS PORTER' S SCHOOL	CT
318	OAK CREEK RANCH SCHOOL	AZ
319	OJAI VALLEY SCHOOL	CA
320	OLDFIELDS	MD
321	THE OXFORD ACADEMY	CT
322	THE PEDDIE SCHOOL	NJ

323	THE PENNINGTON SCHOOL	NJ
324	PERKIOMEN SCHOOL	PA
325	PINE CREST SCHOOL	FL
326	POMFRET SCHOOL	CT
327	PROCTOR ACADEMY	NH
328	PURNELL SCHOOL	NJ
329	THE PUTNEY SCHOOL	VT
330	RANDOLPH-MACON ACADEMY	VA
331	THE RECTORY SCHOOL	CT
332	RUMSEY HALL SCHOOL	CT
333	ST. ANDREW'S-SEWANEE SCHOOL	TN
334	ST. ANNE'S-BELFIELD SCHOOL	VA
335	ST. CATHERINE'S SCHOOL	VA
336	SAINT JAMES SCHOOL	MD
337	ST. JOHNSBURY ACADEMY	VT
338	SAINT JOHN'S PREPARATORY SCHOOL	MN
339	ST. MARGARET'S SCHOOL	VA
340	ST. MARK'S SCHOOL	MA
341	SAINT MARY'S HALL	TX
342	ST. SCHOLASTICA ACADEMY	CO
343	ST. STANISLAUS COLLEGE PREP	MS
344	ST. STEPHEN'S EPISCOPAL SCHOOL	TX
345	SAINT THOMAS MORE SCHOOL	CT
346	ST. TIMOTHY'S SCHOOL	MD
347	SALEM ACADEMY	NC
348	SALISBURY SCHOOL	CT
349	SANTA CATALINA SCHOOL	CA
350	SHATTUCK-ST. MARY'S SCHOOL	MN
351	SOLEBURY SCHOOL	PA
352	SOUTH KENT SCHOOL	CT
353	SOUTHWESTERN ACADEMY	CA
354	STONELEIGH-BURNHAM SCHOOL	MA
355	THE STONY BROOK SCHOOL	NY
356	STORM KING SCHOOL	NY
357	STUART HALL	VA
358	SUFFIELD ACADEMY	CT
359	TABOR ACADEMY	MA
360	THE TAFT SCHOOL	CT
361	TALLULAH FALLS SCHOOL	GA
362	THOMAS JEFFERSON SCHOOL	MO

363	TILTON SCHOOL	NH
364	TRINITY-PAWLING SCHOOL	NY
365	VALLEY FORGE MILITARY ACADEMY & COLLEGE	PA
366	VERDE VALLEY SCHOOL	AZ
367	VERMONT ACADEMY	VT
368	VIRGINIA EPISCOPAL SCHOOL	VA
369	WALNUT HILL SCHOOL OF THE ARTS	MA
370	WASHINGTON COLLEGE ACADEMY	TN
371	THE WEBB SCHOOL	TN
372	WEST NOTTINGHAM ACADEMY	MD
373	WESTERN RESERVE ACADEMY	OH
374	WESTMINSTER SCHOOL	CT
375	WESTOVER SCHOOL	CT
376	WESTTOWN SCHOOL	PA
377	THE WHITE MOUNTAIN SCHOOL	NH
378	WILBRAHAM & MONSON ACADEMY	MA
379	THE WILLISTON NORTHAMPTON SCHOOL	MA
380	WINCHENDON SCHOOL	MA
381	WOODBERRY FOREST SCHOOL	VA
382	WOODLANDS ACADEMY OF THE SACRED HEART	IL
383	WORCESTER ACADEMY	MA

부록 분류별 찾아보기

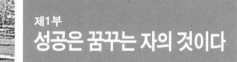

제1부
성공은 꿈꾸는 자의 것이다

1 누가 뭐라든 동기와 목표가 뚜렷하다면

유학을 가고 싶은 아이들

우리 나라 학교교육은 정말 못마땅하다. 무조건 교실에 몰아넣고 모든 것을 일방적으로 머릿속에 집어넣으라고 한다. 창의성이나 자유로운 사고력을 기를 기회나 생각조차 갖지 말라고 한다. 개인의 소질이나 개성은 아예 무시해 버린다. 모든 걸 성적 위주로만 판단할 뿐이다. 정말 유학을 가고 싶다. 외국에서 좀더 자유롭고 즐겁게 공부하고 싶다.

이 글은 어느 중학생이 인터넷에 띄웠던 조기유학에 대한 자신의 견해이다. 당당하게 자기 소견을 밝힌 것도 놀랍지만, 무엇보다도 유학을 가고 싶은 뚜렷한 이유를 제시했다는 점이 대견스럽다.

컴퓨터 통신에 들어가 보면, 어린 학생들이 옛날처럼 무조건 외국에 가는 것을 선호하는 것이 아니라 나름대로 뚜렷한 목적을 갖고 있다는 사실을 알게 된다. 영어를 잘 하고 싶다는 중학생이 있는가 하면, 보다 넓은 세상을 체험하고 싶다는 초등학생, 자기 소질과 적성을 계발하고 싶다는 고교생도 있다. 물론 열악한 우리 교육환경에 대해 또 모든 평가를 오직 점수로만 매기려 한다는 점도 빼놓지 않고 비판한다.

참으로 세상이 달라졌다. 아니, 어린 학생으로만 보였던 우리 자녀들이 한결 성숙해졌다. 어른들이 생각하는 것보다 훨씬 많은 정보와 생각을 갖고 있는 것이다. 현재 초등학교에 다니는 아이들조차 자기가 어른이 되었을 때에는 세계가 한 울타리로 될 것이며, 그때 영어를 모르면 뒤떨어질 것이라는 사실도 알고 있다. 조기유학에 대해서도 자기 나름대로 분명한 생각을 갖고 있어서 자기 자신이 어떻게 하느냐에 따라 약이 될 수도 있고 독이 될 수도 있다는 것을 알고 있는 것이다.

우리 나라 중고생들에게 유학을 가고 싶어하는 이유를 질문하면, 열 명 가운데 아홉 명은 '입시지옥'에서 벗어나 자유롭게 공부하고 싶다는 뜻을 밝힌다. 옛날처럼 공부를 못해서 유학이나 갈까 하는 아이들은 찾아보기 힘들다.

아이들의 일상을 눈여겨 보자. 왜 유학을 가고 싶어하는지 충분히 공감할 수 있다. 중학생의 경우, 아침 일찍 등교하면 선생님에게 일방적으로 듣는 수업을 오후 3시까지 하다가 학원을 서너 군데 들러 집에 오면 저녁 10시가 넘는다. 그때부터 학교 숙제와 학원 과제물을 하다 보면 12시가 다 되어서야 잠

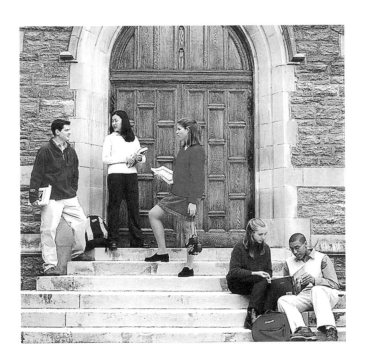

Secondary School
우리 나라의 중고등학교 과정을 가리키는 말.

Independent School
Private School과 함께 사용되는 사립학교의 총칭. Boarding School(기숙사제 학교)과 Day School(통학제 학교)의 두 가지 유형이 있다.

자리에 든다. 본인이 좋아하는 책을 읽거나 스포츠를 즐긴다
거나 무언가 골똘히 생각하는 일은 꿈조차 꿀 수 없다.

학교 성적이 판단의 기준?

무엇보다도 아이들의 마음을 아프게 하는 것은 학교 선생님
이든 부모님이든 모든 걸 점수로만 잰다는 점이다. '성적이 나
쁘면 인간성도 나쁘다'는 묘한 등식을 적용하여 아예 거들떠
보지도 않는다. 예컨대, 학교에서 공부만 잘하면 규칙을 어기
거나 잘못을 저질러도 선생님은 '그럴 수도 있다'고 하여 그
냥 넘어간다. 그러나 공부를 못하는 학생이 똑같은 잘못을 했
을 때에는 '공부를 못하니까 맨날 사고나 치지!' 하면서 호되

Dormitory & Dorm Parent
기숙사를 줄여 Dorm이라고 하며 기숙사 안에서
같이 생활하며 학생들을 관리하는 교사를 가리켜
Dorm Parent라고 한다. 보통 기숙사 한 동에 2명
의 교사들이 함께 생활한다.

게 야단치기 일쑤이다.

가정에서도 마찬가지이다. 공부를 잘 하는 자녀가 방을 어지럽히면 부모님이 대신 방을 치워주면서 '공부가 얼마나 힘드니…' 하고 걱정한다. 반대로 성적이 좋지 못한 자녀는 '공부도 못하는 녀석이 제대로 하는 게 하나도 없다'고 야단 맞게 마련이다. 설사 규칙을 잘 지키고 사람 됨됨이가 착하더라도 인정받지 못하는 건 마찬가지이다. 학생의 본분은 공부를 잘 하는 것, 나아가 좋은 대학에 들어가는 데 있다는 고정 관념이 기성 세대의 머릿속에 들어 있기 때문이다.

물론 공부를 잘 한다고 해서 선택의 자유가 폭넓은 것도 아니다. 학교 선생님이든 학부모이든, 명문 대학의 유명 학과가 불문율처럼 정해져 있어서 본인이 선택할 폭은 대단히 좁다. 학교 성적이 뛰어난 학생이 비인기 학과를 지망한다면 주위 사람들부터 의아스럽게 여기는 풍토이다. 또 대학을 가고 싶다고 아무리 열심히 공부해도 마음대로 갈 수 있는 것도 아니다. 운동을 잘하고 노래나 악기 연주에 재능이 있다 해도 수학을 못해서 원하는 대학에 진학하지 못하는 경우도 적지 않다.

본인 스스로 동기를 부여하라

필자는 학교 공부에서 처진 아이들이 유학을 준비하면서 바뀌는 경우를 자주 본다. '나는 뭣 때문에 사는가?' 고민하다가 '그래 지난날은 모두 잊어버리고 새롭게 시작해 보자' 하면서 유학을 간다. 가서 보니까 새로운 환경에 긴장을 한 탓인지, 학교생활에 적응이 잘 되고 또 성적도 오르게 되면서 자신의 재능을 알게 되는 경우가 많다. 그래서 그때부터 이를 악물고 공부하여 성공하는 아이들이 얼마나 많은가. 설령 공부를 하지 않더라도 미처 알지 못했던 소질이나 재능을 뒤늦게 발견하여 성공하는 경우가 많다.

그렇다고 해서 무조건 조기유학을 예찬하는 것은 아니다. 자녀가 유학을 가고 싶다고 해서, 경제적으로 여유가 있다고

해서 덮어놓고 보내는 것 또한 어리석다. 노력하지 않는다면 어디서 공부하든 실패하긴 마찬가지이다. 미국 역시 본인의 노력이 가장 중요하다. 다만 교육환경이 우리에 비해 훨씬 '교육적'이기에 똑같은 노력을 해도 그 결과에 있어서는 우리와 커다란 차이를 보인다는 점이 다르다. 때문에 자녀가 유학을 가고 싶은 마음이 있다면 부모는 강한 동기부터 불러일으켜 주어야 한다. 열심히 노력하고 싶다는 동기 부여야말로 조기 유학의 1차 관문이다.

난 어릴 때부터 남부럽지 않은 가정에서 자랐다. 부모님의 사랑과 뒷바라지로 학교 성적은 항상 상위권에서 머물렀다. 친구 관계도 좋았고 한번도 부모님의 속을 상하게 해 드린 적도 없는 그야말로 '범생이'였다. 항상 기대하시는 부모님을 실망시켜드리지 않기 위해 최선을 다했다.

그러던 어느 날, 매일 메고 가던 가방이 가혹한 짐과 형벌로 느껴지기 시작했다. 일등이 아니면 대접을 받지 못하는 교육제도, 개개인의 창의성과 개성은 전혀 무시된 채 오직 시험 성적으로만 평가되는 현실이 서글프게 느껴졌다. 그러나 그런 문제를 해결할 수 있는 별다른 방법이 없어서 속앓이만 하고 있었다.

그러던 중 6학년 때 Summer School에 참가할 수 있는 기회가 주어졌다. 비록 4주간의 짧은 기간이었지만 나에게는 잊을 수 없는 소중한 시간이었다. '아, 미국은 정말 대단한 나라구나! 나도 이런 환경 속에서 공부를 해 봤으면' 하는 부러움이 절로 생겨났다. 개인의 창의성을 중요하게 여기고 공부 외에도 운동과 예술활동 등 여러 가지로 사람을 평가하고 있는 것이 내가 원하는 것과 너무나 같았다.

그때부터 나는 꿈을 꾸기 시작했다. 그러나 마음만 있었을 뿐 어떻게 할 줄을 몰랐는데, 어느 날 『7막 7장』이란 유학 성공담을 쓴 책을 읽게 되었다. 그 책을 읽고 나는 꼭 유학을 가야 한다고 생각을 굳히게 되었다. 그러나 아버지의 반대는 너무나 완강하셨다. 국내에서 할 수 있는 모든 것은 뒷바라지 해 주겠지만 유

학만은 안 된다는 것이었다. 그때는 한참 유학생들의 탈선 문제가 신문지상에 오르내릴 때였다. 아들을 사랑하고 보호하려는 아버지의 마음을 이해할 수는 있었지만, 정작 아들의 입장을 이해하지 못하는 아버지가 그렇게 원망스럽고 미웠던 적은 없었다. 아버지의 반대에 부딪친 나는 학교생활에 조금씩 흥미를 잃기 시작했다. 나는 한쪽 날개를 잃은 새처럼 방황했다. 목표 없이 그냥 그렇게 흘러가고 있었다. 다행히 어머니가 흔들리는 내 마음을 알아주셨다. 어머니는 나에게 '너를 믿는다. 너는 꼭 잘

Postgraduate Programs
고등학교를 졸업했지만 대학에 입학할 충분한 준비가 되지 않은 학생들을 위한 과정이다. 16~18세의 학생들이 대부분이며 읽기, 쓰기, 수학에 집중 학습이 이루어진다. 외국 유학생들에게도 유리한 과정이다.

해낼 거야' 라고 위로하면서 아버지를 설득하기 시작했다.

드디어 아버지는 '네가 그렇게 원한다면 일 년 동안 공부하는 것을 보고 나서 그 다음에 결정하자'고 말씀하셨다. 그렇게 완고하시던 아버지가, 일 년이란 단서를 달기는 했지만 허락하신 것만으로 나는 정말 기뻤다. 미국에 가서 일 년 동안 정말 열심히 공부하며 아버지를 실망시키지만 않는다면 유학 생활을 계속할 수 있음은 틀림없기 때문이다.

그래서 중학교 2학년 9월에 캘리포니아 주 Ojai Valley School에 입학했다. Ojai Valley School을 일 년 다닌 후, 나는 서부에 있는 최우수 사립학교 중에 하나인 Stevenson으로 전학했다. 올해 전미국 내 최우수 고등학생으로 뽑혀 백악관에 초청되는 영광을 안았다. 나는 지금 예일대나 하버드대, 스탠포드대를 염두에 두고 공부하고 있다. 나는 그 꿈이 꼭 이루어지라고 확신한다. 지금도 힘들 때면 유학을 떠나서 지금까지 책상 앞에 붙여둔 글(It is not the size that matters, but it is the heart in you that really matters)을 읽으면서 힘을 얻는다.

현재 미국의 우수 사립학교인 Stevenson School에 다니는 이동영 학생이 쓴 이 글에서 우리는 유학을 가고자 하는 본인의 동기가 얼마나 중요한지를 알 수 있다.

성공의 신화는 강렬한 욕구로부터

이번에는 미국 Oregon Episcopal School 10학년에 재학중인 서원덕 학생이 쓴 글을 보자. 유학에 대한 강렬한 욕구가 성공을 만들어 낸 밑바탕이었음을 알 수 있다.

내가 중학교 2학년 때 미국으로 유학을 가고 싶었던 이유는 내 삶을 더 재미있고 보람차게 살고 싶었기 때문이다. 하루하루 반복되는 생활이 정말 지겹고 싫었다. 2년 동안 내내 부모님께 졸랐지만 허락을 받지 못했다. 고등학교 1학년이 되자, 이젠 정말

Honor Program
학습능력이 뛰어난 학생들을 위한 프로그램으로
여러 특수과정과 세미나 등을 받을 수 있다. 이 과
정을 완전히 이수한 학생들에게는 졸업할 때 우등
생 학위가 주어진다.

마지막 기회라고 생각하고 부모님에 매일 매일 졸랐다. 내 태도
가 진지하다고 생각하셨는지, 부모님께서 마침내 허락하셨다.
늦었지만 참으로 다행이었다.

미국 학교는 한 반에 15명밖에 되지 않는다. 50명인 우리와 비
교하면 상상이 되지 않을 것이다. 선생님들과도 친구처럼 지낼
수 있고 무엇을 질문하든지 성실하게 답변해 주신다. 학과 공부
와 관련된 내용이 아니면 "그건 알아서 뭐해!" "나중에 크면 저
절로 알게 돼. 지금은 공부에나 열중하거라!" 하시는 우리 나라
선생님과는 참으로 대조적이다.

하루 일과도 다르다. 미국에서는 오후 3시가 되면 모든 수업이
끝난다. 그 이후부터는 대부분 운동장에서 운동을 한다. 체력을
길러서 대학에 가서 깊은 공부를 하라는 뜻일 것이다. 우리는

무조건 외워야 하지만 미국에서는 원리를 가르쳐 준다. 실험과 비디오를 통해 스스로 터득하게 만든다. 과학을 외우는 학생과 실험을 통해 배우는 학생 중에서 나중에 누가 경쟁에서 살아 남을 것인지 생각해 보면 분명하지 않을까. 우리 부모님들은 내 자식만 성공하면 된다는 마음으로 고액과외를 시킨다. 마치 부모님의 인생 목표가 자식에게 있는 것처럼 모든 것을 투자하신다. 그러나 이젠 부모님들도 생각을 바꿀 때가 왔다고 본다. 부모님에게는 부모님 나름대로의 인생이 있지 않을까.

미국이라고 해서 다 좋은 것만은 아니다. 그만큼 위험하고 법을 어기면 살기 힘든 나라이다. 미국 사람들의 사고방식은 철저한 개인주의이다. 그러나 이기주의와는 다르다. 이기주의는 남에게 해를 끼치지만 개인주의는 그렇지 않다. 미국은 협동이 잘되는 나라이다.

유학 온 지 얼마 안 되었지만 많은 것을 깨닫고 있다. 정말 좋은 것을 많이 배워서 한국의 발전에 보탬을 주고 싶다.

자녀를 유학 보내는 목적은?

우리 학부모들은 대체로 유학에 대해 긍정적이다. 형편만 된다면 자식을 외국에서 공부시켰으면 좋겠다는 생각은 누구

나 갖고 있다. 다만 어린 나이에 보내는 문제에 대해서는 찬반
이 엇갈린다. 그러나 조기유학에 찬성하는 입장이더라도 그냥
막연하게 좋다고 생각하거나 아이가 원하니까 보낸다는 수준
이어서는 낭패를 보기 쉽다. 부모로서 뚜렷한 이유와 판단 근
거가 필요하다.

먼저 필자는 유학이 자녀에게 어떤 자극과 동기를 제공해
줄 것이며 어떤 결과를 가져올 것인가에 대해 진지하게 고려
하라고 권하고 싶다. 유학은 단순히 외국에서 공부한다는 수
준의 이야기가 아니다. 자녀의 성격과 가치관 형성에 큰 영향
을 끼친다. 그리고 미성년인 어린 자녀가 유학 생활을 하면 독
립심이 강하게 형성된다. 모든 일을 스스로 해야 하므로 상상
못할 정도로 자립심이 생긴다. 이런 독립심이나 자립심은 국
내에서 키우고 싶다고 해서 저절로 생기는 것이 아니기에 더
욱 값지고 소중하다.

또 혼자서 모든 것을 처리해야 하기 때문에 자기 관리를
배우게 되고 용돈도 자기가 알아서 쓰기 때문에 경제 개념도
배우게 된다. 가끔 텔레비전에 방영되는 돈을 물 쓰듯이 하는
아이들은 몇몇 소수에 불과하다. 대부분의 아이들은 용돈을
아껴서 써야 할 형편이다. 그러다 보니 1달러도 매우 소중하
게 생각하고 아껴 쓰는 지혜를 터득하게 된다. 일이 어렵거나
힘들어도 참고 견디어야 할 때도 종종 있으므로 인내심도 배
우게 된다. 그리고 영어를 잘하게 된다. 지금 우리는 대학을

졸업할 때까지 10년간 영어를 배운다. 그러나 대부분의 경우 막상 외국인을 만나면 인삿말도 제대로 나누지 못하고 쩔쩔맨다. 그래서 회사에 입사해서도 밤잠을 쪼개가며 영어 공부에 매달려야 한다. 이 얼마나 개인적으로 국가적으로 시간과 돈의 낭비인가. 그러나 유학 3년만 제대로 다녀오면 영어 하나만큼은 자신 있게 할 수 있게 된다.

필자의 경험으로 미루어 영어에 능통하면 다른 외국어를 익히는 것 또한 쉬워진다. 그야말로 국제화 시대에 걸맞는 세계인이 될 수 있다. 좋은 사업 아이템이 있는데 영어를 못해서 놓치는 일은 없어질 것이다.

규칙을 지키는 것도 배운다. 우리 사회는 사소한 규칙을 대수롭지 않게 여기지만 미국은 다르다. 아무리 사소한 잘못이라도 규칙에 어긋나면 낭패를 보기 쉽다. 또 방 하나에 2명씩 기숙사 생활을 하기 때문에 더불어 사는 법을 배우게 된다. 우리는 웬만큼 여유가 있으면 아이들에게 개인적으로 혼자 공부할 수 있는 공간부터 마련해 주려 한다. 때문에 더불어 사는 지혜보다는 이기적인 개인주의가 앞서기 쉽다.

학교 선생님과 학생의 관계를 보면

필자가 학부모들에게 자녀들의 조기유학을 권하고 싶은 가장 큰 이유는 우리의 교육환경 때문이다. 대부분의 엄마들은 자식들과 중학교 때부터 '공부하라'는 말로 싸우기 시작한다. 학교 선생님에게 자식 교육을 전적으로 믿고 맡기는 데도 인색할 수밖에 없다. 게다가 아이들 역시 다람쥐 쳇바퀴 돌듯 일정한 틀 속에서 반복되는 생활에 지겨워하고 꿈도 희망도 가질 여유가 없다.

특히 아이들이 공부에 흥미를 잃게 되거나 친구 관계에 문제가 생기더라도 선생님에게 도움을 청하기가 어렵다. 아이들이 선생님과 접할 시간은 오직 공부 시간뿐이다. 때문에 선생님들 역시 공부를 특별히 잘하는 우등생이거나 말썽만 부리는

문제아만을 기억하기 마련이다. 학생 한 사람 한 사람에게 섬세하게 신경을 써 줄 여유가 없다.

　그러나 미국은 다르다. 기숙사 생활을 하는 사립학교의 경우, 거의 하루종일 학생들과 함께 생활하고 그만큼 친숙해지기 때문에 아무리 작은 고민이라도 툭 터놓고 이야기한다. 교사 1인당 맡은 학생수가 10명 안팎이다 보니 자연 그렇게 되지 않을 수 없다. 운동을 하든, 여행을 하든, 캠핑을 가든 선생님은 늘 학생과 함께 있다. 선생님이 인생의 상담자요 사회생활의 선배로서 역할할 수밖에 없음은 당연하기조차 하다. 말하자면, 선생님이 학생을 평가할 때, 시험성적 외의 것을 볼 수

Prep School
명문 사립고등학교를 칭하는 용어로 쓰이는 Preparatory School은 주로 미국 동북부 지역에 모여 있다. 명문 대학 진학률에 따라서 Upper, Middle, Lower 등급으로 구분된다. Phillips Academy가 최고급으로 꼽히는데 졸업생 80 퍼센트 이상이 최우수 대학으로 진학했다는 기록을 가지고 있다.

있는 기초 여건이 마련되어 있는 것이다.

미국 사립학교의 안내 책자를 보면 우리와 전혀 다른 점이 한두 가지 아니지만, 가장 두드러진 면은 바로 선생님과 학생과의 관계이다. 선생님이 학생들 한두 명과 진지하게 대화하는 장면은 현대식 시설이나 근엄한 교무실 풍경을 전면에 내세우는 우리 나라 안내서와 크게 다르다. 때로는 교장 선생님이 학생들과 교실에서, 야외 잔디밭에서 담소하는 모습은 흐뭇하기조차 하다.

유학이 두려운 아이들

많은 아이들이 유학을 가고 싶어하지만, 반면에 유학을 두려워하는 아이들도 적지 않다. 상담을 하다보면 의외로 엄마와 떨어져 생활하는 것을 두려워하는 아이들이 많다. 중 2~3학년 정도의 아이들이 "엄마가 없는데 어떻게 살아요?" 하고 되물을 때면 웃어야 할지 울어야 할지 난감하다.

지금까지는 아침에 깨워주고 도시락 싸주고 학원 가는 시간, 노는 시간 등 모든 스케줄을 엄마가 관리해 주었다. 그러다가 갑자기 엄마를 떠나서 살아야 하는 환경이 두렵고 모든 것을 혼자서 해야 한다고 생각하니 앞이 캄캄해지는 것이다.

새로운 것을 두려워한다는 것은 낙천주의가 아니라 나태하

Merit
어느 영역에서든지 학생이 보여준 행동에 따라서 부여되는 점수로, 가산점이 일정 수준에 도달하면 외출이나 주말 외박 등이 허용된다.

고 게으른 안일주의에 빠진 것이다. 때때로 이곳에서 '적당히' 대학만 가면 모든 것이 부족함이 없는데 뭣 하러 낯선 땅에 가서 힘들게 고생하느냐고 되묻는 아이들을 보면 애늙은이 같다는 생각이 든다. 그들은 독립심도 없다. 고달픈 것도 싫어한다. 부모님이 자신의 미래를 보장해줄 것이라고 믿고 있다. 그러나 설령 그들의 앞날에 먹고사는 것이 걱정없이 보장된다고 해도 그들은 발전할 수 없을 것이다. 퇴보가 있을지언정 결코 전진은 없을 것이다.

사실 부모는 보내고 싶어하는데 아이가 싫어하는 경우가 의외로 많다. 심지어 "가고 싶으면 엄마가 대신 가라"며 막무가내로 거부하는 아이들도 있다. 이런 저런 이유 없이 그냥 싫다는 것이다. 옆에서 관찰해 보면 공부를 못하거나 말썽을 일으킬 만한 아이는 아닌데도 그렇다. 이런 아이들은 어려서부터 부모님이 호기심을 심어주지 않았던 경우가 대부분이다.

부모님들은 자녀들에게 "선생님 말씀 잘 들었어?" "야단 안맞았어?" 라고 질문한다. 그러나 유대인들은 "오늘 질문은 어떤 것을 했니? 무슨 과목이 재미있었니?" 라고 물어본다. 사물에 대한 질문과 궁금증 없이 창의력은 나오지 않는 법이다.

인종 차별을 두려워한다면?

몇 해 전, 중국 연변 동포들을 업신여기는 한국인 관광객의 행태가 사회 문제로 대두된 적이 있었다. 문제의 핵심은 한국인 여행객들이 돈 좀 있다고 해서 연변 조선족을 우습게 여기고 으시댄다는 것이다. 참으로 올챙이 시절을 생각하지 못하는 개구리나 다름없다.

우리가 언제부터 그렇게 잘 살았는가. 그런데도 외국인을 평가하는 기준을 잘 사는가 못사는가 하는 점에 두고 있음은 정말 안타까운 일이다. 오직 우리보다 못 산다는 점만으로 우리 나라에 와 있는 외국인 노동자들을 깔보면서도, 또 미국의 인종차별을 비난한다. 제 잘못은 생각하지 않고 남의 잘못만 나무라는 격이다. 우리 나라에 와 있는 외국인 노동자들이 우리보다 못 산다는 이유만으로 깔보고 무시하면서도 우리들은 미국의 인종차별을 비난하는 것이 문제이다.

결론부터 말해서 미국에도 인종 차별은 엄연히 존재한다. 그러나 그 인종 차별은 우리처럼 잘 사는가 못 사는가에 있지 않다. 또 실력있는 사람에게는 적용되지 않는다.

미국 대학에 다니고 있는 딸이 처음 유학 생활을 시작했을 때 "미국 아이들이 나를 동양애라고 잘 놀아주지도 않아 속상해!" 하면서 하소연한 적이 있었다. 아마도 엄마에게 위안받고 싶은 마음에서 전화를 한 모양이었다. 그러나 필자는 냉정하게 말했다. "동양인이라고 그럴 리가 있겠니? 다소 섭섭해도 인종차별이라고 생각하지 말아라. 네가 실력이 그 애들보다 월등하게 뛰어나면 그런 문제는 저절로 없어질 것이다" 라고 말해주었다.

좁은 땅덩어리의 우리 나라에서도 선거 때마다 지역 차별 문제로 난리를 치는데, 그 넓고 세계를 움직인다는 미국에서 완전히 동등하게 대접받기란 당연하게도 무리한 욕심일 것이다. 실제로 미국에서는 동양인을 우습게 여기는 경향이 있다.

"네가 가진 모든 실력을 보여 주어라."

딸에게 할 수 있는 말은 이것뿐이었다. 그리고 얼마 후 다시 전화가 왔다.

"엄마, 미국애들이 같이 놀자고 해서 귀찮을 정도야."

딸아이는 처음 시험에서 어떤 과목에 A를 받았다. 그랬더니 '웬 동양인 애가…' 하며 놀라면서도 친구로 지내자는 아이는 없었다. 그 다음 시험에서도 그 과목에 A⁺를 받았다. 그제서야 선생님도 "어쩌면 너는 그렇게 공부를 잘하니? 영어 발음도 좋고 얼굴도 영화배우 같구나. Presentation도 뛰어나고, 재능도 아주 많고!' 라며 칭찬을 했다. 그러자 아이들이 하나 둘씩 친구를 하자면서 몰려들었고 어떻게 하면 그렇게 공부를 잘하는지 알려 달라고 했다고 한다.

유학을 두려워하는 아이들은 쓸데없는 걱정을 많이 한다. 음식이 내 입맛에 안 맞으면 어떡하나? 새로운 환경에 잘 적응할 수 있을까? 흑인들은 냄새가 더 많이 난다는데 같이 룸메이트가 되면 어떡하지? 백인들은 피부색이 다른 아이들과는 잘 놀지도 않는다던데 학교에 백인만 많으면 어쩌지? 기숙사 생활을 잘 할 수 있을까? 그야말로 미리 걱정거리를 만들어서 걱정부터 앞세운다. 우리 속담 중에 '구더기 무서워서 장 못 담그랴' 라는 말이 있다. 앞으로 다가올 일에 대해서는 미리 걱정할 필요가 없다. 부닥쳤을 때 뚫고 나갈 진취적인 용기와 패기만 있으면 된다.

2 성적보다 인성을 중시하는 나라

수재가 하버드대 낙방한 이유

미국의 명문 사립 고등학교로 손꼽히는 Phillips Academy에서 전과목 A를 받던 학생이 하버드대 입학에 떨어졌다면 놀라운 소식이 아닐 수 없다. 그는 수재들만 모인다는 Phillips Academy에서 3년 동안 한번도 3위권 밖으로 밀려난 적이 없었던 뛰어난 수재였다. 유학을 와서는 오직 명문 대학에 입학하여 성공하겠다는 일념으로 공부에 전념한 학생이었다. 잠도 제대로 자지 못했고 주말여행 한 번 가지 않았다. 그는 자신있게 하버드대를 지원했다. 한국에 있는 그의 부모들 역시 당연히 합격할 것으로 생각했다.

그러나 결과는 불합격이었다. 고등학교 3년 동안 클럽 활동이나 사회봉사 활동을 한 번도 하지 않았고 헌혈도 한 번 하지 않았다는 게 불합격 이유였다. 한마디로 '좋은 성격'을 가진 학생이 아니라는 것이었다.

미국의 모든 학교, 특히 명문교에서 원하는 학생을 한마디로 말한다면 'Good person'이다. 성적이 뛰어난 것도 중요하지만 그보다는 성격이 좋은 사람을 원한다. 따라서 명문교에 입학하려면 성적도 좋아야 하고 성격도 좋아야 한다.

한국에서는 공부를 못하면 성품이 아무리 좋다고 해도 주변 사람들로부터 인정받기 힘들다. 착하고 성실하고 열심히 노력

하는 성품, 친구들을 잘 배려하고 어른 말씀을 잘 따르는 학생
일지라도 시험 성적이 나쁘면 "야! 쓸데없는 데 신경 쓰지 말
고 공부나 열심히 잘해!" 라는 소리부터 듣게 마련이다. 반대
로 성적만 좋으면 웬만한 문제는 용납되고 이해되는 게 한국
사회의 풍토이다.

예컨대, 공부를 잘 하는 아이가 꼴찌하는 아이를 꼬드겨 담
배를 피우다가 적발되었다고 하자. 교무실로 불려온 두 사람
에 대한 선생님의 반응은 전혀 상반된다. 꼴찌 녀석에게는 무
조건 쥐어박으면서 "이 녀석아! 왜 멀쩡히 공부 잘하는 애 꼬
여서 물을 들여?" 라며 혼을 낸다. 우등생에게는 "다음부터 이
런 애랑 놀지 마라" 하면서 넘어간다.

미국은 전혀 다르다. 공부를 못한다는 것 자체를 문제삼지
는 않는다. 오히려 왜 공부를 못하는가 하는 원인부터 찾으려
고 애쓴다. 혹 집안에 걱정거리가 있는 것은 아닌지, 학교 수
업방식에 문제가 없는지부터 진지하게 검토하기 시작한다. 그
리고 어느 과목의 어느 대목에서 부족한가를 찾아내어 그 문
제점을 해결하려고 한다. 공부를 못하는 것은 열심히 노력하
면 극복할 수 있다고 생각하기 때문이다.

명문이 원하는 좋은 성격이란?

유학생들이 미국 생활에서 가장 곤혹스러워하는 점은 작은 규칙이라도 철저하게 지켜야 한다는 풍토이다. 가령, 외출을 나갔다가 5분 정도 늦게 들어왔다고 하자. 우리 같으면 "다음부터 주의하겠습니다"라는 말로 넘어가지만, 미국에서는 그렇지 못하다. 그 학생에 대한 선생님의 평가서에는 이미 마이너스 점수가 들어가기 십상이다. 약속을 지키지 못한 것은 성실성이 결여된 탓이라고 여기기 때문이다.

미국인들은 좋은 성격의 조건으로 대체로 세 가지 덕목을 짚고 있다. 첫째로 먼저 자기를 사랑하는 것이다. 자기를 사랑하지 않는 사람은 남을 사랑할 수 없기 때문이다. 둘째로 남에 대한 배려를 할 줄 아는 것이다. 우리는 '튀는 것'을 개성이라고 여겨 호의적으로 평가하지만, 미국에서는 협동과 협조를 중시한다. 오케스트라에서 자기 실력이 조금 낫다고 하여 혼자 튄다면 그 연주는 엉망진창이 된다. 셋째로 존중이다. 친구나 선생님, 이웃을 존중할 뿐더러 자기 자신에 대해서도 존중할 줄 아는 사람을 높이 평가한다.

만일 자기를 사랑하는 마음, 남에 대한 배려와 존중심을 가

GPA
Grade Point Average의 약어. 학업 성적의 평균점수를 말한다. 성적 평가는 보통 A=4.0에서 F=0.0 단계로 구분되어 이루어진다. 진급, 진학이나 장학금 지급 등의 평가기준이 된다.

진 학생으로서 마음이 따뜻하고 활발하며 유머도 있다면 미국에서는 가장 좋은 성격으로 평가받는다. 학교 당국의 평가만이 아니라 학생들 사이에서도 인기있는 학생으로 두각을 나타낼 수 있다. 시험 성적이 우수하지 않아도 배움에 열의를 갖고 노력하는 학생이라는 평가를 받거나 클럽 활동에 적극적으로 활동하여 높은 학점을 받을 수도 있다.

예일대에 합격할 수 있었던 비결

미국에서는 대학 입학원서를 작성할 때 과목 선생님의 추천서를 받아야 한다. 이 추천서에 따라 입학 여부가 크게 좌우되는데, 수학 능력이 뛰어나지 않더라도 선생님의 인정을 받아 명문 대학에 입학하는 경우가 많다.

지금 예일대에 다니는 김승연 양의 경우를 보자. 그녀는 여고 재학 시절, 수업 시간에 모르는 것이 있으면 질문하는 게 하나의 습관처럼 되어 있었다. 숙제와 수업 준비 역시 철저했다. 성격도 활발하여 클럽 활동, 환경보호 캠페인, 사회봉사 활동, 학교 잔디깎기 등에도 적극 참여했다. 클럽 활동에서는 선생님에게 많은 문제를 상담하고 친구들과의 관계도 원만하여 평판이 좋았다. 학교의 어려운 일이 있으면 제일 먼저 팔을 걷어붙이기 일쑤였다.

그녀는 대학 입학 추천서를 역사 선생님에게 부탁하기로 했다. 역사 선생님은 그녀를 각별하게 기억하고 있었다. 수업시간마다 어느 학생보다 열심히 질문했고, 시험 기간 중에도 자기를 찾아와 주저없이 자기 견해를 밝힌 학생이었기 때문이었다. 자기 과목에 관심과 열의를 보이는 학생을 좋아하긴 미국 선생님 역시 마찬가지이다.

역사 선생님은 그녀에게 흔쾌히 추천서를 써주었다. 역사 과목의 점수가 늘 B에 머물렀지만 선생님은 그녀의 노력과 성실성을 더 높이평가했다. 그 선생님이 예일대 출신이라는 점도 플러스 요인이 되었다. 성적도 그렇게 나쁘지 않았지만, 학

습 태도나 협동심이 아주 뛰어난 학생이란 평가가 결정적인 역할을 한 것이다. 바로 이러한 점이 미국과 우리의 교육풍토가 어떻게 다른가를 극명하게 보여주는 사례이다. 미국 사회는 공부만을 해대는 학생은 원하지 않는다. 좋게 보지 않을 뿐더러 이기주의자로 생각하여 사회생활에 문제가 있는 것은 아닐까 생각하기도 한다.

그러나 우리의 경우는 전혀 딴판이다. 상위권을 목표로 앞뒤 가리지 않고 열심히 공부에만 전념하는 학생을 너무나 좋게 평가한다. 어쩌다가 집안일이라도 거들 요량이면 "놔 둬라! 그 시간에 책이나 한 자 더 봐" 하기 일쑤이다. 말하자면 우리는 모든 아이들과 경쟁관계에 묶여 있지만 미국 아이들은 경쟁하는 가운데 조화를 이루는 것을 더 좋아하는 것이다.

입학 평가기준 7가지

그렇다고 해서 미국 학교가 성적을 전혀 외면한다는 이야기는 결코 아니다. 공부를 잘 못해도 다른 면에서 가능성을 찾고 인간적으로 대우를 한다는 것이지 공부를 못하는 것이 상관없다는 말은 아니다. 미국 역시 내신 성적을 입학 평가 기준 가운데 가장 중요하게 여긴다. 성적이야말로 그 사람의 성실성을 판단할 수 있는 자료라고 여기기 때문이다. 특히 영어, 수학, 과학 과목의 성적은 대단히 중시한다.

둘째로 선생님의 추천서 내용을 각별하게 따진다. 우리는 추천서를 써달라고 하면 모든 면에서 모범생이라고 쓰는 게 좋은 것으로 알고 있지만, 그것은 결코 훌륭한 추천서가 아니다. 예컨대, '이 학생이 결점을 가지고 있는가?'라는 항목에 답할 때 문제가 있는 경우에는 어떤 도움을 받으면 학생이 좋아질 수 있다며 긍정적인 방향에서 쓰는 것이 좋다. 추천서는 대체로 성적 평가와 인간적 평가라는 두 가지 입장에서 각각 40문항 정도 작성하면 된다.

셋째로 에세이를 잘 써야 한다. 잘 써야겠다는 욕심에서 선

생님이나 선배 등의 도움에 의존하면 문제가 크게 될 수 있으므로 주의해야 한다. 문장이 다소 서투르고 서술 방법이 서툴러도 꼭 자신의 생각을 정확하게 나타내는 것이 중요하다.

넷째로 교내외 활동에 어느 만큼 참여했는가 하는 점을 본다. The Hotchkiss School 재학중 활발한 클럽활동으로 좋은 결과를 가져온 이승연 양의 경험을 보자.

그녀는 처음 9학년에 입학해서는 2개의 클럽에 가입했다. 그 중에서 가장 열심히 활동한 클럽은 문화클럽이었다. 멤버들 대부분이 여러 나라에서 모인 학생들이라 리더십을 발휘하기 쉬웠고, 마침내 클럽 회장이 되었다. 미국 학교의 클럽 회장직은 대체로 12학년이 맡는데, 10학년 때부터 5대 1의 치열한 경쟁률을 보이기도 한다. 그녀는 회장으로서 외국 학생들의 Assembly를 주최하여 많은 학생들에게 좋은 인상을 심어주었다. 이밖에 사회봉사 활동에서도 열심히 활동한 결과, 대학 입학원서를 제출할 때에는 좋은 내용의 추천서를 받을 수 있었다.

미국은 학생을 평가할 때, 학교와 지역사회에 얼마나 기여했는가를 본다. 요즘 우리 사회에서 학업 평가에 적용시키고 있는 사회봉사 활동보다 훨씬 다양한 프로그램이 마련되어 있고, 특히 학생들의 자발적인 참여 여부를 본다.

다섯째로 특기나 취미를 중시한다. 우리는 특기나 취미를 좋아하고 즐긴다는 것보다는 뛰어나게 잘하는 것으로 이해하는 경향이 짙다. 현재 고등학생들이 취미사항으로 꼽는 것들은 대체로 컴퓨터 게임이나 음악듣기 정도로 그 다양함과 깊이가 부족하다. 반면 외국의 학생들은 다양한 영역에 관심을 가지고 즐기는 경우가 많다. 정말 본인이 좋아해서 선택하므로 깊이 있게 공부하며 피아노 연주를 즐기며 평생 자기 취미나 특기로 갖게 된다. 가령 자기 취미나 특기가 피아노 치는 것이라고 하면 기량이 아주 수준급인 경우가 많다. 더불어 미국의 학교생활에서는 운동이 차지하는 부분이 많다는 점을 유의해야 한다.

여섯째로 미국에서는 학부모님과의 협조 관계가 남다르다. 우리 사회에서는 학기 초에 학부모가 선생님을 찾아가면 첫 인사가 "잘 부탁드립니다" 하면서 봉투를 내밀거나 적어도 음료수라도 내미는 것이 최소한의 예의인 것처럼 굳어져 있다. 그러나 미국 교사들이 제일 싫어하고 이해하지 못하는 부분이 이런 것들이다. 아직 수업도 시작하지 않았는데 부모가 "잘 부탁드립니다" 라고 인사를 하면 어리둥절할 뿐이다. 무엇을 부탁한다는 것인가. 그보다는 전화로나마 자주 자녀 문제에 대해 관심을 표시하고 상담하거나 고맙다는 감사 카드를 보내는 것을 가장 좋아한다.

일곱째로 수상 경력이 있으면 꼭 밝히는 게 중요하다. 미국에서는 85점 이상이면 모두 장학생이다. 그러나 우리는 최고, 최상의 등수에 들어야 하기 때문에 장학생되기가 쉽지 않다. 따라서 아무리 작은 상이라도 학교로부터 수상한 것이 있다면 반드시 적어내는 것이 유리하다.

끝으로 미국은 학업태도와 학교 생활습관을 중요하게 여긴다. 숙제는 항상 잘 해오는가, 친구와 선생님과의 관계는 원만한, 학교 규칙은 잘 지키는가, 수업시간에 임하는 태도는 좋은가, 다른 친구들에 대한 배려는 어떠한가 등을 종합적으로 점검한다.

3 조기유학 성공의 3가지 조건

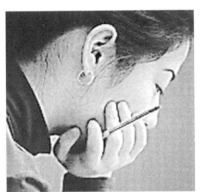

영어는 목적이 아닌 수단인데…

유학을 떠나려는 학생들에게 "미국 생활에 지장이 없도록 영어를 사용할 수 있겠니?" 라고 물으면 대다수 학생들은 고개를 가로젓는다. 심지어 자신 있다는 학생조차 발음이 엉망인 경우가 많다. 그러나 미국 유학에서 영어는 공부하기 위한 하나의 수단에 불과하다. 때문에 단순한 일상회화 이상의 준비가 필요하다.

우리가 생활에서 사용하는 언어는 문장 구조나 문법에 관계없이 뜻만 전달되면 그만이다. 영어로 대화를 할 때도 마찬가지이다. 문법 구조를 따져가면서 대화하는 사람은 없다. 그러나 문제는 학교 수업이다. 학습 과정에서는 정확한 문법이나 문장 구조를 갖춰 쓰지 않으면 의미가 잘못 전달되는 경우가 많아서 시험을 치뤄도 제대로 점수를 받을 수가 없다. 서울 T중학교를 졸업하고 미국 P고등학교의 입학 허가서를 받아놓은 장수동 군의 경험을 보자.

장 군이 유학을 결심한 동기는 지극히 간단했다. 미국에서 살다가 온 친구가 있었는데, 어찌나 영어를 잘하는지 영어 선생님보다 발음이나 실력이 뛰어나 보였다. 영어 선생님도 그 친구를 칭찬하기에 주저하지 않았다. 장 군은 자신도 미국으로 유학을 가서 영어 하나만이라도 확실하게 익히고 돌아와 많은 아이들에게 뽐내고 싶었다.

그런데 막상 떠날 날짜가 다가오자 두려움이 앞섰다. 미국에 가서 꿀 먹은 벙어리처럼 살아야 될 것을 생각하니 잠이 오지 않았다. 그렇다고 이미 수속까지 끝낸 마당에 그만둘 수도 없었다. 친구들에게는 유학 간다고 소문도 내고 자랑까지 했는데, 영어 배우러 가면서 영어가 무서워 못 가겠다고 하면 지나가던 개도 웃을 것이라고 생각했다.

장 군은 얼마 남지 않은 시간이라도 영어에 매달리기로 했다. 교육방송을 듣고 영어 비디오를 보고 집에서도 영어로만 말했다. 귀에는 항상 이어폰을 꽂고 다니면서 중얼거렸다. 얼마나 들었던지 귀가 다 멍멍하고 환청이 들릴 정도였다. 부모들은 그런 모습을 지켜보면서 저러다가 미국에 가기도 전에 어떻게 되는 것이 아니냐고 걱정스러워 했다.

그렇게 석 달을 죽기살기로 영어에 매달리자 막혔던 귀가

ESL 과정

English as a Second Language Course의 약자. 비영어권의 외국 유학생을 위한 프로그램으로 영어 이해, 말하기, 읽기, 쓰기를 가르친다. ESL 과정에 들어가는 경우에 SLEP Test로 수준을 평가한다. 외국인 학생들은 영어 이외에 ESL 역사, ESL 수학, ESL 과학 등을 수강할 수 있다.

Early Admission(Decision)
12학년(고등학교 3학년) 학생들은 대학의 조기 입학을 시도할 수 있으며 일부 대학들은 입학 신청자들에게 합격과 불합격 여부를 알려준다.

조금은 열리는 듯 했다. 자신감이 붙자 더욱 영어 공부에 매달렸다. 미국인 선생님과도 영어로 대화가 되는 수준이 되었다. 유학 떠날 짐을 싸던 날, 혹시나 하는 생각에 공부하던 영어사전과 영문법 책, 그리고 간단한 회화 책을 집어넣었다.

왜 유학 가느냐고 묻는다면

마침내 미국에 도착했다. 그러나 회화 실력은 어느 정도 된다는 자신감은 공항 직원이 묻는 몇 마디 말조차 알아듣지 못하는 순간에 이미 산산조각 나고 말았다. 뭔가 알아들을 듯하면서도 하나도 들리지 않았던 것이다. 서울에서 외국인과 직접 대화할 때는 그런 대로 말이 통했는데….

갑자기 벙어리가 된 느낌이었다. ESL 과정에 들어가서도 마찬가지였다. 장 군은 점점 좌절감에 빠져들었고, 집으로 돌아가고만 싶은 생각뿐이었다. 그러나 몇 달도 못 버티고 돌아간다면 손가락질과 조롱을 받을 거라고 생각하니 미칠 것만 같았다. 어느 날, 비슷한 경험을 했던 선배를 만났다.

"영어만 잘했으면 좋겠다구? 영어 선생님 하시게? 네가 뭔가 크게 잘못 생각했구나! 한국에서 한국말 잘 한다고 출세할 수 있니? 마찬가지야. 영어는 수단에 불과해. 먼저 네 생각을

바꾸고 영어를 처음부터 다시 시작해 봐."

한마디로 충격이었다. 자신이 평소 자신 있게 공부한 영어 실력이 미국 초등학생에게도 못 미친다는 사실도 충격이었지만, 영어 하나라도 잘하고 싶어서 온 유학 목적 자체를 수정해야 한다는 게 더 큰 충격이었다.

그날 이후, 장 군은 영어 하나만을 잘하겠다는 생각을 버렸다. 영어는 '단지 내가 하고 싶은 공부를 하기 위한 수단일 뿐'이라고 생각을 고쳤다. 그러자 영어에 대한 두려움이 어느 정도 가셨다. 우선 ESL 과정부터 열심히 하기로 했다. 학교에서 돌아오면 서울에서 가져온 문법책을 펴놓고 기초부터 다시 시작했다. 한인 교포를 위한 영어 방송도 시청하고 대화를 하다가 실수하는 것을 두려워하지 않고 거침없이 말을 걸었다. 그러다가 실수했다는 생각이 들면 집에 와서 문법책을 들추어보곤 했다.

일 년의 세월이 지났다. 그리고 P고등학교에 지원하여 합격했다. 그 동안 참으로 많은 것을 배웠다. 우선 영어만을 위해

SAT
Scholastica Aptitude Test의 줄임말. 미국의 대학 입학시험이다. 수학 영역과 언어 영역으로 구분되며, 주로 다지선다형으로 출제된다. 각각 800점 만점으로 합계는 1600점이다. 최근 미국 고등학생들의 SAT 총평균점수는 900점이다.

유학을 준비했던 것이 부끄러웠고, 앞으로 살아가면서 그 어떤 어려운 일을 만나도 결코 좌절하거나 포기하지 않을 자신감을 가졌다는 게 기뻤다. 무엇보다도 스스로 공부하고 생활해온 자신이 대견스럽게 느껴졌다. 한국에 남아 있었다면 아직까지도 엄마가 챙겨주는 가방과 도시락을 들고 학교와 학원을 왔다갔다 했을 텐데….

장 군과 같은 경우는 그래도 성공한 케이스에 속한다. 실제로 많은 부모들과 학생들이 '영어 하나만이라도' 라는 생각으로 유학길에 올랐다가 얼마나 낭패를 보고 되돌아오는지 모른다. 영어가 아무리 중요하다고 해도 유학의 모든 것이 될 수 없다는 점을 기억하자.

IMF 한파에 유학이라니…

"여보, 제발 수진이 좀 돌아오라고 해!"

"저도 그러고 싶어요. 하지만 수진이가 한사코 못 오겠다고 버티는 걸 어떡해요."

요즘 수진이 부모님은 하루가 멀다 하고 말씨름이다. 미국으로 유학을 간 귀엽고 사랑스런 외동딸로 인해 가정마저 심각한 지경에 이르렀다고 하면 곧이들을 사람이 몇이나 될까.

"애 아빠도 불쌍하고 딸아이도 불쌍해서 죽겠어요…."

어느 날, 수진이 어머니가 필자에게 찾아와서 남편과 싸운 이야기를 털어놓으며 깊은 한숨을 내쉬었다. 사정을 듣고 보면 참으로 안타까운 일이었다.

수진이는 중학교 2학년을 마치고 미국으로 유학을 갔다. 당시 아버지는 직원 몇 명을 거느린 작은 하청공장을 운영하고 있었다. 살림이 넉넉한 편은 아니었지만 공부도 잘하는 데다가 외동딸이다 보니 남부럽지 않게 뒷바라지를 해주고 싶었다. 수진이 역시 심성이 착해서 부모에게 잘하고 친구들에게도 인기가 좋았다.

수진이를 유학 보내고 난 후, 생각보다 많은 돈이 들어갔다.

공장 운영과 집안 살림이 빠듯했다. 그러나 사랑하는 딸을 위한 고생이라고 생각하니 힘든 줄을 몰랐다. 어머니는 그 동안 딸의 장래와 자신의 노후를 생각하여 저축했던 돈을 남편 모르게 조금씩 허물어 쓰고 있었다. 그러나 점점 한 달을 버티기가 힘들어 갔다.

그러다가 IMF가 왔다. 자금력이 약한 하청 공장은 납품한 물품 대금을 한 푼도 받지 못하고 문을 닫을 수밖에 없었다. 집안 살림은 남편이 이곳 저곳을 뛰어다니며 일을 하면서 겨우 꾸릴 수 있었지만 한 달에 300만 원 가까이 들어가는 딸의 유학 경비가 문제였다. 딸아이가 돈을 보내달라고 독촉하는 전화도 한두 번이 아니었다. 그렇다고 해서 아버지 사업이 망했다고 말할 수도 없는 노릇이었다.

어머니가 식당에 취직하여 일했지만 손에 쥘 수 있는 돈은 얼마 되지 않았다. 결국 부부는 딸아이 문제로 말다툼하다 못해 요즘에는 부부관계까지 이상해졌다는 것이다.

수진이 어머니는 마침내 딸아이에게 모든 것을 털어놓았다. 집안 형편이 어려우니 유학을 잠시 뒤로 미루고 돌아오라고 했다. 그러나 수진이로서는 이제 겨우 공부할 기반을 자리잡

았는데, 그냥 돌아가면 모든 게 수포로 돌아갈 것만 같다며 한 사코 버티는 모양이었다.

필자는 처음에 수진이의 유학 문제를 상담하면서, 유학에는 돈이 많이 들어간다고 했다. 또 수진 양의 집안 형편으로는 무리가 될지 모르니 신중하게 생각하시라는 말을 덧붙였다. 그러나 수진이 어머니는 딸아이를 보내고 나면 두 부부만 살기 때문에 크게 돈이 들어갈 곳이 없다고 했다.

하지만 결과는 딸아이의 장래를 위한 유학이 오히려 가정불화를 가져오고 말았다. 물론 뜻하지 않은 IMF 경제위기가 닥친 배경도 있다. 하지만 필자가 보기에 애초부터 무리였다. 적어도 유학을 보내려고 하면 경제적으로 여유가 있어야 한다. 그래야만 당사자도 마음놓고 공부할 수 있고, 부모 역시 학비 조달에 쩔쩔매는 심적 부담감을 갖지 않는다.

유학이 부유층의 전유물은 아니지만

지금까지 우리 사회에서는 조기유학을 '돈 있는 사람이나 특권층 자녀들'만 가는 것으로 생각해 왔었다. 또 고등학교를

졸업해야만 합법적으로 유학을 갈 수 있었다. 그러나 2000년부터 초, 중, 고교생일지라도 유학을 갈 수 있게끔 제도가 바뀌었고, 그에 따라 많은 학부모들이 유학상담원의 문을 두드리고 있다. 이제 능력만 있으면 누구든지 유학을 가서 떳떳하게 세계의 젊은이들과 어깨를 겨룰 수 있다. 그러나 문제는 그 능력이 어떤 조건인가 하는 점이다.

무슨 일이든지 성공의 이면에는 피나는 노력과 땀이 숨어 있다. 조기유학에도 철저한 준비와 완벽한 뒷바라지가 있어야 성공할 수 있다. 우선 자신의 목표가 뚜렷해야 한다. 배우고자 하는 의욕과 새로운 것에 대한 호기심과 도전의식이 중요하다. 그리고 경제적 뒷받침이 그 성패를 가름한다.

대체로 우리 학부모들은 한국에서 과외공부 시키는 수준의 비용이면 유학을 보낼 수 있지 않을까 하는 막연한 계산으로 유학의 문을 두드린다. 통상적으로 우리 나라에서 고등학생을 둔 가정의 사교육비가 한 달 평균 100~200만 원이라고 한다. 게다가 '공부 때문에' 사춘기의 아이들과 하루도 빠짐없이 싸워야 하는 그 고통은 과외비 지출보다 더 크고 심하다. 그럴 바에야 조금 더 보태서 영어도 익히고 대학 진학도 걱정 없는 미국으로 보내자고 결정하는 것이다. 그러나 유학을 결정할 때 경제적인 문제만큼은 냉정하게 고려해야 한다. 물론 유학이 돈으로만 해결되는 것은 아니다. 하지만 돈이 없으면 유학 또한 성공할 수 없는 것이 엄연한 현실이다.

최근 몇 년간 미국 경제는 최대의 호황을 누리고 있다. 덩달아 물가도 많이 올랐고 등록금도 놀랄 만큼 인상되었다. 많은 이들이 90년대 초 미국 학교가 앞다투어 한국 유학생을 모집했던 때를 떠올리는데, 그 당시에는 미국 경제가 전반적으로 불황기였었다. 따라서 미국 학교들은 한국 학생들을 많이 유치할수록 유리했다. 그러나 지금은 사정이 다르다. 비싼 등록금 때문에 외국인 학생의 비율이 점차 줄어들고 있다.

미국 사립학교의 경우, 학비가 일 년에 2만 4,000달러에서 2만 8,000달러 정도 되며 ESL 과정 학비는 별도이다. 명문 사립

인 경우에는 이보다 비싸서 3만 8,000달러 정도까지 되는 학교도 있다. 3년 동안 유학을 보낸다고 가정할 때 최소한 10만 달러는 족히 필요하다.

만약에 당신이 지금 10만 달러 정도의 재산을 갖고 있다고 하자. 전 재산을 몽땅 털어서 자식의 유학 비용을 마련했다면 이제부터 어떻게 살 것인가. 한 달 수입이 300만 원이라고 하자. 자녀 유학비로 한 달에 200만 원 이상 송금하고 나서 어떻게 살 것인가. 그렇다고 3년 뒤에 그 자식이 몇 배의 돈을 벌어오는 것도 아니다. 아니, 10년이 지나도 부모에게 단 한 푼도 돌려주지 않을지 모른다. 아무리 남들이 다 가는 유학이라고

ACT
American College Test Program의 줄임말. 대입시험의 하나이다. 영어와 수학, 사회과학(역사, 경제학, 사회학, 심리학, 정부론), 자연과학(생물학, 화학, 물리학, 지질천문학) 등 4개 분야에 대한 이해 정도를 측정한다. 각각 36점 만점으로 계산하며 답이 틀려도 감점 처리가 되지 않는다. 1년에 5회(2월, 4월, 6월, 10월, 12월) 실시된다. 시험 등록은 실시 한 달 전에 마쳐야 한다.

해도 자녀의 유학 비용을 떼어놓고도 남은 가족들이 돈 걱정 없이 살 수 있는 수준은 되어야 한다.

능력 없으면 유학을 포기시키는 지혜

유학상담원을 운영하면서 필자가 가장 답답할 때가, 자식은 유학을 가겠다고 떼를 쓰는데, 보내자니 형편이 안 돼 상담이나 하러 왔다는 하소연을 들을 때이다. 이때 대부분의 어머니들은 모든 게 제 잘못이며 자식에게 미안하다는 마음뿐이라면서 눈물짓는다. 들을수록 안타깝고 답답하다.

우리가 미국에서 태어나고 싶다고 해서 태어나는 것이 아니다. 또 잘 사는 집안의 자식이라고 해서 더 귀하고, 못사는 집안의 자식이라고 해서 덜 귀한 것도 아니다. 누구나 똑같이 귀한 사람들이다. 자신이 부잣집에 태어나지 못한 것을 탓하는 것만큼 어리석은 바보는 없다.

SSAT
Secondary School Admission Test의 줄임말. 주로 계산능력과 언어 구사력, 작문, 독해력을 점검한다. 미국인들에게는 명문 Boarding School의 경우에만 요구되는 시험이다. 외국인 학생들에게 요구되는데 서울에도 시험대행 기관이 여러 곳이 있다.

이제부터라도 우리 부모님들은 자식을 낳아 먹여주고 입혀주고 길러준 것만으로도 할 도리를 다 했다고 생각했으면 좋겠다. 자녀들로 하여금 좀더 나은 교육환경에서 좀더 나은 교육을 받게 해준다는 욕심을 갖는 것은 좋지만, 그것 때문에 자신의 노후를 포기할 필요는 없지 않을까. 똑똑한 자식 한 명을 위해 온 가족이 희생한다는 이야기는 더 이상 미담이 아니다.

그래도 유학을 고집한다면 어떡해야 할까.

아이가 유학을 가고 싶다는 말을 기특하게 여겨 '나 하나 고생하더라도 자식만 잘 되면…' 이란 마음으로 있는 돈, 없는 돈을 긁어모아 뒷바라지해야 할까. 아니 '내 자식보다 공부 못하는 아이도 유학을 갔는데…' 또는 '우리보다 형편이 못한 누구네도 유학을 보냈는데…' 하면서 오기로 보내는 것이 과연 현명할까.

거듭 말하지만 '친구 따라 강남 간다'는 식으로 유학을 결정하는 것만큼 어리석은 짓은 없다. 그보다는 오히려 자녀에게 유학의 현실적인 문제에 대해 충분히 이해시키려는 노력을 기울이는 게 바람직하다. 여기서 중요한 점은 자녀 스스로 유학의 꿈을 접을 수 있도록 설득하는 노력이다.

흔히 형편이 어려운데 유학을 가겠다고 고집을 부리는 자녀에게 보여주는 우리 부모님들의 첫 반응은 지극히 독선적이다. 자녀 스스로 판단하여 포기하거나 뒤로 미루도록 애쓰기보다는 강압적으로 포기하게 만든다. 그에 따라서 아이의 마음에 상처만 남게 만든다. 그보다는 다음과 같이 해보는 것이 어떨까.

"언젠가 갈 수 있을 것이다. 그때를 대비해서 영어를 좀더 열심히 하고 학교 공부로 내신을 다져 놓으면서 준비하자. 반드시 기회가 올 것이다. 엄마 아빠도 너를 위해 더 열심히 일해서 네 꿈이 이뤄지도록 돕겠다. 결코 꿈을 버리지 마라."

또 한 가지 방법으로 형편이 어려워 유학을 보낼 수 없다면 여름방학이나 한 학기 동안 어학연수를 받게 하는 것도 고려해볼 만하다. 만일 굳이 보내고 싶은데 경제력이 문제가 된다

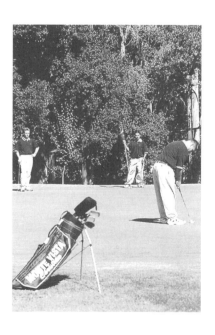

면 유학상담 전문가를 찾아 등록금이 비교적 싼 종교계통의 학교를 찾아보는 것이 바람직하다.

유학은 넓은 세계를 경험해 보는 일

유학이 아무리 좋다고 해도 우리 나라의 모든 학생들이 유학을 갈 수는 없다. 더구나 최근에는 유학의 패턴마저 달라지고 있다. 전에는 한 번 유학을 가면 석사, 박사학위를 받기까지

SSAT 출제 유형
5~7학년 학생들을 위한 하급 시험과 8학년 이상 학생들을 위한 상급 시험이 있다. 시험 문제 형식은 다지선다형이며, 수학 영역과 언어 영역에서 각각 출제된다. 시간 배당은 각각 25분씩, 다섯 부분으로 나누어 치러진다. 각 부분은 25개 문항으로 이루어져 있다. 언어 영역은 단어와 독해 부분으로 나뉜다. 단어 부분은 30개 동의어 문제와 30개 유추 문제로, 독해 부분은 텍스트와 관련한 40개 문제로 이루어진다.

10년 이상을 외국에서 살다가 돌아오는 장기 유학이었다. 그러나 지금은 단기유학이 주류이다. 중, 고교 시절 유학 가서 영어를 익히고 새로운 문물을 마음껏 접한 뒤 다시 한국으로 돌아와서 대학 생활을 하는 형태로 바뀌고 있다.

유전공학이나 컴퓨터 등과 같은 첨단 분야가 아니면 굳이 외국에서 대학을 다니지 않아도 성공할 수 있다고 생각하는 사람들도 늘어나는 추세이다. 따라서 우리 부모님들 역시 이제는 청소년 시기에 자립심을 길러주고 도전 정신을 심어주면서 좀더 넓은 세계를 경험하게 한다는 가벼운 마음으로 외국에 유학을 보낸다는 인식의 전환도 필요하다.

우리는 흔히 미국 유학생으로서 하버드대 출신이나 예일대 졸업생이라고 하면 대단한 수재라고 생각하고, 자기 자식도 공부만 잘하면 그런 대학에 들어갈 수 있다고 생각한다. 그러나 내가 보기에 그러한 발상은 대단한 잘못되어 있다. 미국으로 유학을 보내는 목표가 일류 대학이라면 그 돈으로 이 땅에서 죽으라고 영어 공부를 시킨 뒤에 보내는 것이 훨씬 경제적이다. 유학은 호기심이 가득 찬 도전인 것이다.

언젠가 미국으로 건너간 유명한 스님이 미국 실정도 익히고 영어도 배우고 자기 수련도 할겸 세탁소에서 일했던 경험을 쓴 글을 읽고서 깊은 감명을 받았다. 그 스님은 "스님, 왜 이런 곳에서 일을 하십니까? 이런 곳에서 일을 하지 않아도 얼마든지 살 수 있는데요?" 라고 묻는 어느 신도의 질문에 "나는 이 일을 하면서 나를 찾습니다" 라고 답했다는 것이다.

무슨 일을 하느냐가 중요한 것은 아니다. 어떤 일이든 자기가 하는 일에 대해 인생의 의미를 찾으며 최선을 다한다는 자세가 성공하는 인생의 지름길이다.

4 불법유학은 실패할 수밖에 없다

부모의 무지가 아이의 인생을 망친다

얼마 전, 미국으로 조기유학을 간 아이들의 생활상을 보도한 텔레비전 프로그램을 보고 큰 충격을 받았다. 거의 대부분의 아이들이 현지 생활에 적응하지 못하고 힘들어하는 모습이었다. 인종 문제로 싸우는 것도 봤고, 수업이 끝나자마자 한국 학생들끼리 어울려 몰려다니면서 노는 모습도 봤다.

과연 그들이 영어 하나라도 제대로 배워서 돌아올지 의문이다. 유학을 떠난 아이들 중에서 자기 소신으로 간 아이들이 과연 몇 명이나 될까. 한국에 있으면 대학을 가지 못할 테니까 부모가

억지로 보낸 아이들이 대부분일 것이다. 그들이 불쌍하다.

이 글은 조기유학에 반대한다는 어느 중학생이 인터넷에 올린 글이다. 필자 역시 이 중학생처럼 신문과 텔레비전을 화려하게 장식하는 유학생의 삐뚤어진 모습을 볼 때면 안타까움을 금할 수 없었다. 그러나 몇몇 학생들의 탈선 행위 때문에 대다수의 유학생들이 매도당할 수는 없다. 많은 사람들이 정확한 실상을 모른 채 모든 유학생들이 텔레비전에 비추는 청소년들처럼 삐뚤어진 행태로 유학 생활을 보내는 줄 잘못 알고 있는데, 결코 그렇지 않다.

단언하건대, 정상적인 절차를 거쳐 정상적인 학교에 다니는 학생이라면 그러한 문제를 일으킬 소지도 없을 뿐더러 그렇게 지낼 여건도 아니다. 그런 식으로 지냈다가는 단 하루도 정상적인 학교 생활를 꾸려 갈 수 없다. 말하자면, 시작이 잘못 되었기 때문에 잘못된 방향으로 가고 있는 일부 학생들의 이야기만으로 전체 유학생을 평가절하해서는 안 된다는 것이다. 시작이 잘못되었으면 가고 있는 방향 또한 잘못되는 것은 너무나 당연한 이치가 아닌가.

문제를 일으키는 학생들은 대부분 정상적인 절차를 거쳐서 떠난 것이 아니라 관광비자로 불법유학을 하고 있는 청소년들

이다. 지난 수십 년간 많은 중고생을 미국으로 유학을 보냈지만 큰 문제를 일으켜서 한국으로 되돌아오는 아이들은 없었다. 더구나 사회적으로 문제를 일으킨다는 일은 상상할 수도 없는 일이다.

성실하게 학교생활을 해나가는 유학생들에게 질문하면 그들의 대답은 한결같이 "공부하기도 바쁜데 언제 담배 피고 술 마실 시간이 있겠어요?"라고 답한다.

정상적으로 미국 비자를 받는 일은 쉽지 않다. 비자 발급이 까다롭다 보니까 대부분의 부모님들은 손쉬운 길을 택한다. 일단 미국에만 가면 모든 것이 해결된다고 생각하여 무조건 보내놓고 보자는 식이다. 문제가 생기면 그때 가서 해결하면 되지 않겠느냐 하는 배짱이다. 참으로 잘못은 어른들이 저질러놓고서 그 대가는 청소년들이 받고 있는 셈이다. 한마디로 부모의 무지가 한 학생의 인생을 망치는 것이다.

용감한 부모, 불쌍한 아이들

필자는 비자발급 과정에서 거절당한 학부모가 용감하게 관광비자나 방문비자를 받아서 자녀를 유학 보내는 경우를 종종 본다. 참으로 위험천만한 일이다. 미국에서는 유학생 비자(F-1)가 없으면 사립학교에 입학할 수가 없다. 공립학교 입학은 외국인들에게 허용되지 않는데도 불구하고 LA같은 대도시에서는 별 어려움 없이 입학할 수 있으므로 학비가 아주 저렴한 공립학교에 입학하는 경우가 많다.

그러나 미국의 공립학교는 기숙사 시설이 없다. 따라서 친구집이나 친척집, 또는 미국인 집에서 생활해야 한다. 좋은 사람을 만나 정성껏 자녀를 보살펴 주면 차선책이나마 그런 대로 마음 놓을 수가 있다. 하지만 미국 사회에서 살다 보면 남의 아이를 맡아서 정성껏 뒷바라지해주거나 지도해줄 만큼 여유가 없다. 우리처럼 사돈의 팔촌 되는 사람이 지방에서 서울로 올라오면 한 가족처럼 지내고 보살펴 주는 사회가 아니다.

또 다른 문제는 일부 주를 빼놓고 대다수의 공립학교에는 영어를 배울 수 있는 ESL 과정이 별도로 마련되어 있지 않다는 점이다. 별도의 영어학습 없이 바로 수업에 참가해야 하기 때문에 웬만큼 영어 실력이 두드러지지 않고서는 진도를 따라가기가 쉽지 않다. 그러다 보니 자연히 학업에 흥미를 잃게 되고, 한국 유학생끼리 모여서 재미있는 놀이거리를 찾아 몰려다니기 일쑤이다.

우선 영어가 통하지 않으니 말이 통하는 한국 유학생끼리 모인다. 그리고 호기심 강한 또래의 아이들끼리 모이다 보면

PSAT와 SLEP
PSAT(Preliminary Scholastic Aptitute Test)는 고등학교 2학년 과정에서 치러지는 학력적성시험으로 국가 장학기관(The National Merit Scholarship Program)에서 실시한다. 보통 PSAT/NMSQT로 불린다. SLEP(Secondary Level English Proficiency Test)은 6~8학년 학생들이 치르는 시험이다. TOEFL보다 쉬운 수준의 영어 시험으로 듣기 부분과 독해 부분으로 나누어져 있다. 67점 만점이며 대다수의 사립학교는 외국인 학생에게 SLEP 점수를 요구한다.

자연스럽게 공부보다는 다른 것에 신경을 쓰게 마련이다. 서울도 그렇지만, 미국 대도시는 청소년들을 유혹할 만한 것들이 너무나 많이, 그리고 가까이 있다.

불법유학은 학비가 더 많이 든다

경제적으로 넉넉하지 못하면서 자녀를 유학 보내려 하는 학부모들이 공통적으로 안고 있는 고민은 어떻게 하면 유학 경비를 조금 적게 들일 수 있을까 하는 방법이다. 그러다가 아는 사람을 통해서 관광비자로 미국에 건너가서 공립학교에 입학했는데 학비가 무척 싸다는 소리를 듣게 되면 혹하기 일쑤이다. 관광비자로 공립학교에 입학할 수는 있지만 반 년 이상을 버틸 수 없다. 일단 6개월을 넘기면 그때부터 불법체류자가 되고 만다.

불법체류자로 낙인찍혀 한국으로 돌아온 후에는 미국 재입국은 결코 허가되지 않는다. 이런 사실을 나중에 알게 된 일부 부모님들은 그 해결 방법을 찾으려 뛰어다니다가 브로커를 만나 사기를 당하기는 경우가 적지 않다. 돈을 쓰면 정식 유학생 비자를 받을 수 있다는 꼬임에 넘어가는 것이다. 그러나 아무리 많은 돈을 쏟아 붓더라도 미국에의 재입국은 허용되지 않

는다. 한때의 실수로 미국 유학은 영원히 포기해야만 하는 것이다.

불법 유학은 당장 돈이 적게 들고 또 가기도 쉽다. 그러나 경우에 따라서는 정상적인 유학보다 돈이 더 들기도 한다. 예컨대, 자녀를 안심하고 맡길 만한 여건이 못되므로 부모님이 자주 건너가 봐야 한다. 길거리에 버려지는 비행기값 뿐만 아니라 반년에 한 번 가서 한 달 남짓 체류한다고 할 때, 두 집 살림에 드는 비용 또한 만만치 않다. 대체로 어머니가 건너가는데, 그러다 보니 서울의 집안 살림은 엉망이 될 수밖에 없다.

공립학교의 학비가 전혀 없거나 아무리 적게 든다고 해도 미국에서 생활하려면 적지 않은 비용이 들게 되므로 쉽게 생각해서는 큰 낭패를 보기 쉽다.

상식보다 욕심이 앞선 결과

1999년 여름방학 때 어머니와 함께 미국 LA에 살고 있는 이모네 집에 놀러갔다가 낭패를 본 윤희라는 학생의 경험을 이야기해 보자. 어느 날, 이모의 안내로 어느 작은 학교에 놀러갔다가 너무나 아름다운 학교 캠퍼스에 반해서 "이모, 여기서 학교 다녀도 돼?" 하고 물었다. 이모가 학교 당국에 문의했더니 지금 당장 입학할 수 있다는 것이었다.

윤희 어머니로서는 횡재했다는 기분이 들었다. 남들은 엄청난 돈을 들여서 유학을 보내려고 애쓰는데, 지금 당장 입학이 가능하다니…. 당장 등록부터 서둘렀다.

관광비자 기간이 끝나갈 무렵, 한국인 변호사를 만나 앞으로 어떻게 할 것인지에 대해 상의했다. 변호사의 말은 간단했다. 학교를 다니고 있으면 I-20를 받아서 F-1 비자를 받도록 해주겠다는 것이었다. 그러나 9개월이 지나도록 윤희는 I-20를 받지 못하고 있다. 국제 미아가 되어버린 것이다.

딸을 이모에게 맡기고 돌아온 윤희 어머니가 필자를 찾아와 어떻게 하면 좋겠냐고 털어놓았다. 이모 역시 처음과 달리 조카에게 덜 신경을 쓴다고 한다. 틈날 때마다 전화로 딸아이를 잘 돌봐달라고 부탁하지만, 이모 또한 생활이 바쁘다보니 마음대로 되지 않는다는 것이다.

기숙사 있는 학교를 보내야겠다는 생각이 들지만 학비가 너무나 비싸서 쉽게 결정을 내리지 못하고 있다. 직장생활을 하는 윤희 아버지의 한 달 수입은 250만 원 남짓인데, 월급은 받는 즉시 고스란히 딸아이에게 보내진다. 집안 살림은 겨우 겨우 꾸려 가는 형편이었다.

아버지는 딸이 돌아오기를 바라고 있었다. 무엇보다도 경제적 어려움 때문에 딸을 뒷바라지해줄 자신이 없었던 것이다. 그러나 윤희는 죽어도 미국에 있겠다고 고집을 부리고 있다고 한다. 참으로 나는 윤희 어머니에게 어떤 말을 해줘야 할지 암담한 심정이었다.

상식적으로 간단히 판단할 수 있는 일인데도 욕심이 앞서서 일을 그르치는 학부모들이 의외로 많다. 예를 들어, 학교 당국에서 입학허가서를 준다는데 받아가지고 가는 게 좋으냐고 미국에서 국제전화로 상담을 청하는 어머니들이 있다. 입학서류를 제출하지 않았는데 입학허가서를 내준다는 학교가 어떤 학교이겠는가. 조금만 이성적으로 생각하면 충분히 파악할 수 있는 일인데도, 우리 나라 학부모들은 미국 학교라면 그 어느 학교이건 한국보다 낫다는 생각을 버리지 않고 있다.

잘못된 유학임을 알았을 때는?

만일 한두 달 정도 학교를 다닌 뒤에 잘못된 것을 알았다면 어떻게 해야 할까? 그 동안 투자한 시간과 돈이 아깝더라도 모든 것을 포기하고 곧바로 되돌아오는 것이 현명하다. 석 달 남짓 학교에 다닌 것은 증거로 남아있지 않으니 돌아와서 다시 학교를 선정하여 유학을 떠날 수 있다.

사실 앞서 언급한 윤희 어머니와 같은 상황에 부딪쳐 상담차 찾아오는 경우가 의외로 많다. 방학 때 자녀와 함께 미국에

사는 친척집에 놀러갔다가 우연히 어느 학교를 구경했는데, 자녀가 그 학교에 다니고 싶다고 한다. 학교 당국에 문의했더니 곧바로 입학할 수 있다고 하여 서둘러 입학시키고 혼자 귀국한다. 그런데 문제는 막상 공부를 시작한 자녀가 학교생활에 싫증을 내고 자신이 꿈꿨던 학교생활이 아니라고 생각한다는 점에서 시작된다.

이럴 때, 대부분의 학부모는 좀더 자세히 알아봐 달라고 친척에게 부탁하면서 시간을 보내기 일쑤이다. 서울 생활이 바쁘다 보니 자녀의 연락을 받고서도 곧바로 미국에 건너가지 못 한다. 그럭저럭 세월이 흘러 때로는 반 년, 일 년을 넘긴 뒤에야 유학상담원을 찾아와 어떻게 했으면 좋겠느냐고 한다.

참으로 딱한 노릇이다. 불법유학으로는 결코 정상적인 유학생활을 유지할 수 없다. 사립학교에 등록시킬 정도로 경제적으로 여유가 없는 가정이라면 얼른 모든 것을 포기하고 무조

건 돌아오도록 조처하는 것이 현명하다. 그런데도 우리 사회에는 관광비자로 유학 간 것을 별 문제가 아닌 양 대수롭지 않게 여기는 학부모들이 적지 않게 있다.

법을 어기면서까지 유학 보내야 할까

자녀를 불법으로라도 유학 보내려고 애쓰는 부모님들에게 묻고 싶은 것이 있다. 불법유학이 성공할 리도 없겠지만 설령 성공한다손 치더라도 결과적으로 자녀가 무엇을 배울 것이라고 생각하는가. 부모님이 법을 어기면서까지 자신을 사랑한다고 생각하는 자녀라면 언급할 가치조차 없다. 그런 사람일수록 사회나 공동체에 유익한 사람보다는 개인의 이익만을 추구

Academic Year
신학기가 시작되는 9월에서 다음 해 5월까지(약 9개월간)를 가리키는 말. 학기에 따라 기간이 다르며 School Year라고도 한다. 신입생들에게는 개인별 학습이나 생활에서 도움을 줄 수 있는 Advisor가 지정된다. 보통 대부분이 Semester(1년 2학기제, 학기별 15주)이다.

하는 사람이 될 것이다. 유학생이 일종의 선민의식이나 특권의식을 가졌던 시대는 이미 지났다. 이 땅에서 열심히 공부해도 결코 유학생에 뒤지지 않는다. 영어를 잘하는 지름길이 꼭 유학에만 있는 것도 아니다.

유학만이 최고의 선(善)인 양 오도된 사고방식으로는 결코 성공한 유학을 보장받지 못한다. 비근한 예로, IMF 위기를 맞아 한국으로 돌아온 학생들의 대부분이 불법유학을 떠난 청소년들임을 기억하자.

더욱 이해하기 어려운 것은, 왜 부모님이 열 서너 살 된 자식을 물도 설고 말도 설은 미국에 불법으로 보내놓고 10년 넘게 가슴을 졸이며 살아야 하는가 하는 점이다. 그것은 자식에 대한 애정도 사랑도 아니다. 자녀가 열심히 공부해서 훗날 좋은 대학에 입학하면 되지 않겠느냐고 스스로 위로하지만, 불법유학으로 마음 졸이며 공부하는 대부분의 학생들은 영어학습에서부터 뒤쳐지기 마련이다. 영어조차 제대로 못할 때, 그 다음의 행로는 뻔하다. 취업이 되지 않으니 막노동을 하는 수밖에 없고, 귀국하여 취업하더라도 불법유학자라는 경력 탓에 영원히 미국 비자를 발급받지 못한다.

심지어 불법유학으로 마음 졸이고 있는 자녀에게 "무슨 수를 써서라도 돌아오지 말고 거기 있어야 한다" 라고 강요하는 학부모를 볼 때면 안타깝다 못해 분노마저 치솟는다. 이제 우리 사회에서 자식에게 범죄자가 되기를 강요하는 부모는 더 이상 없어야겠다. 우리 부모님부터 깨어야 한다. 능력 있는 범위 내에서 자식을 키워야 한다.

유학은 마라톤 경주와 같고, 경제적으로도 엄청나게 많은 투자가 요구된다. 남들이 보낸다고 무조건 따라 보내는 것만큼 위험하고 어리석은 것은 없다. 유학생의 비행이나 방황하는 문제아를 만들어 내는 배경에는 다름아닌 우리 부모님의 과욕이 자리잡고 있다.

5 보다 효과적인 학교 공부를 위하여

무섭게 공부하는 미국 아이들

미국 유학을 꿈꾸는 청소년들이 잘못 알고 있는 것 중 하나가 미국에 가면 공부하지 않고 놀기만 해도 졸업할 수 있다는 것이다. 물론 공부를 좀 못한다고 해서 졸업을 시키지 않는 것은 아니다. 그러나 어느 사회이건 실력이 뛰어난 사람만이 앞서간다는 것은 하나의 진리이다. 미국 역시 예외가 아니다. 단지 공부가 학교생활의 전부는 아니라는 입장이지 공부를 무시하는 것은 절대로 아니다.

미국의 학생들도 공부하는 아이들은 무섭게 공부한다. 전세계의 수재들만이 다닌다는 하버드대 같은 명문대에의 입학은 말로만 되는 것이 아니다. 먼저 기본 실력을 갖춰야 한다. 코네티컷 주의 K학교에 재학 중인 김승준 군의 글을 통해서 미국 학교의 학습 분위기를 살펴보자.

우리 학교는 오전 8시부터 오후 3시까지 수업시간이다. 그 후 6시 저녁식사 시간까지 운동을 하는데, 아마도 한국이라면 학교에 남아서 자습하거나 학원에서 공부했을 것이다. 자율시간이 주어지는 것은 오후 7시부터 10시까지이다. 대부분의 학생들은 이 시간에 성적이 뛰떨어지는 과목을 보충하고 자신이 하고 싶은 공부를 한다.

나는 이때 선생님께 허락받아 도서관에서 공부했다. 누구에게나 똑같이 주어지는 3시간이지만 값지게 쓰고 싶었다. 두 배로 활용해야겠다고 생각했다. 나는 최선을 다해 공부했다. 온 마음과 몸을 집중하여 공부하다보니 한국에서 밤 12시까지 억지로 공부하는 것보다 능률이 몇 배나 올랐다.

하루도 빠지지 않고 꾸준하게 열심히 했다. 그 결과, 11학년 겨울에는 전체에서 1등을 했다. GPD에서 4.19라는 높은 성적을 받았다. 나는 나 스스로에게 감격하여 눈물을 흘렸다. 왜냐하면 나는 한국에 있을 때 학교성적이 별로 좋지 않아서 이곳에 입학할 때도 가슴 졸이며 겨우 턱걸이했기 때문이다.

나는 공부를 하면서 내가 원래 머리가 나쁜 것이 아니라 최선을 다해 노력하지 않았다는 것을 깨달았다. 한국에서는 그럴 만한 환경과 나의 동기가 충분하지 않았기 때문이다.

우리 사회에서는 공부를 못하는 학생들에게 너무나 일찍 그 가능성의 문을 닫아버린다. 그래서 본인은 물론이고 부모님들

TOEFL
Test of English as a Foreign Language의 줄임말. 중고등학교의 경우 TOEFL을 요구하는 학교는 그리 많지 않으나 최우수 상위 20위권에 드는 학교는 TOEFL을 요구한다. 580~600점 이상이 되어야 명문 고등학교 입학이 가능하다. 또한 외국인 학생들이 미국 대학에 응시할 때는 꼭 TOEFL 성적을 제출해야 한다.

도 쉽게 포기하고 절망한다. 공부 외에 다른 것을 할 수 있다는 가능성마저 빼앗아버려 모든 것을 체념하게 만든다. 만일 글을 쓴 김승준 군이 한국에 있었다면 그는 자신에 대해 '돌머리'라고 비관하면서 살지도 모른다.

공부에는 왕도가 없다

유학생이라면 누구나 경험하는 것이지만, 처음 유학을 와서 얼마동안은 현지 생활이 막막하고 불안하게 느껴진다. 더욱이 학교 수업방식이 우리와 판이하게 달라 학교생활 자체가 더욱 생소하게 느껴진다. 이럴 때 잘못 적응하거나 대수롭지 않게

TOEFL 출제방식
듣기 평가(Listening Comprehension), 문법 (Structure and Written Expression), 어휘와 독해 (Vocabulary and Reading Comprehension)의 세 부문으로 진행된다. 다지선다형으로 출제된다.

생각하면 자신의 실력을 제대로 발휘해 보지도 못하고 주저앉게 된다. 그러나 빨리 마음을 추스리고 정신을 똑바로 차린다면 누구나 좋은 성적을 거둘 수 있다.

보다 적극적인 태도로 미국의 문화를 이해하고 적응하려는 노력을 해야 한다. 그래야만이 공부하는 데 갈등 없이 매진할 수 있기 때문이다. 한국이건 외국이건 어디가서 공부할 때는 모르는 것을 창피하게 여기지 말아야 한다. 모르는 것을 배운다는 사실에 즐거워 해야 쉽게 익힐 수 있다. 또한 체면을 차리지도 말아야 할 것이다.

중학교 2학년 때 미국 동부의 George School로 유학을 갔다가 지금은 예일대에 재학 중인 오종우 군의 경험을 통해서 어떻게 공부하는 것이 바람직한가를 알아보자. 오 군은 학교에서 공부하는 데 나름대로 원칙을 정해놓았다.

우선 수업시간에 모르는 문제가 나오면 그냥 넘기지 말고 반드시 알고 지나간다는 원칙이다. 수업 시간에 쉴새없이 질문을 하거나 쉬는 시간이라도 담당 선생님을 찾아가서 물어본다. 만일 선생님의 말이 너무 빨라서 알아듣기 힘들면 선생님의 양해를 받아 녹음하고 기숙사에 돌아와 천천히 반복해서 들으며 정리한다.

선생님의 강의 내용을 녹음하여 공부하는 방법은 유학생들이 많이 사용하는 방법 중의 하나이다. 유학 초기에는 영어 실력도 완벽하지 않지만 학습 내용을 잘 알아듣지 못하는 경우가 많으므로 일부 유학생들은 이 방법을 즐겨 사용한다. 그러나 Study Hall 시간이 두 시간 정도밖에 없으므로 가장 따라가기 힘든 과목의 경우에만 이런 방법으로 공부해야 하며, 가능한한 주위의 급우나 선배들의 도움을 받아 공부가 밀리지 않도록 잘 적응해야 한다.

노력하는 자만이 인정받는다

다음으로 중요한 것이 복습과 예습을 철저히 준비한다는 원칙이다. 수업시간에 적은 노트를 기숙사에서 다시 읽어보고 다음 날 진행할 학습 내용을 미리 예습을 했다. 만일 강의 노트를 충실하게 적지 못했다면 친구의 노트를 빌려서라도 꼭 다시 들여다보았다. 또 주말이나 짧은 방학을 적절하게 공부시간으로 활용했다. 이때 실력이 엇비슷하거나 마음이 맞는 학우들과 함께 스터디 그룹을 만들어서 공부하는 것도 한 방법이다.

원칙은 얼마나 충실하게 지키는가에 성패가 달려있다. 그러나 오 군에게 가장 힘든 것은 한국과 전혀 다른 수업방식에의 적응이었다.

물론 유머나 문화에 대한 감각적 차이도 빼놓을 수 없는 요소였다. 수업 시간마다 선생님에게 질문을 하지만, 어휘가 부족하여 질문 요지가 애매하거나 우스꽝스러운 경우도 적지 않아 학우들로부터 웃음을 산 적이 한두 번이 아니었다. 그럴 때마다 머쓱한 기분이 들어 다시는 질문하지 말아야지 하는 생각도 들었지만, 그렇다고 해서 물러설 수는 없는 노릇이었다. 오히려 더 열심히 질문을 해댔다. 선생님이나 학우들도 차츰 오 군의 진지함과 성실함을 인정하는 분위기였다. 진정 노력하는 자만이 인정을 받는 법이다.

오 군은 마음이 맞는 한국인 학생 4명으로 스터디 그룹을 만들었다. 서로 위로하면서 도움을 주고자 시작한 모임이었다. 혼자 공부하는 것보다 몇 사람이 모여서 공부하니 좋은 점도 많았다. 각자 자신 있는 과목에서 훌륭한 과외 선생님 역할을

해주었다. 친구들 간의 적당한 경쟁심리도 공부에 도움이 되었다. 그 결과, 함께 공부했던 멤버들은 지금 예일대, 브라운대, 펜실베니아대에 각각 다니고 있다.

도서관 이용은 성적에 정비례한다

오 군이 공부에서 성공할 수 있었던 또 하나의 요인은 도서관 이용에 있었다. 미국의 학교들은 대학이든, 중고등학교이든 장서 보유량에서 세계적으로 정평이 나 있다. 뿐더러 공부하는 학생이라면 늘 가까이 하지 않으면 안 되는 수업방식으로 운영된다. 그러기에 새 학기가 시작되면 으레 도서관 이용 오리엔테이션이 열리고 전교생이 참석한다.

도서 대출은 전산화 시스템으로 운영되어 손쉽게 이용할 수 있다. 주제어나 관심용어들을 입력만 하면 그와 관련된 도서를 한꺼번에 볼 수 있다. 무엇보다도 수업 방식이 암기 아닌 이해력 위주이기에 도서관 이용은 필수적이다.

선생님은 통상 일정한 주제를 제시하여 학생 스스로 연구하

고 발표하며 토론하도록 수업을 진행한다. 때문에 한 과목당 읽어야 할 책이 적지 않은 편이다. 그러므로 도서관을 들락거리는 것이 대부분 학생들의 일과이며, 얼마만큼 도서관을 잘 이용하느냐가 좋은 성적을 낼 수 있는 관건이 된다고 해도 과언이 아니다.

인생의 풍요로움을 위한 예능교육

여기서 우리의 교육방식과 크게 다른 미국의 교육 방식에 대해 살펴볼 필요가 있다. 물론 평가하는 방법도 다르다.

우리 부모님들은 대체로 자녀를 미술학원에 보내면, 하다 못해 이름 없는 단체에서 주최하는 행사일지언정 상을 한두 개 정도는 받아야 한다고 생각한다. 피아노를 가르치는 것도 자녀의 정서나 취미 생활에 도움을 주기 위해서가 아니라 누구든지 다 하니까 자기 자식도 해야 하는 부분이라고 생각하는 경향이 있다.

단순한 취미로 즐기는 것을 원치 않을 뿐더러 반드시 그 분야에서 두각을 나타내야 한다고 생각한다. 자녀가 그림이나 음악, 무용에 조금 관심을 갖는다고 하면 마치 세계적인 연주가나 성악가, 무용가가 될 것처럼 기대하며 이곳저곳 찾아다니면서 시간과 돈을 허비하는 부모를 종종 보게 된다. 이는 한마디로 자녀의 소질이나 취미를 자녀의 눈높이에서 바라보지 못하고 부모 욕심의 틀에 꿰맞추려는 일방적인 애정 표현인 것이다. 이제라도 자기 자식에 대해 냉정하게 판단하는 안목을 기르고 발상의 전환이 필요하다고 본다.

미국에서도 학교 공부만큼이나 스포츠나 예능 과목을 중시한다. 그러나 우리의 접근방식과는 질적으로 차이가 있다. 우선 노래를 잘하고 피아노를 잘치는 기능적인 면을 강조하는 것이 아니라 그것을 통해서 정서적으로 안정되고 삶을 풍요롭게 할 수 있다는 점에 초점을 맞추고 있다. 학교 성적을 위한 예체능 교육이 아니라 인생의 풍요로움을 위한 예체능 교육인

것이다. 또 우리처럼 별도로 학원을 다니지 않아도 될 만큼 학교 정규 과정 내에서 모든 것을 배울 수 있도록 해준다. 그리고 선생님이 '이 학생은 정말 재능이 있다'고 판단하면 그 길을 열어주는 데 학부모 이상으로 애써준다.

이때 가장 차이나는 점은 우리의 경우, 그림을 그리면 모든 면에서 뛰어나야 하지만 미국은 스케치를 잘하느냐, 페인팅을 잘하느냐, 만들기를 잘하느냐 등을 세분화해서 평가한다는 점이다.

건강한 육체에서 건강한 정신이 나온다는 원칙

미국의 학교교육에서는 운동 시간이 많다. 우리 부모님들은 운동할 시간이 있으면 한 자 더 공부하라고 윽박지르지만, 미국은 건강한 육체에서 건강한 정신이 나온다는 점을 중시한다. 대체로 오후 3시경 정규 수업이 끝나는데, 이때부터 저녁 식사 시간까지 운동하도록 프로그램이 짜여져 있다.

미국 명문대학의 수재 가운데 만능 스포츠맨들이 많은 것도 여기서 비롯된 것이다. 물론 운동선수라고 해도 반드시 운동을 직업으로 선택할 사람만 하는 것도 아니다.

높이뛰기나 달리기를 어느 수치까지 해야 한다는 측정 기준도 따로 정해놓지 않고 있다. 그저 운동을 좋아하고 열심히 하면 그만이다. 체육과목 점수를 매기는 데 있어서 운동을 즐기고 열심히 하면 높은 학점을 받는다. 아무리 축구를 좋아하고 공을 잘 차더라도 높이뛰기나 체력장에서 좋은 평가를 받지 못하면 점수가 형편없는 우리와는 전혀 다르다.

The Fenster School of Southern Arizona에 다니는 어느 한국인 유학생의 글을 통해 체육교육 프로그램을 알아보자.

미국에서는 자신이 하고 싶은 운동을 선택하여 할 수 있다. 나는 단체운동으로 라크로스(Lacrosse)를, 개인운동으로 골프를 택했다. 미국 사립고등학교는 명문일수록 운동도 프로 선수들 못지 않게 아주 잘한다. 우리 학교는 골프장을 두 개 갖추고 있다. 국제적인 경기도 가끔 열린다. 그림처럼 펼쳐진 필드에서 수준급의 코치들이 가르쳐 준다. 내 실력은 보기 플레이(Bogey Play)를 할 수 있는 90타 정도이다.

단체운동 라크로스는 중학교 때부터 시작했다. A, B, C팀으로 나누어져 있는데 A팀에서 활동하고 있다. 1999년 12월에서 2000년 2월 겨울 시즌에 우리 학교 A팀이 캘리포니아 콘도리그 챔피언이 되었다. 정말 기뻤다. 2000년 5월에는 캘리포니아 전체 챔피언을 놓고 다른 리그에서 챔피언이 된 팀과 한판 승부를 벌이게 되었다.

미국에서는 운동을 대단히 중요하게 여긴다. 대학을 진학할 때는 단체운동의 성적이 큰 비중을 차지한다. 공부를 잘하는 학교가 단체운동도 잘한다는 게 미국 학교의 특징이다.

6 왜 유학 상담이 중요할까

사공이 많은 배가 산으로 간다

유학 상담을 하다보면 우리 민족은 참으로 정에 약해서 정에 살고 정에 죽는다는 말을 실감할 때가 한두 번이 아니다. 그 단적인 예가 어떤 일을 결정할 때에 객관적 자료에 의존하기보다는 정에 이끌려 결정하는 경우이다. 예컨대, 상담 과정에서 심사숙고하여 학교를 선정해 놓고는 막상 떠나기 얼마 전에 엉뚱하게 다른 학교로 보내고 싶다고 바꾸는 경우가 종종 있다.

학교를 바꾼 이유는 주위의 몇몇 사람들에게서 들은 말 때문이다. '옆집 사촌이 미국으로 유학을 갔는데, A학교가 좋다고 하더라' 또는 '이모 친구가 미국에서 살고 있는데, B학교는 좋지 않고 C학교로 보내라고 하더라' 라는 식이다.

이런 이야기를 들을 때면 절로 한숨이 나온다. 안타깝기도 하고 답답하기도 하다. 미국이란 나라는 동네 구멍가게처럼 모든 사람을 다 알 수 있는 곳이 아니다. 미국에 살고 있다는 이유 하나만으로 그 많은 사립학교를 어떻게 알 수 있겠는가. 미국에 살고 있는 미국인도 모르긴 마찬가지이다.

미국의 공인된 기관에서 인정받은 자료에 근거하되, 자녀의 적성이나 실력, 환경 등을 고려하여 학교를 선정하는 것만큼 정확하고 안전한 것이 없다. 유학 상담과정을 별로 중요하게

Diploma
졸업증명서라 할 수 있다. High School Diploma는 고등학교 졸업과 대학 진학에 필요한 것으로 필수 과목과 졸업단위를 나누어서 취득할 수 있다.

인정하지 않는 풍토가 참으로 안타깝다. 아무리 믿을 만한 사람이고 생생한 체험이라고 하더라도 전문화된 기관의 공인된 자료를 근거로 선정하는 자세가 유학 성공의 첫 시발점이다. 정에 이끌려 이 사람 말을 듣고 저 사람 말을 듣다가는 두고두고 후회하게 될 것이다.

유학상담원을 고르는 요령

현재 우리 나라에서 유학을 전문적으로 상담해주는 사설 유학원은 5백여 개에 달한다. 일 년에 해외로 유학을 가는 숫자는 대략 10만 명이며, 그 중에서 미국이 70퍼센트로 가장 많다. 따라서 유학원마다 경쟁하다 보니 상담자에게 좋은 정보와 도움을 주는 곳도 있지만 잘못된 정보를 제공하는 곳도 있

다. 어떤 기준으로 유학상담원을 선택할 것인가.

먼저 상담자가 공인된 자격증을 갖고 있는가를 알아보는 것이 제일 중요하다. 미국에서는 '사립 중고등학교 교육상담가 협회' 회원이라고 하면 모든 학교들이 공인하는 유학 카운슬러이므로 그 신용도가 보증된다.

둘째로 유학원의 책임자가 사설 기관이든 공공 기관이든 교육 분야에 종사한 경험이 있는가를 보아야 한다.

셋째로 유학을 알선하는 학교가 다양한지를 확인해야 하며, 각 학교별로 유학원에서 보낸 학생이 현재 몇 명인지, 그리고 유학을 갈 때 소개받아 도움받을 수 있는지를 확인해야 한다.

넷째로 실제로 유학 상담가가 유학 가고자 하는 학교를 방문한 적은 있는지, 또 얼마나 자주 미국 학교를 방문하는지를 살펴야 하며 각 지역별 학교의 특성과 다양한 정보를 제공하는지를 확인해야 한다.

다섯째로 그 유학원이 우리 사회에서 얼마나 높은 지명도를 지니고 있는가, 그리고 그 유학원 출신 학생들이 고등학교 진학 및 대학 진학시 어떤 명문 학교에 얼마나 많이 진학했는가를 살펴보아야 한다.

일부 유학원은 특정 지역의 특정 학교만을 고집하며 권유하

는 경우도 있다. 주로 재정 상태가 좋지 않은 학교가 유학원과 손을 잡고 함께 일하는 경우도 있으므로 조심해야 한다.

유학의 동기를 이끌어 내는 상담

유학을 상담하는 것이 단순히 학교 선정이나 입학 수속, 또는 절차를 대행해주는 수준이어서는 안 된다. 필자 역시 학부모나 그들 자녀와 상담하면서 뽑기나 고르기 식으로 상담하지 않는다. 아니, 필자가 가장 관심을 두고 살피는 것은 유학을 가려는 학생의 성품이 어떠한가이다.

정직하지 못하면 추천서를 쓸 수가 없다. 영어 실력이나 학습 능력도 중요하지만 그보다는 미국 학교가 요구하는 '좋은 성격' 인가 아닌가를 파악하는 것이 더 중요하다. 또 성적이 좋지 않다고 해도 결코 공부 못해서 유학을 못 간다는 말을 하지 않는다. "공부가 인생의 전부는 아니다. 성적이 좋지 않으면 네가 할 수 있는 다른 것을 찾아보자" 라는 말로 대화를 시작하면 대개는 긍정적이고 희망적인 기대감을 갖는다. 반항하고 삐뚤게 나가던 아이들조차 달라진다.

"저는 공부도 못하고 할 줄 아는 게 아무 것도 없어요. 우리 엄마도 그렇게 생각해요. 선생님도 걱정이 된대요. 하지만 유학은 가고 싶어요."

학교 성적이 좋지 않은데, 본인이 희망하거나 부모님이 유학을 보내려 하는 경우에는 대체로 반항적이거나 지나치게 위축되어 있다. 필자와 상담하는 자리에서조차 '그래, 나는 이런 놈밖에 안 돼!' 하는 자포자기 심정으로 임하기 일쑤이다. 그럴 때면 필자는 먼저 이렇게 묻는다.

"남의 것을 도둑질했니?"
"그럼, 남을 속였니?"
"너 때문에 다른 아이들이 공부를 못 했다고 하니?"
"네가 공부 못해서 선생님이 월급을 못 받으신 적이 있니?"
"네가 공부 못해서 다른 아이들에게 피해를 준 적이 있니?"

쉴 새 없이 질문을 퍼부으면 아이는 눈이 똥그래지며 다시 쳐다본다. 그러고 나서 "아니요. 절대로 그런 일은 없어요" 라고 딱 잘라서 말한다.

"그래, 넌 좋은 아이구나. good person이야. 너처럼 좋은 성격의 아이는 미국에서 얼마든지 인정을 받으면서 공부할 수 있어."

이때부터 아이들은 달라진다. 다리를 흔들고 덜렁거리던 아이가 상체를 곧추세우고 눈빛이 빛나기 시작한다. '나도 할 수 있다' 는 생각이 들면 아이들은 무섭게 변한다. 누군가 자기 자신을 인정해준다는 사실 자체가 기뻐서 누가 시키지 않아도 밤늦도록 공부에 열중한다.

우리 학부모들은 자녀가 공부를 잘하지 못하면 먼저 부모 얼굴에 먹칠한다고 여기고 아는 사람 보기가 창피하다고 생각하기 일쑤이다. "이 다음에 커서 뭐가 되려고 하니?" 라는 말로 아이의 의욕 자체를 없애버린다. 바로 이런 부모의 자녀 양육 방식이 문제아를 만드는 주범이다. 부모의 잔소리에서 벗어나고 싶어 유학을 가고 싶어하는 자녀들이 많다는 것은 참으로 안타까운 일이 아닐 수 없다.

학교 선생님이나 부모님이 공부보다 더 중요한 것이 있다는 것을 실천적으로 보여준다면 우리 사회에 더 이상 도피유학이니 문제아니 하는 단어는 존재하지 않을 것이다. 이제부터는 이렇게 말해보자. '우리 애는 공부는 못해도 인간성은 좋아. 성실하고 정직한 점이 자랑스러워' 라고 말이다.

학교에서 왕따 당하는 아이의 유학

시대가 바뀐 탓인지, 요즘 유학을 가고 싶다고 찾아오는 학생들과 이야기를 나누다 보면, 의외로 학교 생활이나 부모님 때문에 유학을 희망하는 학생들이 많다.

서울 T중학교 1학년에 재학 중인 김정식 군의 경우를 보자. 김 군은 TOEFL 성적이 중학생치고는 대단히 높은 490점이었다. 예의도 바르고 의사 표현도 명료하여 한눈에 모범생임을 알 수 있었다. 그러나 얼굴 표정이 굳어져 있고 어두운 게 아쉬웠다. 이야기를 나누다 보니, 그 표정은 학교에서 '왕따'를 당한 데 기인한 것이었다.

집에서는 활달한데, 학교 수업시간이 되기만 하면 말을 더듬고 의사 표현을 제대로 하지 못했다. 이유인즉, 수학 선생님 때문이었다. 머리가 좋고 수학에 관심이 많았던 탓인지 종종 선생님조차 답변하기 어려운 문제를 질문해댔다.

문제는 선생님이 김 군의 질문을 '선생님을 골탕 먹이려고 한다'고 받아들인 데서 비롯되었다. 결국 선생님은 반 아이들 앞에서 김 군에게 망신을 주었고, 그 때문에 다른 아이들로부터도 '왕따'를 당한 학생이 되고 말았다.

이때부터 김 군은 학교 생활에 흥미를 잃기 시작했다. 선생님을 보기만 하면 눈앞이 캄캄해졌다. 자연히 학교에 가기 싫었고, 다른 학교로 전학을 가도 마찬가지라고 생각한 김 군은 부모님을 졸라 유학을 결정했던 것이다.

그러나 유학을 준비하면서 김 군의 모습은 전혀 달라졌다. 자신이 너무 행복하다면서 즐거운 마음으로 준비했고, 말을 더듬거나 침울해 하는 버릇도 없어졌다.

자신의 존재가치를 인정해주는 상담

유학원을 고르는 데 있어서 마지막으로 고려해야 할 점은 상담자가 얼마나 진지하고도 성실하게 자녀의 유학 동기에 관심을 갖는지를 살피는 일이다. 다시 말해서 유학 당사자에게 긍지를 심어주고 새로운 세계에 대해 준비시키면서 자신감을 갖게 해야 한다. 특히 학교 성적이 뛰어나지 못하거나 공부에 자신감을 갖지 못했다면 과거를 잊게 하고 새로운 세계에서 자신의 존재가치를 찾도록 도와주어야 한다. 앞서 말했지만, 유학 상담이 단순히 가고자 하는 학교의 정보를 제공해주고 서류나 꾸며준다는 의미가 아니기 때문이다.

그러나 안타깝게도 우리 학부모들은 이런 점을 애써 외면하려 한다. 자기 자식의 부족한 면이 드러나는 것을 창피하게 여겨 가급적 숨기려 한다. 더욱이 자녀를 이해하고자 애쓰기보다는 부모의 눈높이에서 모든 것을 측정하고 판단한다. 가장 안타까운 일은 부모와 자식간의 통로 단절인 것이다.

서울 A여중 2학년 때 미국으로 유학을 떠나 지금 10학년에 재학중인 강정화 양의 경우를 보자. 상담차 어머니와 함께 만난 정화 양의 첫 인상은 얌전한 여학생이었다. 그러나 말이 없었다.

경제적으로 여유 있는 집안인 데다가 외동딸이어서 정화 양의 부모님은 딸이 하고 싶다는 것은 거의 모두 들어주었다. 공부도 곧잘 하여 늘 상위권을 유지했다. 그러나 중학교 2학년에 진학하면서 상황이 달라졌다. 성적이 곤두박질치기 시작하여 꼴찌를 맡아놓더니, 집에 돌아와서는 도통 어머니와 이야기를 나누려하지 않는다. 까닭을 물어봐도 말이 없다.

학교 선생님에게 물어보면 다른 아이들과 잘 어울리고 학업 시간에도 아주 열심히 한다고 한다. 전혀 문제가 없는 학생이라는 답변이다. 그런데도 집에서 어머니의 물음에 대꾸는커녕 상대조차 하지 않으려 한다. 어느 날, 정화 양은 느닷없이 유학을 보내달라고 했고, 어머님은 아이를 데리고 평소 친분 있는

필자를 찾아온 것이다. 필자는 어머니에게 자리를 피해달라고
했다. 그리고 정화 양과 마주 앉아 이런저런 이야기를 했다.

"미국에 유학 가면 뭐 할거니?"

"준비는 어떻게 하고 있니?"

"학교 친구들과는 어떻게 지내니?"

"좋아하는 연예인은 누구니?"

"남자 친구는 있니?"

시시껄렁한 이야기부터 시작하여 유학 생활에 대한 문제까
지 이것저것 2시간 남짓 대화를 나누었다. 이야기를 듣다 보니
정화 양은 어머니에 대해 일종의 적대감을 갖고 있었다. 정화
양은 어머니가 겉으로는 잘해주지만 속으로는 '네가 뭘 할 수

있겠니? 라고 생각할 것으로 여기고 있었다.

아마도 모녀지간의 대화가 주로 공부에 집중된 것에 대한 반발 심리가 아닐까 싶었다. 자신이 정말 하고 싶은 일이라든가 관심 있는 것을 말해도 어머니가 반응을 보이지 않은 것이 문제의 발단이었던 것 같다. 유학을 가고 싶다는 생각도 여기서 비롯된 것이었다.

상담도 미국생활에 적응하기 위한 훈련

어쨌든 유학을 가기로 결정하고 중학교 1학년 과정부터 다시 공부하기로 했다. 어머니와 필자와의 특별한 관계를 고려하여 이번에는 직접 유학 준비를 지도하기로 했다.

우리는 일 주일에 한 번씩 만나기로 했다. 공부를 점검해 보니 머리가 좋은 아이였다. 말하자면 정화는 일부러 학교 공부를 하지 않았던 것이다.

필자는 정화 양에게 머리를 물들이고 싶거나 액세서리를 달고 싶으면 해도 좋다고 했다. 그 대신, 한번 정한 약속을 어겼을 때는 호되게 야단쳤다. 예컨대, 약속 시간에 조금 늦거나 과제물을 안해 왔을 때에는 심하게 질타했다. 공부를 하지 않았다는 사실보다 약속을 지키지 않았다는 점을 탓했고, 그것은 결국 자신과의 약속을 어기는 것이어서 용서할 수 없다고 야단쳤다. 미국 학교생활에 적응하기 위한 하나의 과정이었던 것이다.

처음 얼마동안은 무척 당황하는 모습이었다. 지금까지 부모님이 학교 성적이 떨어지는 것에 대해서는 꾸중했을지언정 약속을 지키지 않은 점에 대해서는 관대하게 대해 왔기 때문이었다. 우리 부모님들은 자녀가 잠시라도 놀면 그냥 내버려두지 못하고 무조건 공부하라는 말로 책상위에 억지로 끌어다 놓기 일쑤이다. 이때 아이들은 반발심리를 갖게 되고 때로는 부모를 속이는 지혜부터 찾게 된다. 어쨌든 정화 양은 필자의 방식에 차츰 적응하기 시작하면서 생활태도나 공부하는 자세에서 몰라보게 달라지기 시작했다.

지금 정화양은 모든 과정을 무사히 마치고 입학원서를 쓸 준비를 하고 있다. 물론 어머니와의 관계도 좋아져 부모님의 기대에 엇나가는 행동을 하지 않는다고 한다.

자녀 인생의 가능성을 열어주자

자녀가 유학을 희망하는데, 집안 형편상 보내지 못할 때는 어떻게 위로해야 할까. 가끔 부모님 몰래 필자를 찾아와 유학 가고 싶다고 졸라대서 곤혹스러울 때가 한두 번이 아니다.

어느 날, 느닷없이 필자를 찾아온 대구 모 중학교 3학년 오성호 군을 예로 들어보자. 필자가 보기에도 오 군은 유학을 가서 크게 성공할 재목이었다. 공부도 잘하고 성실할 뿐더러 운동이나 예능과목에도 남다른 소질이 있었고, 영어 또한 웬만한 소통은 가능한 수준이었다.

그러나 집안에서 장손이기 때문에 유학을 절대로 보낼 수 없다는 어른들의 말을 듣고 나서부터 크게 상처를 받은 뒤였다. 유학의 '유' 자만 꺼내도 큰일 나는 분위기의 집안이 감옥처럼 느껴졌고, 실제로 어머니조차 이해해주려 하지 않았다. 자연히 말수가 없어졌고, 모든 생활이 기계적이었다. 하루종일 집안 어른에게 하는 말이라고 해야 "학교 다녀오겠습니다" "다녀왔습니다" "학원에 갑니다"가 고작이고, "넌 오씨 집안의 장손이란 것을 늘 명심해!"라는 말씀을 들으면 그저 "네!"라고 답할 뿐이었다.

오군은 필자와 이야기를 시작하자 일사천리로 말을 쏟아놓기 시작했다. 논리적이었다. 유학을 가고 싶어 하는 이유와 자신의 꿈에 대해서도 조리 있게 설명했다. 2시간 넘게 이야기를 나누고 헤어지는 필자에게 오군은 비록 유학을 가지는 못해도 자신의 꿈을 들어주는 사람이 있다는 것만으로도 행복하다고 하여 필자를 또 한 번 서글프게 만들었다.

우리 자녀들은 무한한 가능성을 지닌 존재들이다. 성적이 밑바닥에서 맴돌더라도 언젠가 변할 수 있는 무한한 가능성을 갖고 있다. 미국에서 유학 생활을 하는 아이들의 대부분은 학업을 마치고 다시 한국으로 돌아오고 싶어한다. 성공도 중요하지만 가족의 사랑이 그립기 때문이라는 것이다. 반면에 부모님이 싫어서 돌아오기를 꺼리는 아이들도 적지 않다는 것을 우리 학부모들은 어떻게 받아들여야 할까.

이제부터라도 우리 부모님들은 자기 자식에 대해 객관적인 판단을 할 수 있도록 노력했으면 좋겠다. 그 동안에는 너무 과대평가하거나 과소평가하는 경향이 많았다. 부모와 자식이 모두 성공하는 삶을 살려면 서로 냉정하고 이성적인 판단과 사고가 필요하다고 본다. 이성적이고 논리적인 사고, 그러면서 가슴이 따뜻한 인간이어야만 유학 생활에서도 성공할 수 있다는 점이 필자의 오랜 유학 상담의 노하우이다.

1 성공의 키워드는 시기와 학교 선택

유학 시기는 언제가 좋을까

"영어는 어릴 때 배울수록 좋다고 하길래 유치원 때부터 가르쳤어요. 이젠 곧잘 해요."

"조기유학은 일찍 가야 하는 것 아닌가요?"

많은 학부모들이 자녀와 함께 상담하러 와서 자신 있게 하는 말을 들을 때마다 필자는 함께 온 자녀의 얼굴을 쳐다본다. 너무 어리다 싶어 몇 학년인가를 물어보면 초등학교 2~3학년이라고 한다.

어느 통계에 따르면, 정부당국에서 올해부터 조기유학을 허용하기로 정했다고 알려지고 나서 3개월 동안 해외유학 길에 오른 초, 중, 고등학생이 3만 명 가까이 된다고 한다. 대단한 열풍이 아닐 수 없다.

안타까운 일은 조기유학이라고 하니까 무조건 일찍 보내는 것이 좋은 것으로 알고 있다는 점이다. 특히 외국어를 배우려면 어릴 때일수록 좋다는 말에 우리말도 제대로 구사하지 못하는 어린 자녀를 외국으로 보내려 한다. 자기 자식을 외국인으로 만들려는 것인지, 참으로 부모님들의 속마음을 헤아리기가 쉽지 않다.

물론 영어는 빨리 배울수록 좋다. 어린 나이일수록 언어구조 형성이 빨리 이루어지는 것은 사실이다. 그러나 영어를 빨

리 배우는 것과 한국인의 정체성을 갖도록 애쓰는 것은 분명
구별되어야 한다.

초등학생일 때 생각할 문제

초등학교 3~5학년이라면 부모의 보호가 그 어느 때보다도
필요한 연령이다. 따라서 이 연령의 자녀를 유학 보내려면 부
모님 중 한 사람이 따라가야 한다. 학교 근처에 방을 얻어서
자녀와 함께 생활해야 한다. 자녀가 하나일 경우는 그런 대로
견딜 만하지만, 만일 유치원에 다니는 동생이라도 있다면 사
정은 달라진다.

어머니가 영어를 능숙하게 구사하여 의사 소통에 문제가 없

다면 그래도 낫겠지만 그렇지 못하다면 자녀는 학교에서는 영어를, 집에서는 우리말을 써야 하는 고통을 겪게 된다. 때문에 영어 실력 또한 쉽게 늘지 않는다.

또 어머니는 관광비자로 입국할 수밖에 없으니 적어도 6개월에 한번은 한국에 왔다 가야 한다. 미국에서는 가디언 없이 어린이를 혼자 내버려두면 법에 저촉되므로 임시로나마 돈을 주고 가디언을 구해야 한다.

무엇보다도 어머니가 자녀의 모든 것을 뒷바라지해 주기 때문에 유학생활에서 배울 수 있는 독립심이나 자립심을 배울 수 없다. 오히려 집을 떠나 멀리 있기 때문에 어머니에게 더 의존적인 생활 태도로 나갈 가능성이 높다. 그에 따라 학교생활에 적응도 늦어진다.

비용 또한 만만치가 않다. 물가가 비싼 미국에서의 생활비도 만만치 않지만 한국과 미국의 두 집 살림을 한다는 것은 여러 가지로 복잡한 문제를 수반한다. 특히 부부간의 문제는 어떻게 해결할지를 생각해야 한다. 필자는 많은 아버지들이 자식과 부인을 미국으로 보내놓고 그리움에 가슴 아파하는 경우를 수없이 보았다. 잘못 되었을 경우에는 심지어 이혼까지 이르는 경우도 적지 않다. 자식 때문에 서로 떨어져서 사는 것을 감수할 줄 아는 기성세대와 달리 요즘의 젊은 세대는 이런 문제 때문에 가정불화를 가져오기 쉽다.

미국 학교의 입학 담당자들은 아직 초등학교도 졸업하지 않은 어린이가 입학하겠다고 유학 상담을 할 때면 도저히 이해하지 못하겠다면서 고개를 흔들기조차 한다.

중학생 유학이 좋은 점

조기유학이라고 해서 무조건 일찍 가는 것으로 오해해서는 안 된다. 예전에는 고등학교를 졸업하고 대학 공부를 외국에서 하는 것이 유학의 전형이었다면 이제 조기유학은 고등학교 졸업을 몇 년 앞당겨서 가는 것뿐이다. 아직 우리말도 제대로 이해하지 못하는 시기의 유학은 이민이나 다름없다.

그래도 일찍 보내고 싶다면 초등학교 6학년 때 가는 방법이 있다. 미국에는 중학과정을 5학년이나 6학년부터 시작하는 학교가 많다. 중학교를 미국에서 다니는 경우에는 9학년까지 마치고 졸업하면 10학년부터 다른 고등학교에 진학을 한다. 중학교에서 8학년까지 다니고 9학년부터 진학하는 경우도 있는데 선택은 자유이다.

중학교를 미국에서 다닌다면 좋은 점은 무엇일까.

첫째로 교과과정이 아주 평이하므로 어느 정도 영어만 익히면 수업은 어렵지 않아 학교 생활에 쉽게 적응할 수 있다. 한국에서 초등학교 6학년을 졸업하고 미국에서 7학년부터 진학하는 경우가 가장 좋다.

둘째로 초등학교 성적만으로 진학이 가능하다. 우리 나라 학생들은 초등학교 때 성적이 좋지 않은 사람이 거의 없기 때문에 좋은 결과를 얻을 수 있다. 영어 소통이 원활하고 공부만 웬만큼 하면 일류 중학교에 입학할 수 있기 때문에 좋다.

셋째로 Eaglebrook School, Fessenden School, Rumsey Hall School, The Rectory School 등 중학교에 진학하면 고등학교

때 ESL이 없는 학교에 진학이 가능하다. 그럴 경우, 미국인들과 동등한 위치에서 경쟁할 수 있다. 왜냐하면 유학 초기에 ESL 과정에 들이는 시간이 적지 않기 때문이다. 여기서 성적이 뛰어나면 Choate Rosemary Hall, Phillips Academy, St. Paul's School, Milton Academy, Groton School, Lawrenceville School, The Hotchkiss School 등 미국에서 최고 명문교로 손꼽히는 고등학교에 입학할 수 있다. 자녀를 한국에서 직접 이러한 명문교에 입학시키는 것은 거의 불가능하기 때문에 이때 유학을 보내는 부모들이 많다.

넷째로 한국의 초등학생들은 다른 나라의 동급 학생에 비해 지적 수준이 뛰어나고 모든 면에서 능력을 골고루 갖추고 있기 때문에 입학서류 심사에서 유리하다. 왜냐하면 우리 나라 학생들은 초등학교 때 웬만하면 피아노, 바이올린, 미술, 태권도, 수영 등을 두루 섭렵하기 때문이다.

초등학생 유학은 손해가 많다

초등학교 6학년 때의 유학은 장점도 많지만 단점 또한 만만치 않다. 우선 어린 나이에 부모님과 떨어져 생활한다는 점에서 정서적으로 외로움과 고립감을 이겨내는 일이 쉽지 않다. 또 모든 일상적인 일들을 스스로 처리하면서 학교를 다닌다는 일이 생각만큼 쉽지 않다. 우리 나라에서 부모님과 떨어져 낯선 곳에서 자취한다고 가정해 보면 쉽게 짐작될 것이다. 더욱이 우리 나라 초등학생들은 대체로 부모님이 모든 것을 뒷바라지 해주는 가운데 자라왔다. 때문에 하루 아침에 혼자 독립하여 생활하는 습성을 하루 아침에 몸에 배게 한다는 것은 아무래도 무리가 따른다.

초등학교 6학년 때 유학을 갈 경우, 적어도 대학을 마칠 때까지 11년 정도 부모와 떨어져 생활하는 것을 감수해야 한다. 한참 감수성이 예민할 때 부모와 떨어져 있으면 부모와 깊은 정을 나눌 수 없는 것도 커다란 단점이다. 자녀가 대학을 마치

고 돌아왔을 때는 사고방식이나 가치관에서 이미 크게 다르기 때문에 종종 마찰을 빚는 경우를 흔히 본다.

인생관과 세계관이 형성되는 청소년기를 서로 떨어져서 보냈기 때문에 아마도 남남 같은 느낌이 들지 모른다. 겉보기에는 한국인이지만 생각이나 생활태도 등이 서구화 되어 그들의 잣대로 판단하는 경우가 많기 때문이다.

이런 단점을 보완하기 위해서 최소한 중학교 1학년을 마치고 유학을 떠나는 방법이 가장 좋다. 초등학생과 중학생은 단순한 연령 차이가 아니다. 중학생으로서 일 년 정도 한국에서 생활했다는 것만으로도 자신감과 국가관이 뚜렷해진다. 또 혼자서 생활하는 것도 초등학생 시절과는 판이하게 다르다. 많

은 부모님들이 '중학생 되니 으젓해졌다'고 칭찬하는 말을 떠올리면 성숙도에서 얼마나 차이가 큰가를 알 수 있을 것이다.

초등학생이라도 성공할 수 있는 조건

물론 초등학교 때 유학을 보내서 성공한 경우도 많다. 그러나 그 어느 때보다 철저한 준비가 필요하다는 것은 아무리 강조해도 지나침이 없을 것이다.

요즘에는 유학을 가는 학생들의 경우, 대부분 본인이 원해서 부모님을 졸라 가는 경우가 많다. 그러나 불과 몇 년 전 만해도 초등학교에 다니는 어린이들이 스스로 유학을 가겠다고 부모를 조르는 일은 흔치 않았다. 더구나 초등학교 5학년이 스스로 유학 준비를 하는 경우란 좀처럼 찾아보기 힘들었다.

언젠가 초등학교 5학년생이 어머니와 함께 필자를 찾아왔다. 부모가 자녀를 데리고 오는 게 보통인데, 이번에는 부모가

Guardian
신원보증인 혹은 후견인. 일부 사립중학교에서는 부모를 대신해 줄 만한 사람을 요구한다. 방학 기간 또는 학기중에 기숙사를 폐쇄하거나 할 경우 숙식을 제공해주고 비상시 연락처가 필요하기 때문이다.

자녀에게 떠밀려서 온, 흔치 않은 경우였다. 필자 역시 처음 맞는 일인지라 관심을 가지고 상담에 임했다. 어머니는 아이 등쌀에 밀려서 찾아왔지만 걱정부터 쏟아놓았다.

"글쎄, 아직 초등학교도 졸업을 안 했는데 유학을 가겠다는 거예요. 그렇게는 안 되지요? 아직 철부지인데 되겠어요?"

"아니에요. 엄마는 나를 너무 어린애 취급을 한단 말예요. 나는 정말 잘 할 수 있어요. 선생님, 나이가 어려서 갈 수 없는 거는 아니지요?"

어머니는 겨우 초등학교 5학년인 아들이 부모와 떨어져서 어떻게 생활할 수 있을지 걱정했다. 엄마 품이 그리워서 병이라도 나면 어떻게 할까. 가디언이 있다고는 하지만 부모가 돌봐주는 것만 하겠는가. 혹 그러다가 텔레비전에 나오는 아이들처럼 잘못 되기라도 한다면…. 하나부터 열까지 걱정투성이였다. 반면에 아이는 자신감에 넘쳐 있었다.

"전 자신이 있어요. 좀더 넓은 세계로 나가서 마음껏 능력을 펼쳐보고 싶어요. 나는 할 수 있다구요."

자발적이고 적극적인 아이

민수라는 이 초등학생이 유학에 대해 자신감을 갖게 된 것은 사업상 해외여행을 자주 하는 아버지 덕택이었다. 그는 일이 있을 때마다 온 가족과 함께 다녔는데, 아이에게 어려서부터 세계가 넓다는 것을 알려주고 싶어서였다고 한다.

1년 전, 여름방학 때 민수는 미국 메트로폴리탄 박물관과 그랜드캐넌을 구경하면서 남모르게 유학을 결심했다고 했다. 집에 돌아온 지 얼마 안 되어, 미국에서 공부하고 싶으니 보내달라고 했다. 깜짝 놀란 부모는 너무 어리니 좀더 크면 보내주겠다고 했다. 그해 가을, 민수는 학교 영어웅변대회에서 일등을 했다면서 "정말로 미국에서 공부하고 싶어요" 라고 했다. 부모 모르게 혼자서 영어를 공부해온 것이었다.

필자는 민수가 아직 어리기는 해도 보낼 만하다고 확신했다. 우선 여름방학 때 Summer School 과정에 보내서 영어 공부와 현지적응 훈련을 시켰다. 그리고 보스턴의 Eaglebrook School을 찾아가서 인터뷰하도록 했는데, 교장선생님은 자발적이고도 적극적인 자세를 높이 평가하면서 입학허가서를 흔쾌히 내주었다. 본인이 정말로 유학을 원하고 있고 수학능력 또한 충분하다고 판단을 한 것이었다.

이때부터 일 년 남짓 본격적인 유학 준비가 시작되었다. 집에서 자기 할 일은 스스로 함으로써 자립심을 키우도록 했고, 우리와 다른 미국 풍습이나 생활방식에 대해서도 익히도록 했다. 물론 학교 공부 역시 충실하게 하도록 했다.

모든 준비가 끝나고 마지막 절차가 남았다. 지금보다 훨씬 더 까다로운 비자 인터뷰였다. 비자 인터뷰는 성인도 긴장하기 마련이다. 하물며 초등학생이니 부모님이나 필자나 모두 긴장할 수밖에 없었다. 다행히 민수는 너무도 잘해 주었다. 유학을 가려고 하는 자기 생각과 포부를 또렷하고 정확하게 밝혔다. 문제없이 비자가 나왔다.

어리다는 생각은 부모 보기 나름이다

"민수가 아주 많이 달라졌어요."

아들을 미국에 남겨놓고 귀국한 어머니의 첫마디였다. 그동안 아들이 걱정되어 밤잠을 제대로 이루지 못했는데, 막상 미국에 가보니까 몇 달 사이에 어른처럼 느껴졌다는 것이다.

"엄마, 걱정하지 마세요. 세상은 정말 넓어요. 여러 나라 아이들이 모여서 공부를 하니까 나도 한국인으로서 자부심을 가질게요. 앞으로 열심히 공부해서 훌륭한 사람이 되겠어요."

어머니는 끼니를 잘 챙겨먹으라는 말밖에 할 수 없었다고 했다. 대부분의 부모들은 자녀들에게 좀더 넓은 곳에서 많은 가능성을 열어 주고 싶어서 유학 보낼 결심을 한다. 그러다가 막상 서류를 준비하면서부터 '아직 어린애인데…' 하는 생각에 걱정과 근심을 놓지 못한다. 어느 부모는 입학을 결정해 놓

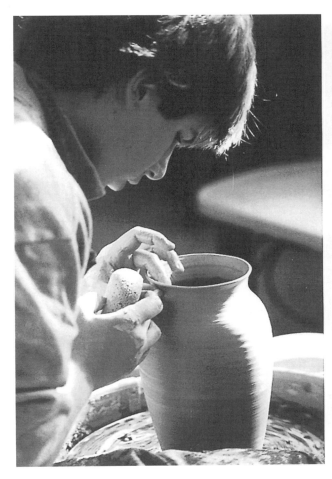

고도 포기하는 경우도 있다.

　부모의 마음은 누구나 마찬가지일 것이다. 아직은 응석도 부리고 보살핌을 받아야 할 어린 나이이기에 미국으로 보내놓고 마음을 놓치 못하는 것은 당연하다. 그러나 요즘 아이들은 기성세대가 생각하는 것만큼 어리지 않다. 너무 성숙해서 '애어른'이란 말까지 들을 만큼 달라졌다.

　나이가 어리기 때문에 유학에 실패하고, 나이가 많아서 성공하는 것은 결코 아니다. 어렸을 때에 유학을 떠나는 장점은 낯선 문화와 환경에 쉽게 적응하고 대응력을 키워나갈 수 있다는 점이다. 중학생일 때 유학을 가든, 대학생일 때 유학을 가

TOEFL 대행기관(한미교육위원단)
Korean-American Educational Commission
K.P.O. Box 643
Seoul 110-606, Korea
Tel 02-732-7928~9

Educational Testing Service
TOEFL Publications
P.P. Box 6161
Princeton, NJ 08541-6161
USA

든 정신적인 외로움과 고독감을 갖기는 마찬가지이다. 그러나 이미 자신의 생활방식이 몸에 밴 대학생보다는 이제 막 생활을 배워 가는 중학생이나 고등학생이 훨씬 새로운 문화에 적응하기 쉽다.

기숙사 생활을 통해서 부모의 도움 없이 혼자 생활하는 방법을 터득하고 적응하면 앞으로 어른이 되어 어떤 어려운 문제를 만나도 잘 적응하고 해결할 수 있는 지혜를 배우게 될 것이다. 또 이 땅의 획일적인 교육방법에서 벗어나 자신의 무한한 가능성을 발견하는 것도 대단히 중요하고 가치있는 일이라고 생각한다. 일방적이고 성적이 모든 것을 좌우하는 우리의 교육방식에서는 자칫 묻혀 버릴 수도 있었던 재능을 유학생활을 통해서 발견한다면 얼마나 다행한 일인가. 미국의 교육 프로그램은 다양하다. 취미나 소질을 발견하고 키워가기에 적합하다. 세계 각국의 여러 인종이 섞여서 공부하다보면 스스로 가족의 소중함과 애국심도 배우게 된다.

어려서부터 열린 생각을 심어주자

필자는 여고 시절부터 유학을 꿈꿨지만 이루지 못했다. 때문에 자식들(1남 1녀)에게는 유학의 기회를 주고 싶었다. 어려서부터 영어를 한국어와 함께 가르쳤다. 그림이나 비디오를 통해서 세상이 넓다는 것도 보여주었다. 다행히 필자가 외국어학원을 운영하고 있었으므로 아이들이 외국인과 대화하는 기회가 많았다. 미국인 친구를 만들어 주고 자주 어울려 놀도록 했다.

외국어를 배운다는 것은 그 나라의 문화를 배우는 것이다. 그러므로 어려서부터 외국인과 사귀게 함으로써 외국 문화와 생활에 대한 저항감을 줄이도록 해주는 것은 대단히 중요한 교육이다. 이런 노력 덕택인지, 아이들은 Summer School만으로도 영어를 충분하게 익힐 수 있었다.

그러나 일반 가정에서는 필자와 같은 교육환경을 만들기가 쉽지 않을 것이다. 그래서 많은 학부모들이 초등학교 때 영어

하나만이라고 건지면 좋겠다는 생각에서 유학을 보내려고 한다. 하지만 한국인으로서의 기본적인 삶을 모른다면 제 아무리 성공한들 무슨 소용이 있겠는가. 자기 조국에 대한 정체성의 문제는 대단히 중요하다. 흔히 이 다음에 크면 저절로 알지 않을까 생각하지만 뿌리가 없는 줄기는 허약하기 마련이다.

조기유학이라고 해서 자녀를 어렸을 때 보내는 것이 아니다. 아무래도 초등학교는 이르다. 오히려 초등학교는 유학을 준비시키는 기간이어야 한다. 가장 좋은 시기는 중학교 2~3학년이라는 게 필자의 판단이다.

반드시 미국의 일류 고등학교를 보낼 욕심이 아니라면 이때 보내는 것이 가장 무난하다. 이 시기쯤이면 어느 정도 철도 들고 자기 일을 스스로 할 수 있을 나이가 되기 때문이다.

중학교 2~3학년 유학의 장점

미국의 고등학교는 대개 9학년부터 시작된다. The Peddie School, The Pennington School, The Webb School 등 8학년부터 시작하는 학교도 있지만 대체로 9학년부터 시작한다. 이 시기라면 교과과정이 어렵지 않아서 좋다. 또 미국의 대학 진학은 10학년(고1) 때의 성적부터 반영하므로 일 년 동안 과도기를 거치게 된다는 점에서 유리하다. 대체로 입학한 처음 일 년 동안은 적응기간을 거쳐야 한다는 점에서 다소 성적이 나쁘더라도 걱정할 필요가 없다.

그렇다고 해서 곧바로 10학년에 입학할 수 없다는 이야기는 아니다. 영어에 대한 준비가 충분하다면 중학교 3학년 때 수속을 밟아 10학년에 입학해도 괜찮다. 다만 영어의 듣기, 쓰기, 말하기 실력이 수업을 받는 데 지장 없을 정도이어야 한다. 그러나 9학년에 입학하는 것보다 입학 허가 조건이 조금은 까다롭다. 한국에서 수학능력이 부족하여 유학을 오는 것인지, 또는 적응능력이 있는지 등에 대해 학교 당국은 인터뷰에서 정확하게 파악하려고 까다롭게 하기 때문에 조금 힘이 든다.

　중학교 2~3학년 때 유학을 가면 수업에서 1년의 손해를 덜 본다는 장점도 있다. 미국의 교육제도는 12년을 정점으로 하는 K-12 시스템이다. 그래서 고등학교 1학년이 유학을 가면 10학년에 입학하는 것이 정상이다. 그러나 유학 수속을 하다보면 일 년 가까이 걸리게 마련이다. 그러므로 실제는 고등학교 2학년인 11학년에 입학하게 되는데, 이때는 학교에서 잘 받아주지도 않고 학교 수업을 따라 가기가 쉽지 않다. 때문에 11학년인 경우에는 한 학년을 낮춰서 10학년으로 입학한다.

　물론 학습능력이 뛰어나서 곧바로 11학년에 입학하는 경우도 있기는 하지만 극소수에 불과하다. 따라서 적응하기도 쉽고 어렵지 않은 방법, 즉 한국에서 충분한 준비기간을 거쳐 정상적인 방법으로 입학하는 것이 바람직하다.

학교별로 본 한국 유학생 수
Cheshire Academy 9~10명
The Hotchkiss School 3명
Indian Mountain School 5명
The Loomis Chaffee School 8명
Rumsey Hall School 11명
Salisbury School 4명
Wilbraham & Monson Academy 8명
Brewster Academy 10명
The Purnell School 5~6명
The Masters School 18명
The Stony Brook School 24명
Periomen School 15명
Solebury School Spring 5명/ Academic 4명
The Webb School 9명

중학교 때 유학을 가면 명문 고등학교 입학도 용이한 편이다. 1년 혹은 2년이란 적응기간을 거쳐 충분하게 학습능력을 키울 수 있기 때문에 웬만큼 공부하면 좋은 사립고등학교에 입학할 수 있다.

가장 좋은 시기는 중학생일 때

유학에 성공하려면 시기가 무척 중요하다. 무조건 일찍 가는 것도 바람직하지 않지만 고등학교를 졸업하고 가는 것도 좋은 시기는 아니다. 필자의 견해로는 중학교 2학년을 마치고 유학 준비를 한 후, 중학교 3학년에 입학하는 것이 가장 바람직하다고 본다.

미국의 교육환경에 일찍 길들여진 아이들은 자신의 적성이나 능력에 알맞은 개성 있는 고등학교를 선택할 수 있다. 중학교 2학년 정도이면 언어나 풍습, 문화가 낯선 이국 땅의 생활환경에 적응하는 데 있어서 겪어야 하는 정신적인 갈등을 고등학생보다 덜 겪게 된다. 또 중학교를 마치고 추천서를 받으면 대부분 선생님들이 잘 써주기 때문에 유리하다.

필자의 오랜 상담 경험에 비추어 보면, 이 시기의 아이들에게서 새로운 생활환경에 대한 거부반응이 가장 적게 나타나고 있다. 언어 적응도 빨라서 대부분의 학생들은 2~3년 안에 대화와 수업에 지장이 없을 정도로 귀가 트이게 된다. 뿐만 아니라 호기심 많은 나이이므로 새로운 환경을 받아들이고 적응하는 데에도 별로 어려움을 겪지 않는다.

부모의 입장에서는 아직은 자신의 인생관이나 가치관이 정립되지 못한 까닭에 무국적아가 되지 않을까 걱정할 수도 있다. 그러나 이미 중학교 과정을 한국에서 보냈기 때문에 또 유학을 가기로 결심할 정도의 자녀라면 자기 나름대로 어느 정도 가치관을 세운 상태이기 때문에 크게 걱정하지 않아도 될 것이다.

거듭 말하지만, 명문 고등학교에 입학시켜 하버드대나 예일대 등 유명한 대학에 보내야겠다고 작정한 것이 아닌 다음에는 중학교 2~3학년 때를 고려해 보라고 권하고 싶다. 명문대 욕심보다는 미국에 가서도 공부 때문에 스트레스를 받거나 하지는 않는지를 먼저 생각할 필요가 있다. 좀더 넓은 세상에 나가서 많은 경험을 쌓고 영어도 익힌다는 생각으로 보낸다면 이때가 가장 좋다.

조기유학과 대학생 유학의 차이점

자녀가 초등학교 저학년이고 단지 영어를 일찍 배우게 한다는 목적으로 유학을 보내는 것은 결코 바람직하지 못하다. 정체성과 가치관이 전혀 형성되지 않은 자녀들을 미국 국가를 부르게 하고 미국 역사를 배우게 하면서 성장시킨다면 그들은 성장하면서 많은 정신적 혼란을 겪게 될 것이다.

겉은 한국인인데 머릿속은 미국인으로 살아야 하는 갈등을 먼저 떠올려 보라. 필자가 조기유학의 적절한 시기로서 중학교 2~3학년이 가장 좋고 고등학교 1학년도 괜찮다는 까닭이 여기에 있다.

유학은 단순히 영어를 배우고 지식을 얻기 위해 가는 것이 아니다. 절제 있고 규모 있는 올바른 생활 습관를 터득하고 가치관을 형성하며 남을 배려하고 더불어 사는 지혜, 그리고 새로운 것에 대한 도전의식 등을 넓은 곳에서 길러주자는 목표가 더 중요하다. 실제로 이 시기에 유학을 떠난 아이들이 이 땅에서 부모님의 보호 속에 성장한 아이들보다 독립심과 자립심이 강한 청소년으로 변하고 있음을 종종 확인할 수 있다.

우리 사회에서는 자식을 혼자 보내는 것이 안타까워 대학생이 되면 유학을 보내고자 하는 부모님들도 적지 않다. 그러나 대학생이 되어 떠나는 유학은 지식의 습득은 될지언정 청소년 시기에 배울 수 있는 것을 놓치는 단점이 있다. 영어 역시 중고등학생일 때보다 훨씬 늦게 트인다.

가장 걱정스러운 일은 대학생의 경우, 자칫 잘못하면 돌이킬 수 없는 탈선의 길로 들어서기 쉽다는 점이다. 청소년 시기의 탈선은 대체로 사소한 수준에 머물지만, 대학생일 경우에는 결석해도 누가 뭐라는 사람이 없고 남녀가 동거하면서 학교를 다녀도 간섭하는 사람이 없기에 자제력과 결심이 뛰어나지 않는 한 졸업도 못하면서 세월만 보내는 경우도 많기 때문이다.

학교 선정이 중요한 까닭

유학 시기 못지않게 중요한 것이 바로 학교 선정이다. 필자는 몇 년 동안 유학 준비를 철저하게 해왔으면서도 마지막 과정인 학교 선정을 잘못하여 유학 자체를 실패로 만드는 경우를 종종 본다. 성공적인 유학에서 학교 선정이 얼마나 중요한가를 단적으로 보여주는 사례를 살펴보자.

"여보, 준호를 A학교에 보내는 게 좋겠어요."

"왜? 시설이 좋은가?"

"시설뿐이 아니에요. 마치 동화 속에 나오는 궁전 같아요. 전원 속에 아담하게 자리잡은 학교라서 주위에 노래방이나 술

집 같은 것은 눈을 씻고 봐도 없어요. 준호가 다른 데 신경 쓰지 않고 공부하기에 안성맞춤이데요."

고등학교 1학년에 재학 중인 아들을 유학 보낼 학교를 미리 살펴보고 돌아온 준호 어머니가 남편에게 설명하는 말을 통해 우리는 왜 준호를 유학 보내려 하는지를 알 수 있다. 중학생 시절 학교와 집밖에 모르던 아들이 고등학교에 들어가서는 친구들과 어울려 다니며 밖으로만 돌았다. 틈날 때마다 타일렀지만 그때뿐이지 소용이 없었다. 결국 미국 유학을 보내기로 결심한 것이다.

준호가 입학한 학교는 펜실베니아 주의 H학교였다. 외진 곳에 위치하여 아들이 탈선할 가능성이 적겠다는 판단에서 선정한 학교였다. 준호가 다니고 있던 고등학교와는 너무나 달랐다. 도심지 한가운데 위치한 탓에 운동장도 좁았고 하루종일 소음으로 시끄러웠는데, H학교는 광활한 캠퍼스에 중세 시대

AP
Advanced Placement의 약어. 대학 학점을 미리 획득할 수 있는 대학 수준의 강의를 말한다. 우수한 성적의 학생만 AP 과정을 수강할 수 있다.

의 유럽의 성처럼 건물도 아름다웠다. 한마디로 마음껏 운동
하고 공부할 수 있고 사색을 즐길 수 있는 환경이었다.

"야, 정말 대단한데. 여기서라면 엄마 간섭도 없이 좋겠다.
정말 꿈같은 학교야"

처음 얼마동안 준호는 멋진 곳에서 생활한다는 즐거움에 정
신없이 지냈다. '공부하라! 친구들과 어울리지 마라!'던 어머
니의 잔소리가 없으니 그야말로 살맛이 절로 났다. 그러나 시
간이 흘러 낯설던 환경에 적응되면서부터 오히려 서울이 그리
웠다. 시장처럼 시끌벅적한 학교, 하지만 그 속에는 사람이 부
대끼며 살아가는 멋이 있다고 느껴졌다. 이곳은 너무나 조용
하여 절간 같은 곳에 와 있다는 느낌마저 들었다.

학교가 워낙 외진 곳에 위치하여 주말이 되더라도 마땅히
갈 곳이 없었다. 맨날 도서관과 기숙사, 교실을 오가는 생활이
마치 감옥에 갇힌 한 마리 새라는 생각이 들었다. 외롭다는 생
각, 그리고 고향이 그립다는 생각에 자리에 누우면 잡념만이
무성했다. 서울에서는 그래도 친구들과 어울려 왁자지껄 다녔
는데…. 그제서야 왜 어머니가 군이 이곳을 선정했는지 알 것
같았다. 부모님이 밉고 원망스러웠다.

필자가 누군가의 소개로 준호의 편지를 받은 것은 그 무렵
이었다. 편지에 담긴 절절한 사연을 읽고서 맨 먼저 떠오른 것
은 사람이 얼마나 그리웠으면 어린 나이에 그런 글을 쓸 수 있
을까, 이것은 자식에 대한 사랑이 아니라 유기라는 분노심마
저 일었다. 필자는 곧바로 준호 어머니를 설득하여 보스턴 시
내에 있는 학교로 전학을 시켰는데, 그곳에서는 아주 잘 적응
하고 있다고 한다.

학교 선정은 전문가에게 맡겨라

왜 이런 일이 생겼을까. 처음부터 부모가 자녀의 적성에 맞
는 학교를 무시하고 일방적으로 선정했기 때문이다. 그것도
탈선의 유혹을 만들지 않겠다는 단순한 발상에서 택한 것이

문제였다. 활달하고 친구들과의 사교성이 뛰어난 자녀를 조용하고 외진 곳에 가두어 놓은 꼴이었으니 부작용이 생기는 것은 당연한 일이었다.

대부분의 유학생들이 낯선 환경과 조건에 잘 적응하는 데비해 일부 학생들이 적응하지 못하는 가장 까닭은 자녀의 성격과 적성에 맞지 않은 학교를 택했기 때문이다. 자녀가 장난이 심한 편이니 규칙이 아주 엄격한 학교로 보내달라고 주문하는 학부모도 적지 않다. 아마도 규율이 엄격한 학교에 들어가면 공부에만 전념할 것으로 여기는 것이다. 다행히 부모님의 예상이 들어맞아 자녀가 잘 적응하면 다행이지만 그렇지않다면 어떻게 할 것인가. 오히려 반발심만을 불러일으켜 유학생활 자체를 엉망으로 만들 위험성도 있다.

자녀에게 알맞는 학교를 어떻게 선정할 것인가. 현실적으로 부모님이 미국에 있는 모든 사립학교를 파악한다는 것은 불가능하다. 따라서 유학 전문기관의 도움을 얻는 것이 바람직하다. 또 부모님이 원하는 학교와 상담자가 객관적으로 보는 차이도 크다. 부모님의 편리한 생각에 학교를 선정했다가 실패를 자초한 예를 보자.

강민식 군은 중학교 2학년 때 뉴욕에 있는 T중학교로 유학을 갔다. 마침 이모가 뉴욕에 살고 있어서 필요할 때 도움을 받을 수 있을 것 같아이모의 의견을 받아들여 학교를 결정했다. 그러나 막상 입학하고 보니 전교생이 100명 남짓인데, 한국인 유학생이 20명을 넘었다. 학교에는 기숙사가 없었고 이모네 집 또한 여의치 못해서 학교 근처에다가 방을 구했다.

교문 밖에만 나서면 우리말 간판을 단 음식점, 당구장, 노래방 등 없는 것이 없었다. 영어를 몰라도 생활하는 데 별로 지장을 느끼지 않을 정도였다. 자연히 영어 실력도 늘지 않은 채 몇 달이 지나자 '왜 유학을 왔나?' 하고 고민하게 되었다.

이 소식을 들은 부모님과 상담한 필자는 강 군을 서둘러 기숙사가 있는 학교로 전학하도록 주선했다. 기숙사가 있는가 없는가 하는 점도 중요하지만, 학교에 대한 충분한 정보도 갖

지 않고 무조건 이모집 옆에 있어야 안심이 된다며 도심 한복
판에 위치한 학교를 선정한 것이 큰 잘못이었다.

등록금이 무조건 싼 학교를 피하라

자녀가 유학을 가고 싶어하고 부모님 역시 보내고 싶지만
경비를 따져보니 만만치 않다. 이럴 때 '용돈과 생활비만 있으
면 유학할 수 있다'는 말을 들으면 귀가 번쩍 뜨이게 된다. 그
래서 쉽게 유학을 보내고 '우리 애는 돈 안 들이고 유학 갔다'
고 자랑까지 한다. 그러나 그 내막을 알고 나면 가슴을 치고
통탄해도 모자랄 일이다.

미국 공립학교는 고등학교까지 학비가 없다. 그래서 관광비
자로 입국한 많은 학생들이 공립학교도 입학하고자 한다. 요
즈음은 원칙적으로 공립학교에 외국인을 입학시키지 못하도
록 정부에서 규제하고 있으나 아직도 일부 공립학교에서는 입
학금만 내면 받아주는 경우가 종종있다.

합법적인 유학생 비자(F-1)를 받지 못하면 불법 유학자가 된
다. 관광비자를 받은 후 6개월만 지나면 불법체류자가 되는데,
그렇게 되면 방학이 되어도 한국으로 나오지 못하고 미국에
계속 머물러야 하는 외롭고 불안한 생활을 하게 된다.

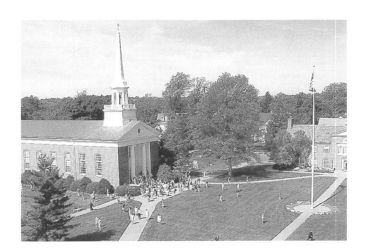

또 미국에서는 학교 설립이 쉽다. 때문에 규모가 아주 작은 학교들이 많다. 그 중 알차게 운영되는 학교도 있지만, 시설이 형편없고 교사 진용도 제대로 갖추지 않은 학교도 적지 않다. 학비가 5,000달러밖에 안 되는 학교라고 하면 우선 의심해 볼 만하다.

이러한 학교들은 대체로 소도시, 그것도 우리의 작은 마을 같은 데 위치한 학교로서 전체 학생수가 50~70명밖에 되지 않는다. 웬만한 학교라면 최소한 학생수가 200~300명 수준은 되어야 한다. 등록금이 없다거나 저렴하다는 이유 하나만을 믿고 입학하면 호미로 막을 일을 가래로도 막지 못하게 되는 결과를 초래할 수도 있으므로 조심해야 한다.

명문 학교의 조건

미국에서 명문교라는 평가는 얼마나 좋은 대학에 많은 학생을 진학시켰는가 하는 비율을 기준으로 삼는다. 따라서 아이비리그, 즉 하버드대, 예일대, 스탠포드대, MIT대 등 명문 대학에의 진학률이 높은 학교가 명문 학교이다. 이들 학교들은 SAT, AT, ACT 성적이 매우 높다.

물론 미국의 명문 대학은 고등학교의 성적만을 합격의 기준

으로 삼지 않는다. 클럽 활동은 얼마나 잘했는가, 운동은 무엇을 했으며 봉사활동은 어떠했는가, 친구들과 관계는 좋은가 등과 교사의 추천서를 아주 중요하게 여긴다. 단순히 성적만 좋은 학생을 원하지 않는다. 때문에 명문교일수록 커리큘럼이 다양하고 우수한 학생들의 뒷바라지를 잘해주며 과외 활동을 중시한다. 교사와 학생의 비율이 1대 10 정도이어서 학생 개개인에 대한 배려 또한 세심하다.

대부분의 사립고등학교들은 재학생을 명문 대학에 입학시키기 위해 많은 노력을 기울인다. 하지만 우리처럼 대학을 가기 위해 공부만을 강요하지는 않는다. 스스로 공부를 열심히 할 수 있는 환경을 제공하며, 필요한 학생들에게 개인지도를 해 주는 등 필요한 지원을 아끼지 않는다.

이러한 명문 학교에 유학하려면 우선 한국의 내신성적이 모두 A이어야 하고, 토플 성적이 600점 이상이어야 한다. 우리 유학생이 선호하는 명문 고등학교를 보면, 캘리포니아 주에 위치한 Gate School, Thacher School, 매사추세츠 주에 위치한 Phillips Academy, Milton School, Middlesex School, Concord School, Groton School, Deerfield School, 뉴 저지 주에 위치한 The Lawrenceville School, 뉴 햄프셔 주에 위치한 St. Paul's School, Phillips Exeter, 코네티컷 주에 위치한 The Taft School, Choate Rosemary Hall, Hotchkiss School 등이다.

이들 학교들은 미국 학생들도 입학하기 힘든 학교들이다. Phillips Academy는 미국 전 대통령 부시가 졸업한 학교로 널리 알려져 있다. 입학 경쟁률이 평균 5대 1을 넘으며 졸업생 대부분이 하버드대, 예일대, 컬럼비아대 같은 명문 대학에 입학하고 있다. 그러나 우리에게 알려지지 않은 명문 고등학교가 미국에는 많다. 각 주의 명문고등학교는 이 책의 4부와 5부에 게재된 미국 사립 중고등학교 안내를 참고하면 많은 도움이 될 것이다.

2 그래도 미국 유학이 유리하다

미국이 과연 비싸기만 한 걸까

"유학을 보내는데 왜 굳이 돈이 많이 들어간다는 미국으로 보내야 합니까?"

필자와 유학 상담을 하는 대부분의 부모님들이 궁금해 하는 첫 번째 대목이다. 굳이 학비가 비싸고 생활비가 많이 들어가는 미국을 고집하는 이유가 무엇이냐는 것이다. 그럴 때면 나는 조기유학일수록 반드시 미국으로 갈 것을 고집한다. 물론 영어권 국가인 호주, 영국, 캐나다, 뉴질랜드로도 유학을 갈 수 있다. 그러나 이왕 자녀의 장래를 위해서 유학을 보낸다면 경비가 조금 더 들어가도 미국으로 보내는 것이 낫다.

이처럼 필자가 굳이 미국을 고집하는 이유가 무엇일까. 지금 Purnell School에 재학중인 장미선이란 유학생의 사례가 생생하게 보여준다.

장 양이 처음 유학을 간 곳은 어머니의 먼 친척 언니뻘이 살고 있는 호주의 시드니였다. 미국보다 학비가 싸고 아는 사람이 있으니 딸아이를 잘 돌봐줄 수 있지 않겠느냐 하는 판단에 서였다.

우선 영어학교에 6개월을 다녔다. 그런 다음에 학교를 선정하는 과정에서 어머니가 직접 시드니로 가서 친척 언니와 함께 학교를 둘러보고 St. Marg School 9학년에 입학을 시켰다.

학교에 기숙사가 없다는 점이 아쉬웠지만 딸아이였기에 밥을 해먹는 것도 좋은 경험이려니 해서 방을 얻어서 자취를 시켰다. 대신 생활에 불편함이 없도록 이것저것 가재도구를 넉넉하게 마련해 주었다.

그러나 1년만에 다른 학교로 전학을 했다. 정규 수업을 따라갈 수 없었기 때문이다. 특별히 머리가 나쁜 것도 아니었지만 영어를 따라가기 벅차다는 것이었다. 전학을 간 학교는 Dane Bank School로 1년에 4학기로 운영되는 고등학교였다. 한 학기당 수업은 11주만 있고 나머지 2~3주는 금요일부터 방학을 시작해서 3주 후 화요일에 다시 수업을 받는 시스템이었다.

처음 얼마동안은 어머니가 두세 달에 한번씩 시드니를 다녀

Essay
미국 학교의 입학을 신청할 때 필요한 양식 중 하나로 작문을 뜻한다. 입학을 신청한 학교에서 주어진 주제에 따라 쓰거나 혹은 자기 소개의 내용 등으로 작성하면 된다.

왔다. 그러나 아버지의 사업을 도와주어야 할 상황이 되어 갈 수 없게 되자, 전화로나마 안부를 묻고 학교생활에 대해 이것 저것 물었다. 집안 살림이 풍족한 편은 아니었지만 생활비만은 넉넉하게 보냈다. 물론 처음 생각했던 것만큼 싸지는 않았다. 용돈과 식품비, 전기세, 전화요금, 차비 등을 포함하여 한달에 꼬박 1,700달러 정도가 들었다.

한동안 남편의 사업이 바빠서 전화조차 할 수 없었다. 그러다가 문득 걱정되어 전화를 했더니 딸아이가 아닌 낯선 목소리였다. 누구냐고 묻자, 학교 선배라고 하는데 딸아이는 지금 전화를 받을 수 없다고 했다. 불길한 느낌이 들어 다음날 서둘러서 시드니로 갔다. 놀랍게도 딸아이는 학교에 나가지 않은 지가 벌써 몇 달 째였다. 다비드라는 가디언이 있었지만 그 역시 눈치를 못챘다고 한다.

"이렇게 공부할 바에야 서울로 돌아가자. 이거는 황금 같은 시간 낭비이고 아빠가 힘들여 번 돈을 그냥 버리는 거야. 나는 너처럼 가능성 없는 아이에게 투자하지 않겠다."

왜 학교에 다니지 않았는지를 물을 기분이 아니었다. 우선 화가 치밀어 짐을 싸기 시작했다. 대충 짐을 정리해 놓고 나서야 몇 달씩 학교 수업을 빼먹은 이유가 궁금했다.

"엄마, 여기서는 학교 다니기가 너무 힘들어."

"뭐라구! 아니 그럼, 왜 진작 말하지 않았어?"

"엄마 아빠가 실망할까 봐…."

딸아이 말로는 학교 수업이 일찍 끝나고 아무도 없는 자취

방으로 돌아오는 것이 힘들다고 했다. 학교 수업이 끝나면 친구들은 모두 바닷가로 나가서 떠들고 몰려다니면서 논다고 했다. 딸아이는 처음 얼마동안은 그들과 어울리지 않으면서 공부에 열중하려고 노력했다. 그러나 혼자 있는 외로움을 견디기가 힘들었다. 친구들도 그런 딸아이를 따돌렸다. 할 수 없이 함께 어울려 다니다 보니까 영어도 늘지 않고 학교가 점점 가기 싫게 되었다는 것이다.

필자가 미선이와 상담을 시작한 것은 바로 이때였다. 우선 왜 유학을 가고 싶어하는지, 유학 가서 무엇을 할 것인지에 대해 스스로 곰곰히 따져보도록 했다. 영어 공부도 다시 시작하도록 했다. 한번 쓰디쓴 경험을 했기 때문일까. 아니, '다시 한번만 딴짓 하면 유학을 보내지 않겠다'는 부모님의 다짐에 충격을 받은 탓인지 미선은 최선을 다해서 준비했다.

나는 미국 Purnell School에의 입학을 주선했고, 성실하게 준비한 덕택에 무난히 입학하여 지금은 학교에서 아주 성실한 학생으로 인정받고 있다. 가끔 딸아이의 소식을 전한다면서 필자를 찾아오는 미선이 어머니는 이런 말을 해준다.

"아이들 키우면서 느끼는 재미, 기쁨은 이런 건가 봐요."

미국은 선택의 폭이 넓다

만일 미선이가 처음부터 기숙사 있는 학교에 입학했더라면 아마도 실패하지 않았을 것이다. 미국 유학이 다른 나라와 달리 좋은 점이 바로 완벽한 기숙사 시설을 갖추고 있다는 사실이다. 그렇다고 해서 미국의 모든 사립학교가 다 기숙사 시설을 갖추고 있는 것은 아니다. 현재 약 230개 정도의 중고등학교에 기숙사를 두고 있다.

캐나다, 호주, 뉴질랜드 등의 경우 기숙사 시설을 갖춘 학교가 흔하지 않다. 있다고 해도 입학조건이 대단히 까다롭다. 더욱이 대부분의 기숙학교의 경우에 ESL 과정이 별도로 마련되어 있지 않으므로 영어 실력이 월등한 소수 학생들만 입학할

수 있다.

미국은 뒤떨어지는 과목에 한해서 별도로 ESL 과정을 받으면서 학교에 다닐 수 있다는 장점이 있다. 호주 같은 나라는 어학코스를 1년 이수하여 점수가 좋아야만 정규 수업에 들어가도록 되어 있다. 따라서 2~3년간 어학코스만 다니는 학생이 수두룩하여 고등학교 졸업할 나이인데도 입학조차 못하는 사례가 적지 않다.

우리 나라의 학부모들이 미국 외에 다른 나라를 선호하는 이유는 이들 나라의 학비나 생활비가 저렴하고 비자 발급에서 거절당하는 경우가 거의 없기 때문이다. 그러나 입학하기 쉽다고 해서 무턱대고 보내면 부작용이 오히려 더 클 수 있다.

우선 Day School에 입학하여 현지 교민에게 가디언을 맡기는 게 보통이지만, 한참 호기심이 왕성한 사춘기 학생들을 가디언이 모든 생활에서 통제하기에는 역부족이다. 요즘 청소년들은 영리하고 지혜로운 편이다. 가디언이 혹 자신의 잘못을 야단치고 부모님에게 알리거나 하면, 무슨 수를 쓰던지 부모을 졸라서 다른 사람으로 바꾼다. 가디언도 하나의 직업이다보니 웬만한 잘못은 눈감아 주고 넘어가기 일쑤이다.

필자가 미국 유학을 선호하는 또 하나의 이유는 호주, 뉴질랜드, 캐나다 등이 대부분 영국의 교육 시스템을 본떠서 학교가 거의 평준화되어 있다는 점이다. 미국은 아주 작은 대학부터 명문대에 이르기까지 선택의 폭이 넓은 것이다. 말하자면, 미국에서는 공부를 웬만큼만 하면 모두 대학을 진학할 수 있지만 이들 나라에서는 뛰어나지 못하면 대학 진학의 문이 막혀버린다.

이밖에 미국 유학의 장점은 한두 가지가 아니다. 기숙사 제도를 운영한다고 해도 단순히 시설이 있는 차원이 아니다. 상당수의 학교 선생님이 교내에 함께 거주하면서 틈날 때마다 공부나 개인적 고민에 대해 상담해 주고 지도해 준다.

또 다양한 수준의 학교가 있어서 자신의 실력에 맞춰 입학할 수 있는 학교 선택의 폭이 넓다. ESL 과정이 설치되어 있어

서 공부에 적응하기도 쉽다. 그리고 대학 진학에 주력하는 학교의 경우, 학교에서 책임을 지고 좋은 대학에 입학할 수 있도록 지도해준다.

미국에서 공부를 잘 할 수 있을까?

많은 학부모와 학생들이 미국으로 유학을 가면 과연 수업을 따라갈 수 있을까 하는 걱정부터 앞세운다. 세계 제1의 강국이고 전 세계에서 우수한 학생들이 몰려드는 나라이므로 머리도 모두 좋다고 생각한다.

결론부터 말하면 결코 그렇지 않다. 오히려 미국에서는 한국에서 공부하는 것만큼만 한다면 우등생이란 말을 손쉽게 듣는다. 다만 미국의 우등생과 한국의 우등생을 평가하는 잣대가 다를 뿐이다.

대체로 우리의 학교수업은 40~50명이 한 교실에서 하루종일 과목을 달리하여 공부하는 방식이다. 수업 또한 학생 개개인의 능력에 관계없이 정해진 수업진도에 따라 선생님이 일방적으로 진행한다. 알아듣는 학생은 알아듣고, 모르는 학생은 모르는 대로, 이미 알고 있는 학생이 있건 없건 상관없다. 이래저래 공부 잘하는 학생이나 못하는 학생이나 수업시간이 재미없기는 마찬가지이다. 또 성적 평가는 주로 암기 위주 또는 사지선다형의 객관식 문제가 주류를 이루고 있다.

미국 학교의 수업 방식은 학생들이 선택한 과목을 찾아 교실을 옮겨가면서 수업을 받는 대학교육 방식이다. 수업시간은 선생님의 강의보다 학생들이 질문하고 발표하는 것이 대부분이다. 시험지 역시 4개의 답 중에서 정답 하나를 고르라는 식으로 출제되지 않는다. 평소 폭넓은 응용력과 사고력을 요구하는 방식으로 출제될 뿐이다.

더욱이 미국의 학습 평가는 시험 성적만으로 이루어지지 않는다. 학습 태도나 과외 활동 등을 종합하여 평가한다. 명문대학의 입학기준 역시 시험 성적뿐 아니라 수업 태도, 클럽활동, 생활태도 등을 고려하여 평가하고 있다.

어느 학부모는 자기 딸이 유학을 간 지 3개월도 안 되었는데 학업 성적이 모두 'A'라고 자랑을 한다. 이는 미국 수업과정을 잘 몰라서 하는 말이다. 그 학부모의 딸은 수학을 제외한 모든 과목을 ESL 과정에서 공부하고 있었던 것이다. ESL 과정에서 'A' 학점을 받았다고 해도 정규 과정의 'A'와는 질적으로 다르므로 무조건 좋아할 일이 아니다.

미국 학교에서의 성적 평가는 통상적으로 A~D로 평가되는데, 우등생이 되려면 평균 3.0이어야 하며 장학생이 될 수 있

다. 말하자면 평균 B학점 이상만 받으면 우등생이 되는 셈이다. 학과목은 매우 다양하지만 우리처럼 암기 과목은 없다. 수업 시간에 잘 듣고 이해만 하면 성적은 걱정하지 않아도 될 정도로 나온다.

학교에 따라 다르기는 하지만 대부분의 경우 고등학교 3년 동안 필수과목과 선택과목 중에서 16학점만 이수하면 졸업할 수 있다. 때문에 시험성적으로 스트레스를 받을 일은 거의 없는 편이다. 선생님의 지시사항을 잘 따르는 일, 과제물을 잘 해오는 일, 수업에 열심히 참가하는 일, 수업 태도 등이 좋기만 하면 누구든지 우등생이 될 수 있다.

웬만하면 우등생, 장학생 된다

영어 공부라고 해서 우리처럼 일률적으로 똑같은 교과서를 갖고 똑같은 학습진도에 맞춰 진행되는 것도 아니다. 셰익스피어나 영문시 혹은 영국문학 등 다양하게 세분화되어 각자 관심 있는 과목을 선택하면 된다. 본인이 하고 싶은 과목이기 때문에 성적 또한 덩달아서 높아진다.

역사 과목이 필수과목이긴 하지만 아시아 역사, 미국사, 아프리카 역사, 현대유럽사, 중세시대사 등으로 세분되어 있기에 본인이 마음대로 선택할 수 있다. 이밖에 미술, 음악, 체육 과목은 한 학기에 한 과목만 해도 되는 선택과목이다. 성실한 출석에 과제물만 제대로 제출해도 성적은 상위권에 속할 수 있다.

우리 나라에서는 보통 13~14개 되는 모든 과목을 다 잘해야만 우등생이란 말을 듣는다. 그야말로 슈퍼맨을 요구하는 셈이다. 영어를 잘하고 과학을 못한다고 할 때, 영어 공부에 더 많은 시간과 노력을 투자하여 실력을 쌓는 것이 아니라 과학 과목을 과외라도 하여 전체 성적을 올려야 하는 것이다.

미국에서는 성적을 매기는 데 있어서 시험 성적은 50퍼센트 정도만 반영하고 나머지는 수업시간마다 보는 퀴즈 성적을 반

'I-20' 이란?
입학 허가서의 일종으로, 그 학교의 유학생으로
인정한다는 의미이다. 반드시 이 허가서를 가지고
있어야만 전학, 입학이 합법적으로 가능하고 한국
을 왕래하는 일도 가능하다.

영한다. 이 퀴즈는 선생님이 정해주는 책만 읽어도 좋은 성적
을 낼 수 있을 정도이므로 걱정하지 않아도 된다. 한마디로 숙
제를 잘하고 수업 시간에 적극적으로 질문하고 성실한 수업
태도를 보이기만 하면 좋은 성적을 받아 장학생이 될 수 있다.
우리 나라에서 30등 하는 학생이라고 하더라도 유학을 가서
언어 장벽만 극복한다면 충분히 상위권에 들어갈 수 있다.

3 명문교에 입학시키고 싶다면

명문학교에의 입학 시기

자녀를 명문교에 입학시키고자 원한다면 미리 준비를 서두르는 것이 좋다. 대부분의 학부모들은 입학 시기가 9월이므로 3월이나 5월쯤에 학교를 선정하여 준비하면 된다고 생각하는데, 그때는 정규 입학으로 어느 학교든지 선택해서 갈 수 있는 시기가 아니다. 다음해 9월 학기에 입학하려면 올해 9월이나 10월부터 준비해야 한다. 이때부터 유학원을 정하여 상담하면서 서류를 준비하고 학교를 알아보는 것이 정상이다.

미국의 명문학교는 대체로 입학원서를 1월 15일에서 1월 30일에 마감하기 때문에 그 전해 12월에는 입학원서를 발송해야 한다. 좋은 학교들은 이 시기 이후 신입생을 더 이상 받지 않는다. 따라서 영어가 완벽하게 준비되었다고 해도 최소한 1년 정도는 여유를 가지고 모든 과정을 일일이 체크하면서 준비를 해야 한다.

만일 정규 입학 시기를 놓쳤을 때는 어떻게 할까? 다시 일 년을 기다려야 할까. 그렇지는 않다. 그때는 정원이 채워질 때까지 모집하는 Rolling Admission을 알아보는 방법이 있다. Rolling Admission도 원서를 될 수 있는 한 빨리 접수시켜야 한다. 일 년을 한국에서 다시 보내는 것보다 일단은 입학해서 다음 학기에 좋은 학교를 찾아보는 것이 낫다.

조기유학을 금하던 때에는 한국인 유학생이 많지 않아 입학하는 것이 쉬웠다. 그러나 요즘에는 사정이 많이 달라졌다. 올해에 명문학교의 경쟁률은 30대 1이 넘었다. 학교 성적이 좋아도 시기가 맞지 않으면 좋은 학교에 입학할 수 없다.

입학서류

입학서류는 지원서, 학교 성적증명서(초등학생은 생활기록부), 졸업증명서 또는 재학증명서, 교사 2~3명의 추천서, 에세이, SLEP 또는 TOEFL 성적이 첨부되어야 한다.

입학원서(Application Form)는 학교마다 조금씩 다르지만 대체로 비슷하다. 입학하고자 하는 학생의 신상에 관한 것을 질문하는 Student Question은 모든 학교가 필수적으로 시행한다. 여기서는 주로 좋아하는 학과목이나 싫어하는 과목이 무엇이

유학 준비 과정
1. 기초자료 수집, 학교 선정(입학 18~12개월 전)
2. 입학원서 신청과 각종 시험 응시(12~9개월 전)
3. 원서와 각종 서류 발송(9개월 전)
4. 후속 조치 및 입학 여부 통보(3~1개월 전)
5. 여권 및 비자 수속(3~1개월 전)
6. 출국과 학교 등록(1개월~1주일 전)
7. 학교 등록

며 그 이유는 무엇인지, 취미나 특기, 부모님과의 관계, 친구관계 등에 관해 본인이 직접 써야 한다.

많은 학생들이 '친구들은 너를 어떻게 생각하는가?' 라는 질문에 당황하여 잘 쓰지를 못한다. 또 '학교에 다니면서 학교를 위해서 무엇을 할 것인가?' 라는 생소한 질문에도 상당히 당황스러워 한다. 학교에서는 그냥 공부만 하면 된다고 생각했을 뿐 자기 자신이 학교를 위해서 무엇을 할 것인지를 생각조차 하지 않았기 때문이다.

그러나 미국은 다르다. 자기가 다니고 있는 학교에서 무엇을 할 수 있는가, 또 자기가 속한 사회에 어떤 도움을 줄 수 있는가 등을 중시한다. 그렇다고 해서 거창한 역할을 요구하는 것은 아니다. 길거리에서 쓰레기를 줍는 환경운동이나 양로원, 고아원 같은 불우시설에서 봉사활동을 하면 되는 것이다. '나는 노래를 잘하니까 노래하는 팀에 들어가서 봉사를 하겠다' 또는 '나는 장애자를 돕고 싶다' 라고 적으면 된다.

이때 주의할 점은 자신을 있는 그대로 솔직하게 써야 한다는 것이다. 단점이나 부족한 점이 있으면 있는 그대로 적어내고 앞으로 어떻게 고칠 것인가 하는 견해를 밝히면 된다. 우리 학생들은 단점을 쓰라고 하면 솔직하게 털어놓기보다는 애써 없는 것처럼 포장하는데, 그럴 경우 학교 생활에서 카운슬러의 도움을 제대로 받을 수 없게 되어 오히려 마이너스 요인이 된다.

부모님이 적는 항목은 가족관계와 자녀의 미래에 관한 것이다. 예컨대, 본인은 내 자식이 미국 학교에 가서 공부를 하여 이러이러한 사람으로 성장하기를 원한다는 내용으로 적으면 된다.

추천서를 잘 쓰는 요령

학교 선생님이 쓰는 추천서는 입학하고자 하는 학교에 곧바로 제출된다. 주로 영어, 수학, 교장 선생님이 작성한다. 미국 학교의 입학담당자들은 추천서를 비중있게 취급한다.

그러나 우리 교육환경에서는 교사가 지도하는 학생이 40∼50명에 이르다 보니 학생 개개인에 대해 제대로 파악하기 힘들다. 따라서 추천서를 써달라고 하면 두리뭉실하게 써주기 마련이다. 추상적이고 구체적이지 못하다. 보통 '착하고 성실하다' '노력하는 형이다' 등 좋은 말만 써준다.

참고로 미국에서는 입학생을 평가할 때 관심있게 보는 항목은 다음과 같다. 공부에 대한 잠재력이 있는가, 학교 성적은 아이가 가지고 있는 실력만큼 나타나는가, 수업을 제대로 이해하는가, 얼마나 노력하는가, 창의력은 있는가, 학문에 대한 호기심은 있는가, 도전정신이 있는가, 규칙을 잘 지키는가, 친구와의 관계는 원만한가, 정직한가, 다른 사람에 대한 배려는 어느 정도인가, 선생님을 존경하는가 등이다. 우리로서는 매우 낯설은 문항들이다.

우리 나라의 학교에서는 과정보다는 결과를 중시하는 경향

이 있다. 얼마나 열심히 노력했는가를 평가하기보다는 성적이 어떠한가를 더 따진다. 열심히 노력했으면 그만큼 성적이 좋아야 한다는 나름대로의 공식을 적용하고 있는 것이다. 그러나 미국 학교에서는 정반대이다. 아무리 좋은 성적을 냈더라도 노력하지 않으면 좋은 평점을 받지 못한다. 그리고 계속해서 그 자리에 머물러 있으면 평가는 더 낮아진다. 바로 이런 평가 방법 때문에 위와 같은 질문을 하는 것이다.

미국 입학담당자에게 좋은 인상을 심어주는 추천서를 쓰는 것은 어렵지 않다. 솔직하고 객관적이며 구체적으로만 쓴다면 좋은 점수를 받을 수 있다.

에세이를 잘 쓰려면

유학을 준비하는 학생들이 가장 생소하게 생각하고 잘 써내지 못하는 것이 에세이다. 에세이란 자기 철학을 나타내는 것이다. 미국의 모든 학교들은 이 에세이를 대단히 중요하게 여긴다. 고등학교 때는 크게 영향을 받지 않으나 대학 입학에서 커다란 영향을 끼친다. 특히 대학에 가서는 Writing을 못해서 좋은 성적을 내지 못하는 학생들이 많다.

에세이에 출제되는 문제는 다양하고 폭이 넓다. 지금까지 출제된 주제를 보면 대체로 다음과 같다.

○ 자신의 목표에 대해 말하라
○ 20세기에서 인류 문명에 가장 영향을 끼친 것에 대해 논하라
○ 앞으로 하고 싶은 일에 대해 어떻게 이룰 것인지 써라
○ 사회문제 중 가장 관심이 있는 것에 대해 논하라
○ 오늘 만나고 싶은 사람과 만난다면 무엇을 하고 싶은가?
○ 자기 인생에 가장 큰 영향을 끼친 사람이나 사건을 논하라

미국 교육에서 가장 중요하게 여기는 것은 모든 의견이나 견해를 말로 하기보다 글로 표현해야 한다는 점이다. 때문에 논리정연하게 자기 견해를 피력하는 에세이를 중시할 수밖에 없다.

ENTRANCE APPLICATION
Summer Session
Phillips Academy, Andover, Massachusetts 01810-4161

1

TO BE FILLED OUT BY APPLICANT AND SIGNED BY BOTH PARENT AND APPLICANT

Please Print

_____ usually called _____

DUNN SCHOOL

os, CA 93441   (805)688-6471   FAX (805)686-2078   e-mail: cadunnadmk@impresso.com

Any small
photograph
or
passport picture
should be attache
in this space.

Zip Code

lication for Enrollment - Upper School

Applicant's Full Name
tember, 19 ____ . A $30 non-refundable fee should accompany th—
] Day Student   Nickname, if any _____ as a student in the

Lake Forest Academy
English Teacher Recommendation
LFA admission application form #3

Application for Admis
Parent Statement

ant: _____

Admissions Office
P.O. Box 860
Bethel, Maine 04217
(207) 824-7777
FAX (207) 824-2926
Internet CONTACT=ADMISSIONS.GOULD.PVT.K12.ME.US

The student named above
9-12. Students at the Aca
ed that you complete this r
andidate.

Gould Academy

1. This form should be completed by the applicant's parent or guardian and returned to the Director of Ad
along with student's application.

you known this student?

Father's Name

Telephone

E-mail

Telephone

Fax

Advanced Degree

Home Address

Business Name and Address

k of this student, what words in

College Attended

Telephone

E-mail

Telephone

Fax

Advanced Deg

Occupation

Mother's Name

to others in the candidate's age grou

Home Address

Business Name and Address

	Truly outstanding	Excellen
ntial	❏	❏
vement	❏	❏
	❏	❏
	❏	❏

College Attended

Occupation

is deceased, or if parents are separated or divorced.

요즘 우리 사회에서도 글쓰기에 관심이 높아졌지만, 글을 잘 쓰려면 우선 독서량이 풍부해야 한다. 책을 폭넓게 읽은 학생이 글을 잘 쓴다. 또 하루 아침에 글을 잘 쓸 수 있는 것도 아니다. 오랜 습관과 영어 문법을 철저하게 해야 한다. 책을 많이 읽고 생각을 다양하게 하는 학생이라면 에세이를 쓸 때 많은 도움을 받을 것이다. 따라서 자녀 눈높이에 맞는 다양한 교양서적을 읽도록 지도하는 것이 바람직하다.

학교마다 요구하는 시험이 다르다

예전에는 대체로 무시험으로 신입생을 뽑는 학교가 많았으나 요즘에는 경쟁이 치열해져서 입학시험을 치러야 한다. 중학교나 고등학교에 입학할 때 SLEP라는 영어시험을 봐야 하고, 수준 높은 명문 고등학교인 경우에는 TOEFL을 요구하기도 한다. SLEP은 듣기와 읽기로 나누어져 있는데, 학교 영어과목 외에서도 출제되기 때문에 폭넓은 준비가 필요하다.

또 우리 나라에서는 어느 학교이든 입학서류를 제대로 갖추지 못했다면 일단 서류심사에서 탈락시켜 시험을 볼 기회마저 빼앗는다. 그러나 미국은 한두 가지의 서류를 빠뜨렸다고 해서 입학자격이 없다고 무시하지는 않는다. 입학서류가 완벽하게 갖추어지지 않았으면, 다시 연락하여 서류를 보완할 기회를 준다. 좋은 학교일수록 이런 제도가 잘 확립되어 있다.

인터뷰는 어떻게?

미국 유학에서 인터뷰는 대단히 중요하다. 학교 입학담당자들이 가장 신경 쓰는 과정이 바로 인터뷰이다. 이때 입학을 희망하는 학생의 적성이나 성품 또는 대인관계 등을 중점적으로 파악할 수 있기 때문이다.

우리 학부모들은 인터뷰를 해당 학교에 직접 가서 하는 것으로 잘못 알고 있는 경우가 많다. 그러나 굳이 학교까지 가서 인터뷰를 할 필요는 없다. 학교에 직접 간다고 해서 좋은 결과를 얻는 것도 아니다. 입학이 허가된 이후에 가서 보는 것도 괜찮다.

인터뷰는 보통 전화로 하는데 30분 정도 걸린다. 일반적으로 얼굴을 마주 보지 않고 전화로 하면 수월할 것 같지만 실제로 해보면 그렇지 않다. 따라서 미리 예상 질문을 뽑아서 차근차근 준비하는 것이 좋다. 부모님이 질문하고 자녀가 답변하는 가상연습을 해보는 것도 하나의 방법이다. 질문에 대해 정답이 따로 있는 것이 아니므로 또렷하고 확신에 찬 목소리로 대답하면 좋은 인상을 심어줄 수 있다.

인터뷰의 질문 사항은 통상적으로 다음과 같은 범주에서 벗어나지 않는다. 좋아하는 것이 무엇이냐? 학교에서는 무슨 활동을 했는가? 영화를 좋아한다면 어떤 영화를 감동적으로 보았는가? 우리 학교에 대해서 궁금한 점은 무엇인가? 학교에 오

여권 발급에 필요한 서류들
○ 반명함판(3.5cm×4.5cm) 사진 2장
○ 주민등록등본 1통
○ 주민등록원본
○ 국외여행 허가서(병무청, 772-4682)
○ 여권 인지대

면 어떤 활동을 하고 싶은가?

　답변은 막연하게 이야기하지 말고 이유와 원인을 구체적으로 밝히는 것이 요령이다. 예를 들어, 영화를 좋아한다고 답할 때, 어떤 영화의 어느 부분이 감동적이었느냐고 질문하기 때문에 적당히 넘어가는 식은 통하지 않는다.

여러 학교에 합격했다면?

　유학상담을 할 때 통상적으로 3~5개 학교를 지원하도록 한다. 명문교는 대체로 3월 10일 이전에 합격 여부를 통보해 준다. 만일 여러 학교에서 입학통지서를 받았다면 해당 학교들을 직접 방문하여 살펴보고 선택하는 것이 바람직하다. 시설이나 환경도 살펴봐야 하겠지만, 가장 중점을 둘 사항은 학교의 창립 정신이다. 설립자의 철학에 따라 교육환경이 크게 다르기 때문이다.

　한 학교를 선택했으면 늦어도 4월 초까지는 입학 여부를 통보해 주어야 한다. 이때 입학하지 않기로 결정한 학교에 대해서는 '합격해서 기쁘지만 못 가게 되어서 미안하다'는 서신을 띄우는 것을 잊지 말아야 한다. 이 정도의 인사는 미국 생활에서 기본 에티켓에 속한다. 또 그래야만 다음 순번의 지원자에게 기회가 돌아간다.

학교를 정했으면 그 학교에 입학하겠다는 서약서(Enrollment Contract)를 보내고 일정한 금액의 입학 예치금을 보낸다. 그러면 우편으로 입학허가서(I-20)가 집으로 배달된다.

이제 남은 일은 비자 신청뿐이다. 비자 신청 때 가장 주의할 점은 반드시 유학생 비자(F-1)를 발급받는다는 점이다. 가끔 입학허가서가 나왔으니 미국만 가면 되겠지 하는 안일한 생각에 관광비자로 출국하는 경우가 있는데, 이는 불법이므로 꼭 유학생 비자를 받아서 출국해야 한다.

입학허가서가 나왔다고 해도…

대부분의 학부모들은 입학허가서를 받고 나면 유학준비를 다 끝낸 것처럼 생각하는 경향이 있다. 이제 조금만 있으면 한국을 떠난다는 생각에 마음이 들뜨고 자녀로 하여금 미국 생활에 빨리 적응시키고 싶다는 욕심에서 다니던 학교를 그만두게 하는 경우가 많다. 영어 공부를 조금이라도 더 시키려는 마

음에서이다. 자녀 또한 억눌린 학교생활에서 벗어나고 싶어한다. 그러나 입학허가서를 받았다고 해서 학교를 그만두어서는 안 된다. 모든 서류를 완벽하게 갖추어 제출했는데도 비자가 발급되지 않는 경우가 가끔 있기 때문이다. 따라서 비자를 발급받고 떠날 날짜를 확정할 때까지는 학교 수업에 충실한 것이 바람직하다.

비자가 발급되지 않았을 때는 문제점이 어디에 있는가를 찾아내서 보완하여 재신청할 수 있다. 이때는 꼭 사유서를 써서 다른 서류와 함께 제출해야 한다.

사유서에는 귀국이 불투명하다거나, 미국에서 수학할 능력이 없다거나, 재정적 뒷받침이 부족하다거나 하는 비자 거절(reject) 결정에 대해 부당하다고 생각하는 이유를 적어 근거 자료와 함께 제출한다. 대체로 사유서가 논리적이며 근거가 있다는 타당성이 인정되면 비자는 발급된다. 미국의 비자 발급은 까다롭기로 소문나 있지만 미국에서 원하는 조건을 모두 갖추고 있으면 100퍼센트 발급되기 때문에 지나치게 걱정할 필요는 없다.

잘못된 학교 선택은 비자 발급이 거절된다

비자 발급이 거절당하는 경우 중 상당수는 학교 선정을 잘못했을 때 발생한다. 미 대사관에서도 인정하지 않는 등록금이 싼 학교를 선택했다면 거의 대부분 거절당한다. 아무리 유학 준비를 완벽하게 갖추었더라도 학교 선택을 잘못하면 유학을 떠날 수 없는 것이다. 김슬아 양의 경험을 보기로 하자.

"도대체 무엇 때문에 한 번도 아니고 두 번씩이나 비자가 거절되는지 그 이유를 모르겠어요. 우리 애보다 못한 애들도 잘만 나오던데…."

필자는 슬아 어머니의 말을 듣고는 무척 놀랐다. 막힘 없는 영어 실력과 민족사관고등학교를 수석 입학한 실력파, 게다가 성격도 활발하고 구김살 없었다. 대인관계도 원만하여 친구들

간에 인기가 높았고, 틈틈이 양로원이나 고아원에서 사회봉사 활동을 한 '좋은 성격'의 학생이었다.

첫 번째로 비자가 거절된 이유는 수학능력 부족이었고, 두 번째는 부모의 재정 상태가 불안하다는 것이었다. 그러나 수학능력 부족은 차치하고라도 부모님이 모두 의사인 엘리트 집안인데, 재정 상태가 불안하다는 것은 더욱 이해할 수 없다는 것이었다. 안타까운 일은 비자 발급을 거부당하리라고는 전혀 상상도 하지 않았기에 슬아가 학교를 그만두고 반 년 가까이 집에 있다는 점이었다. 영어학원에 다니고 있지만 공부가 제대로 되지 않는다고 했다.

필자는 비자 발급이 거부당한 이유를 얼른 알 수 있었다. 슬기가 입학하기로 한 학교는 LA에 사는 어머님 친구 소개로 정한 학교였지만 자료에도 나와 있지 않은 이름없는 학교였다. 학생수도 100명이 채 안 되고 학교 재정 상태 또한 형편없었다. 학비가 싸다는 점만을 생각하고 전문가의 도움 없이 아는 사람의 말만을 믿고 학교를 선정한 것이 실패의 시작이었다.

비자가 거절되었을 때
비자 인터뷰는 세 번 이상 신청할 수 있다. I-20 Form에 기록된 날짜까지도 비자가 발급되지 않았다면, I-20 Form과 비자 거절사유에 대한 편지를 학교측으로 보내주어야 한다. 연장된 I-20 Form를 받아야만 비자를 재신청할 수 있다.

필자는 먼저 슬아의 마음을 다독여 주었다. 무엇보다도 본인에게 처음 유학을 가겠다고 결심할 당시의 자신감과 용기, 도전의식을 되찾게끔 하는 것이 중요하기 때문이다. 그리고 나서 학교를 다시 선정했다. 이미 명문교들은 입학 시기가 지났으므로 입학이 가능한 학교 중에서 그래도 나은 학교를 골랐다. 다행히 버지니아 주에 있는 좋은 학교를 찾아 입학허가서를 받았다.

비자 발급을 신청할 때는 예전의 경험을 살려 신중을 기했

VISA Interview
유학생 비자(F-1 VISA)는 유학 수속 마지막 과정이다. VISA Interview에서 빠지지 않는 질문들은 다음과 같다.
○ 유학의 목적, 동기, 체류기간, 장래 희망
○ 학교를 선택한 동기와 정보(기숙사 형태, 학비)
○ 본인에 대한 내용(성적, 나이 등)
○ 유학 후의 계획(귀국 여부 포함)
비자 신청과 관련한 제반 사항은 비이민과로 직접 문의해보는 게 좋다.
Tel 02-3482-3654~6
E-Mail : yoohak@yoohak.co.kr

다. 우선 먼저 비자 발급이 거부당한 사유에 대해 논리적으로 반박한 글과 함께 증거서류를 첨부하여 제출했다.

첫째로 수학능력이 없다는 이유에 대해서는 수학능력이 충분하다는 것을 입증했다. 민족사관학교에 수석 입학한 경력과 중학교 성적표를 제출했고 우수상을 받은 기록도 첨부했다.

둘째로 부모의 재정 상태가 불안하지 않다는 점을 입증했다. 의사로서의 수입 내역과 지난 몇 년간의 은행거래 실적, 현재의 재산 상태 등 증명할 수 있는 자료는 모두 동원했다.

비자 발급 인터뷰에서는 공부를 한 뒤 한국으로 돌아오고 싶다는 의사를 분명히 밝히도록 했다. 이전의 인터뷰에서는 미국에서 대학까지 공부하고 싶다는 뜻으로 말한 것이 '미국에서 계속 살고 싶다'고 의미로 잘못 전달되었던 것이다. 인터뷰 때 귀국할 의사가 없다고 판단되면 비자 발급은 거의 100퍼센트 거부당한다.

다행히 모든 일이 순조롭게 잘 풀려서 슬아는 유학을 떠날 수 있었다. 물론 비자 발급을 거부당하는 이유가 잘못된 학교 선정에만 있는 것은 아니다. 그러나 형편없는 학교를 선택하면 다른 항목들조차 믿지 않는다는 점을 유의해야 한다.

재정상태를 보는 기준

한국의 교육열이 높다는 것은 새삼스런 이야기가 아니다. 나는 굶을지언정 자식만은 제대로 가르치고 싶다는 부모님의 열의가 나쁘다고는 할 수 없지만 어머니가 식당일을 하면서까지 자식을 과외공부시키는 것은 지나친 과욕이 아닐까 싶다. 부모에게도 부모 나름의 인생이 있지 않을까.

미국 사회가 우리와 달리 합리적이고 실리적인 사고를 가졌다는 점이 바로 이런 면에서 두드러지게 나타난다. 만일 부모의 한 달 수입이 300만 원이라고 하고 자녀 유학에의 소요 경비가 월 평균 200만 원이라고 하면, 미국인들은 "그렇다면 부모는 무엇으로 생활을 하는가?" 라고 반문한다.

하버드대나 예일대 같은 명문 대학에 입학허가서를 받아 놓고도 학비가 비싸서 포기하고 장학금을 준다는 대학을 선택하는 것이 미국인들의 사고방식이다. 그들의 사고방식으로는 한 사람을 위해 온 가족이 희생한다는 것은 상상조차 못한다. 때문에 비자 발급 인터뷰에서는 자녀의 유학을 충분히 뒷받침할 수 있다는 재산의 증명이 필요하다.

전에는 거래 은행의 예금통장 잔고가 일정 수준만 있으면 무난히 통과되었다. 그러자 일부 사람들이 은행에 잔고를 올려놓았다가 비자를 발급 받는 즉시 인출하는 수법을 썼다. 때문에 요즘에는 최근 몇 년간의 은행 거래 실적을 요구한다. 부모가 신용거래 불량리스트에 올라 있다면 당연히 거부당한다.

부적절한 태도나 답변을 피하라

인터뷰는 비자 발급을 결정짓는 데 대단히 중요한 관건이다. 그런데도 어떤 아이들은 엉뚱한 대답으로 손해를 보는 경우가 종종 있다. 예컨대 "학업을 마친 다음에는 어떻게 할 것인가?" 라는 질문에 공부를 계속하고 싶다는 욕심에서 "미국에서 계속 있을 겁니다" 라고 답하면 비자는 결코 발급되지 않는다.

물론 그렇게 답한 본인이나 부모의 참 의도는 그것이 아닐 것이다. 공부를 하는 데까지 열심히 공부하고 싶다는 의사표현일 뿐이다. 그러나 성적이 아무리 뛰어나고 재능이 있고 부모의 재산 상태가 좋더라도 비자는 발급되지 않는다. 학교를 마치면 꼭 귀국하겠다는 의사를 분명하게 표시해야 한다.

또 질문을 받고 나서 명확하고 또렷한 대답을 하지 못하고 우물쭈물하거나 제대로 답하지 못해도 거부당한다. 특히 앞뒤가 맞지 않는 진실성 없는 대답을 해서는 안 된다.

인터뷰를 할 때 반드시 영어를 잘해야 하는 것은 아니다. 통역의 도움을 받아도 무방하다. 다만 대답을 잘하려고 말을 꾸미거나 기가 죽어 굽실거릴 필요가 없다. 당당하게 자신이 유

VISA의 종류

체류 목적에 따라 다르게 VISA 발급이 이루어진다. F-1은 정식 유학생(I-20 발급 후), B2는 관광비자, J-1은 교환학생 또는 교수(IAP-66 발급 후)에게 해당된다.

학을 가고 싶은 이유, 가서 하고 싶은 일 등에 대해 본인의 뜻을 밝히는 것이 바람직하다.

지금까지 밝힌 조건은 절대적이다. 어느 한 가지의 조건에서 불충분하다고 판단되면 다른 조건을 만족시키는 답변을 했더라도 거부당한다. 한 가지의 조건에 만족하지 못하면 다른 것도 인정하지 않기 때문이다. 선정한 학교가 보잘 것 없는 학교일 경우 '왜 공부를 잘한다는 아이가 이렇듯 형편없는 학교를 지원하겠는가. 실제로는 실력이 없는 것이다' 라고 하여 나머지 항목에서도 신뢰하지 않는 것이다.

학교 성적이 좋지 않다고 비자 발급을 걱정하는 부모님을 종종 보게 된다. 그러나 학교 성적 때문에 비자 발급이 거부되는 경우는 그렇게 많지는 않다. "성적이 형편없는 것은 한국의 교육제도가 맞지 않기 때문이지, 수학능력이 없는 것은 아니다" 라고 하여 비자를 발급받은 사례도 있다.

그러나 모든 과목에서 성적이 형편없으면 거부될 가능성이 높다. 최소한 한두 과목은 뛰어나다는 것을 보여주어야 한다. 체육, 미술, 음악, 과학 등 어느 것이든 뛰어난 과목이 있도록 평소 공부를 할 필요가 있다. 성적을 향상시키고자 애쓰는 노력은 보이지 않고 학교 생활도 불성실하다면 '좋은 성격'의 소유자가 아니라고 판단하기 때문이다.

4 학교 선정 포인트 7가지

조기유학에서 성공하려면 무엇보다도 학교 선정을 잘 해야 한다는 점은 이미 여러 차례 강조했다. 공부를 잘하고 성품이 좋고 부모님이 경제적으로 여유가 있고 또 서류를 잘 갖추었다고 해도 학교 선정이 잘못되면 실패로 끝나기 십상이다. 앞에서 보았듯이 비자 발급이 거절되기도 한다.

그렇다면 좋은 학교를 선정하는 안목을 어떻게 가질 것인가. 필자의 오랜 경험으로 미루어 다음과 같은 조건을 따져보고 선택한다면 성공할 것이다.

사립학교이어야 한다

많은 학부모들이 왜 굳이 등록금도 비싼 사립학교를 가야 하냐고 반문한다. 이는 미국의 교육제도를 잘 모르기 때문이다. 우리의 경우에는 국, 공립학교가 등록금도 싸고 시설 또한 좋은 학교가 많다. 그러나 미국은 다르다. 합법적으로 유학을 가는 길은 사립학교에서만 가능하다. 사립학교만이 입학허가서(I-20)를 발급할 수 있기 때문이다.

기숙사가 있는가

부모님을 떠나서 생활하는 자녀에게는 단체생활이 바람직

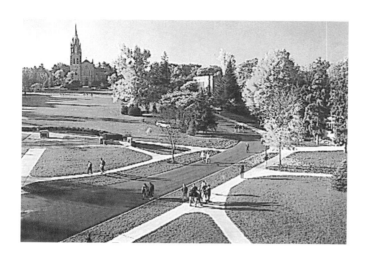

하다. 선생님이 학생의 일상생활을 책임지고 지도하므로 믿고 맡길 수 있다. 전에는 기숙사 생활을 금요일까지만 하는 5 day boarding이 많았는데 지금은 주말에도 학교 기숙사에 남아 있을 수 있는 7 day boarding이 많다.

대부분의 유학생들은 주말에는 쇼핑하거나 가까운 곳을 여행한다. 또 운동을 하거나 스포츠 경기 또는 연극, 영화, 공연 등을 관람한다. 기숙사에서 생활하면 얼마나 갑갑할 것인가를 걱정하지 않아도 된다. 갖가지 주말 프로그램으로 객지 생활의 스트레스를 풀 수 있기 때문이다.

대부분의 학교는 오후 3시쯤 수업이 끝나므로 집에서 다니는 학생들은 이때부터 자유시간이다. 따라서 아이들의 관리가 가장 중요한 시간이다. 기숙사 생활을 하는 학생들은 정해진

9학년 선택과목
English Composition, Mathematics, Biology or Intergrated Science, American Politics and Goverment, Classical and Modern Languages, Basic Computer Skills, Performing or Visual Arts, Study Skills, Health.

프로그램에 따라 지도교사들의 관리를 받지만 Day School에 다니는 경우에는 아이들 오후 시간을 관리해 주기가 쉽지 않다. 가디언이 있기는 하지만 아이들을 붙잡아 두기에는 역부족인 것이다. 따라서 기숙사가 있는 학교를 선정해야 한다.

ESL 과정이 있는가

영어를 아무리 잘해도 곧바로 수업에 적응하기란 쉽지 않다. 따라서 유학의 초기에는 정규 수업에 빨리 적응하기 위해 영어와 역사 ESL 과정을 듣는 것이 꼭 필요하다. 그러나 수학이나 체육, 음악 등에서는 우리 나라 학생들이 대부분 뛰어난 성적을 보이므로 외국 학생들과 함께 공부해도 된다. 필요한 과목에 한해서 ESL 과정을 이수하면 된다.

ESL 과정이 없는 학교에서는 ESL을 전문적으로 공부하지 않은 교사가 지도하는 경우가 많다. 영문법도 잘 모르는 교사에게 영어를 배우는 셈이 된다. 그러므로 ESL 과정이 있는 학교를 선정할 필요가 있다.

외국인 학생을 위한 ESL 프로그램은 대부분 쓰기와 문법, 듣기와 말하기, 읽기로 구분되며 초, 중, 고급반으로 운영된다. 한 개 반이 10명 안팎으로 구성되며 1학년인 경우에도 고급반에서 ESL 한두 과목을 듣는 경우도 있다. 초급 또는 중급 학생일 경우 ESL 과정은 하루 6과목 중 3과목을 차지하며 고급 과

정으로 올라갈수록 ESL 영어 연수과목이 적어지며 일반 정규
과정에 들어갈 수 있다.

ESL 과정은 단순히 영어만 공부하는 것이 아니다. 부족한 영
어를 공부하면서 낯선 문화에 적응해 가는 과정이기도 하다.
때문에 ESL 과정에서 열심히 공부한다고 지도교사에게 인정
받으면 정규 과정을 올라가는 데에도 유리하다. 가급적 수업
시간에 적극적이고 참여하는 태도를 보이는 게 중요하다.

한국인 유학생 수가 적은가

어느 학교의 경우에는 한국인 유학생이 전교생의 30퍼센트
정도에 육박하기도 하는데, 이러한 학교는 피하는 게 좋다. 유
학 초기에는 영어 사용이 힘들어 언어 소통이 잘 되지 않기 때
문에 답답한 마음에 한국인 유학생끼리 모이기 쉬운데, 그럴

10학년 선택과목
Introduction to Literature, Mathematics, Biology,
World Cultures 또는 Topics in Twentieth Century
History, Classical and Modern Languages, Basic
Computer Skills, Performing or Visual Arts, Study
Skills.

경우 영어를 배우기란 점점 더 어려워진다. 많은 유학생들이 영어 공부는 열심히 하는데 실력이 늘지 않는 것은 이런 환경 때문이다. 필자의 경험으로 보면, 한 학교에 10명 이상은 넘지 않은 게 바람직하다.

서부 지역보다는 동부 지역을 택하라

미국은 지역에 따라서 학교 제도나 환경이 크게 다르고 문화 역시 차이가 크다. 미국인들조차 동부 지역에서 살다가 서부 지역으로 이주한 초기에는 혼란을 겪는다고 한다.

대체로 동부 지역에 있는 학교들은 규칙이 엄하고 서부 지역은 자율적이다. 우리 나라 사람들은 동부 지역을 선호한다. 이곳에는 명문 고등학교가 많고 대부분 기숙사가 있는 학교들이며 문화적으로나 역사적으로 전통이 깊고 아름다운 학교가 많다. 동부에 있는 명문 고등학교로는 Concord Academy, Groton School, Milton Academy, Lawrenceville School, The Taft School, The Hotchkiss School, Choate Rosemary Hall 등이 있다. 반면에 서부 지역에는 ESL 과정이 있는 Boarding School 이 많지 않다. 자녀의 외로움을 달래준다고 해서 교포들이 많이 살고 이곳을 택하는 경우가 흔한데, 한국인 학생이 많은 것만이 반드시 좋은 것은 아니다.

지역을 선정할 때 가장 유의할 점은 부모님의 입장에서만 판단하여 결정하지 말아야 한다는 점이다. 내성적이고 소심한 성격의 자녀인데도 유혹을 받을 걱정이 없겠다는 생각으로 도

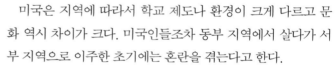

심지와 너무 멀리 떨어진 학교를 선택한다면 자녀가 우울증에 걸릴 확률이 높다. 또 활달한 성격의 자녀라면 교포가 많이 거주하는 지역을 택할 경우, 친구들끼리 어울려 다닐 개연성이 높다. 따라서 자녀의 성격과 환경을 고려하여 당사자가 잘 적응할 수 있는 지역인가를 따져보는 안목을 가져야 한다.

특히 기억할 것은 가급적 뉴욕이나 LA, 시카고 같은 대도시는 피하는 것이 좋다는 점이다. 이러한 대도시는 한국의 도시나 다름없을 뿐더러 한국인이 경영하는 술집이나 음식점, 노래방 등이 즐비하다. 한창 호기심이 많은 청소년 시기에 이런 유혹에서 벗어나기란 쉽지 않다. 무엇보다도 영어 실력을 향상시킬 기회가 적고 공부 또한 제대로 하기 힘들다.

명문교만이 좋은 것은 아니다

우리 부모님들은 자녀가 조금 공부를 잘한다면 무조건 이름 있는 명문 학교만을 고집하는 경향이 있다. 그러나 명문인가

11학년 선택과목
American Literature, Mathematics, Science, United States History, Classical and Modern Languages, Basic Computer Skills, Performing or Visual Arts.

아닌가를 따지기에 앞서 먼저 고려해야 할 사항은 자녀의 적성이나 학업 능력에 알맞는 학교인지를 살피는 일이다.

대체로 우리 부모님들은 자녀에 대한 객관적 평가에 인색한 편이다. 자식이 조금만 잘해도 최고인 것처럼 잘못 판단하는 경우가 흔하다. 또 자녀의 수학능력을 무시한 채 '일단 입학만 하면 곧 따라가겠지' 하는 막연한 기대로 명문을 고집하기도 한다. 그러나 이러한 쓸데없는 고집이야말로 자식의 앞날을 망치는 지름길이다.

미국은 학교 성적을 중요하게 여기는 학교가 있는가 하면 성적은 조금 낮아도 좋은 성격이면 입학을 허가하는 학교도 있다. 유학 전문상담가와의 상담을 통해 자녀의 모든 면을 종합적으로 고려한 학교 선정이 필요하다.

학생수와 학비를 고려하자

일반적으로 학생수가 적은 학교라면 학생과 교사와의 관계

는 긴밀해지고 개인지도나 다름없는 도움을 받는다. 반면에 학생수가 많으면 그렇지 못하다. 필자의 경험으로 보아, 학생수가 적은 게 유리하다고 해도 100명 이하의 학교는 피하는 것이 바람직하다. 200~300명선이 가장 적당할 것이다.

자녀의 성격이 도전적이고 강한 경쟁심에 활동적이라면 학생 스스로 선생님을 찾아다니며 지도받는 Cranbrook School 과 같은 큰 규모의 학교도 무방하다. 성품이 소심하고 내성적이고 누군가 옆에서 보살펴줘야 한다고 판단될 때에는 학생수가 적은 학교일수록 유리하다. 행동의 규제가 필요한 경우에도 마찬가지이다.

학비를 보면, 전에는 평균 2만 4,000달러 수준이었는데 요즘에는 2만 8,000달러가 일반적이다. 학비가 어느 정도인지도 살펴야겠지만, 평균보다 높거나 낮을 경우에 이유가 무엇인지를 파악해야 한다. 물론 턱없이 싼 수업료를 받는 학교는 아예 고려할 필요도 없다.

5 사립학교가 좋은 이유

　우리의 학교교육은 모든 것이 입시에 치중되어 있다. 그러나 미국 사립학교는 학문, 정서, 신체의 세 가지 덕목을 조화시키는 데 중점을 두는 교육이다.

　미국 역시 일류 명문대학에 입학하기를 원하기는 우리와 똑같다. 다만 우리처럼 일류 대학 진학만을 위해서 학교 교육을 시키지 않는다는 점이 다르다. 즉, 미국 교육은 학생들에게 순간적인 대처능력을 길러주고, 사회 속의 일원으로서 다른 사람들과 서로 도우며 살아가는 인간관계를 가르쳐주고 타인을 배려하는 마음을 길러주는 데 주력한다.

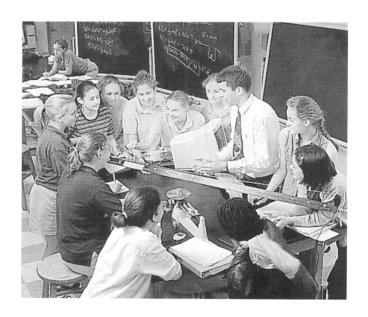

PG과정 선택과목
World Literature, Senior College English, Mathematics, Science, History seminar, Basic Computer Skills, Performing or Visual Arts.

미국 사립학교에는 집에서 다니는 Day School과 기숙사에서 생활하는 Boarding School이 있다. 그러나 명문 학교들은 대부분 기숙사 제도를 운영하고 있다. 모든 학생들로 하여금 함께 생활하면서 더불어 사는 지혜를 깨닫게 하고 정규 수업이 끝난 뒤에는 함께 운동하여 건강한 정신, 건강한 육체를 갖도록 노력하기 때문이다. 따라서 조기유학에서는 Day School 보다 Boarding School을 선택하는 게 중요하다.

자율적인 커리큘럼

대부분의 사립학교들은 주 정부로부터 제약을 받는 공립학교와 달리 학교마다 자율적으로 커리큘럼을 짜서 운영한다. 그러므로 학교마다 학점이 다르고 교재 선택이 자유롭다. 다만 대학입시에서 요구하는 영어, 과학, 제2 외국어, 수학, 역사 과목은 필수과목이다.

학생수는 100명에서 1000명까지 다양하지만 대체로 300명 정도의 규모가 많다. 따라서 학생과 교사의 비율은 8 대 1 또는 10 대 1을 넘지 않는다. 우리 나라처럼 교사 한 명이 수십

미국 남학생 가을학기 체육과목
Varsity Cross Country, Junior Varsity Cross Country, Dance(남녀 공통), Varsity Football, Junior Varsity Football, Vasity Soccer, Junior Varsity Soccer, Junior Varsity II Soccer, Freshman-Sophomore Soccer, Recreational Figure Skating(남녀 공통), Recreational Strength Training(남녀 공통), Recreational Tennis(남녀 공통).

명을 맡는 학교는 없다. 명문일수록 교사가 담당하는 학생수가 적다. 그에 따라 학생 개개인마다 Advisor가 있어서 교사가 학생의 신상을 자세하게 파악하고 지도한다. 한 학급의 학생 수는 보통 10~14명이다.

또 남학교, 여학교가 있지만 남녀 공학이 많다. 여학교는 주로 가톨릭계 학교인데, 사립학교 대부분이 종교적인 목적에서 설립된 학교이다. Special School은 언어나 수학 혹은 특정분야에 대한 수학 능력에 장애가 있는 아이들을 따로 교육하는 학교이며, Military School은 군대식으로 교육하는 학교이다.

다양한 교과과정

영어, 수학, 과학, 미술, 제2 외국어, 역사, 음악, 체육, 사회 등 과목이 다양해서 선택의 폭이 넓다. 우수 학생은 AP과정 수강이 가능한데, 명문 학교일수록 이 과정이 많다. The Hockaday School을 졸업하고 와튼 비지니스 스쿨에 입학한 이승연 양의 체험을 들어보자.

나는 고등학교에 입학하여 5개의 Solid 과목과 1개의 Fine Art 과목을 택했다. 다른 아이들과 달리 AP 과목의 수는 적었지만 과학과 수학은 언제나 Honors를 선택했다. 모든 분야를 골고루 공부할 목적이었기 때문이다. AP과정을 많이 택하려면 한 분야에 대한 공부를 집중적으로 하는 경우가 많다.

나는 진학상담 선생님에게 나의 의도를 미리 말씀드렸기 때문에 대학교 측으로부터 일부러 어려운 AP 과목을 피했다는 오해를 사지 않을 수 있었다. 과외는 한 과목도 하지 않았다. 학교 공부에 최선을 다했고 수업 시작 전이나 끝나고 나서 선생님을 찾아가 extra help를 받은 적은 많다. 특히 영어 페이퍼를 쓰는 것이 어렵기 때문에 과제물을 제출한 다음, 선생님을 찾아가 잘못된 부분을 지적받곤 했다. 영어 점수는 B에서 머물렀지만 노력한다는 자세 하나만은 선생님의 신뢰를 얻을 수 있었다.

미국 남학생 겨울학기 체육과목

Varity Basketball, Junior Varsity Basketball, Junior Varsity II Basketball, Freshman-Sophomore Basketball, Varsity Ice Hockey, Varsity "B" Ice Hockey, Junior Vasity Ice Hockey, Varsity Skiing, Junior Varsity Skiing, Recreational Aerobics(남녀 공통-), Recreational Figure Skating(남녀 공통), Recreational Skiing and Snowboarding(남녀 공통-), Recreational Strength Training(남녀 공통).

대학 입학을 책임지는 학교

미국에서 사립학교란 학교에서 책임을 지고 대학에 진학할 수 있도록 지도해주는 학교를 가리킨다. 우리처럼 별도로 학원비를 들여 과외공부를 하지 않아도 된다. 능력이 뒤떨어지는 과목에서는 학교당국이 담당선생님으로 하여금 별도의 교육을 실시하도록 하여 실력을 키워준다.

교장선생님들은 대부분 하버드대나 예일대 같은 명문 대학 출신들이 많다. 그리고 명문교일수록 박사나 석사학위를 소지한 명문대학 출신의 교사들이 많다.

Boarding School의 경우, 선생님들이 교내에서 학생들과 같이 생활한다. 같이 운동하면서 코치의 역할을 하거나 House parents, Dorm parents 또는 Advisor의 역할도 담당한다. 이밖에 학생들의 생일파티에 참석하여 함께 축하해 주거나 개인적인 고민에 대해 조언해 주기에 개인교사를 두고 있는 것이나 다름없다. 케네디 전 대통령의 모교인 Choate Rosemary Hall 은 전체 교사의 5분의 4가 교내에서 함께 학생과 생활한다.

학생들의 생활수준이 높다

미국에서 사립학교에 다닌다고 하면 대체로 상류층이나 부유층의 자제들이다. 대통령이나 고위 공직자, 유명 연예인 등 명문가 출신이 상당수이다. 명문일수록 학비가 비싸기 때문이다. 이들 학교에 재학중인 학생들의 생활수준 또한 우리의 상상을 초월한다. 보통 BMW나 벤츠를 타고 다니며 기숙사에는 수천 달러를 호가하는 가전제품을 갖추어 놓고 있다. 개인 비행기와 요트를 가지고 있어 방학이 되면 지중해나 카브리해 별장으로 여행을 가기도 한다.

이들 최고 명문 학교에는 외국인 학생을 위한 별도의 프로그램이 거의 없다. 외국인 학생이라 해서 특별히 지도하는 것도 없다. 학교 재정으로 보아 굳이 외국인 유학생을 받지 않아도 되기 때문이다. 따라서 학업 평가에서 불리하게 마련이다.

명문일수록 시설이 좋다

명문교일수록 학교 시설이 좋다. 과학실, 음악실, 미술실, 도서관, 각종 체육시설 등이 골고루 갖추어져 있고 언제든지 사용할 수 있다. 그러나 이 시설들은 학생들의 등록금으로 마련하는 것이 아니라 주로 졸업생들이 학교에 기부한 돈으로 갖춘다. 또 우체국, 스낵코너, 상점 등 편의시설이 교내에 마련되어 있다.

기숙사는 방 하나에 2명이 사용하는 것을 원칙으로 한다. 독방도 가능하지만, 대체로 졸업반에게 우선권이 주어진다. 기숙사에는 방마다 전화와 컴퓨터가 설치되어 있다. 또 간호사가 24시간 상주하며 의사도 교내에서 생활하므로 언제든지 치료를 받을 수 있다.

다양한 과외활동 프로그램

정규 수업이 끝난 뒤에 하고 싶은 취미생활을 각자 할 수 있도록 다양한 형태의 프로그램이 개설되어 있다. 합창반, 드라

미국 남학생 봄학기 체육과목
Varsity Baseball, Junior Varsity Baseball, Dance(남녀 공통), Varsity Golf, Varsity Lacrosse, Varsity Tennis, Junior Varsity Tennis, Freshman-Sophomore Tennis, Varsity Track, Recreational Figure Skating(남녀 공통), Recreational Strength Training(남녀 공통), Martial Arts, Horseback Riding.

마반, 지역봉사반, 신문반, 사진부, 재활용클럽, 수학클럽 등 재미있는 클럽도 많다. 이러한 과외활동은 대학입시에의 반영 비율이 높으므로 적극적으로 참여하는 것이 유리하다. 특히 스포츠를 중요하게 여기므로 한두 가지 종목에서 잘하는 것이 좋다.

미국 학교가 스포츠를 중시하는 이유는 운동을 통해서 팀웍과 공정성을 함양할 수 있기 때문이다. 체육 프로그램으로 야구, 배구, 레슬링, 테니스, 하키, 수영, 승마, 골프 등이 있다. 일부 학교에서는 방학을 이용하여 영국, 프랑스, 스페인 등을 돌아다니는 문화체험 프로그램도 운영하고 있다.

하루 일과

기숙사 학생의 경우, 오전 7시에 일어나며 학교 수업은 8시부터 시작된다. 한 과목당 수업시간은 45분이다. 오후 2시 반이나 3시 이전에 모든 수업을 끝낸다. 수요일은 오후 1시에 수업을 종료하고 운동시합을 한다. 수업이 끝나면 운동과 방과 후 프로그램에 따라 각자 가입한 클럽에서 활동한다. 저녁식사 시간은 오후 6시이며, 취침시간인 10시 30분까지는 각자 자율학습 시간이다.

특이한 점은 소등하는 시간이 학년별로 다르다는 점이다. 해당 시간 이후에는 불을 켜서는 안 된다. 때문에 한국에서 마음대로 늦게 자도 괜찮았던 유학생들로서는 처음 얼마동안은 적응하기 쉽지 않다. 특별히 불을 켜야 하는 경우에는 사전에 담당 선생님의 허락을 받아야 한다.

주말에는 보통 쇼핑에 나가거나 댄스 파티 또는 영화, 연극, 공연 등을 관람한다. 시내에 가기도 하는데 주로 문화생활에 많이 시간을 투자한다.

끝으로 기숙사비를 포함하여 미국 사립학교의 학비는 1년에 2만 4,000달러에서 3만 달러 안팎이다. ESL 과정은 별도로 2,500~3,000달러 정도 추가된다.

6 또 하나의 시작, 출국에서 입학까지

정확한 영어 문법을 익혀라

우리 나라의 초, 중, 고등학교에서도 영어 수업을 영어로만 진행할 계획이라고 한다. 그야말로 영어를 잘하기만 하면 성공이 보장되던 시대는 지났다. 영어는 생존의 필수조건 중 하나일 뿐이다.

유학생에게 영어 실력은 그 어느 것보다도 중요하다는 것은 새삼 강조할 필요가 없을 것이다. 어중간한 영어 실력보다는 확실한 실력을 갖추는 것이 성공의 키워드이다. 그리고 영어를 잘 하기 위해서는 무엇보다도 영어에 대한 두려움을 갖지 않도록 자신감을 심어주는 게 중요하다.

그러기 위해서는 미국인이나 영국인 등 영어를 모국어로 하는 선생님들과 영어 공부하기, 영어로 된 소설책 읽기, 외국 문화 익히기, 매일 영어로 일기쓰기 등 일상생활에서부터 영어를 늘 가깝게 대할 수 있는 환경을 만들어 주어야 한다. 또한 부모님의 발음이 훌륭하지 못하더라도 자녀와의 영어 대화를 늘 시도하며 영어로 읽기, 쓰기 등에 많은 시간을 들여야 한다.

미국 학교는 대부분 writing sample을 요구한다. 때문에 작문 연습을 미리 해둬야 한다. 작문은 문법에 기초를 두어야 하므로 문법을 정확하게 익히는 게 무엇보다 중요하다.

독립적인 생활태도 익히기

　우리 부모님들은 자식에 대해 지나치게 관대한 편이다. 해 줄 수 있을 만큼 해주는 것을 부모된 도리라고 여긴다. 그러기 에 결혼한 뒤에도 여전히 부모님에게 경제적으로 의존하는 사 람들이 적지 않다. 그러나 유학은 철저한 홀로서기이다. '낯설 은 곳에 가면 얼마나 고생하겠는가. 집에 데리고 있을 때라도 편하게 해주겠다' 는 생각에 유학을 가는 날까지 뒷바라지를 해준다면, 그 아이는 미국에 도착하는 그 날부터 큰 곤욕을 치 룰 것이다.

　유학 준비에 가장 큰 몫을 차지하는 게 바로 생활태도의 변 화이다. 방을 정리하고 자기 물건을 정돈한다거나 자기 할 일 을 스스로 하는 것, 시간 및 용돈 관리 등 모든 면에서 스스로 할 수 있도록 만들어야 한다.

　혼자 생활한다고 해서 너무 걱정할 필요는 없다. 자라나는 아이들은 어른들보다 새로운 환경에 적응하는 속도가 빠르다.

예방접종(Immunization Record)
학교에 입학하기 전에 기본적인 예방접종과 백신 투여를 받아야 한다. 이때 자신이 이미 맞았던 예 방주사들의 기록서를 제출하는 것이 좋다. 여기에 는 디프테리아, 파상풍, 백일해, 볼거리, 홍역, 유 행성 소아마비, 풍진 등이 기록되어 있다. Medical Statement(건강진단서)도 함께 제출해야 한다.

유학을 떠난 뒤 불과 서너 달 후에 자녀를 만나 본 대부분의 부모님들이 '자식이 몰라보게 어른스러워졌다'고 칭찬하는 것도 그런 이유 때문이다.

단체생활에 적응하기

기숙사 학교를 택했을 경우, 졸업할 때까지 생활해야 하므로 공동생활에 대한 이해를 높여주어야 한다. 학교나 사회단체에서 하는 그룹 교육에 적극 참여시켜 함께 생활하는 방법을 익히도록 한다. 또 룸메이트와도 잘 지내야 하므로 상대방에 대한 이해와 서로를 배려하는 방법을 익히게 하는 것도 필요하다. 경제적으로 여유가 있다면 Summer School을 보내는 것이 좋다. 영어도 익히고 낯선 곳에 대한 선입견도 없애며 혼자서도 잘 할 수 있다는 자신감을 심어줄 수 있다. Summer School은 보통 6월 20일부터 말일경에 시작한다. 이때 주의할 점은 한국 학생들끼리 모아서 보내는 '단기연수'는 되도록 보내지 않는 것이 현명하다. 한국인끼리 수업하다 보면 효과가

Deposit
예치금으로 입학이 허가된 후 입학신청서를 제출
하는 경우에 지불한다. 입학예치금은 돌려받을 수
없다. 학교에 등록금을 낼 때 이 돈은 등록금에서
제외된다.

거의 없다. 각국의 학생들이 모이는 International Camp나 미
국 정규 사립학교의 Summer School이 효과적이다.

먼저 실력을 기르자

미국에서 아무리 인종차별이 심하다고 해도 실력이 뛰어나
면 괄시받지 않는다. 따라서 실력을 높이는 것만이 살아남는
길이다. 규칙이 아무리 엄하다고 해도 규칙을 잘 지키면 차별
받을 이유가 없다.

우리 나라 학생들은 대부분 수학 실력이 뛰어나다. 수업을
시작하여 가장 적응하기 쉬운 과목이 수학이다. 따라서 유학
을 준비하면서 수학의 용어를 미리 익혀주는 것이 좋다. 한 달
가량이면 수학 수업에 필요한 모든 용어를 익힐 수 있다. 수학
에 자신이 붙으면 다른 과목에도 자신감이 생겨날 것이다.

출입국 절차

부모님이 자녀와 함께 출국한다면 별 문제가 없겠지만 혼자
보내게 되었을 때는 여러 가지를 미리 살펴봐야 한다. 물론 부
모님이 동행한다고 해도 세심한 점검은 필요하다. 만일 자녀

를 혼자 보내야 하는 경우라면 타고 갈 항공사에 미리 페밀리 케어 서비스를 신청하여 학교가 위치한 공항까지 안전하게 도착하도록 배려한다.

우선 출발시간 2시간 전에 공항에 도착하는 것이 좋다. 여권과 비행기표를 최종적으로 확인하고 자신이 타야 할 항공사, 그리고 김포공항의 신청사인지 구청사인지를 확인한다.

공항에 도착해서는 공항세를 내고 출입국신고서를 작성한다. 이어 타고 갈 항공사 앞으로 가서 여권을 보여주고 자리배정을 받는다. 특별히 원하는 자리가 있으면 부탁한다. 다음으로 짐을 부친다. 70킬로그램까지는 무료이지만 초과할 때는 별도의 요금을 내야 한다. 직접 휴대할 가방은 최대한 가볍게 해서 가지고 다니는 것이 좋다

출국세 영수증은 직원에게 제출하고 검색대를 통과할 때는 주머니에 금속성 물건을 넣어서는 안 된다. 이어 출국신고서, 여권, 비자 확인을 받고 여권에 도장을 받으면 이제 비행기 탑승만 남았다. 너무 들뜬 나머지 출구 번호와 비행기 번호를 확인하는 일을 잊는 경우가 있으니 조심해야 한다.

미국 입국 절차

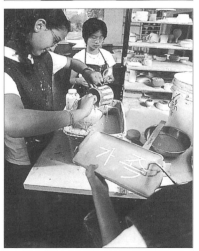

미국에 도착하기 전에 기내에서 스튜어디어스가 입국신고서와 세관신고서 용지를 나누어준다. 미리 작성하여 미국 공항에 내리면 우선 출입국관리국에 신고를 한다.

직원에게 여권과 입국신고서를 제출하면 간단한 인터뷰를 하게 된다. 이때 당황해서 엉뚱한 대답을 하면 문제가 생기므로 사실대로 질문에 답하면 된다. 입국 목적은 학교에서 공부하기 위해서이고, 가는 곳은 어디이며 또 언제까지 머무를 것인지를 여권과 I-20에 적힌 대로 정확하게 말하면 된다.

만일 의사소통이 불편하면 통역을 부탁하는 것이 좋다. 공항에 따라서는 별도의 장소로 데려가서 질문하는 경우도 있다. 마찬가지로 겁내지 말고 있는 그대로 또렷한 목소리로 답

한다. 인터뷰가 끝나면 I-20을 한 장은 직원이 갖고 다른 한 장은 내주는데, 여권 뒤에 붙여서 잘 간직해야 한다.

입국대를 지나면 Baggage Claim Area에서 짐을 찾아오면 된다. 이때 자신이 타고 온 항공사를 알아야 짐을 찾을 수 있다. 짐을 찾고 세관신고서를 제출하고 통과하면 된다. 학교와 미리 연락해서 리무진 서비스를 받거나 학교 pick up service(공항에서 학교버스로 태워가는 것)를 받는 것이 좋다. 개인적으로 학교를 찾아갈 경우에는 택시를 타는 편이 안전하고 편리하다.

외환송금 절차

자녀를 유학 보낸 부모님들이 가장 궁금해 하는 것의 하나

송금 은행 지정
외환 송금은 어떤 은행에서 해도 상관없지만 반드시 한 은행을 지정해야 한다. 지정한 은행을 바꾸려면 먼저 지정 은행에 지정 변경신고를 한 뒤 변경할 희망은행에 지정은행 신고를 해주어야 한다.

가 어떻게 자녀에게 송금할까 하는 문제이다. 유학 자율화 이전에는 학교로 송금이 되지 않았으므로 친척이나 아는 사람을 통해 보냈지만, 지금은 학교로 직접 송금할 수 있다. 기숙사비, 학비, 교재비, 학교 행사 참가비 등 학교 생활에 필요한 모든 돈을 직접 보낼 수 있다.

은행에 I-20를 제출하고 학교에서 보낸 내역서를 제출한 뒤 학교 주소와 이름, 은행구좌 등을 적어내면 된다. 학교 입학허가서를 받기 전에 필요한 전형료, 예치금, 보험료 등을 납부할 때에는 주민등록증을 지참하고 외환 창구에 가서 money order를 끊어서 보내면 된다.

일 년에 개인용도의 송금 가능액은 1만 달러이며 하루에 송금 가능액은 5,000달러이다. 그러나 학비와 학교생활에 필요한 경비는 제한이 없다. 출국할 때에는 3,000달러까지 지참할 수 있다. 학교에서 쓴 잡비나 학교 주관 여행시 사용한 돈은 모두 부모님에게 통보되며, 학생구좌에서 인출되기도 한다.

짐 꾸리기와 미리 준비해야 할 것

유학이 결정되었다. 정든 학교와 부모님, 그리고 친구들과 헤어져야 한다. 그러나 막상 홀로 서야 하는 시간이 다가올수록 설레임은 사라지고 막연한 두려움이 밀려온다. 그래서 설

Insurance
유학 생활중에 발생하는 사고나 질병으로 인한 경제적 손실을 보상받기 위해서 반드시 유학생보험이나 Health Insurance에 가입해 둘 필요가 있다. 유학생들에게는 어떤 사회보장제도도 적용되지 않기 때문이다.

사회보장제도
미국에서 은행을 이용려면 사회보장번호(Social Security Number)가 있어야 한다. 거주지에서 가장 가까운 사회보장 사무소(Social Security Office)를 방문하여 신청한다. 운전면허 신청시에도 필요하다.

왕설래하다가 짐을 제대로 챙기지 못해서 불편을 겪는 경우가 종종 있다. 부모님은 자녀에게 필요한 것이 무엇인가를 미리 메모한 뒤 하나씩 점검하면서 챙기는 지혜가 필요하다.

짐을 챙길 때, 의복은 학교가 위치한 지역의 기후를 미리 알아보고 간단하게 준비한다. 속옷과 운동화는 반드시 준비해야 한다.

유학 생활에서 가장 힘들고 외로울 때가 몸이 아픈 경우이다. 우리 나라에서는 감기약 정도는 동네 약국에서도 쉽게 구할 수 있지만 미국은 약의 종류에 따라 다르므로 간단한 약은 가지고 가는 게 편하다. 또 만일의 경우를 대비해서 의료보험에 가입하는 것이 좋다.

학생 의료보험의 경우, 학교에서 알선하는 보험회사나 학교 자체 내에 있는 보험제도를 이용하면 된다. 학교에서 주선하는 의료보험에 가입하면 저렴하게 병원을 이용할 수 있다. 그러나 학교의 의료보험료가 너무 비싸다고 생각되면 개인적으

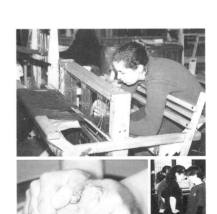

로 의료보험에 들 수 있다. 미국은 의료비가 엄청나게 비싸므로 만약의 경우에 대비하여 의료보험은 꼭 들어야 한다.

한편 미국의 모든 학교는 유학생이 가지고 와야 할 물품 목록을 보내는데, 이 물품을 어디서 구입해야 하는지, 또 어떤 것이 좋은지 등을 두고 큰 어려움을 겪는 모습을 자주 보게 된다. 필자는 대부분의 학부모들이 겪는 이러한 어려움을 덜어주기 위해 인터넷 쇼핑몰(chogiuhak.com)을 운영할 계획이다. 여기서는 학교 준비물뿐 아니라 유학 중에 필요한 국내 물품도 패키지 판매할 예정이다.

참고로 유학을 떠나면서 준비해야 할 기본적인 물품 목록은 다음과 같다. 이 항목을 보며 짐을 꾸리면 실수가 없을 것이다.

린넨 (Linens)	침대보와 침대 커버		타월(큰 것과 작은 것)	
	매트리스 커버		베개와 베개 커버(2개)	
	담요		전기요	
의류 (Clothes)	캐주얼	청바지	티셔츠	반바지
	운동복	수영복	조깅복	운동화
	정 장 여학생	원피스	수트	핸드백
	남학생	양복	넥타이	정장구두
개인 준비물	여권 비행기표	의약품	사전	전자수첩
	우산 전자계산기	전화카드	목욕가운	슬리퍼
	잠옷 나이트가운	안경	콘택트렌즈	
방 준비물	카세트 알람시계	램프	빨래주머니	
	휴지통 세면도구	옷걸이	헤어드라이어	

특히 여권 비자번호는 따로 적어놓고, 현찰은 소액으로 100달러 정도 준비하면 된다. 그리고 '1-20'을 넣어놓은 봉투는 절대로 뜯으면 안 된다.

7 실전, 미국 학교생활 완벽 가이드

배가 고파서 못 살겠어요

"엄마, 배가 고파서 못 살겠어요."

여러분은 이 말을 다른 나라도 아닌 미국에 유학하고 있는 어린 학생이 했다면 믿을 수 있을까. 그러나 엄연한 사실이다. Homestay를 하는 아이들의 대부분이 이구동성으로 호소한다. 어떤 때는 배가 고파서 잠이 안 올 지경이라고 한다.

필자는 친한 미국인 친구에게 딸아이를 맡겼었다. 필자가 보기에도 자기 딸처럼 잘 돌봐주었던 같다. 물론 미국인의 관점에서 하는 말이다. 그래서 가끔 농담 삼아 "우리 딸애가 당신 집에 있을 때 배고파서 죽는 줄 알았대!" 라고 하면 정색을 한다. 특별히 먹을 것을 더 챙겨주었는데 무슨 소리냐고 되묻는다. 한국인 유학생을 돌보는 미국인 주부들이 공통으로 하는 말이 '한국 학생들은 너무 많이 먹어서 당해낼 수가 없다'는 것이다.

왜 미국인들은 한국인 유학생들이 너무 많이 먹는다고 생각할까. 사실 우리 가정에서는 자녀가 먹고 싶다면 대체로 사주는 편이다. 다른 것은 몰라도 먹는 것에는 인색하지 않다. 그리고 우리의 보통 가정에서 먹는 음식은 대체로 미국의 상류 가정에서 먹는 것보다 낫다. Homestay를 하는 집안은 대부분 미국의 중류층에 속한다. 그들의 식사는 치킨 두 조각에 우유

800 Toll-Free 통화
수신자부담 전화서비스로 특히 장거리전화를 사용할 때 유리하다. 최근에는 회사, 관공서,학교에서 점차 개인으로까지 확산되고 있다. Mail Order Shopping도 제공된다.

한 잔, 버터 바른 빵 한 조각이면 끝난다. 또 음식을 먹다가 남으면 전자레인지에 데워 먹곤 한다. 우리처럼 끼니마다 다른 찌개를 먹는다는 것은 상상할 수도 없는 일이다.

냉장고를 열어봐도 우유와 마른 빵, 과일, 채소밖에 없다. 있어 봤자 컵라면 정도이다. 미국 중산층의 생활은 매우 단조롭다. 영화나 드라마에서 연출되는 멋진 파티는 어쩌다 한 번 하는 행사일 뿐이다. 과자, 과일, 햄버거뿐이니, 한창 먹을 한국인 유학생으로서는 견디기가 힘들다. 우리 같으면 돼지 불고기라도 볶아 먹으면 푸짐한데 미국에는 그런 게 없다.

인터콜 국제전화서비스
유학생들의 국제 전화료 부담을 많이 줄여주는 인터콜 국제전화서비스가 새롭게 제공되고 있다. 가입비와 기본요금이 없으며, 신용카드로 매월 자동 지불할 수 있다. 사용 후에는 매월 상세한 통화내역과 요금이 기록된 요금표가 우송된다.

우리 부모님들은 자녀를 유학 보내면서 일부러 직업으로 Homestay를 운영하는 집을 택하는 경우가 많다. 외로움을 이 겨내는 데 도움이 되지 않을까 생각한다. 그러나 이 경우에 어 느 정도 안심은 될지언정 영어 실력이 늘지 않는다. 학교에서 는 영어를 쓰고 집에 돌아와서는 아이들끼리 모여 우리말을 쓰는데 영어가 트일 리 없다. 돈은 돈대로 들면서 공부는 공부 대로 못하고 만다.

한두 달간 경험 삼아 Homestay를 하는 것은 괜찮다. 그러나 아무리 친한 친구나 친척이라 해도 6개월은 넘기지 않는 것이 좋다. 남의 아이를 돌본다는 것이 말처럼 쉽지 않기 때문이다.

사소한 규칙도 중시하는 기숙사 생활

기숙사 생활이라고 해서 모든 것이 좋은 것만은 아니다. 처 음 몇 달 동안 외출할 엄두도 내지 못하다가 어느 날 외출했다 가 홍역을 치른 명진 군의 경험을 보자.

주말이었는데, 때마침 다른 학교에 다니는 한국인 친구들이 만나자는 연락을 해왔다. 담당 선생님에게 외출을 허락 받고

기분 좋게 시내로 나갔다. 그러나 먼 이국 땅에서 만난 친구와의 만남은 시간이 짧기만 했다. 정신없이 놀다 보니 귀가 시간이 다 되었다. 부랴부랴 기숙사로 돌아왔지만 약속시간보다 조금 늦었다. 선생님에게 "죄송합니다. 다음부터는 주의하겠습니다" 라고 했지만 선생님의 태도는 한국과 사뭇 달랐다. 약속 시간을 어긴 것이 도저히 이해할 수 없다는 표정이었다. 명진 군에게 내려진 벌은 한 주간의 외출 금지였다.

그것으로만 끝났으면 괜찮을 텐데, 문제는 그 사실이 명진 군의 부모님에게 통보되었다는 점이다. 명진 군이 귀가시간을 어겨 처벌을 받았는데, 다음부터는 그런 일이 없도록 주의시켜 달라는 내용이었다. 어머니에게 전화가 걸려왔음은 물론이었다.

명진 군은 은근히 화가 났다. 쩨쩨하게 조금 늦은 것 가지고 부모님에게까지 편지를 보내고 난리를 피우는 미국인들이 이해가 가지 않았다. 그러나 다시 생각해 보니 미국의 문화와 규칙이 그렇다면 지켜야 되지 않겠냐 싶어 수긍하기로 했다. 잘못을 하면 그에 대한 책임이 꼭 뒤따르는 게 미국의 사고방식이다.

유학생들에게 기숙사 생활은 모험의 계기가 되는 곳이다. 그 동안 단체 생활에 익숙치 않다가 정해진 규칙에 따라 생활

룸메이트
룸메이트를 구할 때 원하는 조건들, 즉 국적이나 인종, 종교 등의 희망사항을 제시할 수 있다. 공동생활에 있어 주의할 점은 서로의 사생활을 존중해 주어야 한다는 것이다. 철저한 개인주의가 미국인들의 기본 정서이기 때문이다.

Student Union
학생회관을 가리키는 말로, 특히 과외활동에 사용
되는 건물을 칭한다. 클럽이나 동아리방, 자치회
본부, 회의장, 도서관을 비롯하여 갖가지 오락시설
이 구비되어 있다.

하다 보면 답답하고 견디기 힘들다. 때문에 기숙사 생활을 잘
하려면 우선 학교에서 정해주는 룸메이트와 좋은 관계를 맺는
것이 중요하다.

서로 마음이 통하고 호흡이 잘 맞으면 학교 생활이 즐겁다.
영어 실력도 빨리 좋아진다. 그러나 간혹 룸메이트와 싸워서
정학처분을 받는 안타까운 경우도 있다. 문제가 생기면 선생
님과 상의하고 처리해야지 화가 난다고 해서 무조건 싸우는
것은 좋지 않다.

기숙사 생활은 어떻게?

처음 기숙사 생활을 하면서 가장 힘든 일은 아침에 일어나
기가 쉽지 않다는 것이다. 더욱이 아침식사 시간에 늦으면 벌
을 받는다. 유학생들은 그 동안 집에서 어머니가 깨워 학교에
갔기 때문에 혼자 일어나는 습관이 안 되어 있다. 미국 기숙사
에는 알람시계밖에 없다. 본인 스스로 알아서 일어나야 한다.
유학을 떠나기 전에 많은 훈련과 노력이 필요한 대목이다.

기숙사에서 세탁물은 보통 동전을 넣고 하는 유료 세탁기를
사용하면 된다. 여기서 주의할 점은 비싼 옷을 세탁할 때 옆에
지키고 서서 마지막까지 보는 것이 좋다. 좋은 상표가 붙은 옷
일수록 아이들의 손을 많이 타기 때문이다. 이런 수고가 불편

하다면 한 학기에 몇백 달러 정도의 돈을 내고 세탁 수거에서 배달까지 해주는 시설을 이용해도 된다.

　방 정돈은 선생님이 계속 체크하기 때문에 늘 신경을 써야 한다. 깨끗하게 정리정돈을 잘해야 하고 특히 공동으로 쓰는 물건에 대해서 보다 신경 써야 한다. 시험 때가 되면 밤늦게까지 공부하는 유학생들이 많은데, 사전에 기숙사 선생님에게 허가를 받아야 한다. 그렇더라도 한두 시간뿐이므로 다음날을 생각해서 되도록 하지 않는 것이 좋다.

　2박 3일 정도의 짧은 방학이 주어지는 경우가 많은데, 이때 기숙사에 머물게 하는 학교도 있지만 모두 기숙사에서 나가도록 하는 학교도 있다. 이런 학교규정을 미리 알아서 친척집이나 아는 곳에 미리 연락을 해 두면 좋다. 친척이 없다면 학교 당국에 부탁하여 Homestay를 소개받는다. 좋은 룸메이트를 만나면 집으로 초대 받기도 한다.

　기숙사에서 문제가 생기면 Dorm Parents에게 의논해야 한다. 외출할 때도 반드시 허락을 받아야 하며 귀가 약속시간은 단 1초라도 어김없이 지켜야 한다. 벌을 받거나 혼나면 그만

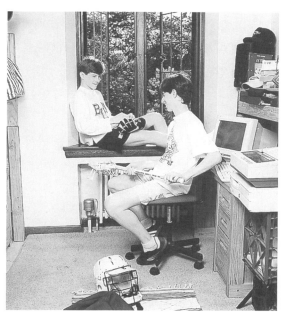

이겠지 하는 생각은 오산이다. 한번 규칙을 어기면 다음 외출 때에는 기숙사에 혼자 남아야 하는 벌을 받는다. 그러다가 그 정도가 심해지면 방에서 나가지 못하는 벌까지 받게 된다.

담배를 피면 정학이고 마약은 퇴학이다. 술을 먹어도 마찬 가지이다. 그러나 공부를 못한다고 쫓겨나지는 않는다.

커닝은 절대 안 돼!

미국은 학교마다 Honor Code가 있어서 학생 개개인의 정직성을 판단하는 기준으로 삼는다. 또 이를 매우 중시한다. 여기에는 남을 속이는 것, 거짓말하는 것, 남의 물건을 훔치는 것 등이 포함되어 있다. 이 중에서 하나라도 지키지 않으면 상호간의 신뢰관계가 깨어졌다고 생각한다.

한국인 유학생이 가장 적응하기 힘든 것이 남의 숙제를 베껴서 제출했을 때 겪는 고통이다. 미국 학교는 이런 문제에 대해 남의 것을 훔쳤다고 여기고, 발각되었을 때에는 숙제를 빌려준 학생까지 정학처분을 내린다. 따라서 과제물을 작성하면서 남의 글을 인용할 때는 출처를 정확하게 밝혀야 한다. 텔레비전 프로그램부터 옷 디자인에 이르기까지 남의 것을 베끼는 것을 대수롭지 않게 여기는 우리 풍토에서 자란 유학생으로서는 참으로 적응하기 힘든 부분일 것이다.

우리 나라에서 꽤나 유명한 의사의 외동딸인 민희 양이 겪은 참담한 경험을 예로 들어보자.

지금 버지니아 주의 어느 고등학교에 다니고 있는 민희 양은 어려서부터 똑똑하다는 소리를 들으면서 커왔다. 부모님은 미국의 명문 대학에 진학시키겠다는 생각에 중학교 2학년 때 유학을 보냈다.

민희 양은 유학생활에 잘 적응했다. 그런데 유독 미국사 과목만은 힘들었다. 미국의 역사 공부는 우리처럼 연대기나 인물, 사건명을 암기하는 식이 아니다. 어느 하나의 역사적 사실에 대해 얼마만큼 이해하고 있는가를 파악하기 위해 시험문제

가 '나폴레옹이 워털루 전쟁에서 진 이유에 대해서 써라' '만일 나폴레옹이 이 전투에서 이겼다면 유럽은 어떻게 변화되었을까?' 라는 식으로 출제된다. 그야말로 미국 학생들조차 쩔쩔매는 어려운 문제이다.

부모님의 기대, 미국인에게 지지 않겠다는 각오로 민희 양은 시험 때만 다가오면 일종의 강박관념에 사로잡혀 있었다. 미국사 시험이 있던 그날도 나름대로 최선을 다했다. 그러나 다시 읽어보니 어쩐지 부족한 것 같았다. 그래서 무의식중에 역사책을 들춰봤다. 커닝을 한 것이다.

학교에서 퇴학처분이 내려졌다. 이 소식을 들은 부모님은 '커닝 한 번 했다고 인정사정 없이 퇴학시킬 수 있느냐? 그 동안 학교생활을 잘한 점을 고려하여 퇴학처분만은 취소해 달라' 고 매달렸다. 하지만 학교당국의 결정은 요지부동이었다.

거짓말을 가볍게 여기지 말라

커닝으로 퇴학을 당하면 다른 학교로 전학 가기도 쉽지 않다. 민희 부모님은 이곳저곳 학교를 찾아다니며 전학을 받아

달라고 했지만 받아주는 학교가 없었다. 우여곡절을 겪은 뒤, 수준이 한참 떨어지는 학교에서 허락을 받았다. 퇴학당한 사유를 솔직하게 털어놓고 상담한 덕택이었다.

우리 나라에서 커닝 한번 했다고 퇴학시키는 학교는 아마도 없을 것이다. 또 커닝을 하는 학생이나 시켜주는 학생이나 아무런 죄의식을 느끼지도 않는다. 때문에 시험 때만 되면 남학생들 사이에서 '의리'를 내세워 커닝하는 경우가 적지 않다고 한다. 그러나 그것이 발각되었다고 해서 정학이나 퇴학처분은 내리지는 않는다. 물론 미국의 학교교육이 정직에 대해 엄격하다고 해서 미국 사회가 모두 정직한 것은 아니다. 그러나 지금까지 세계를 주도하는 강대국으로 남아있는 것은 정해진 규칙을 누가 보든 말든 지키려고 애쓰는 정직한 사람들이 많기 때문이 아닌가 싶다.

대체로 한국인 유학생들은 남의 물건을 훔치는 일이 거의 없다. 남의 물건을 훔치는 일은 어려서부터 아주 나쁜 일로 배

168

우며 자랐기 때문이다. 그러나 거짓말은 가볍게 여긴다. 심지어 선의의 거짓말이라고 해서 때로는 좋은 뜻으로 거짓말을 이용하기도 한다. 미국 사회에서는 남을 속이는 일을 아주 싫어한다. 그 사람의 인격을 믿지 못한다고 생각한다.

만일 어떤 실수나 잘못을 저질렀다면 솔직하게 인정하고 다음부터는 조심하겠다고 말하는 것이 제일 좋다. 어떻게든 변명거리를 만드는 행태나 남에게 책임을 돌리는 것은 미국인들이 가장 싫어하는 일이다.

언행이 일치하지 않는 기성세대의 탓

제임 와이즈만이 사망하고 뒤이어 이스라엘 대통령이 된 벤주이의 이야기이다. 대통령에 취임한 첫날, 축하연에서 밤늦게 집에 돌아온 대통령은 공관 앞에서 보초군인 한 명이 왔다갔다하면서 서 있는 것을 보았다.

그는 보초에게 무엇을 하고 있는지를 물었다. 젊은 장교는 대통령 비서실장이 대통령 저택을 지킬 것을 명령했다고 했다. 대통령은 몹시 놀랐다. 날씨가 몹시 추운 겨울밤이었다. 그는 보초에게 "여보게, 날씨가 추우니 잠시 집에 들어가서 차 한 잔 하고 나오지?" 라고 권했다. 그러나 보초는 자신의 근무지를 떠날 수 없다면서 거절했다.

집안으로 들어간 대통령은 보다못해 부인에게 따뜻한 차를 준비하도록 했다. 그리고 밖으로 나와 보초에게 말했다.

"여보게, 그 총을 내게 주게. 그 동안 내가 대신 보초를 서고 있을 테니까 들어가서 따뜻한 차를 한 잔 마시고 오게."

이스라엘 민족을 도덕적으로 건전하게 유지하고 주변 나라의 위협에도 불구하고 부강한 나라로 설 수 있도록 만든 힘의 원천이 바로 이런 점이 아니었을까 싶다.

우리도 자녀들을 교육시키면서 거짓말하지 말라고 엄하게 가르친다. 심지어 거짓말을 하면 회초리로 눈물이 나도록 때리는 부모님도 많다. 그러나 부모의 행동이 아이들에게 본보기가 되도록 실천하고 있지는 않는다. 관광비자로 유학 가는 것이 불법유학인 줄 뻔히 알면서도 자식에게만은 절대로 들통 나서는 안 된다고 가르치고 있다.

말과 행동이 다른 기성세대 때문에 불신과 부정직이 온 사회를 좀먹어 가고 있다. 우리 모두가 보다 나은 내일의 사회를 위해 가슴에 손을 얹고 돌아볼 일이다.

담배 피우면 무조건 퇴학

"이럴 수 있는 일이에요. 아니, 담배 몇 번 피웠다고 졸업이 내일 모레인데 퇴학이라니? 이거 너무한 거 아니에요?"

정우 어머니는 흥분해서 말을 제대로 잇지 못했다. The Harker School에 다니는 아들이 졸업 20여 일을 남겨 놓고 학교에서 퇴학통지서를 받았다는 것이다. 정우 어머니는 어떻게 해서든지 퇴학만 당하지 않게 해달라고 사정했지만 결과는 아무것도 달라지지 않았다.

우리 사회는 웬만한 잘못을 해도 졸업이 가까워 오면 그냥 넘어가곤 한다. 그러나 미국 학교에서는 결코 용납되지 않는다. 정우 군의 경우, 그 동안 흡연으로 서너 차례 경고를 받았는데, 이를 무시하고 피우다가 결국 졸업을 못하게 된 것이다. 평소 학우들과 사이가 좋지 않던 정우 군이 몰래 흡연하는 광경을 친구들이 목격하고 학교당국에 신고한 것이다.

학생이 퇴학처분을 받을 만한 잘못을 저질렀다고 무조건 퇴학시키는 것은 아니다. 퇴학보다는 다른 학교로의 전학을 배려해 주기도 한다. 그러나 마약이나 술, 총기 소지자에 대해서는 가차없이 퇴학 조치를 내린다.

그러므로 다른 학교로 전학을 가야 될 경우라면 학교측에 심하게 항의하기보다는 잘못을 솔직하게 인정하고 배려를 부탁하는 것이 좋다. 그래야만 다른 학교로 보낼 때 추천서를 좋게 써 주기 때문이다.

미국 유학에서는 돈과 권력이 소용없다. 한국의 재벌이나 권력자의 아들이 기부금을 많이 내고 입학하는 경우가 있는데, 이런 학생이라도 한 번 정도는 봐주지만 두세 번 되풀이되면 기부금과 상관없이 학칙대로 처리한다. 문제는 한번 퇴학을 당해서 전학을 가면 자꾸 질이 떨어지는 학교로 가기 때문에 유학생활이 실패의 길로 접어든다는 점이다.

많은 용돈은 위험하다

유학생활에서 문제를 일으키는 학생들의 대부분은 Day School에 다니며 Homestay를 하는 경우들이다. 그 근본 문제점은 가정교육에 문제가 있다. 예를 들어 갑자기 부자가 되어 모든 것을 돈으로 해결하려고 하는 부모의 자녀들이 주로 말썽을 부린다. 쇼핑을 많이 해서 문제를 일으키는 유학생도 마찬가지이다.

객지에서 돈 없으면 고생한다고 생각하여 이유 없이 많은 돈을 송금하고 때로는 마음대로 쓸 수 있는 현금카드까지 만들어주는데, 그야말로 자녀를 타락의 길로 인도하는 지름길이다. 때로는 돈이 없어서 마른 빵조차 먹을 수 없음을 견디는 것도 귀중한 체험이며 자산이다. 아이들이 고생하는 것을 안타깝게 생각하기보다는 고생을 견디고 이길 수 있는 지혜와 용기를 주는 부모가 현명하다.

차는 절대 금물, 복장은 자유

고등학교 다닐 때는 운전면허증을 갖지 않도록 지도하는 것이 바람직하다. 그것은 부모님의 생활이 풍족하건 아니건 관계없다. 자녀교육에 바람직하지 않기 때문이다.

차가 있으면 같은 또래끼리 모이게 되고 문제를 일으킨다. 실제로 부모님으로부터 승용차를 선물 받은 기념으로 한턱 낸다고 해서 친구들과 함께 술 마시고 놀던 유학생이 퇴학당한 경우가 있다. 과속에 음주운전으로 경찰이 적발했을 때에는 한 차에 무려 9명이나 타고 있어서 지방 신문에까지 대서특필되었다.

굳이 차를 사주고 싶다면 대학생이 되었을 때 사주도록 하자. 한순간의 기쁨을 맛보기 위해 치러야 하는 대가가 엄청나다는 것을 잊지 말아야겠다. 또 자기 자식만은 음주운전을 할 리가 없다고 생각하는 것도 잘못이다.

미국 학교는 술이나 담배 등에 대해서는 엄격하지만 복장에 대해서는 너그럽다. 머리를 물들이든, 요란한 액세서리를 달든, 또 화장을 하든 별다른 통제를 가하지 않는다.

우리 사회에서 담배 피우는 것은 대충 넘어가도 여학생이 머리에 물들이거나 남학생이 귀를 뚫는 행동을 허락하지 않는 것과 정반대이다. 물론 복장이 자유롭다고 해서 수업 시간에 청바지나 힙합바지를 입어도 되는 것은 아니다. 이런 옷은 주말에만 가능하다. 공부시간에는 칼라가 있는 티셔츠와 단정한 옷차림을 하도록 되어 있으며, 정장 차림의 교복을 의무화하는 학교도 있다.

부모님도 미국 교칙을 따라야 한다

방학 때가 가까워 오면 필자와 상담하여 유학을 보낸 어머니들이 필자에게 부탁하는 것이 있다. 방학 전날 학교 수업을 다 받으면 비행기 시간이 맞지 않으므로 학교 당국에 부탁을 해서 수업을 일찍 끝내달라는 것이다. 어느 어머니는 자기 자식은 꼭 그 비행기를 타야 한다면서 부탁이 아니라 그렇게 해야 한다고 단정지어 말하기도 한다.

물론 이런 사정은 우리 사회에서 어느 정도 허용되는 경우가 많다. 방학하는 날, 집안에 사정이 생기면 선생님의 재량에 따라 일찍 귀가할 수도 있을 것이다. 그러나 미국 학교에서는 비상식적인 일로, 통하지 않는다.

미국에서 선생님은 종강 전에 귀국해야 하는 특별한 사유가 있는 경우에 부모님의 요청에 따라 허락하기도 한다. 그러나 그 학생은 어떻게 해서든지 그 시간을 보충해야만 한다. 수업을 다 받지 못한 상태에서 방학을 맞이하면 그 시간만큼은 언제든지 다시 수업을 받아야 하는 게 미국 교육의 원칙이다.

8 이성 문제, 걱정 없어요

오히려 미국이 보수적이다

"엄마, 나 오늘 친구에게 데이트 신청 받았어요."

10학년이던 딸아이가 처음 미국 남학생에게 데이트 신청을 받았다고 들떠서 전화를 했다. 미국으로 유학 가서 몇 달이 지나지 않은 때였다. 조금 있으면 그 남학생이 차로 자기를 데리러 온다고 했다. 필자는 재미있고 즐거운 시간이 되라고 축하해 주며 전화를 끊었다. 그런데 다음날 투덜거리며 다시 전화를 했다.

"정말 시시했어요. 가는 곳마다 샌디 아줌마가 뒤에 서서 보구요. 샌드위치 먹을 때도 밖에서 기다리고 있었다니까요. 한국보다 더 보수적이에요."

샌디 아줌마란 가디언 역할을 부탁받은 필자의 미국인 친구 이름이다. 미국 학교는 보통 학년별로 데이트 허용 범위가 정해져 있다. 8학년은 학교 내에서 데이트해야 되며, 9학년은 캠퍼스 밖에서 더블 데이트를 해야만 하고, 11학년은 차로 어디든지 갈 수 있지만 반드시 더블 데이트를 해야 한다. 그리고 12학년이 되어야 비로소 캠퍼스 밖에서 차로 싱글 데이트를 할 수 있다.

우리가 생각하기에는 미국이 이성 문제에 있어서 아주 개방적이고 제멋대로 하는 것 같지만 학교 교육에서는 우리보다 훨씬 보수적이고 까다롭다. 데이트를 하려면 부모님이나 가디언의 허락을 받아야 한다. 만일 남학생이 약속된 귀가 시간을 어기면 다시는 그 여학생과 데이트를 할 수 없다. 약속을 지키지 않았으므로 믿을 수가 없다는 것이다.

많은 부모님들이 딸을 미국으로 유학 보내면서 걱정을 한다. 미국의 개방된 성풍조에 행여나 물들면 어쩌나 하는 것이다. 그러나 우리가 걱정하고 알고 있는 것만큼 성으로 문란한 사회는 아니다. 앞에서도 말했듯이 어디까지나 개인의 선택에 관한 문제이다. 아무리 부모가 강제로 막는다고 해서 될 일도 아니다. 먼저 부모가 미국의 성문화를 제대로 이해하고 자녀들에게 올바른 조언을 해 줄 수 있어야 한다.

체계적인 성교육을 하는 나라

청소년 시기에는 누가 가르쳐 주지 않아도 자연스럽게 성에 대해서 눈을 뜨게 마련이다. 신체적으로나 정신적으로 가장 큰 변화를 가져오는 때이기도 하다. 우리 나라는 성에 대해서 특별한 교육이 없다. 학교에서도 그렇고 집에서도 누구 하나 정확하게 드러내 놓고 교육하는 법이 없다.

　그냥 아이들이 스스로나 친구들끼리 잡지나 이야기를 통해서 깨달아 간다. 그러다 보니 성에 대해서 정확한 지식을 알지 못하고 과대포장되어 잘못 알고 있는 것이 많다. 오히려 이런 것 때문에 호기심만 부추겨 엉뚱한 일을 저지르는 아이들도 있다.

　미국은 성에 관해서 적극적이고 개방적인 교육을 펼치고 있다. 몇 개의 도시에 있는 고등학교에서는 에이즈를 예방한다는 목적으로 학교에서 콘돔을 무료로 나눠주고 있다. 우리에게는 낯뜨겁고 놀라운 일이지만 그것이 미국의 현실이다. 그러나 비난할 일만은 아니다. 우리 나라도 드러나지 않았을 뿐이지 청소년들의 성문제가 심각한 수준에 이르렀다는 것은 필자만의 견해가 아닐 것이다. 이른바 '빨간 마후라' 사건이나

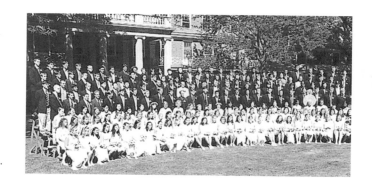

신문지상에 심심치 않게 등장하는 '원조교제'가 그것을 단적으로 말해준다.

미국도 전통이 있고 가문을 중시하는 집안과 학교에서는 순결을 강조한다. 또 많은 남녀 학생들이 그 교육을 받고 그대로 실천하고 있다.

미국의 성교육은 보통 초등학교 4학년 때부터 시작하여 16 ~17세가 되면 남녀 학생이 같이 성교육을 받는다. 임신에 대한 비디오 교육은 여학생들만 별도로 받지만 에이즈나 성병 예방법은 함께 교육을 받는다. 교육 방법은 구체적이고 실질적이다. 어떻게 이루어지고 있는지 알아보자.

구체적이고 실질적인 성교육

먼저 가정에서 성교육이 잘 되고 있다. 미국인 부모들은 그들이 받은 성교육 그대로 자기가 경험한 것을 토대로 자녀가 궁금해하는 것을 설명해 준다. 아무리 곤란한 질문을 해도 얼렁뚱땅 넘어가지 않고 솔직하고 진지하게 답해 준다. 우리 부모님처럼 '다리 밑에서 주어왔다' '배꼽에서 툭 튀어 나왔다'라는 식의 답은 하지 않는다.

둘째로 학교에서 하는 성교육은 토론이 많다. 일방적으로 이론이나 사실을 전달하는 것이 아니다. 학생들이 궁금해 하고 알고 싶은 것을 스스럼없이 질문하고 답하고 상호 의견을 나누며 토론하는 방식으로 진행된다.

셋째로 성이란 아름답고 신비하고 하느님이 주신 신성한 것임을 깨닫게 해 준다. 신체구조라든가 생리적 변화 같은 것을 정확하게 알려줌으로써 쓸데없는 호기심이나 두려움을 갖지 않도록 한다.

넷째로 자신의 몸은 자신이 지켜야 하며 성에 대해서는 정확한 의사표시를 하라고 가르친다. 친구가 성적 유혹을 하거나 강압적인 행동을 보일 때는 어떻게 거부할 것인가 하는 방법을 교육시킨다. 자신이 원하지 않을 때는 단호하게 거절할 것과 자신이 어떻게 행동하고 처신하는 것이 올바른 것인지를 가르친다.

다섯째로 성에 대해서 올바른 가치관과 도덕적 기준을 세워주는 교육을 한다. 성에 대해서는 반드시 책임이 뒤따른다는 것과 성이 즐거움과 쾌락을 위해서 있는 것만 아니라는 것을 가르친다. 바람직한 성관계는 서로에 대한 애정과 관심, 정서적인 공감대가 먼저 이루어져야 하며 서로에 대한 사랑과 존중함이 있을 때에만 유지시킬 수 있다는 것을 교육시킨다.

부모의 관심과 애정이 필요하다

미국의 성교육이 아무리 철저하다고 해도 청소년들을 완전하게 통제할 수는 없다. 대체로 미국 청소년들의 첫경험은 13세인데 그 연령이 점점 낮아지고 있다고 한다. 학교와 가정에서 임신과 성병에 대해 교육하지만 미혼모 문제가 심각하기는 마찬가지이다.

우리 사회에서는 여학생이 임신을 한 상태에서 학교에 다닌다는 것은 상상할 수도 없는 일이다. 그러나 미국에서는 정부의 보조나 부모의 도움을 받으면서 학교에 다닌다. 일부 공립학교에서는 탁아시설을 갖추어 놓고 미혼모들이 공부를 계속할 수 있도록 세심한 배려를 해주기도 한다. 또 부모의 허락을 받아서 낙태하기도 하고 휴학하기도 한다. 미혼모가 있는 것은 우리와 비슷하지만 해결하는 방법은 크게 다르다.

10대 미혼모와 더불어 또 하나의 문제는 성병과 에이즈이다. 그러나 유교적인 전통교육을 받은 탓인지 성병으로 고생했다는 유학생은 본 적이 없으니 다행이 아닐 수 없다. 기숙사 생활을 하는 학교에서는 남녀 관계를 엄격한 통제를 하여 만약 규칙을 어기는 이성교제가 발각되면 퇴학까지 당하기 때문에 크게 걱정할 정도는 아니다.

문화적인 차이에서 오는 오해는 많이 받는 편이다. 예컨대, 우리 나라 여학생들은 친구끼리 팔짱을 끼고 다니는 것을 아

무렇지도 않게 여기지만 미국인의 눈으로는 동성연애자들이 하는 행동일 뿐이다. 남학생들의 경우, 운동경기를 끝내고 샤워를 하다가 한국에서처럼 장난을 쳤다가는 '호모'라는 소리를 듣기 십상이다.

우리 사회에서 성교육을 드러내 놓고 하지 않는데도 미국보다 성문제가 그나마 문란하지 않은 것은 우리의 전통적인 가치관 때문이다. 우리의 전통적인 가치관 위에 미국의 체계화된 성교육을 받는다면 아주 좋은 사고를 갖게 될 것이다.

우리와 문화가 판이한 미국에서 자녀들이 혼돈을 겪지 않도록 부모가 많은 관심을 기울여야 한다. 설령 어떤 문제가 생기더라도 무조건 옥박지르거나 일방적으로 화를 내며 단정하지 말고 충분한 대화를 통해서 해결하는 것이 현명하다.

미국 사회가 분명 성이 개방적인 것은 사실이다. 그렇더라도 그것을 겁내거나 걱정할 필요는 없다. 자녀의 생각이 올바르고 기숙사에서 정상적으로 학교생활을 한다면 오히려 한국에서 사춘기를 보내는 것보다 더 안전하게 보낼 수 있다.

제3부
여름학교 프로그램

다양한 경험의 기회/주요 일과와 프로그램/선택 교
과목/특별한 문화행사/주말여행/캠퍼스 활동/기숙
사 이용/전화시설 이용 안내/복장과 세탁/학교 규칙/
출석관리/학생 복지시설/건강관리/입학절차

영어 연수를 위한 Summer School Program 안내

다양한 경험의 기회

방학 기간에 외국의 여름학교에 자녀들을 보내고 싶어하는 부모들이 점점 많아지고 있다. 특히 영어 교육에 중점을 두는 중고등학교에서 운영하는 Summer School에 관심이 많다. Summer School은 유학을 가든 안 가든 가능하면 한번쯤 다녀 올 만한 경험 무대이다. 특별한 입학 조건이 없으므로 관심 있는 부모들에게도 권할 만하다.

미국의 여름방학은 6월 초에 시작하여 9월 초에 개학한다. 그 기간이 3개월이므로 많은 사립학교들은 이 기간을 이용하여 6월 초나 중순에 Summer School을 연다. 우리의 경우 대부분 중학교 1~2학년과 국민학교 5~6학년 학생이 희망하지만, 우리 나라 학교 방학이 7월에 시작하므로 시간이 맞지 않아 선택의 폭이 좁은 편이다.

Summer School은 미국 유학생과 똑같이 독립된 교육 환경 속에서 이루어지므로 준비 없이 떠나는 것은 퍽 위험한 일이다. 영어를 너무 못하면 의사 소통이 안 되어 아무런 프로그램에도 참여할 수 없으므로, Summer School에 보내겠다고 생각하는 부모들은 아이들에게 미리 문법 및 영어 회화를 가르치는 준비 과정이 필요하다. 특히 미국으로 유학 갈 학생이라면 9월 신학기 전에 Summer School을 한 번쯤 경험하는 것이 좋

다. 미국의 학교 생활도 미리 익혀 두고 두려움도 없앨 수 있는 순조로운 출발을 할 수 있다는 점에서 각별한 의미가 있다. 이런 학생들은 시간에 구애받을 필요 없이 비자만 받으면 미국에 갈 수 있다. 만일 자기가 진학할 학교에 Summer School이 있는 경우는 그 학교에서 하는 것이 좋으며 성실한 자세로 열심히 배우고 많은 행사에 참석하면 선생님들에게 좋은 이미지로 남아 나중의 학교 생활에 크게 도움이 된다.

Summer School의 가장 큰 장점은 언어와 문화적 배경이 다른 여러 나라 학생들이 모여 마음을 열고 함께 생활하며 다른 문화를 이해하고 수용하는 법을 배운다는 점이다. 영어를 사용하므로써 세계는 하나이며 누구든 친구가 될 수 있다는 것, 외국어의 중요성, 한국인으로서의 긍지도 갖게 되어 자기 스스로에 대한 자신감과 독립심도 갖게 된다.

4~6주 코스의 Summer School 동안 아이들은 다양한 프로그램에 적극적으로 참여해서 배우고 언어에 대한 자신감도 갖게 되며 외국 친구도 많이 사귈 수 있어 성공적이고 재미있는 경험을 하게 될 것이다. 그러나 Summer School의 신청은 미리 하는 것이 좋다. 왜냐하면 지망생이 너무 많은 경우 선 지원자에게 혜택이 가므로 일찍 수속하는 것이 지혜로운 일이다.

매사추세츠 주의 Cushing Academy를 중심으로 Summer School Program에 대해 알아보자.

주요 일과와 프로그램

Summer School에 입학한 아이들은 아침 6시 30분에 기상하여 오전에 3시간 ESL 공부를 하고 점심 식사 후 1시 15분부터 5시 5분까지 선택 과목을 배운다. 이때에는 운동과 음악, 혹은 회화 등 자기가 하고 싶은 과목을 선택할 수 있다.

저녁식사 후에는 자유시간이며 8~10시에는 Study Hall이 있다. 이때에는 숙제나 복습 또는 예습을 하는 시간이므로 기숙사나 도서관에서 모두 공부해야 하며 10시 30분에는 불을

끄고 취침에 들어간다. 하루 생활 시간표는 다음과 같다.

7:15 ~ 8:30	Breakfast
8:15 ~ 10:10	Classes
10:10 ~ 10:30	Break/Assembly
10:30 ~ 11:05	Classes
11:30 ~ 13:05	Ratating Lunch
13:15 ~ 17:05	Academic and Athletic Elective
17:00 ~ 18:45	Dinner
18:45 ~ 20:00	Free time/Intramurals
20:00 ~ 22:00	Study
22:30	Light out

가장 중점을 두는 것은 영어 과목이다. 세계의 여러 나라 학생들이 6주 동안 ESL 과정을 통해 영어를 흥미있게 습득하고 능숙하게 구사할 수 있도록 지도한다. 총 12단계의 수업 과정이 있으므로 학생들은 도착 다음날 Level Test를 통해 반을 결

ID Card
Identification Card의 약어로 신분증을 뜻한다. 학생인 경우에 학생증(School 또는 Student ID)을 의미하며 도서관에서 책을 대여하거나 알콜 음료를 살 경우에도 필요하다.

정하게 된다. 한 반 학생수는 12명이며 기초반은 10명으로 구성된다. 경험 많은 교사진의 강의를 통해 영어를 배우게 된다.

강의는 듣기, 말하기, 읽기, 작문으로 나누어진다. 오전에는 ESL 시간에 영어를 배운다. 회화, 듣기, 읽기, 작문 수업을 통해 아이들은 일상적인 상황이나 익숙한 주제에 대한 대화를 이끌어 가고 질문과 답변을 주고받을 수 있다. 또 Native Speaker 선생님들이 잘못된 발음을 교정해 주어 정확하게 발음할 수 있도록 지도하며, 책을 읽고 그 책의 주제에 대해 자기 의견을 발표하고 토론하는 법을 익히게 해준다. 또한 사회적으로 관심이 되는 주제에 대해 자기 의견을 글로 표현할 수 있도록 에세이 쓰는 법을 지도해 준다.

이밖에 다른 문화에 대한 이해를 높이며 다른 나라 친구들과 우정을 쌓을 수 있는 기회를 제공하여 국제적 이해와 친선에도 큰 도움이 된다.

선택 교과목

오전에 ESL을 마친 학생들은 오후에는 학과목이나 운동을 선택하여 공부하게 된다. 선택과목은 다음과 같다.

첫째로 영어 과목이다. 작문에서는 영어로 자기 생각을 표현하고 정리하는 법을 배운다. 미국 고등학교는 에세이를 많이 쓰는데, 우리 나라 논술과 마찬가지로 글쓰는 실력 및 사고력을 키우는 데 중점을 두고 있다. 회화에서는 자연스러운 대화를 할 수 있을 정도의 수준까지 올린다. ESL 음운론과 Spelling에서는 새 단어를 배우고 쓰고 뜻을 이해하는 법을 배운다. 그리고 단편소설 읽기를 통해 문학에 대한 이해와 비평적인 읽기 능력을 키워 준다.

둘째로 불어, 독어, 스페인어 등 외국어가 있다.

셋째로 컴퓨터 학습이다.

넷째로 수학에서는 대수 I, 대수 II, ESL Math, Precalcules 등을 배운다.

다섯째로 SAT and TOEFL 준비과정이 있다. SAT는 미국 대학에 입학하고자 하는 모든 미국인이 보아야 하는 시험이다. 수학과 영어로 나누어져 있으며, 한국 유학생들이 보통 수준의 대학에 진학한다면 SAT 수학 점수만 높고 TOEFL 점수만 좋으면 영어가 부족해도 입학에 별 문제가 없다. TOEFL은 외국 학생들이 미국 대학에 입학을 원할 때 꼭 치러야 하는 시험이다. 미국에서는 유학생들을 위해 10학년부터 따로 코스를 만들고 있다. TOEFL 시험은 문법, 어휘, 듣기로 크게 나누어지며 여름 학기 동안 원하면 시험을 볼 수 있다.

일부 명문 사립고등학교에서는 중학생에게 TOEFL을 보도록 권하는데, 이는 그 학교에 ESL 과정이 없으므로 미국 학생처럼 영어가 자유로운 학생만 받기를 원하기 때문이다.

유학 가기 전, 일반 고등학교에 진학하거나 ESL이 있는 학교로 유학하는 학생들이 TOEFL을 한국에서 미리 배우는 것은 도움이 되지 않고 시간과 정신적 낭비라 생각한다. 그보다는 회화, 듣기, 쓰기에 힘써서 미국 강의를 들을 수 있는 준비를 하는 것이 몇 배 더 중요하다. 그런 준비가 되어 어느 정도 영어로 의사 소통이 가능하고 이해도 잘해야 강의를 들을 수 있음을 꼭 명심해야 한다. 요즘은 명문 학교에서는 TOEFL 점수

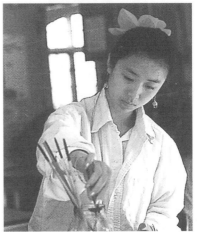

보다는 인터뷰와 에세이를 중시하며 영어로 진행되는 학업에 참여할 수 있는지 능력을 확인하는 경향이 있다.

다음으로 예능계통 선택과목에는 무용, 연극, 합창, 사진, 그림, 도예, 악기 레슨(개인지도 가능 - 피아노, 기타, 드럼 등) 외 다양한 예능활동이 있다.

운동 선택과목으로는 에어로빅, 배드민턴, 농구, 골프, 승마, 하키, 스케이팅, 축구, 태권도, 테니스, 배구 등 다양한 운동을 할 수 있다.

특별한 문화 행사

Summer School에서는 위와 같은 교과과정 외에 많은 재미있는 행사들이 있다. 세계 친구들과 우정을 나누며 역사 유적지나 휴양시설 등을 방문하기도 하고 다양한 문화행사도 개최한다. 학교마다 프로그램이 다르나 이해를 돕기 위해 Cushing

Academy의 Special Event를 소개해 본다.

첫째 주는 High Meadow Day이다. 커네티컷 그랜비에 있는 High Meadow는 수영장, 경마장, 야구장, 농구장, 서플보드, 다양한 실내외 경기를 즐길 수 있는 시설이 완벽하게 구비된 사설 리조트이다. 이 특별한 하루 동안 여름 학기에 참여한 모든 스텝과 학생들은 전 시설을 독점적으로 이용할 수 있다.

둘째 주는 Educational Class Trips이다. 탱글우드 공연예술센터(매사추세츠 레녹스 소재), 보스턴 과학박물관, 보스턴 순수미술관, 웨일 와치, 글로스터 해안(매사추세츠 소재), 스브리지빌리지(매사추세츠 스브리지 소재), 프리 트레일, 마녀 박물관, 살럼 윌로우 피어 등을 여행한다.

셋째 주는 International Evening이 있다. 클래스가 시작되는 첫 주 동안 학생들과 교사들은 그들 고유의 문화를 대표하는 노래, 춤 등의 발표회를 준비한다. 음식을 준비하고 의상과 예술품을 전시하는 것 또한 곁들여진다.

국제 행사의 밤은 현란한 포스트들과 깃발로 물들고 문화예술품으로 가득한 테이블과 이국적인 음악의 선율, 전통의상을 차려입은 학생들의 물결로 다이닝 홀은 멋진 파티장으로 탈바꿈한다. 학생, 교직원, 가족들과 친구들이 초대되어 전시회를 관람하고 음식을 맛보며 다른 문화에 대해 서로 의견을 주고

받는다. 이날의 저녁행사는 학생들이 준비한 단막극과 각 참가자들의 문화를 대표하는 다양한 악기 연주, 노래, 춤 등으로 잊지 못할 추억의 밤을 마무리한다.

넷째 주는 뉴욕시 여행이다. 흥미진진한 3일 간의 이 자유 여행은 해질 무렵 배 위에서 저녁식사를 들며 자유의 여신상을 관광하고 쇼핑, 박물관 관람, 맨하튼 관광, 록펠러 센터에서 저녁 식사, 뮤지컬 관람, 프라자 호텔에서의 브런치, 고급 호텔에서의 이틀 숙식 등을 포함하고 있다. 이 여행의 비용은 개인당 650달러이다.

다섯째 주는 오디세이에서의 저녁식사와 댄스이다. 이날 보스턴 항에서 유람선을 타고 저녁 식사와 댄스를 즐긴다.

여섯째 주는 Graduation Dinner이다. 여름 학기에 참여한 모든 사람들이 참여하는 특별한 밤이다. 다이닝 홀은 흰꽃, 보라꽃들과 각국을 상징하는 깃발들로 장식되고 학생들은 교사들과 앉아 여름 학기를 성공적으로 마친 것을 축하하며 졸업장을 받게 된다. 이날 학생들이 소감을 발표하고 우수한 학생에게 상도 수여한다. 저녁식사 후에 학생들은 학생회관에서 여

파티 예절
파티를 갖고자 할 때는 미리 2~3주일 전에 연락해야 하며 정확한 시간과 장소, 파티의 성격과 옷차림 등을 분명히 알려주어야 한다. 반대로 초대를 받았을 경우에는 특별한 사유가 없는 한 참석하도록 한다. 참석할 수 없을 때는 미리 연락할 것.

름 학기 동안 만난 친구들과 댄스 파티를 가지면서 Cushing에서의 아쉬운 밤을 즐겁게 보낸다.

주말 여행

수학여행은 여름 학기 중에 문화적인 풍부한 경험과 지적인 자극과 재미를 더해 준다. 예를 들면 펜웨이 공원에서 레드삭스 야구경기를 관람하거나 세계적으로 유명한 New Berry Street로 주말 여행을 간다. 뿐만 아니라 놀이공원, 쇼핑몰을 방문하거나 매주 토요일에 영화관을 가거나 일요일엔 하이킹, 자전거 타기, 카누 타기 등을 한다.

보스턴 심포니 오케스트라의 여름 정기 콘서트에 참석하기 위해 탱글우드로 여행하기도 하고, 가장 인기 있는 록 콘서트를 보러 그레잇 우드로 가기도 한다. 학교에서는 프리토트의 빈, 메인, 쉐어 메드니스로, 보스턴에서 장기 공연되는 연극을 관람할 수 있도록 버스를 지원한다.

캠퍼스 활동

첫째로 대학 진학을 위한 상담이다. 대학에 대한 상담은 각 대학에 대한 정보를 제공하고 입학에 관한 질문에 답변해 줌

팁을 줄 때

미국에서는 팁 문화가 보편화되어 있다. 팁은 서비스를 받은 사람이 자신의 만족도에 따라 액수가 정해진다. 가령 서비스가 형편없거나 불쾌했다면 지불하지 않거나 1센트 정도를 지불해도 된다. 대체로 지불해야 할 적정한 팁 요금은 지역별 소비세의 2배 정도이다. Self Service를 기본으로 하는 곳에서는 팁을 지불할 필요가 없다.

으로써 학생들이 학문적 준비와 기본 테스트, 입학허가 기준, 신청과정 등을 이해하도록 돕는다. 진학상담실을 방문해 개별 상담도 가능하다. 광범위한 비디오 자료와 대학 지역으로의 여행은 학생들이 자신들의 적성과 흥미에 맞는 학교를 찾아볼 수 있도록 도움을 준다. 여름 학기 중간에 각 대학과 고등학교 입학담당자들이 학교에 와서 입학 신청을 위한 설명회를 개최한다. 이날에는 학생들이 미국 전역의 학교에서 그들이 가질 수 있는 교육 기회에 대해 설명을 듣게 된다.

둘째로 페스티벌이다. Summer School 축제는 가장 인기 있는 여름 전통으로 학생 개인, 단체 및 교사들의 공연으로 이루어진다. 노래, 코미디, 단막극, 피아노 연주, 재즈 공연, 댄스 공연에 이르기까지 반드시 기억에 남을 밤이다.

축제는 재미있고 즐거움을 주는 밤이며 그것을 진행하기 위해 많은 시간을 연습하고 준비할 만한 가치가 있다. 학생들은

악기와 필요한 기구들을 가져와 그들의 기량을 선보인다. 한국 학생들은 한국에서 가져간 정장이나 한복을 입으며 한껏 멋을 내며 즐긴다. 또 고전 무용과 부채춤 등이 인기이다.

그 외에도 기타 교내 활동을 보면 영화, 댄스, 콘서트, 스케이팅, 교내 대항 스포츠 행사, 그리고 여름 활동을 마무리하는 스모 플링 등이 있다. 6주 과정을 통해 레게 음악에 맞춰 춤을 추고 학생회관의 댄스 파티에 참석하고 야구나 축구 경기에 교내 대항팀의 일원으로 참여하게 된다.

기숙사 시설

집을 떠나 기숙사 생활을 해본 경험이 없는 한국 학생들은 처음에 기숙사 생활에 대해 너무 준비가 없어 당황해 하는 경우가 많다. 둘이 같이 한방을 쓰므로 다소 불편할 수도 있으나 외국 친구도 사귀고 가까이 생활해 보는 것도 좋은 경험이므로 두려워하지 말아야 한다.

기숙사 방에는 1인당 책상, 의자, 침대, 옷장이 준비되어 있다. 개인적인 침대, 베개, 담요, 베개커버, 책상용 램프, 쓰레기통을 제공하는 학교도 있고 혹은 개인이 준비해야 하는 경우도 있으므로 확인해 보아야 한다. 텔레비전이나 냉장고, 마이크로 오븐은 기숙사 방에 갖고 갈 수 없다. 워크맨 등 중요한 것은 소중히 보관하지 않으면 도난의 위험이 많다. 돈은 반드시 은행에 넣고 써야 하며, 꼭 필요한 경우 적은 액수만 갖고 있도록 하자.

전화시설 이용 안내

기숙사는 각 학생들을 위해 개인전화가 가설되어 있다. 모뎀이 연결된 컴퓨터를 가져온 학생들은 상업 통신망을 이용하여 인터넷에 접속하는 데 전화선을 이용할 수 있다(AMERICA ON LINE, PRODIGY, COMPUSERVE). 뿐만 아니라 학생들이 부재중

일 때는 음성사서함 서비스, 자동응답 서비스가 제공된다. 통신 이용료 30달러에는 전화, 음성사서함 이용이 포함되어 있다. 이 시스템은 저녁 공부시간과 취침 시간에는 단절된다(일요일부터 목요일 오후 8시~10시, 오후 11시~다음날 오전 6시).

이 시간에는 학교 전화로 전화하여 사무실에 메시지를 남길 수 있다. 전화교환대는 평일 오전 8시부터 오후 5시까지 업무를 하며 토요일 오전 12시까지 근무한다. 응답 서비스는 다른 시간대에 메시지를 받으며 긴급한 메시지는 즉각 전달된다.

복장과 세탁

여름 학기 동안 학생들과 교직원은 편안하나 단정한 복장을 한다. 학생들은 기본적인 옷들과 수영복, 운동복 또는 날씨 변화에 대비해 여분의 옷을 준비한다.

여름 평균기온은 75~80℉(24~27℃) 정도이며 밤시간엔 서늘하다. 교실과 기숙사는 에어컨 시설이 되어 있지 않다. 중앙 건물, 사이언스 빌딩, 스터디 센터에서 맨발로 다니는 것은 금지되어 있으며 다이닝 홀에서 운동복을 착용하는 것도 금지되어 있다. 행사를 위해 남학생은 양복과 구두, 넥타이를, 여학생은 한두 벌의 드레스를 꼭 준비해야 한다.

세탁은 완전한 서비스를 일주일에 한 번 유료로 이용할 수 있다. 세탁물은 매주 목요일마다 학생회관에서 보내 월요일에 받는다. 또한 동전을 넣는 세탁기와 건조기가 기숙사에 비치되어 있다.

학교 규칙

학생들이 안전하다고 느끼며 공부할 수 있는 쾌적한 환경을 유지하기 위해 우리는 몇 가지 중요한 규칙을 가지고 있다. 다음 사항들을 위반했을 경우에는 퇴학 처분될 수 있다.

○ 마약, 알코올, 담배 등을 구입 사용하거나 최근에 사용한

증거가 있을 때 ○ 동료 학생들을 괴롭히거나 폭행할 때 ○ 도벽, 파괴 행위 ○ 기숙사에서 촛불을 켜거나 기타 화재를 유발시킬 수 있는 위험 행동 또는 화재 경보기, 소화기를 잘못 사용했을 때 ○ 정지해 있거나 움직이는 차를 무단으로 점유하거나 학교 내에서 자동차를 타는 경우 ○ 입실 시간 이후 기숙사를 이탈할 때 ○ 이성을 기숙사에 불러들이거나 정해진 방문 시간에 휴게실을 방문하는 이외에 이성의 기숙사에 들어간 경우 ○ 동료들에게 불량스런 언어나 행동을 한 경우 ○ 허락을 받지 않고 캠퍼스를 이탈한 경우 등이다.

학생들은 여름 학기 동안 친척이나 친구를 방문하여 외박할 수 없다. 하지만 주말을 이용하여 당일 방문하는 것은 허락된다. 방문허가 신청은 학생의 보호자에 의해 학장에게 서면으로 제출되어야 한다.

출석 관리

학생들은 학점을 받기 위해 6주간 전 수업 과정에 참여해야 한다. 모든 클래스를 비롯 오후 선택 수업의 출석은 필수적이며 1일 출석은 학교에서 정기적으로 체크한다. 그리고 클래스에 출석하는 동안 학생들은 예의 바르고 정숙해야 한다.

또 일요일부터 목요일 오전 8시부터 오후 10시까지 학생들이 과제물이나 다음날 예습 등 기타 공부를 할 수 있도록 개방하고 있다. 모든 학생들은 이 시간에 도서관이나 기숙사에서 공부할 수 있으며 오디오 외에 라디오 소형 카세트 등은 사용할 수 있다.

학기 중에 두 번의 성적 평가를 실시한다. 하나는 중간시험인데, 결과를 가지고 학생들과 상담한다. 또 하나는 기말시험인데, 이것은 각 코스의 설명과 더불어 가정으로 우송된다. 이 성적표에는 교사들의 의견서가 첨가되어 있으며 학교 진학시

미국 50개 주의 약자
Alabama(AL), Alaska(AK), Arizona(AZ)
Arkansas(AR), California(CA), Colorado(CO)
Connecticut(CT), Delaware(DE), Florida(FL)
Georgia(GA), Hawaii(HI), Idaho(ID), Illinois(IL)
Indiana(IN), Iowa(IA), Kansas(KAN)
Kentucky(KY), Louisiana(LA), Maine(ME),
Maryland(MD), Massachusetts(MA), Michigan(MI)
Minnesota(MN), Mississippi(MS), Missouri(MO)
Montana(MT), Nebraska(NE), Nevada(NV)
New Hampshire(NH), New Jersey(NJ)
New Mexico(NM), New York(NY)
North Carolina(NC), North Dakota(ND), Ohio(OH)
Oklahoma(OK), Oregon(OR), Pennsylvania(PA)
Phode Island(RI), South Carolina(SC)
South Dakota(SD), Tennessee(TN), Texas(TX)
Utah(UT), Vermont(VT), Virginia(VA)
Washington(WA), West Virginia(WV)
Wisconsin(WS), Wyoming(WY)

에는 요청하면 그 학생의 성적 사본과 배운 과정, 교사들의 의견서를 제공받을 수 있다.

학생 복지시설

학생회관에 있는 서점은 문구류, 개인 용품, 운동장비, 운동화, 옷, 여타 생활필수품들을 구비하고 있다. 특별히 아이스하키, 피겨스케이팅과 관련된 운동장비는 전문 상점에서 구입할 수 있다. 또 학생들은 방에 현금을 보관할 수 없다.

학생들은 여권, 비행기 티켓, 다른 귀중품들은 모두 학교 금고에 보관해야 한다. 학교는 무료로 은행 업무를 대행하는데 서점이 은행 업무를 대행한다. 보호자들은 자유 여행이나 쇼핑을 포함한 모든 개인적 비용을 충당할 수 있는 금액을 은행에 비치해야 한다. 학생들은 매주 20~30달러 가량의 용돈을 사용한다. 가능한한 비싼 물건은 사지 않도록 지도한다.

이밖에 각 학생들은 학생 회관에 우편함이 지정되어 있다. 우편물들은 우체국에서 일요일과 휴일을 제외한 매일 아침 수거되어 학생들의 우편함에 즉시 배달된다. 학생들은 우표와 문구류를 서점에서 구입할 수 있다.

건강 관리

학교의 의료 체계는 잘되어 있는 편이다. 캠퍼스 도착 이전에 건강 검진을 하지 않았으면 헬스 센터에서 보호자 부담으로 건강 검진을 받아야 한다. 헬스 센터는 학생들이 복용해야 할 약품의 처방전, 학생들이 지속적으로 받아야 할 진료 과정을 알려준다.

진료는 학교 내에서 간호사로부터 받을 수 있다. 안경을 착용하는 학생들은 여분으로 안경을 한 개 더 지참하는 것이 좋다. 운동경기 도중에 부서질 염려가 있기 때문이다. 보호자들은 보험 혜택을 받지 않는 학생들에게 발생하는 의사의 왕진

료, 교통비를 포함하는 모든 비용을 부담해야 한다. 그러므로 꼭 보험에 가입해 큰 부담에 대한 위험을 줄여야 한다. 미국은 의료비가 엄청나게 비싸다.

입학 절차

학비에는 기숙사비, 식사비, 교재비, 자료 구입비, 이불이나 베개, 담요, 침대보, 타월, 휴지통 등의 사용료, 운동복과 매주 세탁비, 교내 활동비, 필수 클래스 여행비, 재해 보험료, 토플이나 예비 토플 자료 준비 및 테스트비, 대학 지원 시험 상담료, 교사들의 보고서 비용, 학교에서 공항간 왕복 교통비등이 포함된다. 이밖에 특별 활동에 대한 450달러가 추가되며 모든 비용은 환불되지 않는다.

등록 절차를 보면 모든 사항이 빠짐없이 기입된 신청서를 신청비 납입증서와 함께 우편이나 팩스로 보내야 한다. 신청서는 접수 즉시 확인하여 조치를 취한다. 입학허가 통지서는 교과과정 안내, 학교에 가는 교통편과 기타 사항에 대한 안내 책자와 함께 학생들에게 보내진다.

입학 허가 후 4주 안에 등록예치금 500달러를 납입해야 하는데, 이 예치금은 어떤 경우에도 환불이 불가능하다. 모든 비용은 미국 달러로 지불해야 하며, 학비 납입은 개인 수표나 크레디트 카드 또는 전신환으로 가능하다.

학생 비자를 위해 I-20 Form을 발급한다. 만일 여러분이 I-20을 일찍 발급받기를 원한다면 합격 통지를 받은 후 등록비를 예치시키면 된다. 약 2주일 후면 I-20을 우편으로 받을 수 있다. 이것은 미 대사관으로부터 F-1 학생 비자를 신청할 때 꼭 제출해야 하므로 소중히 보관해야 한다.

제4부
미국 10대 명문사립 고등학교 안내

CATE SCHOOL
CHOATE ROSEMARY HALL
CRANBROOK SCHOOL
DEERFIELD ACADEMY
THE HOTCHKISS SCHOOL
LAWRENCEVILLE SCHOOL
NORTHFIELD MOUNT HERMON SCHOOL
PHILLIPS ACADEMY
PHILLIPS EXETER ACADEMY
ST. PAUL'S SCHOOL

CATE SCHOOL

1960 Cate Mesa Road
Carpinteria, California 93014-5005
학교장 Peter Thorp

1910년 설립될 당시에는 남학교였다가 1981년부터
여학생을 받아들여 현재 남녀공학이다. 최근
「타임」지에서 '미시시피 서쪽에서 가장 훌륭한
사립학교 중 하나' 로 꼽힐 정도로 유서깊은 우수
명문교이다. Santa Barbara 근처 Carpinteria에
위치하고 있으며 주변 풍경과 어우러져 마치
바다를 내려다보는 유럽의 성을 연상시킨다.
또 학교 캠퍼스 안에는 넓은 잔디밭과 스페인풍의
건물들이 아름답다. 학생들은 하이킹, 서핑, 암벽
타기와 sailing을 즐길 수도 있다.
냉수 마찰과 승마 및 음독(音讀)의 세 가지 전통을
지닌 학교로 유명하다. 교내에서 교복을 입지는
않지만 목요일 저녁에는 정장 차림을 해야 한다.
격식을 갖춘 저녁식사 후 사회 명들의 강연이 있다.
총면적 125에어커의 캠퍼스에는 15개 동의 건물이
배치되어 있다. 절반 가까이 되는 졸업생들이 내는
기부금과 학부모의 지원으로 운영된다.
학년과정은 9~12학년이다.

학생 분포

총 학생수 254명 중 기숙학생이 210명이다. 학급당
학생수는 평균 12명이며 교사와 학생의 비율은
1 대 6이다. 학년별로는 9학년 52명, 10학년 70명,
11학년 71명, 12학년 61명이다. 외국 유학생은
24명이다.

교과 과정

지적이고 정서적인 면을 중시한다. 교과과정의
중요한 요소는 호기심 자극과 흥미 유발이다. 또
기술 습득을 위해 학생 스스로 필요성을 직접
느끼도록 해주며, 지적으로 독립된 자아를
형성하도록 도와준다. 무엇보다도 학생 스스로가
배우는 방법을 이해하도록 힘쓴다. 학생들은
4년간 기술 습득뿐 아니라 배움의 열정도 갖는다.
저학년(9~10학년) 단계에서는 영어, 수학, 외국어,
세계사, 과학, 예술, 학년별 세미나등 9개 과목이
필수이며, 고학년(11학년과 12학년) 단계에서는 특별
연구 프로그램(Special Study Program)과 지도 연구
프로그램(Directed Studies Program) 등을 통해
자신의 강점과 관심 분야 능력에 부합하는 수업을
선택적으로 받을 수 있다.
졸업 필수과목은 영화, 연극, 음악, 미술 등
예술 과목을 비롯하여 영어, 제2 외국어 (프랑스어,
스페인어, 중국어, 일본어), 수학, 과학, 컴퓨터 공학,
사회, 도덕교육 등으로 21학점이 졸업 학점이다.
입학할 때부터 개개인의 학년과 수준에 맞게끔
정해진다. 11개 영역에 AP 과정이 마련되어 있으며

Honor 과정도 개설되어 있다. 1년 2학기제로
운영되며 학기는 가을에 시작된다.

학교 생활

주 5일 수업하며, 격주로 수요일 오전 수업, 토요일
오전 수업을 한다. 수업은 오전 8시에 시작된다.
일 주일의 하루는 초청 인사의 강연을 듣는다.
기숙학생은 저녁 10시 30분까지 귀가해야 한다.
1개 기숙사에 20명이 생활하며
평균 3명의 교사가 담당하고 있다.
교외활동 또한 매우 다양하다. 지역 초등학교
교사나 장애아들을 위한 교사 또는
빈민구호단체에서 활동하기도 한다. 재즈반을
비롯하여 수학경시반, 신문반, 문학반 등도
활발하다. 주말에는 학교대항 경기나 무용 공연,
LA에서 열리는 연극, 음악회에 참여하면서 보낸다.

입학

9학년이나 10학년 입학이 대부분이며 학생의 자격
조건에 따라 11학년 입학도 가능하다. 학업 성적과
교사의 추천서, 교외활동, 특기사항 등을 고려하여
선발한다. SSAT 성적을 제출해야 하며 면접은 필수

과정이다. 다양한 재능과 기술, 흥미, 배경을 지닌
학생이 주로 입학한다. 매년 2월 1일까지 면접을
받아야 하며 3월 10일 지원서 접수를 완료한다.

학비

기숙사비를 포함한 수업료가 2만 3,950달러이다.
입학금은 200달러이며, 주간 통학생일 경우에는
1만 8,940달러이다. 이 금액은 교내 식당에서
제공되는 식사 비용이 포함된 액수이다. 재정
보조가 가능하며 매년 70여 명이 혜택 받는다.

주요 진학 대학

Colby College, Columbia University, Cornell
University, Duke Universitym Stanford University,
Havard University, Massachusetts Insititute of
Technology, Yale University, Middlebury College,
New York University.
졸업생들의 성적은 SAT 언어영역 600점 이상이
63퍼센트, 수학영역 600점 이상이 68퍼센트이었다.

연락처

입학 담당자 Donald W. Smith
Tel 805-684-4127 Fax 805-684-2279
E-mail : admissions@cate.org

CHOATE ROSEMARY HALL

333 Christian Street
Wallingford, Connecticut 06492
학교장 Edward J. Shanahan

여학교 Rosemary Hall(1890년, Caroline Ruutz-Rees 설립)과 남학교 The Choate School(1896년, William Choate 설립)이 1974년 결합하여 The Choate Rosemary Hall Foundation, Inc.라는 이름으로 설립되었다. 도전적이고 의욕이 강한 학생들에게 엄격한 교육과정과 소수정예 교육을 시켜 온 결과, 오늘날 명문교란 명성을 얻었다.

학교 규율은 대단히 엄격해서 위반했을 때는 정학이나 퇴학 처분이 결정된다.

인간의 존엄성을 중시하며 배움을 즐기고 진리를 중시하도록 교육을 받은 졸업생들은 각자의 삶을 훌륭하게 개척해 나가고 있다.

New Haven 근처의 작은 마을에 자리잡고 있으며 Boston과 New York에서 차로 2시간 정도 걸린다. 학년과정은 9~12학년, PG 과정까지이다.

학생 분포
총 855명의 학생 가운데 기숙학생이 606명이다.

학급당 학생수는 평균 12명이다. 학년별로 9학년 168명, 10학년 230명, 11학년 216명, 12학년 216명, PG 과정 25명이다. 외국 유학생은 캐나다, 중국, 일본, 한국, 태국, 베네수엘라 출신이 대부분이다.

교과 과정
3학기제로 각각의 개성에 맞는 교육과정이 제공된다. 교육의 영역은 상당히 넓어서 280개 이상의 과목이 제공되며, 관심과 흥미 정도에 따라 선택할 수 있다. 연령이나 학년이 아닌 개인의 능력, 재능에 따라 레벨이 정해지며 대학 진학을 위한 적절한 교육이 실시된다.

보통 한 학기에 5개 과정을 이수한다. 졸업학점은 영어, 과학, 예술, 사회, 심리학, 철학 등 16학점이다. 그 밖에 수학과 3단계의 제2 외국어, 체육도 이수해야 한다. 사회봉사 활동도 필수 사항이다. 20개 영역에 AP 과정이 있으며 Honor 과정이 있다. Washington D.C. 관광이나 국회 참여 등의 교외수업도 필수과정이다. 또 프랑스, 독일, 멕시코 등지에서 수업 받을 수 있는 교환학생 제도가 있다. 성적 평가는 A~F로 이루어지며 D⁻ 이상이 되어야 한다. 각 학기마다 교사의 편지가 학부모에게 전달된다. 5주 동안 실시되는 하기 프로그램에는 ESL, 작문반, 우등반, 수학, 과학반 등이 있고 프랑스나 스페인 여행 프로그램도 있다.

학교 생활

주 5일 수업제로 1주일에 4일은 오전 8시부터 오후 2시 45분까지, 수요일과 토요일은 12시 50분에 수업이 끝난다. 수업 후에는 스포츠를 하며 저녁식사는 5시에서 7시 사이에 있다. 모두 7시 30분까지 기숙사로 돌아와 1시간 30분 동안 자습시간을 갖는다. 이후 10시 30분까지는 개인의 자유시간이다.
60개 이상의 클럽과 교외활동에 가입하여 리더십을 배우며 사회봉사도 한다. 주말에는 New York이나 Boston으로 외출할 수 있다.

입학

성적증명서, 시험점수(9~10학년, SSAT; 11~12, PG 과정, PSAT 또는 SAT, 교장과 교사의 추천서, 과외활동 기록 등을 제출하면 입학위원회에서 서류를 검토, 면접점수와 합산하여 입학 여부를 결정한다. 외국 학생에게는 TOEFL을 요구한다. 성적이 B학점 이상이어야 지원할 수 있다. 원서 마감일은 1월 31일이고 전형료는 50달러이다. 한 달 내에 합격 여부를 통보해준다.

학비

기숙사비를 포함한 학비는 2만 6,805달러이고 입학금은 390달러이다. 교재비는 별도이며 세탁 서비스는 추가 비용을 내야 한다. 재정 보조나 대출이 가능하다.

주요 진학 대학

Brown University, Cornell University, Georgetown University, Harvard University, University of Pensylvania, Yale University.
졸업생의 68퍼센트가 SAT 언어영역 600점 이상, 79.5퍼센트가 수학영역 점수가 600점 이상의 성적을 기록했다.

연락처

입학 담당자 William W. Dennett
Tel 203-697-2239 Fax 203-697-2629
E-mail : admissions@choate.edu.
URL : http://www.choate.edu

CRANBROOK SCHOOL

CRANBROOK

1221 North Woodward Avenue
Bloomfield Hills, Michigan 48303-0801
학교장 Arlyce Seibert

남녀 공학으로 크랜부르크 과학협회와 크랜부르크 예술 아카데미를 합해서 크랜부르크 교육공동체를 이루고 있다. 유치원에서부터 5학년으로 짜여진 초등학교, 6~8학년의 중학교, 9~12학년의 고등학교까지 모든 과정이 함께 있다. 기숙사 생활은 9학년부터 12학년까지만 가능하다. Michigan의 Bloomfield Hill에 위치하고 있으며 Detroit에서 북서쪽으로 25분 정도 걸린다. 총면적 325에이커에 달하는 캠퍼스는 숲과 언덕, 강 등 자연 속의 전원풍경이다. 학생들의 지적, 도덕적, 창조적 교육은 물론 신체적으로도 성숙하도록 종합적인 전인교육으로 짜여져 있다.

학생 분포
총 학생수는 1,581명, 학급당 학생 수는 16명으로 교사와 학생의 비율은 1 대 8이다. 기숙학생의 숫자는 255명이다. 학년별로 보면 9학년 168명, 10학년 200명, 11학년 202명, 12학년 181명이다. 외국인 학생은 71명으로 중국, 독일, 일본, 멕시코, 한국, 태국 출신들이다.

교과 과정
2학기제로 운영되며 새 학년은 9월에 시작한다. 수업은 매주 월요일부터 금요일까지 실시되지만 기숙학생의 경우, 일요일부터 목요일까지 매일 저녁마다 자습시간을 갖도록 되어 있다. 하루 수업 시간은 보통 8과목 정도이다. 성적표는 일 년에 네 번 학부모에게 직접 발송된다. 성적은 A~E 등급으로 나누어 채점되며 일부 선택과목의 경우 Pass/Fail로 채점되기도 한다. 평균 C학점을 받아야 하며 성적에 따라 학급이 편성되는 게 특징이다. 성적이 우수한 학생에게는 월반을 허용한다. 졸업하려면 1학기당 4학점씩, 총 32학점을 이수해야 한다. 필수과목은 영어 8학점, 제2 외국어 4학점, 사회와 역사 4학점, 수학 6학점, 과학 3학점, 예술 2학점, 철학 2학점, 컴퓨터 등이다. 특별학습 프로그램은 다음과 같이 짜여져 있다. 프랑스어, 라틴어, 독일어, 스페인어, 영어, 경제학, 미국사, 유럽사, 수학, 생물학, 화학, 물리, 컴퓨터 과목에 AP과정이 있다. 학습능력이 뛰어난 학생을 위한 Honor 과정과 외국인 학생을 위한 ESL 과정이 개설되어 있다. 12학년이 되면 교환학생을 지원할 수 있으며 평균 4.5학점을 이수해야 한다.

학교 생활

주 5일간 수업하며 정규 수업 후에는 학급회의나 보충학습 등도 한다. 기숙 학생에게는 주말에 다른 도시에서 열리는 각종 행사에 참가할 기회가 주어진다. Detroit나 폰티악에 가서 연극이나 음악 공연 등을 관람하거나 야구, 미식축구, 농구 등 스포츠 경기를 즐길 수 있다. 캠핑이나 하이킹, 등산, 스키, 여행 등도 가능하다. 주말에는 집에서 지낼 수도 있으나 반드시 부모의 동의가 필요하다. 학교 규칙은 대단히 엄격하게 적용되며, 특히 정직을 가장 중요한 덕목으로 삼고 있다. 교칙을 어긴 학생에게는 학생 대표와 교사로 구성된 학생위원회가 심의하여 징계처분을 내린다. 학생위원회는 또 학생 개개인의 교과 활동, 기숙사 생활, 체육활동 등을 뒷받침해주기도 한다.

과외활동은 다른 대부분의 사립학교와 마찬가지로 다양한 프로그램이 마련되어 있다. 과외활동 클럽은 육상, 오케스트라, 무용, 소유엔총회, 연극, 합창단 등 30여 개에 달한다. 지역봉사 활동을 중시하는 클럽도 많다.

입학

성적증명서, 추천서와 특기사항, 작문과 SSAT(TOEFL), 개별 면접을 통해 입학 여부를 결정한다. 이 가운데 SSAT와 TOEFL(또는 SLEP), 개별 면접은 필수적으로 거쳐야 한다. 입학 성적은 A학점이나 B학점 수준을 요구한다. 학교 견학과 입학 담당자와의 인터뷰는 주말을 제외하고 언제든지 가능하다. 그러나 사전에 방문과 면접시간을 약속해 두는 게 좋다. 1년 전부터 입학원서 접수를 권하고 있다. 입학 사정은 매년 2월에 실시한다. 전형료는 25달러이다. 인종이나 종교, 국적, 성별, 장애 여부에 상관없이 입학이 허용된다.

학비

기숙사비를 포함하여 연간 수업료는 2만 3,990달러이다. ESL 과정 수업료는 별도로 내야 된다. 학업성적이 우수하지만 형편이 어려운 학생에게는 장학금이 지급되는데, 전체 학생의 약 30퍼센트가 혜택을 받는다.

주요 진학 대학

Brown University, Michigan State University, Northwestern University, University of Chicago, University of Michigan, Washington University.

연락처

입학 담당자 D. Scott Looney
Tel 248-645-3610 Fax 248-645-3025
E-mail : cranbrook@cc.cranbrook.edu

DEERFIELD ACADEMY

Deerfield, Massachusetts 01342
학교장 Eric Widmer

연구발표식 수업을 많이 한다. 개인 적성과 능력을
발견하는데 많은 투자를 하며, 따라서 교과 과정도
개인별 특성에 맞게끔 제공한다.

총면적 250에이커에 달하는 캠퍼스는 아름답기로
유명하다. Massachusetts주의 서쪽에 위치한 시골
마을에 있고 Boston에서 1시간 40분, Hartford에서
1시간 10분 가량 떨어져 있다. 20분 거리에
Massachusetts 대학이 있어 지적, 문화적 생활에
적지 않은 도움을 받을 수 있다. 학년과정은
9~12학년, PG 과정이 있다.

학생 분포

총학생수는 599명으로 기숙학생은 516명이다.
학급당 평균 학생수는 14명이며 교사와 학생
비율은 1대 6이다. 9학년 96명, 10학년 159명,
11학년 166명, 12학년 154명, PG 과정에 24명이

1797년에 설립된 전통이 있는 학교로
남녀공학이다. 정직과 인내와 책임감을 가장
중요한 덕목으로 삼고 있다. 이 학교가 지향하는
교육은 학생들의 지적인 면, 도덕적인 면, 심리적인
면이 고르게 성장할 수 있도록 지도하는 것이다.
사회에서 중요한 역할을 담당할 만한 적극적이고
훌륭한 학생을 길러내는 데 중점을 둔다. 창조적
사고능력을 길러줄 수 있도록 토론식 수업,

55분에 시작하여 오후 3시쯤 마친다. 수요일에는 오후 1시에 끝나고 각종 특별활동을 실시되는데 장르별로 활발한 클럽활동이 펼쳐진다. 이밖에 체육클럽과 시사클럽도 많다. 또 각종 사회봉사 프로그램에 참가해서 다양한 경험을 할 수 있다.

입학
9~11학년 지원자는 성적증명서, SSAT 점수, 추천서, 에세이 등을 제출해야 한다. 12학년과 PG 과정 지원은 SAT 점수 1000점 이상을 받은 자에 한한다. 면접은 필수 사항이다. 장애, 성별, 인종을 차별하지 않으며 지리적, 사회적, 문화적, 인종적 배경이 다양한 학생들을 선발하는 경향이 있다. 마감일은 1월 15일까지이며 전형료는 40달러이다.

학비
기숙사비를 포함하여 학비는 2만 3,500달러이다. 입학금은 840달러이다. 학생 중 30퍼센트가 재정적인 도움을 받는다.

주요 진학 대학
Brown University, Georgetown University, Harvard University, Middlebury College, Princeton University, Tufts University.
평균 SAT 점수를 보면 언어영역이 630점, 수학영역이 640점으로 총평균 1270점이며, 비율상으로 보면 언어영역 600점 이상이 70퍼센트, 수학영역 600점 이상이 74퍼센트이다.

연락처
입학 담당자 Patricia L. Gimbel
Tel 413-774-1400 Fax 413-772-1100
E-mail : admission@deerfield.edu

재학중이다. 버뮤다와 캐나다, 중국, 한국, 태국, 사우디 아라비아 출신의 외국인 학생이 56명이다.

교과 과정
3학기제로 학기당 수업일수는 11주씩이다. 학과 시간표는 학장, 상담자와 상의하여 작성한다. 영어, 수학, 제2 외국어, 역사, 과학실험, 미술, 철학은 필수과목이다. 특히 예술교육을 강조한다. 졸업학점은 46학점으로 매 학기 5과목 정도를 이수한다. 영어, 미술, 역사, 경제, 수학, 컴퓨터 공학 등 19개 영역에 걸쳐 AP 과정이 있고, Honor 과정과 ESL 과정이 개설되어 있다. 11학년은 Vermont의 Mountain School이나 South Africa 기숙학교에서 한 학기 동안 수업받을 수 있다. 12학년은 봄학기 동안 학교 밖에서 진행되는 교류학습 과정에 참여할 수 있다. 또 11~12학년은 프랑스와 스페인으로 단기 유학을 떠날 수 있다. 성적평가는 100점 만점이며, 60점 이하는 낙제 처리된다. 성적표는 학기말과 학기중에 발송된다.

학교 생활
1주일에 4일, 50~70분씩 이루어지며 오전 7시

THE HOTCHKISS SCHOOL

11 Interlaken Road Box 800
Lakeville, Connecticut 06039
학교장 John R. Chandler Jr.

1891년 Maria Bissell Hotchkiss가 세운 남녀공학이다. 전통적인 교육과정을 통해 학생들에게 다양한 세계관을 키워주고 있다. 인간의 존엄성은 물론, 사회 구성원으로서의 삶을 학습하며 평생 학습의 열정을 갖도록 한다. 학교 교훈은 '믿음, 존경, 열정' 이다. 특히 기술 획득과 지적 호기심 유발, 창조성 계발, 체육교육, 다른 학교와의 교류 등을 통해 학생 스스로 자신의 생각과 창의성, 예술감각 등을 자유롭게 표현할 수 있도록 도와주고 있다. 총면적은 520에이커이며 2개의 커다란 호수와 숲으로 둘러싸여 있어서 대단히 아름답다. New York시에서 2시간 15분 정도 걸리며 Boston에서는 3시간 30분 정도 소요된다. 졸업생을 비롯한 많은 인사들이 학교 발전을 위해 기꺼이 기부금을 내며 그 기부금으로 체육관 시설을 증축하고 기숙사를 새로 단장하는 등 시설에 많은 투자를 하고 있다. 2개의 컴퓨터 실습실과 아트센터, 아트 갤러리, 극장, 무용실,

도서관 등이 있고, 도서관에는 6만 5천 권의 도서가 소장되어 있다.
학년과정은 9~12학년, PG과정이 있다.

학생 분포

총 학생수는 556명이다. 그 중 501명은 기숙사 생활을 하고 있다. 학급당 평균 학생수는 13명이다. 학년별로는 9학년 102명, 10학년 135명, 12학년 156명, PG 과정이 9명이다. 외국 유학생은 53명이다.

교과 과정

교과과정은 215개 이상의 다양한 과정과 세미나 등을 통해서 이루어지며, 해마다 교과과정을 평가한다. 수업은 9월에 시작하여 6월에 마친다. 졸업학점은 17학점이며, 예술(미술, 음악, 무용, 연극), 영어, 외국어, 수학, 과학, 사회과학, 사회(역사 포함) 등은 필수과목이다. 한 학기에 평균 5과목을 이수하도록 되어 있는데 9~11학년은 보통 5과목, 12학년에서는 4~5과목을 이수한다. 신입생은 레벨 테스트를 통해 반을 결정한다. 1년에 4회 이상 성적표가 발송되지만 상황에 따라서는 그 이상 발송되는 경우도 있다. 18개 영역에서 AP 과정이 실시되고 있으며 Honor 과정도 개설되어 있다. 교사들은 수업 외의 시간에도 학생의 요청을 받으면 기꺼이 개인 교습을 진행한다. 고학년에 재학중인 우수한 학생이라면 중국, 프랑스, 스페인, 남아프리카

등지에서 교환 학생으로 공부할 수 있는 기회도 제공받는다. 또한 English Speaking Union을 통해 영국 기숙학교에서 PG 과정을 마칠 수도 있다.

학교 생활

주 6일 수업하며, 수요일과 토요일은 오전 수업만 진행한다. 수업은 아침 8시부터 시작된다. 주말이 되면 학교 밖으로 나갈 수 있지만 대부분의 학생들은 학교에 남아서 스포츠 경기나 영화, 무용, 음악 공연 등의 특별활동에 참여한다. 클럽 활동 가운데 가장 활발한 클럽은 연극부이다. 매년 3회에 걸쳐 연극제를 개최한다. 영화클럽은 스폰서를 받기도 한다. 사회봉사 클럽은 장애인을 교육시키거나 병원 근무, 지역사회 봉사활동에 치중한다. 학생은 누구든지 1년에 한 번 이상 봉사활동 프로그램에 참가하도록 되어 있다.

입학

학업 성적이 뛰어날 뿐 아니라 의지가 강하고 지적 호기심이 높은 학생을 선발한다. 교사 3명의 추천서가 필요하며 성적표 제출도 의무적이다. SSAT 점수 제출은 필수요건이다. 12학년이나 PG 과정 지원자들은 PSAT나 SAT를 제출해야 한다. 면접도 필수과정이며 통상적으로 지원자의 3분의 1 정도가 합격한다.

서류는 매년 1월 15일에 마감하며, 면접은 학교 내에서 실시한다. 학부모와 함께 방문하기를 권장하고 있다. 방문 가능 시간은 월, 화, 목, 금요일에는 오전 8시부터 오후 1시까지, 수요일과 토요일에는 오전 11시까지이다. 전형료는 40달러이다. 입학 여부는 3월 10일 안팎에 통보된다.

학비

기숙사비를 포함하여 수업료 2만 5,900달러이며 입학금은 800달러이다. 수업료는 학기 시작 전까지 납부하면 된다. 기타 교재비나 세탁비 등은 따로

부담해야 한다. 장학금은 연간 250만 달러에 달하는데, 전체 학생의 25퍼센트 정도가 장학금을 받는다. 가정형편이 어려운 학생이 우선 대상이다. 장학금 혜택을 받지 못한 학생은 대출받을 수 있다.

주요 진학 대학

Cornell University, Dartmouth College, Georgetown University, Harvard University, Princeton University, Yale University.
졸업생의 평균 SAT 점수는 1277점이었다. 1200점 이상 졸업생은 전체 졸업생의 73퍼센트였다.

연락처

입학 담당자 Peter S. Philip
Tel 860-435-2591 Fax 860-435-0042
E-mail : oldmissions@hotchkiss.pvt.k12.ct.us
URL : http://www.hotchkiss.pvt.k12.ct.us

LAWRENCEVILLE SCHOOL

P.O. Box 6008
Lawreneville, New Jersey 08648
학교장 Michael. S. Cary

1810년 어느 교회의 목사가 자신의 아들을 교육시키기 위해 세운 학교이다. New York에서 1시간 10분, Philadelphia에서는 1시간 가량의 거리에 위치하고 있다.

남녀공학으로 여학생 비율은 42퍼센트이다. 원만한 사회생활을 위한 개인의 발전을 도모하며 지적 능력을 기르는데 주력하고 있다. 대학 진학뿐 아니라 사회 구성원으로서 활동할 수 있도록 교육시키는 데에 중점을 두고 있다.

학교 재정은 대부분 졸업생들의 기부금과 시의 지원금으로 충당된다.

학년과정은 8~12학년이다.

학생 분포

총 학생수는 773명이다. 학급당 학생수는 평균 11명이며 교사와 학생의 비율은 1 대 5이다. 학년별로 9학년 131명, 10학년 200명, 11학년 211명, 12학년 212명, PG 과정 19명이다. 외국 유학생은 53명이다.

교과 과정

3학기제로서 10주 단위로 학기가 나뉘어져 있다. 모든 학생은 1학기당 5과목을 이수해야 한다. 교과목 중 영어, 언어, 수학, 역사, 과학, 예술, 종교, 지리학, 세계문화 등 52학점이 졸업학점이다. 또 40시간의 사회봉사 활동도 해야 한다.

기숙학생의 경우, 저녁 자습시간에는 3~4명이 팀을 구성하여 교사의 도움을 받을 수 있다. 만일 교과과정 외에 새로운 분야나 특정 분야에 관심이 많다면 독립학습, 야외 프로젝트 등을 진행할 수 있다. 혹은 인턴 경험으로 실제적인 내용에 접근할 수도 있다. 교환학생 제도가 있어서 프랑스나 스페인으로의 해외 연수도 가능하며 운전교육도 실시한다. 학업 성적은 A~F로 나누어 평가하는데

B 이상이면 우등생에 속한다. 성적표와 담당교사 의견서가 학기말에 학부모에게 발송된다. 학업능력이 부족하다고 판단될 때는 경고 편지가 발송된다.

학교 생활

주 6일제 수업이며 45~50분 단위로 진행된다. 오전 8시에 시작하여 오후 3시 50분에 끝난다. 수요일과 토요일에는 이보다 빨리 끝난다. 금요일 점심식사는 교사와 함께 한다. 연극, 예술, 종교, 언어 등 다양한 클럽 활동이 이루어지는데 가장 인기있는 클럽은 연극, 코미디, 뮤지컬이다. 다양한 분야별로 권위자나 예술가를 초청하여 강연을 듣기도 하며 학생들의 작품전시회를 열기도 한다. 주말에 캠퍼스 밖으로 나갈 수 있는 횟수는 제한되어 있으나 보호자와 동행하면 가능하다. 교내에서 각종 이벤트나 댄스파티, 스포츠 경기들이 개최된다.

입학

인종, 국적 등에 차별없이 선발하며 과거의 학업 성적뿐 아니라 학업 의지와 장래성 등을 중시한다. 간단한 작문을 포함하여 추천서, SSAT와 ISEE, TOEFL 가운데 한 가지 점수를 제출해야 한다. 지원자의 성격과 학업 의지 등에 비중을 두기 때문에 면접은 반드시 받아야 한다. 방문 및 면접시간은 평일 오전 8시 30분에서 오후 3시 15분까지이며, 토요일에는 방문만 가능하다. 원서 마감일은 1월 15일이며 3월 10일 발표한다. 전형료는 40달러이다.

학비

기숙사비를 포함하여 학비는 2만 4,240달러이며 입학금은 300~500달러이다. 각종 재단으로부터 지원되는 장학금이 있으며 1999년에는 254명이 받았다. 장학금 선정 기준은 학생의 능력이나 성적 등을

감안하여 결정한다. 장학금 외에도 학비 보조금이 지급된다.

주요 진학 대학

The University of Virginia, Georgetown University, The University of Pennsylvania, Brown University, Princeton University, Trinity University, Columbia University, Cornell University, Harvard University, Yale University, Boston College, New York University, The University of North Carolina at Chapel Hill, Bates University, Boston University, Duke University.

연락처

입학 담당자 Gregg W. M. Maloberti
Tel 609-895-2030/ 800-735-2030 Fax 609-895-2217
E-mail : admission@Lawrenceville.org
URL : http://www.lawrenceville.org

NORTHFIELD MOUNT HERMON SCHOOL

206 Main Street
Northfield, Massachusetts 01360-1089
학교장 Jacqueline Smethurst

1971년 Dwight L. Moody에 의해 설립된 Northfield Seminary for Young Ladies(1881년 설립)와 Mount Hermon School for Boys(1879년 설립)의 통합으로 생겨난 남녀공학이다. 특수교육 프로그램인 NMH(학교명의 앞글자들이다) 프로그램을 자체 개발하여 학생들에게 적용시키고 있다. 이 프로그램의 교과과정에는 스포츠, 예술활동, 클럽활동, 해외연수 등 여러 분야에 걸쳐 골고루 짜여져 최고의 학과 프로그램으로 인정받고 있다. 5~7명의 학생이 노트북을 이용하여 최신 기술교육을 받는다. Massachusetts주 서쪽 Connecticut 강가, Hartford 근처 시골에 위치해 있다. 뉴욕에서 4시간, Boston에서 2시간 떨어진 곳에 위치하고 있다. 3,600에이커의 캠퍼스에 165개 동의 건물이 있다. 학년과정은 9~12학년, PG 과정이 있다.

학생 분포

총 학생수는 1,039명이며 외국 학생은 327명이다. 학급당 학생수는 평균 13명이며 교사와 학생의 비율은 1 대 7이다. 학년별로는 9학년 175명, 10학년 241명, 11학년 362명, 12학년 202명, PG 과정 59명이다.

교과 과정

철저히 개인 단위로 짜여진다. 각기 수준에 맞게 수업하며, 교사 한 사람이 5~7명의 학생을 담당한다. 약 4백여 개의 과목이 개설되어 있으며 관심도와 실력에 따라 임의로 선택할 수 있다. 필수과목은 1학기 수업에 1학점이며, 선택과목은 0.5학점이 부여된다. 매년 종교, 윤리, 철학 수업을 받도록 하고 있다.

19개 영역에 걸쳐 AP 과정이 실시된다.

수업은 기숙사, 실험실, 도서관, 농장, 식당 등에서 이루어진다. 신입생은 모두 노트북을 갖고 있으며 기숙사방들은 네트워크로 연결된다. 성적과 교사 의견서는 학기당 2회 학부모에게 발송된다.

졸업학점은 22학점으로 영어, 수학, 제2 외국어, 자연과학, 역사, 사회과목은 필수과목이며 예술과목, 종교, 체육 등도 포함된다.

Honor 과정과 ESL 과정이 마련되어 있다. 국제교류

프로그램의 일환으로 재학중 한 학기 동안 프랑스, 러시아, 이집트, 도미니크공화국, 독일의 학교에서 수업을 받을 수 있다.

여름방학에는 6주간 진행되는 계절수업이 개설된다. 중국, 프랑스, 스페인으로 어학 연수를 떠나거나 카리브 해안에서의 해양생물학, 스쿠버 등을 배울 수 있는 다양한 프로그램으로 꾸며져 있다. 각 분야의 전문가들이 가르친다.

학교 생활

주 5일 수업제를 실시한다. 학생들은 방과후에 체육활동을 하거나 혹은 다양한 관심과 흥미에 맞춰 방송반, 합창부, 신문반, 오케스트라 등 자유롭게 참여하여 자기 재능을 발휘할 수 있다. 주말에는 캠퍼스 내에서 영화 상영, 무용 공연, 음악회 등 여러 문화행사가 열리며 가까운 Boston

등지로 나가서 보낼 수도 있다.

이 학교의 장점 중 하나는 뛰어난 시설이다. 도서관이 2개의 미디어 센터와 기숙사로 연결되어 있고 1만여 종의 자료가 비치되어 있다. 20개 동으로 구성되어 있는 기숙사에는 연못이 2개, 산책로와 농장 등이 갖추어져 있다.

체육시설로는 남학생을 위한 스포츠 코너와 여학생을 위한 스포츠 코너가 별도로 마련되어 있다. 수영장, 헬스장, 테니스장 등 운동에 필요한 공간을 충분히 제공하고 있다.

입학

학업성적, 공인된 시험점수(SSAT, ISEE, CTP, PSAT, SAT, ACT 또는 TOEFL 가운데 택일), 면접 등으로 결정한다. 면접은 입학허가 결정에 크게 작용하므로 반드시 학교를 방문하여 받아야 한다. 원서 마감일은 2월 1일이며 3월 10일 합격 여부를 발표한다. 전형료는 40달러이다.

학비

기숙사비 포함한 수업료 2만 4,675달러이며 입학금은 800달러이다. 장학금, 학자금 대출 등 학비보조 제도가 있다.

주요 진학 대학

Boston University, Brown University, Carnegie Mellon University, New York University, Tufts University, Wesleyan University.
SAT 평균 점수가 1200점 이상인 졸업생은 전체의 50퍼센트였다.

연락처

입학 담당자 Pamela J. Safford
Tel 413-498-3227 Fax 413-498-3152
URL : http://www.nmh.northfield.ma.us

PHILLIPS ACADEMY

180 Main Street
Andover, Massachusetts 01810-4166
학교장 Barbara L. Chase

1778년에 설립된, 미국에서 가장 오랜 전통을 가진 Boarding School이다. '전국에서 몰려든 젊은이들의 정신세계를 넓히고 도덕성을 기른다'는 이념 아래 Samuel Phillips가 세웠다. 학교는 Boston에서 북쪽으로 30분 거리에 있는 Massachusetts주 Andover에 위치해 있다. New England의 아름다운 해안과 산이 차로 한 시간 거리 내에 있다. 125에이커의 캠퍼스에 2개의 박물관을 포함하여 160개 동의 건물이 있다. Addison Gallery of American Art, Robert S. Peabody Museum of Archaeology가 캠퍼스 내에 있는 박물관들이다. 남녀공학이며 9~12학년, PG 과정의 교육을 제공한다.

학생 분포
총학생수는 1,110명이고 기숙학생은 802명이다. 학급당 학생수는 13~14명이며 교사와 학생의 비율은 1 대 6이다. 학년별로 9학년 187명, 10학년 279명, 11학년 300명, 12학년 318명, PG 과정 26명이다. 외국 유학생은 88명이다.

교과 과정
18개 분야에 걸쳐 약 290개의 과목이 있다. 각기 단계별로 구성되어 있고 각자의 능력에 맞게 수강한다. 영어, 수학, 제2 외국어, 역사, 과학, 예술, 철학, 체육 과목은 중점적으로 가르친다. 건강 관리나 인간 문제를 다루는 Residential Education 과정이 제공된다. 대부분 1학기당 5과목을 수강하며 졸업학점은 54학점이다.
14개 영역에 걸쳐 AP 과정이 설정되어 있고 Honor 과정도 있다. 성적이 부진한 학생을 위해 교사의 개별지도가 가능하며 1주일에 3회 수학 보충강의가 있다. 다른 학교와의 연계 활동도 활발하여 다양한 프로그램에 참여할 수 있다. 교환학생 프로그램을 통해서 프랑스나 스페인에서 수업받을 기회도 제공된다. 러시아, 독일, 스페인, 프랑스, 멕시코, 이탈리아, 중국, 일본 등지에서 어학연수를 받을 수 있다. 심리검사와 학습법 지도, 특별 개인지도를 해주는 Graham House Counseling Center가 있다. 과학과 수학을 집중 교육하는 MS Program(Math and Science for Minority Student)도 운영되는데 우수한 9학년 학생들을 대상으로 한다. 여름방학에는 6주 동안 진행되는 프로그램이 있는데, Honor 과정과 ESL 과정, 음악 레슨 등 각종 강의가 마련되어 있다.

학교 생활

45분 단위의 수업을 하루에 4~5시간 정도 한다.
오전 8시에 시작하여 오후 2시 45분에 마치며
수요일과 토요일은 오전 수업만 한다.
일 주일에 한 번 모든 학생들이 모이는 시간이 있고
세 번은 아침마다 교사와의 좌담회를 갖는다.
4개의 오케스트라와 4개의 합창단, 밴드부, 신문반,
방송반 등 40여 개의 클럽이 활동하고 있다. 각종
봉사활동도 함께 활발히 이루어지고 있다.
주말이면 캠퍼스 내에서 무용 발표회, 음악회, 연극
공연, 영화 상영 등이 있으며 Boston에서
도시문화를 접할 수도 있다.

입학

학업 성적뿐 아니라 적성과 인성 등을 고려하여
학생들을 선발한다. 9~11학년은 SSAT 또는
ISEE를, 12학년과 PG 과정은 PSAT나 SAT를
준비해야 한다. 시험성적 제출과 함께 면접도
반드시 받아야 한다.
원서 마감일은 2월 1일이며 전형료는 35달러이다.
입학 허가 여부는 3월 10일 발표하며 4월 10일까지
등록을 마쳐야 한다.

학비

기숙사비를 포함하여 2만 5,600달러이며 입학금은
1,600달러이다. 입학계약금으로 1,000달러를
납부해야 하는데 계약금을 뺀 나머지 등록금은 2회
분할 납부가 가능하다. 장학금제도와 재정보조
제도가 있다.

주요 진학 대학

Brown University, Columbia University,
Georgetown University, Harvard University, Yale
University, University of Pennsylvania.
졸업생의 성적을 보면 SAT 언어영역에서 600점
이상이 80퍼센트, 수학영역에서 600점 이상이
82퍼센트를 보이고 있다.

연락처

입학 담당자 Grace Taylor
Tel 978-749-4050 Fax 978-749-4068
E-mail : admissions@andover.edu
URL : http://www.andover.edu

PHILLIPS EXETER ACADEMY

20 Main Steet
Exeter, New Hampshire 03833-2460
학교장 Dr. Kendra Stearns O' Donnell

1781년 John Phillips 박사가 설립한 남녀공학이다. 학업뿐 아니라 근면성, 성실성, 책임감 등을 강조함으로써 사회에 필요한 인격체로 성장할 수 있도록 힘쓰고 있다. 규칙과 벌칙으로 학생들을 가르치기보다는 학생 개개인의 인격을 존중하여 올바르게 자랄 수 있도록 훈계 방식을 중시한다. 매일 12명의 학생과 교사가 토론식으로 수업을 전개하는데, 교사는 강압적 방법이 아닌 보조자나 조언자 역할에 머물고 학생의 적극적인 참여와 자신의 논리 확보를 유도한다. 이러한 Harkness Table 수업방식은 학생들의 비판적 사고력과 의사 표현, 지적 능력을 길러주는 것으로 유명하다. Boston에서 약 1시간 10분 정도 거리에 있는 Exeter시의 중심에 자리잡고 있다. 총면적 640에이커의 캠퍼스에 116개 동의 건물이 있다. 9~12학년 과정과 PG 과정이 있다. 졸업생들의 후원이 활발하다.

학생 분포

전체 학생수는 1,000명으로 860명 정도가 기숙사 생활을 하고 있다. 학급당 학생수는 12명으로 교사와 학생 비율은 1대 5이다. 9학년 187명, 10학년 244명, 11학년 278명, 12학년 252명이며 PG 과정에 39명이 재학중이다.

교과 과정

3학기제로, 학기별 수업일수는 10주이다. 성적표는 매학기 말에 발송된다. 4년 동안 대학 진학에 대비하는 학습이 진행된다. 필수과목은 영어, 제2 외국어, 수학, 역사, 과학, 음악, 미술, 철학, 체육이다. 우등생을 위해 14개 영역에 걸쳐 AP 과정과 Honor 과정이 준비되어 있다.
성적 평가는 A~E(+, -)로 하며 성적표와 교사 의견서가 학기마다 학부모에게 보내진다. 한 학기당 평균 5과목 정도 수강한다. 우등생들은 프랑스나 스페인에서 공부할 기회가 주어진다. 1919년부터 Summer School이 운영되고 있는데 학점 인정은 안 된다.
그밖에 방학을 이용하여 영국, 중국, 러시아, 멕시코, 독일, 캐나다, 호주 등지에서 학습할 수 있는 프로그램과 워싱턴에서 진행되는 인턴 프로그램, 농장 체험 등 다양한 프로그램이 있다.

학교 생활

162명의 전담교사와 22명의 강사가 있다. 이들 중 119명이 석사, 39명이 박사학위를 갖고 있다. 교사

선발은 학생들의 지적 능력과 정서적 성장을
도모해줄 수 있는가를 위주로 한다. 교사들은
대부분 기숙사에 거주하면서 학생들에게 학업과
일상생활에서 도움을 준다. 주말 외출은
엄격하여 교사와 학부모의 허락이 있어야만
가능하다. 그 대신 학생들의 다양한 흥미와 적성에
맞는 과외 및 체육활동이 활발하다.

입학

도전적이고 창조적인 학생을 위주로 선발하며,
배우려는 의지가 강한 학생을 선호한다. 9~11학년
지원자는 SSAT(11~12월이나 1월의 시험결과),
12학년과 PG 과정 지원자는 SAT(10~12월 시험 결과)
또는 PSAT 점수를 제출해야 한다. 외국 학생들은
TOEFL 점수도 필요하다. 반드시 면접을 받아야
한다. 지원 마감일은 1월 31일이며 전형료는
40달러이다.

학비

기숙사비를 포함하여 학비는 2만 5,100달러이다.

식비 등이 포함된 비용이지만, 교재비나 각종
잡비는 별도로 내야 한다. 세탁비나 음악 레슨 비용
역시 별도로 추가된다. 모든 비용은 학기가
시작되기 전에 전액 납입해야 한다.
각종 장학금 제도와 재정보조 제도가 있으나
외국인 학생에게 혜택을 주는 일은 거의 드물다.
입학계약금으로 800달러를 납부해야 하며 그 중
200달러는 환불받을 수 있다.

주요 진학 대학

Columbia University, Cornell University,
Georgetown University, Harvard University, Tufts
University, Yale University.
전년도 졸업생들의 SAT 언어영역 평균점수는
671점, 수학영역 평균 점수는 683점이다.

연락처

입학 담당자 Ms. Nancy Means
Tel 603-777-3637 Fax 603-777-4399
E-mail : admit@exeter.edu
URL : http://www.exeter.edu

ST. PAUL'S SCHOOL

325 Pleasant Street
Concord, New Hampshire 03301-2591
학교장 David V. Hicks

1856년 설립된 남녀공학이다. 설립은 영국 성공회와 관련되었지만 재학생들의 종교적 배경에 제한을 두지는 않는다.

지적 능력 못지 않게 전인격적인 삶을 중시하여 '믿음, 우정, 이해, 정직, 성실' 이라는 교훈을 갖고 있다. 사회에 기여할 능력을 지닌 학생으로 키워내는데 중점을 두고 있다.

모든 수업은 학생 중심으로 이뤄지며, 교과 과정은 연구, 조사, 실험 등으로 진행한다. 학생들 스스로 비판적 사고력을 스스로 갖추게끔 지도하는 수업방식이다.

재학생 전원 기숙사 생활을 의무화하고 있다. 기숙사에서는 매주 모임을 갖는다.

종교적인 믿음을 통해 자아 정체성을 확립할 수 있도록 도와주며 매주 예배 시간에는 아카펠라나 현악 연주 등을 감상하기도 한다.

총면적 2천 에이커에 달하는 캠퍼스는 자연 속에 자리잡아 학생들의 정서적 안정에 도움을 준다.

학생 분포

총학생수는 511명이다. 학년별로 9학년 92명, 10학년 144명, 11학년 145명, 12학년 130명이다. 외국 유학생은 모두 74명이다.

교과과정

3학기제로, 성적표는 매학기말(12월, 3월, 6월)과 10월 말에 발송된다. 전체 교과과정은 선택과목과 필수과목으로 짜여 있다. 선택과목으로는 예술 분야에 관련된 것으로, 매년 5과목 이상 이수해야 하며 예술, 인류, 언어(고전, 현대), 수학, 과학 영역에서 적어도 한 과목씩 이수해야 한다.

졸업학점은 60학점이다. 11학년 말에 졸업을 신청할 수도 있다. 졸업을 앞둔 마지막 해에는 독립학습 프로그램을 시행할 수 있는데, 1~3학기 동안 학교를 떠나 탐구, 연구활동을 벌인다.

A Calssical Honors Program은 그리스, 이탈리아의 어학연수 외에 라틴어와 그리스어를 공부할 수 있는 기회를 제공한다.

11~12학년은 프랑스, 중국, 스페인으로 유학갈 수 있다. 컴퓨터 수업을 위주로 실시한다.

Honor 과정이 있다.

전의 오리엔테이션에는 부모와 함께 참석해야
한다. 원서 마감일은 1월 31일이다. 합격 여부는
3월 10일까지 통보해 준다.

학교 생활

매일 아침식사 후 8시에 채플 시간이 있다.
오후 2시 45분까지 정규 수업이다.
주 6일 수업이며 하루에 3~4과목을 수업한다.
특별활동은 다양하게 진행되는데 신문반, 문학예술
잡지반, 연극반 등이 가장 활발하다. 악기반,
합창반, 재즈반, 중창반 등 음악 그룹들은
채플시간을 이용하여 공연하기도 한다. 어학반은
다른 학교와의 교류가 활발하고 낚시와 스케이트,
등산, 보트, 스키 등 계절별 스포츠 활동도
활발하다. 주말에는 각자 취미에 따라 다양한 문화
생활을 즐길 수 있다. 등산 캠프를 비롯하여
교내에서 각종 문화 이벤트를 개최한다.

입학

학생이 갖고 있는 지적 능력과 적성, 동기 등을
기본으로 판단하며 강한 리더십과 예체능계
재능이 뛰어난 학생들을 선호한다.
9월에만 입학이 가능하다. SSAT와 면접은 필수이며
가능한한 부모와 함께 방문하기를 권하고 있다.
방문시간은 평일 오전 9시부터 오후 4시까지이며,
3주 전에 미리 시간 약속을 해두어야 한다. 입학

학비

기숙사비를 포함한 수업료는 2만 6,250달러이다.
교재비, 세탁비, 운동기구 대여료 등 비용 청구서는
매월 말일에 학부모 앞으로 발송된다. 장학금 등
재정보조 혜택이 있는데, 성적이 뛰어나고
가정형편이 어려운 학생을 1순위로 선정한다.

주요 진학 대학

Brown University, Dartmouth College, Harvard
University, Princeton University, University of
Virginia, Yale University.

연락처

입학 담당자 Lisa Smith Dean
Tel 603-229-4730 Fax 603-229-4771
E-mail : admissions@sps.edu
URL : http://www.sps.edu

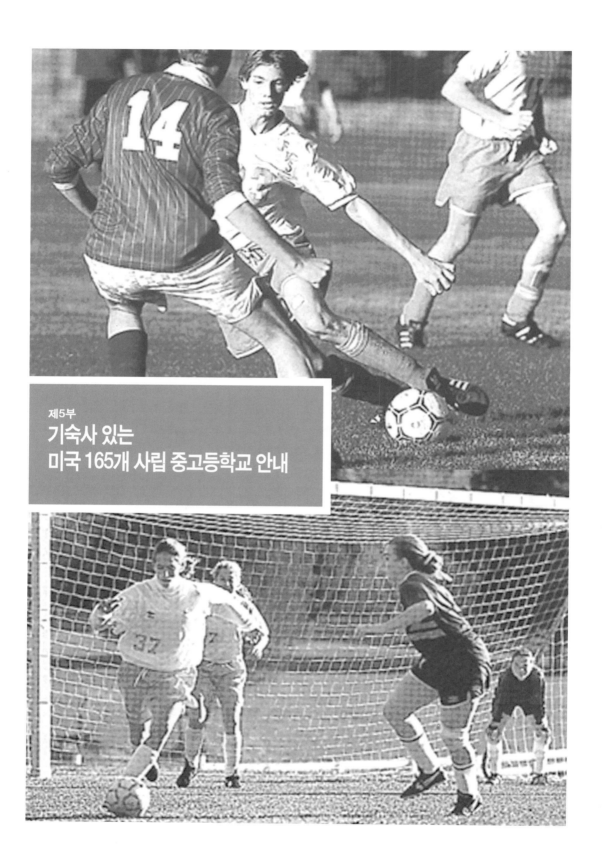

제5부

**기숙사 있는
미국 165개 사립 중고등학교 안내**

ADMIRAL FARRAGUT ACADEMY

501 Park Street North
St. Petersburg, Florida 33710
학교장 Robert J. Fine

1933년에 설립되었으며 1945년부터 여학생을
받아들이기 시작하여 현재는 남녀공학이다.
설립자는 미 해군 장성이었던 S.S. Robinson으로
학교 역시 해군 정신을 중시한다.
Florida주 St. Petersburg시 교외에 위치해 있다.
총면적 55에이커의 캠퍼스에 14개 동의 건물로
되어 있으며 기숙사는 남녀가 따로 있다.
학년과정은 유치원 과정에서 12학년까지이고
기숙사 생활은 6학년 이상부터 가능하다.

학생 분포
학급당 평균 학생수는 14명으로 교사와 학생간
비율은 1 대 9이다. 학년별로 보면 9학년 50명,
10학년 57명, 11학년 49명, 12학년 60명이다.
외국 유학생은 20명이다.

교과 과정
졸업학점은 24학점으로 영어, 과학실험, 외국어,
대수학, 사회학, 해군과학, 기하학, 컴퓨터 등이
포함되어야 한다. 여러 영역에 걸쳐 다양한
학과목이 제시되는데 예술(미술, 음악, 무용, 연극
포함), 영어, 제2 외국어, 수학, 체육, 과학, 사회(역사
포함), 사회봉사학 등은 필수과목으로 되어 있다.
보통 1년에 6개 과목과 해군과학을 이수해야 한다.
학생들에게는 각각 지도교사가 지정되어 학과
공부 외에도 학교생활 전반에 관한 상담을 해준다.
특수 프로그램들도 있다. 우등학생은 지역
대학에서 강의를 듣고 학점을 이수할 수도 있다.

또 외국인 학생을 위한 ESL 과정학업 성적이
부진한 학생을 위한 SAT 과정이 있다.

입학 및 학비
재학증명서, 성적증명서, 교사추천서와 공인된
시험성적을 제출하고 면접을 받아야 한다. 외국인
유학생에게는 TOEFL 450점 이상을 요구한다.
졸업생의 자녀나 형제들을 선호하는 편이다.
입학 전형료는 150달러이다.
학비는 통학하는 경우 7,550달러이지만
기숙사 생활을 하면 1만 4,950달러이다.

주요 진학 대학
Auburn University, Old Dominion University,
United States Coast Guard Academy, University of
Florida, University of Miami, Worcester Polytechnic
Institute.
졸업생들이 기록한 SAT 언어영역의 평균 점수는
520점, 수학영역의 평균 점수는 550점이었으며,
총평균 점수는 1070점이었다.

연락처
입학 담당자 Lawrence J. Jenson
Tel 813-384-5500 Fax 813-347-5160.
E-mail : Admissions@farragut.org.
URL : http://www.farragut.org

ALL SAINTS' EPISCOPAL SCHOOL

2735 Confederate Avenue
Vicksburg, Mississippi 39180-5173
Rev. David S. Lucket

1908년에 설립되었으며 Jacson시 교외에 자리잡고 있다. 총면적 40에이커의 캠퍼스에 건물은 16개 동이며 남녀 기숙사가 따로 있다.
교사 29명 가운데 18명이 여교사이다. 석사학위 소지자도 20명이다. 교사 3명이 캠퍼스 내에 거주하고 있다.
학년과정은 8~12학년이며 PG 과정이 있다.

학생 분포

총학생수는 175명으로 학급당 학생수는 8명이다. 교사와 학생간 비율은 1 대 8이다. 학년별로 8학년 11명, 9학년 33명, 10학년 39명, 11학년 59명, 12학년 33명이다.

Alabama, Arkansas, Florida, Georgia, Louisiana, Mississippi 출신이 많다. 브라질, 중국, 독일, 일본, 멕시코, 한국에서 온 외국 유학생도 13명이다.

교과 과정

체육활동을 중시하여 농구, 축구, 등산, 수영, 탁구 등 종목별 팀이 구성되어 있고 5명의 지도관이 별도로 정해져 있다.
컴퓨터는 모든 학생들이 받아야 할 필수과정으로 설정되어 있다. 정규 교과목 외에 특별학습 프로그램도 다양하다. 우등생, 특히 음악 재능이나 예술적 재능이 뛰어난 학생들을 위한 특수반이 있다. 또 학생들의 학업 수준에 따른 읽기반, 쓰기반, 수학반, 영어연수반, SAT 대비반 등이 있다. 1995년부터 여름방학 프로그램들을 개설했는데,

초급부터 중급까지의 영어연수 과정, 스포츠와 컴퓨터 과정, 대학진학 준비반 등이 있다. 이들 프로그램에는 다른 학교 학생뿐만 아니라 외국인 학생의 참가도 가능하다.

입학 및 학비

8학년 11명, 9학년 9명, 10학년 17명, 11학년 11명, 12학년 6명이 등록해 놓고 있다. 학교 입학시험을 별도 치러야 하며 면접은 필수이다. 전형료는 없다. 학비는 기숙사비를 포함하여 1만 4,750달러이다.

주요 진학 대학

Emory University, Mississippi College, Rhodes College, Sarah Lawrence College, University of Oklahoma, University of Tulsa.

연락처

입학 담당자 Janice C. Luckett
Tel 601-636-5266 FAX 601-636-8987
E-mail : allsaint@vicksburg.com.
URL : http://www.vicksburg.com/~allsaint

THE ANDREWS SCHOOL

38588 Mentor Avenue
Willoughby, Ohio 44094
학교장 Lynn Russell White

1910년에 설립된 여학교이다. 잠재력 개발과 지적, 인격 성장을 위한 체계적인 대학 예비 프로그램을 제공한다. Cleveland 근처 30분 정도 거리의 교외에 위치하고 있어서 Cleveland의 문화시설을 이용하기도 쉽다.
캠퍼스 면적은 300에이커로 기숙사를 비롯한 16개 동의 건물로 되어 있다.
학년과정은 6~12학년으로, 7학년부터 기숙생활이 가능하다. 학생들의 교복 착용은 의무 사항이다.

학생 분포
현재 총학생수는 200명으로 한 학급당 학생수는 평균 15명 정도이다. 교사와 학생간 비율은 1 대 8이다. 학년별로 9학년 27명, 10학년 44명, 11학년 28명, 12학년 34명이다. 외국 유학생은 11명이다.

교과 과정
예능과목(미술, 음악, 무용, 연극), 상업(워드 프로세스 포함), 컴퓨터 공학, 영어, 제2 외국어, 수학, 체육, 과학, 사회학(역사 포함), 화법 등이 필수과목으로 되어 있으며 이 과목을 포함한 19학점이 필수 학점이다. 지역봉사 또한 필수이다.
한 가지 영역에서 특별한 재능을 지닌 학생들을 위해 우등생 제도, 월반 제도, 독립연구 프로젝트가 있다. 영어, 역사, 수학, 과학, 프랑스어나 스페인어, 예술(미술, 음악, 연극 가운데 선택), 체육, 컴퓨터와 CPR, Speech가 필수과목이다. 우등반, 영어 연수반,

SAT 준비반 등 특수 프로그램이 제공된다. 또 여름방학 동안 운영되는 프로그램이 있고 6월에 2주간 개설되는 Summer Adventure Program이 있다. 이 프로그램에는 영어 연수, 음악 및 예술, 승마와 연극 교실 등을 제공한다. 다른 학교 학생의 참가도 허용하며 통상적으로 30여 명이 참가한다.

입학 및 학비
SSAT나 학교 내 시험을 치러야 하고 면접을 반드시 받아야 한다. 전형료는 30달러이다. 학비는 기숙사비를 포함하여 1만 9,400달러이다.

주요 진학 대학
Case Western Reserve University, Colby College, Columbia University, Dartmouth College, Northwestern University, Vassar College.
1998년 졸업생들의 SAT 평균 점수는 언어영역 510점, 수학영역 560점으로 총 1000점이었다.

연락처
입학 담당자 Sylke H. Castellarin
Tel 440-942-3600 Fax 440-942-3660
E-mail : castes@andrews-school.org
URL : http://www.andrews-school.or

ANNIE WRIGHT SCHOOL

827 North Tacoma Avenue
Tacoma, Washington 98403
학교장 Robert D. Klarsch

1884년 성공회의 원조로 설립되었다. 미국 북서부
지역에서 가장 역사가 오래된 학교이다. Seattle
근처 교외에 위치하고 있다. 유치원 과정부터
12학년까지의 과정으로 되어 있다.
남학생은 8학년까지만 수업을 받을 수 있다.
여학생에게만 허용되는 기숙사 생활은
9~12학년까지만 가능하다. 규율은 엄격한 편이다.
교복을 입어야 하며, 채플 참석도 필수 과정이다.
8명의 교사가 교내에서 학생과 함께 생활한다.
캠퍼스 면적은 10에이커이며 2개 동의 건물로
되어 있다.

학생 분포
총 학생수는 457명이며 한 학급당 평균 학생수는
12명 가량이다. 학년별로 9학년 41명, 10학년 37명,
11학년 31명, 12학년은 33명이다. Alaska, British
Columbia, California, Montana, Oregon,
Washington 출신이 많다. 중국, 일본, 한국, 러시아,
타이완, 태국 등에서 온 외국인 학생 30명이 있다.

교과 과정
3학기제로 운영된다. 성적표는 1년에 3회
학부모에게 전달된다. 음악, 미술, 무용, 연극,
컴퓨터공학, 영어 및 제2 외국어, 수학, 체육, 종교학,
과학, 사회(역사 포함) 등을 포함하여 20학점을
이수해야 한다. 과목별 수업 기간은 1학기에서
1년까지로 과목 특성에 따라 다르다.
영어 연수 과정을 개설하고 있다. 우수 학생에게는

월반이 허용되며 지역 대학에서 학점을 이수할 수
있다. 학점 4.0점 만점에 평균 2.0점 이하인
학생에게는 특별지도가 실시된다.
English Speaking Union의 회원 학교로, 졸업후에는
영국에 1년 동안 유학할 수 있는 기회가 주어진다.

입학 및 학비
성적증명서, 자기소개서, 추천서, SSAT점수를
제출해야 한다. 입학 절차에 있어 SSAT와 면접은
필수 사항이다. 원서 마감일은 없다.
전형료는 30달러이다. 졸업생과 재직 교사의 자녀
및 형제들의 입학을 환영한다.
학비는 통학생의 경우 1만 1,125달러, 기숙생은 2만
2,875달러이며 추가 비용은 대략 84~172달러이다.
장학제도가 마련되어 있다.

주요 진학 대학
California Institute of Technology, John Hopkins
University, Smith College, Stanford University,
University of Puget Sound, University of
Washington.

연락처
입학담당자 Charles Ray Griffin
Tel 206-272-2216 FAX 206-572-3616
E-mail : aws@harbornet.com
URL : http://www.aw.org

ARMY AND NAVY ACADEMY

2605 Carlsbad Boulevard
Carlsbad, California 92018-3000
학교장 Col.Steven Miller

1910년에 설립된 남학교이다. 총 31명의 교사가 있으며 그 중 남자 교사가 23명, 여자 교사가 6명이다. 7명이 석사학위를 갖고 있고 박사학위자도 1명이 있다. 교사 7명이 캠퍼스 내에 거주한다. 교복 착용 및 채플 참석은 필수이다. San Diego 근처의 작은 마을에 자리잡고 있다. 캠퍼스 총면적은 16에이커이다. 학년과정은 7~12학년까지이다.

학생 분포

총 학생수는 290명으로 9학년 64명, 10학년 70명, 11학년 66명, 12학년 48명이다. 교사와 학생 비율은 1 대 10 정도이다. Arizona, California, Nevada, Oregon, Texas, Washington 출신이 많다. 중국, 한국, 멕시코, 러시아, 대만 등 외국인 유학생은 59명이다.

교과 과정

예술, 컴퓨터 공학, 영어, 제2 외국어, 수학, 군사학, 체육, 과학, 사회(역사) 등은 필수과목이다. 이밖의 학과목들은 학생의 특성과 학업 수준에 맞춰 별도로 지정되어 실시된다.

졸업학점은 28학점이다. 지역봉사 활동도 필수 과목이다. 1주일에 평균 4회 개인지도가 실시된다. Honor 과정과 생물학, 미적분학, 영어, 역사의 4개 영역에 걸쳐 AP 과정이 있고, 외국인 학생을 위한 ESL 과정도 개설되어 있다. 여름방학에는 단계별 영어연수 과정과 스포츠, 예술, 컴퓨터 과정을 운영하고 있다. 이 과정에는 다른 학교 학생들의 참가도 가능하다.

입학 및 학비

1999년 97명이 지원해 75명이 합격했다. IQ 검사와 면접이 필수과정이다. 전형료는 100달러이다. 학비는 기숙사비를 포함하여 1만 6,950달러이지만 학생회비를 포함하여 3,500~3,600달러가 추가된다. 형제가 입학하면 할인 혜택이 주어진다. 장학 제도와 재정보조 제도가 있다.

주요 진학 대학

Pomona College, Tulane University, University of California, Berkely University of California, Irvine, University of Los Angeles, University of Michigan.
SAT 평균점수는 언어가 483점, 수학이 552점으로 총 평균점수는 1027점이다. 점수 분포를 보면 SAT 언어영역 600점 이상이 18퍼센트, 수학영역 600점 이상이 29퍼센트, 총 평균점수 1200점 이상이 15퍼센트였다.

연락처

입학 담당자 Margarite Daniel
Tel 760-729-2385(ext 261) Fax 760-434-5948
E-mail : academy@adnc.com
URL : http://www.army-navyacademy.com

THE ASHEVILLE SCHOOL

360 Asheville School Road
Asheville, North Carolina 28806
학교장 William S. Peebles

1900년 N. M. Anderson과 C. A. Mitchell에 의해
설립된 남녀공학이다. 기독교 정신에 입각한
도덕적 가치를 강조하여 학생들의 채플 참석을
의무화하고 있다. Charlotte 근처 Asheville에
위치한다. 300에이커에 달하는 캠퍼스에 19개 동의
건물이 있다. 남녀 기숙사가 따로 있다.
9~12학년의 학년과정이 있고 PG 과정도 있다.

학생 분포
총 학생수는 204명이고 146명이 기숙생활을 한다.
학급당 학생수는 11명으로 교사와 학생 비율은
1 대 4이다. 9학년 39명, 10학년 45명, 11학년 69명,
12학년 50명, PG 과정 1명이다. Florida, Georgia,
Kentucky, North Carolina, South Carolina, Virginia
출신이 많다. 바하마, 프랑스, 독일, 인도, 한국 등
외국인 학생은 28명이다.

교과 과정
졸업학점은 17학점이다. 영어, 예술, 제2 외국어,
수학, 연설, 과학, 사회(역사 포함)은 필수과목이며
졸업논문 제출과 3일간 캠핑 참가도 필수이다.
학과수업 외에 교내 및 사회봉사 활동을
중시하는데 그 활동 내용도 성적표에 기록된다.
스쿠버다이빙, 태권도, 테니스 등 과외활동도
권장한다. 시험은 14가지 영역에 걸쳐 실시되며,
근처 대학 또는 해외연수도 허용한다.
여름방학 특별과정으로 영어, 스포츠, 예술,
컴퓨터반을 운영한다. 이 과정에는 다른 학교

학생도 수강할 수 있다.

입학 및 학비
ISEE, SSAT 또는 TOEFL과 면접은 필수과정이다.
지원 서류는 2월 10일 마감되며 전형료는
50달러이다. 교직원이나 졸업생의 자녀나 형제의
입학을 환영한다.
학비는 통학생이 1만 2,000달러, 기숙학생은
2만 1,300달러이다. 그 외에 추가되는 비용은
400~500 달러이다. 장학금 제도가 있다.

주요 진학 대학
College of harleston, North Carolina State Univerity,
The University of North Carolina at Chapel Hill,
University of Tennessee, Univerity of South,
Washington University in St. Louis.
졸업생의 평균 학점은 언어 613점, 수학 625점으로
평균 SAT 1238점이었다. 언어영역 600점 이상은
58퍼센트, 수학영역 600점 이상이 59퍼센트로 SAT
1200점 이상이 58퍼센트였다.

연락처
입학 담당자 Peter W. Upham
Tel 828-254-6345 FAX 828-252-8666
E-mail : admission@asheville-school.org.
URL : http://www.ashevilleschool.org

THE ATHENIAN SCHOOL

2100 Mt. Diablo Scenic Boulevard
Danville, California 94506
학교장 Eleanor Dase

San Francisco 근처에 있으며 1965년에 설립된 남녀 공학이다. 총면적 75에이커에 건물은 24개 동이다. 남녀 기숙사가 별도 설치되어 있다.
교사는 남자 31명, 여자 36명이다. 그 중 37명이 석사, 3명이 박사학위를 갖고 있다. 교사 25명이 기숙사에 거주하고 있다. 학년과정은 6~12학년 과정이 있으며 기숙사 생활은 9학년부터 가능하다.

학생 분포

총 학생수는 403명, 교사대 학생 비율은 1 대 10이다. 9학년 65명, 10학년 67명, 11학년 84명, 12학년 76명 등록되어 있다. California, New Mexico 출신이 대부분이며 중국, 독일, 일본, 한국, 러시아, 대만의 외국인 학생도 40명 있다.

교과 과정

예술, 영어, 제2외국어, 수학, 체육, 과학, 사회(역사 포함)를 4년간 이수해야 한다. 사회봉사 활동도 필수과목이다. 11개 영역의 AP시험을 준비하는 과정이 개설되어 있다. 지역 대학 강의를 수강하여 학점을 이수할 수도 있고 교환학생으로 수업을 받을 수도 있다. 영어연수 과정과 SAT 준비과정, 우수 학생을 위한 Honor 과정, 해외연수 과정 등이 있다. ESL 과정이 개설되어 있으며, 일반 교과과정 이수도 가능하다. 일정한 자격을 갖춘 상급반 학생들은 University of California at Berkeley에서 운영하는 프로그램에 참가할 수 있다. 1993년부터 영어 연수, 스포츠, 예능, 컴퓨터 등 여름방학 과정이 개설되었다. 특히 영어 연수에 중점을 두고 있다. 다른 학교의 재학생도 환영하며 보통 200명이 등록한다.

입학 및 학비

까다로운 입학조건이나 자격 제한은 없다. 학생의 지적, 창조적 능력을 중시한다. 학교 생활에 적극성을 띠는 성격이라면 더욱 좋다. ISEE, SSAT와 면접은 필수이며 전형료는 40달러이다.
학비는 통학생의 경우 1만 3,100달러, 기숙학생은 2만 4,500달러이다. 장학제도가 있으며 교내 아르바이트도 가능하다. 1998~99년에 84명이 재정보조를 신청하여 65명이 보조받았다. 총 지급액은 69만 달러였다.

주요 진학 대학

Carnegie Mellon University, Cornell University, Occidental College, Smith College, UC Berkeley, UC Santa Cruz.
평균 SAT 언어영역 점수는 585점, 수학영역은 605점이며, 이 중 언어영역 600점 이상은 42퍼센트, 수학영역 600점 이상은 43퍼센트였다.

연락처

입학 담당자 Christopher Beeson
Tel 925-837-5375 Fax 925-855-9342
E-mail : admission@athenian.org

BAYLOR SCHOOL

Williams Island Ferry Road
Chattanooga, Tennessee 37401
학교장 James E. Buckheit

1893년에 설립된 남녀공학이다. 컴퓨터 시설이 잘 갖추어져 있고 체육시설 또한 훌륭하게 구비되어 있다. 종목별로 보면 야구, 농구, 치어리더, 무용, 크로스 컨트리, 수영, 펜싱, 축구, 골프, 미식축구, 테니스, 배구, 역기, 육상 등이 있다. 총면적 670에이커에 달하는 캠퍼스에 26개 동의 건물이 있다. 학년과정은 7~12학년이며 9학년부터 기숙사 생활이 가능하다. 생활 규율이 엄격한 것으로 유명하다 .

학생 분포
총 학생수는 807명으로 학급당 인원은 13명이다. 교사와 학생의 비율은 1 대 7이다. 9학년 134명, 10학년 163명, 11학년 163명, 12학년 159명이다. Alabama, Georgia, Kentucky, Mississippi, South Carolina, Tennnessee 출신이 많다. 바하마, 독일, 사우디아라비아, 대만, 태국 출신 외국 유학생이 33명이다.

교과 과정
2학기제로, 9주마다 성적표가 발송된다. 학생의 연령과 학력 수준에 따라 학급을 편성하여 수업을 진행한다. 예술, 영어, 제2 외국어, 수학, 체육, 과학, 사회(역사 포함) 등을 포함한 22학점이 졸업학점이다. 성적은 A~F로 평가되며 평균 C 미만인 경우에는 유급 처리된다. 17개 영역에 AP 준비과정이 있고, 우등반과 수학보충반이 있다. 1989년부터 시작된 여름방학 프로그램으로 스포츠, 예술, 컴퓨터 과정이 있다. 다른 학교의 학생도 수강할 수 있으며 보통 130명 정도가 등록한다.

입학 및 학비
성적증명서, 추천서를 제출해야 하고, 특히 SSAT 점수와 면접은 필수 사항이다. 졸업생의 자녀나 형제들의 입학을 선호하며 전형료는 50달러이다. 방문 및 면접 시간은 사전에 약속하는 게 좋다. 가능한 시간은 평일 오전 8시부터 오후 4시까지이다. 학비는 통학생이 1만 1,100달러, 기숙학생은 2만 2,200달러이며 학생회비 30달러를 추가 부담해야 한다.

주요 진학 대학
Auburn University, Georgia Institute of Technology, The University of Alabama, University of Georgia, University of Tennessee, University of Tennessee at Chattanooga. SAT 성적은 언어영역 600점 이상이 40퍼센트, 수학영역 600점 이상이 51퍼센트였다.

연락처
입학 담당자 Andy Tucker
Tel 423-267-8505 Fax 423-265-4276
E-mail : andy-tucker@baylor.chattanooga.net
URL : http://www.chattanooga.net/baylor

BEN LIPPEN SCHOOL

7401 Monticello Road
Columbia, South Carolina 29203
학교장 Dr. David Degren

1940년에 설립된 기독교 학교로 남녀공학이다.
Columbia 시 교외에 자리잡고 있다. Columbia
International University와 협력관계에 있다.
총면적 100에이커의 캠퍼스에 8개 동의 건물과
남녀 기숙사가 있다.
학년과정은 유치원부터 12학년까지이며 기숙사
생활은 9학년부터 가능하다.

학생 분포
총 학생수는 752명이고 한 학급당 24명 정도의
학생으로 구성되어 있다. 교사 대 학생의 비율은
1 대 20이다. 학년별로 9학년 87명, 10학년 94명,
11학년 98명, 12학년 66명이 재학중이다.
Georgia, Kentucky, Nevada, North Carolina,
Pennsylvania, South Carolina 출신 학생들이 많다.
유학생들의 경우, 중국, 일본, 나이지리아, 한국,
잠비아 등에서 온 37명이 있다.

교과 과정
상업, 영어, 제2 외국어, 수학, 체육, 종교학, 과학,
사회(역사 포함) 등을 포함한 25학점은 필수적으로
이수해야 한다. 다른 학교들과 마찬가지로
논문과 지역봉사도 필수 사항이다.
5개 영역의 AP 과정과 Honor 과정이 마련되어
있다. 지역 대학에서 강의를 듣고 학점을
이수하거나 해외연수 등도 가능하다. 학생들의
특성에 따라 교육 프로그램이 제시되는데 예술적
재능이 있다든가 영어가 부족한 경우

별도의 특수한 수업과정을 제공해 준다. 여름방학
동안에 영어 연수 과정이 마련되는데 1989년부터
시작되었다. 다른 학교 학생들도 수강할 수 있으며
보통 15명 정도가 등록한다.

입학 및 학비
SSAT와 면접은 필수 사항이다. 전형료는
50달러이다. 졸업생의 가족이나 형제 입학을
선호한다.
학비는 통학생이 4,450~4,900달러, 기숙학생은 1만
5,500달러이며, 300~380달러를 추가 부담해야
한다. 장학제도와 함께 교내 아르바이트도
가능하다.

주요 진학 대학
Bryan College, Columbia International University,
Farman University, Midlands Technical College,
University of South Carolina, Wheaton College.
SAT 언어영역 평균 점수는 535점, 수학영역
평균점수는 550점이었으며, 총 평균점수는
1085점이었다.

연락처
입학담당자 Mrs. Kay Perrcell
Tel 803-786-7200 Fax 803-786-7851
E-mail : blssa@juno.com
URFL : http://www.BenLippen.com

BERKSHIRE SCHOOL

245 North Undermoutain Road
Sheffield, Massachusetts 01257
학교장 Paul Christopher

1907년 설립되었으며 Hartford 근처에 위치한다.
설립 당시에는 남학교였다가 1969년부터
남녀공학으로 바뀌었다. 500에이커에 달하는
캠퍼스에 33개 동의 건물이 있다.
교사 58명 가운데 52명이 교내에 거주하고 있다.
학년과정은 9~12학년, PG과정이 있다.

학생 분포
총 학생수는 391명으로 학급당 학생수는 12명
정도이다. 교사 대 학생간 비율은 1 대 7이다.
학년별로 9학년 49명, 10학년 97명, 11학년 118명,
12학년 109명, PG 과정 18명이다. California,
Connecticut, Massachusetts, New Jersey, New
Yorkm Pennsylvania 출신 학생들이 상당수를
차지하며 캐나다, 중국, 독일, 일본, 한국, 대만
출신의 외국인 학생은 79명이다.

교과 과정
2학기제로 학기말에 시험을 치른다. 한 학기에
3회 성적표와 교사평가서가 발송된다.
다양하고 폭넓은 과목들이 교과과정에 포함되어
있다. 대수학, 미국사, 미국 문학, 해부학, 예술,
예술사, 비행학, 생물학, 화학, 계산학, 컴퓨터
프로그래밍, 컴퓨터 과학, 작문, 운전 교육,
지구과학, 경제학, 환경과학, 외국어, 지질학,
지리학, 정치학, 문법, 역사, 체육, 저널리즘, 라틴어,
해양 생물학, 군사학, 음악, 항해학, 물리학, 심리학,
화술, 통계학, 삼각법, 세계사, 세계문학 등이

개설되어 있다. 예술, 영어, 제2 외국어, 수학, 체육,
과학, 사회(역사 포함)는 필수과목이며 졸업학점은
18학점이다. 매년 봄마다 AP 시험을 실시하며,
학생들은 보통 5과목 정도 AP과정을 신청한다.

입학 및 학비
성적증명서, 영어와 수학담당 교사 추천서, SSAT
점수를 제출해야 한다. 학교 방문과 면접을 반드시
해야 하는데 가을이나 겨울에 방문할 것을 권한다.
방문 시간은 오전 8시 30분부터 오후 2시
30분까지이며, 원서 마감일은 2월 15일이다.
전형료는 50달러이고, 기숙사비를 포함한 학비는
2만 4,950달러이다. 재정보조와 장학제도가 있다.

주요 진학 대학
Colgate University, Cornell University, Hamilton
College, Johns Hopkins University, St. Lawrence
University, University of Vermont.
SAT 언어영역 600점 이상은 20퍼센트, 수학영역
600점 이상은 32퍼센트, 총 SAT 점수 1200점
이상은 22퍼센트였다.

연락처
입학담당자 Phillip Jarvis
Tel 413-229-1003 Fax 413-229-1016
E-mail : enrollment@berkshireschool.org
URL : http://www.berkshireschool.org

BLAIR ACADEMY

2 Park Street
Blairstown, New Jersey 07825
학교장 T. Chandler Hardwick 3

1848년 설립되었으며 Blairstown 가까이에 자리하고 있는 예술학교이다. New York시까지는 대략 한 시간 반 정도가 걸린다. 장로교회에 속해 있다. 총면적 315에이커의 캠퍼스에 20개 동의 건물이 있다.

Middles States Association of College and School와 New Jersey Association of Indepent Schools로부터 공인받았다.

학년과정은 9~12학년 및 PG 과정이 있으며 남녀공학으로 여학생이 재학생의 절반 정도를 차지하고 있다.

학생 분포

총 학생수가 407명으로, 기숙학생은 301명이다. 학급당 학생수는 평균 11명이다. 교사 한 사람이 담당하는 학생이 적으므로 학생들의 특성에 따른 개인지도와 상담에 유리하다.

학년별로 9학년 86명, 10학년 94명, 11학년 99명, 12학년 129명, PG과정 30명이다. 외국 유학생은 45명이다.

교육 과정

3학기제로 학기를 마칠 때마다 성적표가 발송된다. 성적평가는 3.5이상이 최우수, 3.0이면 우수, 1.0 이하는 낙제로 처리된다. 졸업학점은 54학점이다. 정규 교과과정 외의 분야에 대해서는 독자적인 학습과정을 신청할 수 있다. 상급생은 겨울, 봄학기 동안에 교외 프로젝트에 지원할 수

있다. 14개 영역의 AP 과정과 우등반(Honor Section) 과정이 마련되어 있다. 영어가 모국어가 아닌 학생들을 위한 ESL 과정도 설치되어 있다. 모든 학생은 수학, 과학, 영어 등 정규과정에서 컴퓨터 교육을 받는다. 인터넷도 가능하다.

입학 및 학비

입학원서, 성적증명서, 교사추천서를 제출해야 한다. 9학년과 10학년 입학 희망자는 SSAT, 11학년은 PSAT, 12학년과 PG 과정은 SAT 성적을 제출해야 한다. 면접은 필수 사항이다.
전형료는 30달러이다.
평일 오전 8시 30분에서 오후 2시 30분까지, 토요일에는 오전 11시까지 가능하다.
기숙사비를 포함하여 학비는 2만 4,800달러이며 입학금은 1,000달러이다.

주요 진학 대학

University of Chicago, Boston College, Bowdoin College, Cornell University, Harvard University, United States Naval Academy.

연락처

입학담당자 Laure Lambent
Tel 800-462-5247 FAX 908-362-7975
E-mail : admissions@blair.edu
URL : http://www.blair.edu

BLUE RIDGE SCHOOL

Route 627
St. George, Virginia 22935
학교장 Dr. Edward M. McFarlane

1909년에 설립된 남자 고등학교이다. 학생들에게
자신에 대한 신뢰와 긍지를 갖도록 지도하는 데
중점을 둔다.
성공회 재단이 운영하며 전학생은 월, 수, 목요일의
오전 예배와 일요일의 오후 예배에 필히 참석해야
한다. Washington D.C.에서 한 시간 반 정도 걸리는
Charlottesville 근처에 있다.
캠퍼스의 총면적은 1,000에이커이며 건물은 28개
동이다. 학년과정은 9~12학년이 있다.

학생 분포
총 학생수는 171명으로 전원 기숙생활을 한다.
학급당 학생수는 평균 9명으로 교사와 학생의
비율은 1대 6이다.
학년별로는 9학년 29명, 10학년 48명, 11학년 48명,
12학년 46명이며 외국인 학생은 24명이다.

교과 과정
1년에 5과목을 이수해야 하며 졸업학점은
21학점이다. 영어, 제2 외국어, 수학, 체육, 과학,
사회 등이 포함되어야 한다.
신입생은 Life Skill과 Keyboarding 프로그램에
참가하도록 되어 있다. Life Skill이란 가족이나
성 심리 등에 대한 토론 과정을 통해 실생활의 문제
해결을 모색하는데 도움을 주기 위한 것이다. 매일
저녁 2시간 가량의 자율학습을 실시한다.
Honor 과정, 외국 유학생을 위한 ESL 과정이
개설되어 있다. 현재 10명의 학생들이 ESL 과정을

밟고 있다. 학과 및 스포츠, 예술 영역에 걸친 여름
프로그램이 실시되고 있다. 다른 학교 학생들도
참가할 수 있고 보통 60명 정도가 등록한다.

입학 및 학비
추천서 3통과 성적증명서, 시험점수를 제출해야
한다. 면접은 반드시 학교를 방문하여 받도록
되어 있다. 서류는 수시로 접수하며
전형료는 100달러이다.
학비는 기숙사비를 포함하여 2만 1,300달러이며
입학금은 500~1,000달러이다.

주요 진학 대학
College of Charleston, Elon College, Northeastern
University, Pima Community College, Radford
University, University of Montevallo.
졸업생 가운데 17퍼센트가 SAT 평균점수 1200점을
넘었다.

연락처
입학담당자 Andrew R. N. Walpole
Tel 804-985-2811 Fax 804-985-7215
E-mail : brsadmis@esinet.net
URL : http://www.blueridgeschool.com

BOSTON UNIVERSITY ACADEMY

1 University Road
Boston, Messachusetts 02215
학교장 Peter Schweich

1993년에 설립된 신생 학교로서 남녀공학이다. 전문분야 연구에 앞서 일반적이고 폭넓은 지식을 갖출 필요가 있다는 정신으로 커리큘럼 역시 학생들의 지적, 문화적 욕구에 걸맞게 진행된다. Boston시에 위치하여 전반적으로 도시적인 환경을 갖추고 있다. 캠퍼스 면적은 6에이커이다. 학년과정은 8~12학년의 과정이 있다.

학생 분포
총 학생수는 95명으로 학급당 학생수는 10명이다. 총 17명의 교사가 있으며 교사와 학생의 비율은 1 대 10이다. 학년별로 9학년 21명, 10학년 20명, 11학년 23명, 12학년 16명이 재학중이다.

교과 과정
예술, 영어, 제2 외국어, 수학, 종교학, 과학, 사회(역사 포함) 등의 필수과목을 포함하여 24학점을 받아야 한다. 사회봉사 활동도 필수이다. Boston University와 교류하여 재학중에 Boston University에서 강의를 받을 수 있다. 11학년 때 Boston University에서 2개 과정을, 12학년 때는 모든 과정을 이수할 수 있다. 따라서 고교 졸업장과 함께 Boston University에서 이수한 48학점에 대한 수료증을 받게 된다. AP 과정이 14개 영역에 걸쳐 있고 Honor 과정과 ESL 과정이 있다.

입학 및 학비
9학년과 10학년에 한해 입학이 가능하다. 지원자는 교사 2명의 추천서와 졸업증명서, SSAT 성적을 제출해야 하며 면접도 받아야 한다. 입학 지원서를 제출하기 전에 입시위원회와 면접을 하고 수업을 참관할 수도 있다.

응시 마감일은 1월 31일이며 합격 통지서는 3월 10일에 발송된다. 전형료는 35달러이다. 학비는 기숙사비를 제외하고 5,900달러이며 입학금으로 100달러를 내야 한다. 기숙학생의 학비는 1만 5,000달러이다.

주요 진학 대학
Boston University, Stonehill College, University of Massachusetts Amherst.
SAT 언어영역 평균점수는 575점, 수학영역 평균점수는 568점이며, 총 평균점수는 1143점이었다.

연락처
입학 담당자 Richard & Gill
Tel 617-353-9000 Fax 617-353-8999
E-mail : michelma@bu.edu.
URL : http://academy-www.bu.edu

BRENAU ACADEMY

One Centennial Circle
Gainesville, Georgia 30501
학교장 Frank M. Booth

1928년 H. J. Pearce가 설립한 여학교이다. 대학 진학을 일차적인 목표로 삼고 있지만 교육 자체가 학문적인 지식 쌓기에 머물러서는 안 된다는 점을 강조한다. 진취적이고 창의적인 사고와 행동양식을 지닌 여성으로서 사회에 나아가 활발한 활동을 할 수 있도록 하는 데 힘쓰고 있다. Atlanta 근처에 있는 Brenau College 캠퍼스 안에 있다. 9~12학년의 학년과정이 있다.

학생 분포
총 학생수는 83명으로 70명이 기숙학생이다. 한 학급당 학생수는 평균 12명으로 교사와 학생의 비율은 1 대 8이다. 학년별로 9학년 15명, 10학년 19명, 11학년 27명, 12학년 22명이다. 외국 유학생은 8명이다.

교과 과정
대수학, 미국사, 미국 문학, 예술, 생물, 화학, 작문, 무용, 운전 교육, 해부학, 역사, 저널리즘, 음악, 수학, 프랑스어, 지리, 물리학, 사회과학, 스페인어, 세계사 등이 정규 과목으로 제시된다. 이들은 필수와 선택과목으로 구분된다.
학기당 5학점 이상을 이수해야 하며 졸업학점은 20학점이다. 영어 4년, 수학 4년, 역사 3년, 과학 3년, 제2 외국어 2년, 예술 1년, 선택과목 3년 이상 이수해야만 한다.
성적이 뛰어난 학생은 Brenau Women's College에서 학점을 인정받을 수 있다. 평균 70점

이하는 F이며 4주마다 학부모에게 성적표를 발송한다. Honor 과정과 ESL 과정이 개설되어 있다. 학업 능력이 부족한 학생들을 위한 Brenau Academy Learning Center가 운영되는데, 정원 15명으로 특별지도가 실시된다.

입학 및 학비
지원자는 전학년 성적증명서와 추천서 3통을 제출하고 학교장의 면접을 거쳐야 한다. 원서 마감일은 없으며 전형료는 25달러이다. 학비는 기숙사비를 포함하여 1만 5,750달러이다. 식사비가 포함된 금액이지만, 교재비나 준비물은 각자 부담해야 한다. 음악이나 발레, 운전 교육을 유료로 받을 수도 있다.

주요 진학 대학
Auburn University, St. Andrews Presbyterian College, University of Alabana, University of Mississippi, University of South Carolina, Western Carolina University.

연락처
입학담당자 Jan Ewing
Tel 770-534-6140 Fax 770-534-6298
E-mail : enroll@brenau.lib.edu
URL : http://www.brenau.edu/academy

BRENTWOOD SCHOOL

100 South Barrington Place,
Los Angeles, California 90049
학교장 Dr. Hunter M. Temple

1972년에 설립된 남녀공학이다. 체계적인 지식 전달을 위해 지도교사와 함께 공부하는 분위기가 자랑이다. 특히 학생과 교사 관계를 중시하여 가족적인 분위기를 형성하고 있다는 점이 특징이다. 학교 가까이에 UCLA와 박물관이 위치하여 학생들이 학습자료를 얻거나 견문을 넓히는 데 유리하다. 7에이커의 캠퍼스에 건물은 5개 동이다. 학년과정은 유치원 과정부터 12학년까지이다.

학생 분포
총 학생수는 953명이다. 학년별로 9학년 116명, 10학년 117명, 11학년 109명, 12학년 104명이 재학중이다.

교과 과정
교육 프로그램은 학문적인 측면과 정서적인 측면에서 골고루 성장할 수 있도록 짜여져 있다. 2학기제로 운영되며, 학습 진도 보고서가 수시로 발송된다. 학기당 5과목을 이수해야 하며 졸업학점은 22학점이다. 미술, 음악, 무용, 연극, 영어, 제2 외국어, 수학, 체육, 과학, 사회과학, 사회(역사 포함) 등이 포함되어 있어야 한다. 19개 영역에 AP 과정이 설치되어 있으며 11~12학년에서 주로 실시한다. Honor 과정도 개설되어 있다. 1980년부터 여름방학에 학과목 재이수, 보충 수업 등을 중심으로·하는 학과 수업, 스포츠, 예술 등의 프로그램이 진행되고 있다.

다른 학교 학생들도 참가할 수 있으며 매년 300명 정도가 등록한다. 깊이 있는 지식과 응용력을 길러주기 위한 프로그램으로 1년간 진행되는 Senior Seminar 과정이 있다. 또 American Field Service의 승인을 얻어 1년 또는 여름방학 동안 외국 학교에서 공부할 수 있다.

입학 및 학비
입학원서와 함께 ISEE 점수를 필히 제출해야 한다. 면접 또한 필수 과정이다. 12학년 입학은 이 지역으로 거주지를 학교 근처로 옮긴 학생에 한한다. 원서 마감일은 1월 28일이며, 전형료는 75달러이다. 입학 허가는 3월에 결정되며 입학은 9월에 할 수 있다.
학비는 기숙사비를 포함하여 2만 4,500달러이며 입학금은 600달러이다.

주요 진학 대학
Princeton University, Stanford University, Tufts University, University of California, Berkeley University of Michigan, University of Pennsylvania. 졸업생들의 SAT 평균점수는 1290점이다.

연락처
입학담당자 Dave Velasquez
Tel 310-476-9633
E-mail : dave_velasquez@bwscampus.com

BREWSTER ACADEMY

80 Academy Drive,
Wolfeboro, New Hampshire 03894
학교장 David M. Smith

1820년에 설립된 남녀공학으로 대학 진학에 비중을 둔다. Concord 근처에 위치한다. 캠퍼스의 총 면적은 69에이커이며, 건물은 22개 동이다. 학생 개개인의 특성에 맞는 효과적인 학습방법을 개발함으로써 스스로 학문을 터득할 수 있도록 돕고 있다. 11학년과 12학년 학생들의 대학 선택을 돕기 위해 교사와 상담자는 언제든지 상담에 응해주고 있다. 학년과정은 9~12학년, PG 과정이 있다.

학생 분포

총 학생수는 342명이며 그 중 기숙학생은 285명이다. 한 학급당 평균 학생수는 11명으로 교사와 학생의 비율은 1대 6이다. 학년별로 9학년 50명, 10학년 82명, 11학년 100명, 12학년은 97명, PG 과정 13명이다. 외국 유학생은 47명이다.

교과 과정

2학기제로, 1년에 5과목을 이수해야 한다. 12학년까지 영어 4학점, 수학 3학점, 사회 2학점 (미국사 포함), 과학 3학점(생물학 포함), 선택과목 10학점을 반드시 이수해야 한다. 제2 외국어 수업은 2년 이상 받도록 되어 있다. 성적표는 1년에 7회 학부모에게 발송된다. 계산학, 생물학, 컴퓨터, 영어, 미국사 과목에 한해 AP 과정이 개설되어 있다. 우수한 상급 학생에게는 외국에서 공부할 기회도 제공된다. Honor 과정과 ESL 과정도 있다. 11~12학년부터 SAT와 Achievement Test에 대비하기 위해 영어와 수학 수업이 보강된다. 또 스페인, 스위스에 있는 자매결연 학교에서 한 학기 동안 수업을 받을 수 있다.

입학 및 학비

SSAT와 면접은 필수 사항이다. 전학년 학업성적과 과외활동 및 책임의식에 중점을 두고 입학 여부를 결정한다. 입학 상담과 신청은 평일 오전 9시부터 오후 4시 30분까지이다. 원서 마감일은 3월 11일이며 전형료는 30달러이다. 학비는 기숙사비를 포함하여 2만 4,900달러이며 입학금은 2,000달러이다. 교재비나 기타 비용은 따로 부담해야 한다. 형편이 어려운 학생들에게는 장학금이 지급된다. 교내 식당이나 체육관, 도서관 등에서 아르바이트를 할 수 있다.

주요 진학 대학

Boston College, Bucknell University, Colby College, Cornell University, University of New Hampshire, University of Virginia.

연락처

입학담당자 Peg Radley
Tel 603-569-7200 Fax 603-569-7272
E-mail : peg_radley@brewsternet.com
URL : http://www.brewsternet.com

BRIDGTON ACADEMY

PO Box 292
North Bridgton, Maine 04057
학교장 Randall M. Greason

1808년 Massachusetts주 입법부에 의해 설립되었다. 처음에는 남녀 학생에게 고등교육을 실시한다는 취지로 출발했으나 1964년 저학년 과정을 없애고 12학년과 PG 과정만을 남겨두면서 남자 기숙학교로 바뀌었다. 현재 1년 과정의 PG 과정만 있다. 이 과정에서는 학과 수업 외에 학생들이 대학생활에 적응할 수 있도록 준비시키는 데 중점을 둔다. 캠퍼스의 총면적은 50에이커이며 건물은 22개 동이다.

학생 분포
총 학생수는 174명으로 학생 전원이 기숙사 생활을 하고 있다. 한 학급당 학생수는 10명 안팎이다. 교사와 학생의 비율은 1 대 9이다.

교과 과정
2학기제로, 성적표는 3, 5, 10, 12월의 네 차례에 걸쳐 발송된다. 지역 대학과 연계하여 일부 과목을 대학 학점으로 인정해주는 College Articulation Program을 시행하고 있다.
영어, 수학, 과학, 사회 과목은 필수이다. 전학생은 1년간 최소한 4학점을 이수해야 하며 때때로 5학점을 수강하는 학생도 많다. 영어, 수학, 과학, 사회(역사 포함)의 4개 과정은 반드시 이수해야만 졸업할 수 있고 GPA 또한 최소 1.7점은 되어야 한다. 학습능력이 뒤떨어지는 학생을 위해 개인적으로나 그룹으로 도움을 주는 프로그램 (Program for Academic Support : PAS)이 운영되고 있다.

대학 진학에 필요한 SAT 또는 ACT를 준비하는 특별과정도 있다.

입학 및 학비
제출해야 할 서류로는 SAT(또는 ACT) 점수와 성적증명서, 교사추천서 등이다. 학교 방문 및 면접 가능 시간은 평일 오전 8시 30분부터 오후 1시까지이다. 전형료는 45달러이며 원서 마감일은 따로 정해놓지 않았다. 학비는 기숙사비를 포함하여 2만 1,800달러이며 입학금은 900~1,200달러이다. 교재비나 세탁비, 졸업비 등은 따로 부담해야 한다. 등록금 납부는 완납(8월 1일), 3회 분할 납입(8월 1일, 10월 1일, 12월 1일), 6개월 분납(8월 1일부터) 등 3가지 방법이 있다.

주요 진학 대학
Curry College, Northeastern University, Plymouth State College of the University System of New Hampshire, University of Denver, University of Hartford, University of New Hampshire.
졸업생들의 SAT 언어영역 평균점수는 500점이며, 수학영역 평균점수는 490점이었다.

연락처
입학담당자 Lisa M. Antell
Tel 207-647-3322 Fax 207-647-8513
E-mail : admit@mail.bacad.bridgton.me.us

BROOKS SCHOOL

1160 Great Pond Road
North Andover, Massachusetts 01845
학교장 Lawrence W. Becker

1926년에 설립된 학교이다. 전통적으로 영국
성공회와 밀접한 유대 관계를 맺고 있으나 기독교
학교는 아니다. Massachusetts주의 Boston 근처에
위치하고 있다. 캠퍼스의 총면적은 251에이커이며
건물은 38개 동이다.

남녀공학이다. 학생과 교사 관계가 원만하고 깊은
유대감을 형성하는 학교로 유명하다. 학급당
학생수가 적어 학업 성취도와 자아 만족도를
높이는 데 커다란 성과를 거두고 있다. 특히 학생
개개인의 요구에 맞춰 학습 속도를 조절하고 있다.
한국인들이 선호하는 학교 중 하나이다.

9~12학년의 과정이 있다. 기숙사 생활을 하거나
통학하거나 상관없다.

학생 분포

총 학생수는 685명으로 학급당 학생수는 12명이며,
교사와 학생의 비율은 1대 6이다. 9학년 65명,
10학년 102명, 11학년 82명, 12학년 96명이다.
전통적으로 미국 동부 지방 출신 학생들이 많다.
중국, 독일, 일본, 한국, 과테말라, 태국에서 온
외국인 학생은 41명이다.

교과 과정

영어, 역사, 수학, 음악, 미술, 과학, 신학, 컴퓨터,
철학, 고전문학, 현대문학 등의 과목이 제시된다.
9~10학년은 1년에 필수과목 4개와 선택과목
2개를, 11~12학년은 필수과목을 최소 5개 이상
이수해야 한다. 예술, 영어, 제2 외국어, 수학,

종교학, 과학, 사회(역사)를 포함한 80학점이
필수이다. 13개 영역의 AP 코스와 ESL 과정이 있다.
School Year Abroad에 가입해 있으며 케냐, 헝가리,
남아프리카 학교와의 교육교류를 실시하고 있다.

입학 및 학비

입학을 준비하려면 12월에 SSAT를 보아야 하며
면접은 필수적이다. 원서 마감일은 2월 1일이며
지원료는 35달러이다. 입학 응시자 95퍼센트가
9~10학년이다. 외국인에게는 TOEFL을 요구하며
500점 정도는 되어야 입학이 가능하다.

학비는 기숙사비를 포함하여 2만 5,065달러이며,
입학금으로 1,410~1,750달러가 추가된다.

주요 진학 대학

Boston University, Colby College, Bowdoin College,
Kenyou College, Harvard University, Trinity
College, John Hopkins University, Tufts University,
William College, University of Colorado, University
of Pennsylvania.

SAT 언어영역 평균점수가 566점, 수학영역
평균점수가 617점으로 총 SAT 점수는 1183점이다.

연락처

입학담당자 Judith S. Beams
Tel 978-686-6101 Fax 978-725-6298
E-mail : admission@brooks.pvt.k12.ma.us
URL : http://brooks.pvt.k12.ma.us

BUXTON SCHOOL

P.O. Box 646 291 South Street
Williamstown, Massachusetts 01267
학교장 C. William Bennett

1928년 New Jersey주 Short Hills에 세워진
남녀공학이다.
개교 이래 줄곧 변화를 시도하면서 발전을 꾀하여
현재 확고부동한 위치를 차지하고 있다.
Boston 근처의 작은 마을에 위치한다. 캠퍼스의
총 면적은 150에이커이고 건물은 17개 동이다.
9~12학년의 과정이 있고 학생 전원이 기숙사
생활을 하고 있다.

학생 분포
총 학생수는 92명이며 학급당 학생수는 7명으로
교사와 학생 비율이 1 대 5이다. 9학년 17명, 10학년
25명, 11학년 24명, 12학년 26명이 재학중이다.
외국인 학생은 4명으로 중국, 멕시코, 한국, 스페인
출신이다.

교과 과정
2학기제로 운영된다. 영어 4년, 미국사 1년, 수학
3년, 사회학 2년, 과학실험 2년, 제2 외국어 3년
과정을 포함한 16학점이 졸업학점이다.
특수 프로그램으로 ESL 과정과 Honor 과정이 있다.
매년 3월에는 모든 학생들이 북미 대륙의 대도시로
견학을 떠나는 전통이 있다. 떠나기 전에 해당
도시와 관련된 정치적, 경제적, 사회적 배경 등의
사전 조사활동을 벌이며, 여행 후에는 보고서를
작성하여 발표회를 갖는다. 또 이 보고서는 책으로
출판하기도 한다.
 최근에는 Atlanta, Chicago, Toronto, Mexico City,

Washington D.C.를 여행했다.

입학 및 학비
9~11학년까지만 입학이 가능하다. 캠퍼스 내에서
면접을 치른 뒤 원서를 교부받을 수 있다. SSAT
시험점수를 제출해야 한다.
응시 마감일은 2월 15일이며 마감일 이후 접수된
서류는 결원이 생겼을 때에 검토된다.
학비는 기숙사비를 포함하여 2만 4,500달러이다.

주요 진학 대학
Bard College, Earlham College, Macalester College,
Mount Holyoke College, Oberlin College, Reed
College, Skidmore College, Guilford College, Rhode
Island School of Design, Sarah Lawrence College,
Swarthmore College

연락처
입학상담실
Tel 413-458-3919 Fax 413-458-9427
E-mail : office@buxton.williamstown.ma.us
URL : http://www.buxton.williamstown.ma.us

THE CAMBRIDGE SCHOOL OF WESTON

Georgian Road
Weston, Massachusetts 02493
학교장 George Cohan

1세기가 넘는 전통을 자랑하는 남녀공학으로 Boston 근처의 도시에 있는 학교이다. 총 면적 65에이커의 캠퍼스에 24개 동의 건물이 있다. 실력있는 교사진, 교사와 학생간의 돈독한 관계, 엄격한 교과 과정을 통해 깊이 있고 체계적인 지식을 획득할 수 있다. 예술활동과 현장 학습기회를 제공하여 다양한 경험을 쌓는데 중점을 두고 있다.

재학생 중 30퍼센트는 무상 혹은 근로장학금을 받는다. 캠퍼스 내 흡연이 자유롭다는 점이 다른 학교와 다르다.

학생 분포
총 학생수는 285명이며, 그 중 90명이 기숙사 생활을 하고 있다. 학급당 학생수는 12명으로 교사와 학생의 비율은 1 대 7이다. 9학년 40명, 10학년 70명, 11학년 90명, 12학년 80명, 그리고 PG 과정에 5명이 재학중이다. 출신 지역도 다양하여 독일, 멕시코, 브라질, 유럽, 한국, 중국, 일본 등지에서 온 외국인 학생 28명이 있다.

교과 과정
1972년부터 한 학년을 7학기(또는 과정)로 나누어 교육하는 Module Plan을 실시하고 있다. 예술, 컴퓨터, 영어, 제2 외국어, 수학, 체육, 과학, 사회(역사) 등은 필수과목이며 사회봉사 역시 필수이다. 영어, 역사, 수학, 과학, 제2 외국어, 예술 등 2백여 개 과목들이 제시되는데 학과별로 필요한

경우에는 학과 Advisor의 도움을 받을 수 있다. Learning Center가 마련되어 있어서 읽기, 쓰기, 수학의 학습 성과를 높일 수 있다.

성적평가는 A~F로 이루어지며, 1년에 7회 성적표가 발송된다. ESL 과정이 설치되어 있다.

입학 및 학비
ISEE나 SSAT는 필수 사항이며 면접시험도 반드시 치러야 한다. 원서 마감일은 2월 1일이며, 전형료는 40달러이다. 대부분 가을 학기에 입학하지만 학기 초에 입학해도 무방하다. 입학 업무는 평일의 경우 오전 8시 30분에서 오후 3시 30분까지 진행된다. 학비는 기숙사비를 포함하여 2만 470달러이며, ESL 수업료는 700달러이다.

주요 진학 대학
Brown University, Cornell University, Haverford College, Rhode Island School of Design, Sarah Lawrence College, Weelesley College, Columbia University, New York University.

졸업생들의 SAT 성적은 언어영역 600점 이상이 66퍼센트, 수학영역 600점 이상이 52퍼센트이다.

연락처
입학담당자 Arnold J. Klingenberg
Tel 781-642-8600 Fax 781-899-3870
E-mail : adm@csw.org
URl : http://www.csw.org

CANTERBURY SCHOOL

Caller Box 5000
New Milford, Connecticut 06776
학교장 Thomas J. Sheehey III

1915년 가톨릭 정신에 기반을 둔 최고의 비종파주의 남학교로 출발했다. 교육 목표는 지적, 정신적 성장에 중점을 두고 있다. 1972년부터 여학생을 받기 시작하여 현재 남녀공학이다. Hartford 근처에 위치하여 Hartford에서 열리는 다양하고 풍성한 각종 문화행사를 즐길 수 있다는 점이 특징이다. 총 면적 150에이커에 달하는 캠퍼스에 11개 동의 건물이 있다. 기숙사는 7개 동이다. 학생들은 토요일을 제외하고 매일 오후 7시 30분부터 10시까지 기숙사나 도서관에서 공부한다. 학년과정은 9~12학년, PG 과정이 있다.

학생 분포

총 학생수는 324명으로 기숙학생은 191명이다. 교사와 학생의 비율은 1 대 5이다. 학년별로 9학년 50명, 10학년 77명, 11학년 92명, 12학년 87명, PG 과정 18명이다. Connecticut과 New York 출신 학생이 3분의 2를 차지하며 그밖에 독일, 일본, 한국, 스페인, 영국, 태국에서 온 유학생 36명이 있다.

교과 과정

졸업하기 위해서는 영어 4학점, 제2 외국어 3학점, 수학 3학점, 역사 3학점, 신학 2학점, 과학실험 2학점, 예능 및 컴퓨터 1학점 등 20학점을 필수로 이수해야 하며 학기당 5학점 이상 이수하도록 되어 있다. 문학이나 예술 등 다양한 선택과목이 있으며 특히 기독교에 관한 다양한 과목이 개설되어 있다.

학업 성적이 뛰어나거나 대학 입학이 결정된 학생들은 봄학기 동안 독립학습을 시행할 수 있다. 성적표는 1년에 5회 학부모에게 발송된다. 외국 유학생은 최소한 4년 정도의 영어 수업 경험이 있어야 한다. ESL 과정의 정원은 15명으로, 학기 초에 시험을 통해 수업 수준을 결정한다.

입학 및 학비

SSAT 성적표와 학교 성적증명서, 신원증명서, 추천서를 제출해야 한다. 원서 마감일은 2월 10일이며 전형료는 30달러이다. 면접도 필수이다. 학비는 기숙사비를 포함하여 2만 4,900달러이며 입학금으로 1,000달러가 추가된다.

주요 진학 대학

Bowdoin College, Boston University, Brown University, Fairfield University, Vassar College, Fordham University, Villanova University, Providence College .
졸업생들의 성적을 보면 SAT 언어영역 600점 이상이 25퍼센트, 수학영역 600점 이상이 35퍼센트였다.

연락처

입학담당자 Patrick M. Finn
Tel 860-210-3832 Fax 860-350-1120
E-mail : admissions@canterbury.pvt.k12.ct.us
URL : http://www.canterbury.pvt.k12.ct.us

CARDIGAN MOUNTAIN SCHOOL

RR #2, Box 58
Canaan, New Hampshire 03741
학교장 Dr. Cameron K. Dewar

1945년 Harold P. Hinman 과 William R. Brewster에
의해 설립되었다. Concord 북쪽에 위치하며
Boston에서 차로 2시간 반 걸린다. New England
지방의 아름다운 스키장들이 1시간 거리에 있어서
학생들이 좋아한다. 학교 교칙에 따라 단정하게
옷을 입어야 하며, 종교학교이므로 예배 참석은
의무화되어 있다. New Hampsher 교육기관에서
인정받은 학교로, 전체 36명의 교사 가운데 35명이
캠퍼스 내에서 학생들과 함께 생활한다. 캠퍼스의
면적은 500에이커이며, Canan Street Lake에 있다.
6~9학년의 학년과정이 있다.

학생 분포
전체 학생수는 188명이며, 그 중 90퍼센트가 기숙사
생활을 하고 있다. 학급당 학생수는 4~18명이며
교사와 학생의 비율은 4 대 1이다. 6학년 14명,
7학년 39명, 8학년 69명, 9학년 66명이다.
New Hampshire, New York, Massachusetts,
Connecticut 주 출신이 많고 외국인 학생은
46명이다.

교과 과정
영어, 수학, 대수학, 기하학, 미국사, 성경, 생물, 도예,
컴퓨터 프로그래밍, 컴퓨터 과학, 환경공학, 세계사,
불어, 지리, 문법, 역사, 저널리즘, 라틴어, 음악,
사진, 체육, 사회, 연극, 세계사 등이 정규
교과목이다. 이 중 미술, 영어, 외국어, 수학, 체육,
과학, 사회는 필수과목이다.

ESL 과정이 있으며 12명이 재학중이다. 학습
능력에 문제 있는 학생들을 위한 특별 프로그램을
실시하고 있다. 여름방학에 Summer Program이
실시된다.

입학 및 학비
8학년 입학을 희망하는 학생이 가장 많다.
특별활동을 많이 한 학생에게 가산점을 부여하고
있다. 원서 마감일은 따로 없고 전형료는
35달러이다. 캠퍼스 방문과 면접은 필수이다.
학비는 기숙사비를 포함하여 2만 5,500달러이며
교재비와 세탁비 등은 별도이다.
장학금 제도가 있는데, 1999년도에는 전체 학생의
25퍼센트가 장학금 혜택을 받았다.

주요 진학 고등학교
Avon Old Farms School, Brewter Academy,
Holderness School, Salisbury School, Tabor
Academy, The Westerminster Schools, Phillips
Andover Academy, Phillips Exeter Academy, St.
Paul's.

연락처
입학담당자 Phillip T. Blood
Tel 603-523-4321 Fax 603-523-3565
Email : cmsadmiss@aol.com

CASCADE SCHOOL

P.O. Box 9
Whitmore, California 96096
학교장 Nichael Allgood

San Francisco시에서 약 4시간 정도 걸리는 Redding 근처 시골에 위치한 남녀공학이다. 공부에 재미를 붙이지 못했거나 성적이 좋지 않아 좌절감, 우울증에 빠진 학생들에게 새로운 기회와 성취 가능성을 심어주는 교육이 설립 목적이다. 총 면적 250에이커의 캠퍼스에 과학실험실, 컴퓨터실, 도서관, 미술관, 스튜디오 등 26개 동의 건물이 있다. 기숙과 통학 모두 가능하다. 학년과정은 8~12학년이다.

학생 분포

총 학생수는 160명으로 그 중 150명이 기숙생활을 한다. 남녀 비율은 5 대 5이며 학급당 학생수는 6~14명이다. 외국인 학생 60명이 재학중이다.

교과 과정

2학기제로 운영된다. 언어, 수학, 과학, 역사, 예술이 주요 과목이며 학급은 학생들의 수학능력에 맞춰 편성된다.

졸업학점은 24학점이다. 대부분 1학기당 최소 5학점 이상, 하기 계절수업에서는 2학점을 이수해야 한다. 계절 수업은 8주간 진행된다. 영어 4년, 수학 3년, 체육 3년, 제2 외국어 2년, 과학 2년, 역사 2년, 예술 1년, 경제학 1학기, 정치 1학기 수업은 필수적으로 수강해야 한다. 컴퓨터와 예체능 분야에서도 다양한 선택과목이 있고, 3개 영역에서 AP 과정이 개설, 운영되고 있다. 학생마다 각각 개인지도를 해주는 전문가가 배정되어 있어

학습효과를 높일 수 있다는 장점이 있다.

입학 및 학비

8~12학년까지 모두 입학이 가능하다. 학교의 특성상 문제학생 전문 카운셀러 평가서가 필요하다. 단, 방화나 폭력 등 범죄행위를 저질렀거나 성생활이 문란한 자에게는 입학 자격을 박탈하고 있다. 입학서류 마감일은 별도로 정해져 있지 않으며 입학전형료 역시 없다. 면접은 필수과정으로 학생 본인뿐 아니라 학부모와의 면접도 요구한다. 학비는 5만 1,600달러이며 입학금으로 1,700달러가 추가된다.

주요 진학 대학

Hobart and William Smith College, Pepperdine University, The Colorado College, University of California, Santa Cruz, University of Oregon, University of Redlands. 졸업생들의 SAT 평균점수는 1190점이며 그 중 39퍼센트가 SAT 1200점 이상의 성적을 기록했다.

연락처

입학담당자 Donna Judson
Tel 530-472-3031 Fax 530-472-3414
E-mail : info@cascadeschool.com
URL : http://www. cascadeschool.com

CHAMINADE COLLEGE PREPARATORY SCHOOL

425 South Lindbergh Boulevard
St. Louis, Missouri 63131-2799
학교장 Rev. Ralph A. Siefert.

1910년 마리아협회가 설립한 남학교로 기독교
정신에 뿌리를 두고 있다. 학생들이 학문을
연구하고 재능을 개발하는 것과 더불어 자신의
행동에 대한 책임의식을 갖도록 하는 데 노력을
기울인다. 사회에 필요한 지도자를 양성하는 게
설립 목적이다. 총면적 55에이커의 캠퍼스에 건물
12개 동이다. 세인트 루이스 카운티의 서쪽에
자리잡고 있으며 공항에서 15분 거리에 있다.
학년과정은 7~12학년이다.

학생 분포
총 학생수는 830명으로 기숙생은 50명 정도이다.
학급당 인원수는 대략 22명 수준이며 교사와
학생간 비율은 1 대 11이다. 학년별로는 7학년
120명, 8학년 120명, 9학년 163명, 10학년 150명,
11학년 140명, 12학년 137명이 재학중이다.

교과 과정
4학기제로 수업 기간은 36주이다. 8월 말부터
이듬해 5월 말까지를 한 학년으로 삼고 있다.
영어, 제2 외국어, 수학, 체육, 종교(성경공부 및 신학
포함), 과학, 사회, 예술(음악, 미술, 연극, 무용),
사무기술(WP 포함), 컴퓨터 등을 포함하는
29학점이 졸업학점이다.
7~8학년은 매년 8과목을 이수해야 한다. 8학년은
프랑스어, 일본어, 라틴어, 서반아어를 선택하여
공부할 수 있다. AP 과정(17개 영역), Honor 과정,
ESL 과정들이 개설되어 있다. 우수한 학생은 지역
대학에서 학점을 이수할 수 있으며
다른 대학에서도 학점으로 인정받는다.

입학 및 학비
가톨릭 학교이지만 종교에 대해서는 제한은 없다.
현재 가톨릭 신자가 아닌 학생이 18퍼센트를
차지하고 있다.
입학 지원서와 성적증명서, Standardized Test
점수를 제출해야 한다. 서류 마감일은 따로 정해져
있지 않다. 전형료는 30달러이다. 면접은 필수이다.
학비는 기숙사비를 포함하여 1만 4,600달러이며
입학금은 350~600달러이다.

주요 진학 대학
Saint Louis University, Truman State University,
University of Dayton, University of Kansas,
University of Missouri - Columbia, Washington
University.
SAT 평균 점수가 1200점 이상인 졸업생들은
전체의 37퍼센트에 달했다.

연락처
입학담당자 Matthew J. Saxer
Tel 314-993-4400(ext 150) Fax 314-993-4403
E-mail : msaxer@chaminade.st-louis.mo.us
URL : http://www.chaminademo.com

CHAPEL HILL-CHAUNCY HALL SCHOOL

785 Beaver Street
Waltham, Massachusetts 02452
학교장 James R. Clements

1971년에 남학교(Chauncy Hall School)와 여자 기숙학교(Chapel Hill School)가 합병된 학교이다. 개개인의 특성이나 수준에 맞춰 대학에 진학하기 위한 교과 과정에 중점을 두고 있다. 특히 개개인의 잠재력을 계발시키고 자아성취감을 갖게끔 노력하는 학교로 유명하다. Town Committees라는 조직이 보여주듯 리더십 함양에도 노력을 기울인다. 학생들은 Class Committee에서 활동하거나 또는 기숙사 감독의 보조자 역할 등을 할 수 있다. Boston 근처에 있으며 캠퍼스 면적은 37에이커이며 10개 동의 건물이 있다. 학년과정은 9학년~12학년이며, PG 과정도 가능하다.

학생 분포
총 학생수는 175명, 그 중 74명이 기숙학생이다. 학급당 학생수는 8~10명 정도로, 교사와 학생의 비율을 보면 1 대 5이다. 학년별로 9학년 40명, 10학년 48명, 11학년 47명, 12학년 39명이다.

교과 과정
필수과목으로 예술, 영어, 제2 외국어, 수학, 체육, 과학, 사회(역사 포함)가 있다. 졸업학점은 18학점이다. 정규 교과과정 외에도 국제화와 건강 문제를 다루는 교육프로그램, Individually Guided Studies(IGS) 프로그램 등이 있다.
또 Learning Center에서는 모든 학생을 대상으로 읽기와 작문, 기본 수학과 연구과목들에 대해 특별 지도를 실시한다. 이때 수업료는 별도로 부담해야

한다. 학습능력이 다소 떨어지는 9~10학년 학생들은 Individually Guided Studies Program을 밟도록 하고 있다. ESL 과정과 Honor 과정이 개설되어 있다.
매년 가을학기에는 교사와 학부모간의 면담시간을 갖고 있다.

입학 및 학비
학생의 특성이나 성격, 성적증명서, 추천서, SSAT 성적과 함께 면접을 통해서 결정된다. 외국 유학생들에게는 TOEFL 성적을 제출하도록 요구한다. 원서 마감일은 2월 6일이며 전형료는 45달러이다. 학비는 기숙사비를 포함하여 2만 6,000달러이며 300~600달러 정도 지원받을 수 있다.

주요 진학 대학
Boston University, Bentley College, Cornell University, Curry College, Ithaca College, Bowdoin College, Northeastern University, Ohio Wesleyan University, Worcester Polytechnic Institute, University of Massachusetts.

연락처
입학담당자 Daniel I. Levine
Tel 781-894-2644 Fax 781-894-5205
URL : http://www.chapelhill-chauncyhall.org

기숙사 있는 미국 165개 사립 중고등학교 안내 | 243

CHATHAM HALL

Pruden Avenue
Chatham, Virginia 24531
학교장 Marlene R. Shaw

1894년 성공회의 C. Orlando Pruden 신부가 설립한 여학교이다. Virginia주 Lynch 근처에 자리잡고 있다. 숲과 강, 초원이 어우러진 총면적 350에이커의 캠퍼스에 9개 동의 건물이 있다. 동문 회원수가 3천 명을 상회하며 그 중 10명이 학교 운영위원으로 참여하고 있다. 9~12학년의 학년과정이 있다.

학생 분포
전체 학생수는 124명으로 그 중 110명이 기숙생활을 한다. 학급당 학생수는 10~11명이며 교사와 학생의 비율은 1 대 5이다. 9학년 24명, 10학년 35명, 11학년 31명, 12학년 34명이 재학중이다. 외국인 유학생은 17명이다.

교과 과정
3학기제로 엄격한 대학 예비프로그램이 운영된다. 학기당 5~6 과목 정도를 이수해야 하며, 졸업학점은 20학점이다.
예술, 영어, 윤리, 제2 외국어, 수학, 체육, 종교, 과학, 사회(역사 포함)가 포함되어야 한다.
1학기 동안 상급반 학생 3명은 결연을 맺은 Woodberry Forest School에서 수업받을 수도 있다. 해마다 11학년 학생들은 프랑스나 스페인 등지로 유학할 수 있는 기회를 제공하는 Wooster School Abroad 프로그램이 있다.
영어, 외국어, 역사, 미적분학, 생물학, 화학 등 9개 영역에 AP 과정이 마련되어 있다. Honor 과정,

ESL 과정이 개설되어 있다. 학생들은 11학년 때부터 시작되는 대학입학 상담을 통해 졸업(예비)생들은 각각 자신의 희망과 학업 수준에 맞는 대학을 선택한다.

입학 및 학비
SSAT와 면접, 그리고 학생의 품성과 전학년 성적, 교사 추천서, 작문 등이 입학 결정의 중요 기준이다. 원서는 수시로 접수하며 전형료는 35달러이다.
학비는 기숙사비를 포함하여 2만 3,000달러이고 입학금은 198달러이다.

주요 진학 대학
College of William and Mary, Duke University, Meredith College, Smith College, University of Virginia, Vanderbilt University.
SAT 평균점수가 1200점 이상인 졸업생은 전체의 35퍼센트였다.

연락처
입학담당자 Karen Stewart
Tel 804-432-2941 Fax 804-432-2405
URL : http://www.chathamhall.com

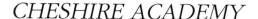

CHESHIRE ACADEMY

10 Main Street
Chenshire Connecticut 06410
학교장 John R. Hyslop

1794년에 설립된 오랜 역사를 지닌 학교이다. Hartford 근처의 작은 마을에 위치하며 105에이커에 달하는 캠퍼스에 21개 동의 건물이 들어서 있다. 개인과 공동체간에 조화로운 생활을 중시하는 교육에 중점을 두고 있다. 또 능력 개발과 성숙한 자아의식을 기르도록 지도한다. 학년과정으로 6~12학년과 PG 과정을 두고 있다. 기숙생활과 통학생활을 모두 허용하지만 기숙사 생활은 9학년부터 가능하다.

학생 분포

총 학생수는 297명이며 35명이 기숙사 생활을 한다. 학급당 학생수는 평균 10명으로, 교사와 학생의 비율은 1 대 8 정도이다. 9학년 45명, 10학년 47명, 11학년 64명, 12학년 49명이며 PG 과정에 18명이 있다. 외국 유학생은 76명이다.

교과 과정

졸업학점은 18학점으로 1년에 5과목을 이수해야 한다. 성적은 A~F로 매겨지는데 필수과목을 제대로 이수하지 못했거나 다시 수강해야 하는 학생들을 위해 여름 방학 중 6주간의 하기 프로그램을 개설하고 있다. 영어, 수학, 과학, 역사, 예술 등 12개 영역의 AP 과정과 Honor 과정이 있다. 읽기, 작문, 컴퓨터, 수학 과목의 학습을 돕기 위해 Learning Center가 운영된다. 외국 유학생들은 9월 입학 전에 ESL 수업을 받아야 한다.

입학 및 학비

전학년 성적증명서, 생활기록부, 교사 추천서 외에 ISEE나 SSAT와 같이 공인된 시험성적을 제출해야 한다. 특히 PG 과정이나 상급반 입학을 희망하는 학생은 PSAT와 SAT 점수도 함께 제출해야 한다. 면접은 필수이다.

학교 방문과 입학 상담은 평일의 경우 오전 8시 30분부터 오후 2시 30분까지, 토요일에는 오전 9시부터 11시까지 가능하다. 원서 마감은 수시로 접수하며 전형료는 50달러이다.

학비는 기숙사비를 포함하여 2만 4,950달러이고 입학금은 500~1,000달러이다.

주요 진학 대학

Boston College, Dartmouth College, Ohio State University, Rensselaer Polytechnic Institute, Tufts University, University of Comnecticut.

SAT 언어영역 600점 이상이 15퍼센트, 수학영역 600점 이상이 23퍼센트, SAT 총 1200점 이상이 15퍼센트였던 것으로 나타나 있다.

연락처

입학담당자 Mark G. Werden
Tel 203-272-5396 Fax 203-250-7209
URL : http://www.cheshireacademy.pvt.k12.ct.us

CHRISTCHURCH EPISCOPAL SCHOOL

Route 33
Christchurch, Virginia 23031
학교장 Dr. David Charlton

1921년에 설립된, 버지니아 성공회 교단에
소속되어 있는 6개 학교 중 하나이다. 기독교
정신을 바탕으로 학문 연구에 집중할 수 있도록
지도한다. 학생들의 자율성을 존중하며 학습 역시
스스로의 탐구 활동에 높은 가치를 두고 있다.
남녀공학이지만 기숙사 생활은 남학생에게만
허용된다. Richmond에서 한 시간 정도 거리에
있다. 캠퍼스의 총면적은 120에이커로 12개 동의
건물이 있다. 학년과정은 9~12학년, PG
과정까지이다.

학생 분포

총 학생수는 199명, 그 중 기숙학생은 138명이다.
외국 유학생은 17명이다. 학급당 학생수는
12명으로 교사와 학생 비율은 1 대 7이다.
8학년 9명, 9학년 46명, 10학년 39명, 11학년 58명,
12학년 46명, PG 과정 1명이 재학중이다.

교과 과정

2학기제로 운영되며 일 년에 두 번 시험을
실시한다. 졸업학점은 18학점이고 1년에
5~6과목을 이수해야 한다. 예술, 컴퓨터, 영어, 제2
외국어, 수학, 체육, 종교(성경 연구와 신학), 과학,
사회 등은 필수과목이다. 선택과목 중에는
해양학이 있어 Chesapeake 만의 해양생태계를
공부할 수 있다. 수업 내용을 이해하지 못하는
학생들을 위해 매일 특별지도가 이루어진다.
14개 영역에서 AP 과정이 있다. Honor 과정과
ESL 과정도 개설되어 있다.

입학 및 학비

입학시험 점수, 교사 추천서, 자기소개서와 면접을
통해 입학을 결정한다.
면접은 평일의 경우 오전 9시부터 오후 3시까지
가능하다. 원서 마감일은 없으며
전형료는 30달러이다. 기숙사는 주 5일제와 주
7일제로 나누어 운영되는데 부담하는 학비의
금액은 다르다. 주 5일제의 경우, 기숙사비를
포함하여 1만 6,975달러, 주 7일제의 경우에는
기숙사비를 포함하여 2만 600달러이다.
입학금은 600~900달러이다.

주요 진학 대학

College of Charleston, James Madison University,
Randolph-Macon College, The University of North
Carolina at Chapel Hill, University of Colorado at
Boulder, Virginia Polytechnic Institute and State
University.
SAT 평균 점수가 1200점 이상인 졸업생은 전체의
25퍼센트이다.

연락처

입학담당자 David E. Taibl
Tel 800-296-2306 Fax 804-758-0721
E-mail : admissions@christchurchva.com
URL : http://www.christchurchva.com

CHRIST SCHOOL

500 Christ School Road
Arden, North Carolina 28704
학교장 Russell W. Ingersoll

1900년 Thomas Wetmore 목사 부부가 세운
학교이다. 성공회에 가입되어 있으며, 기독교
정신을 교육의 기본 바탕으로 삼고 있다. 학생들이
자기 자신의 가치를 알고 자신감을 가지고 살 수
있도록 하는 데에 힘을 기울인다.
대학 예비학교인 만큼 대학 입학을 준비하는
최고의 학과 프로그램을 진행한다.
North Carolina주의 Asheville 시와 가까운 거리에
있다. 500에이커에 달하는 캠퍼스에 12개 동의
건물들이 배치되어 있다.
학년과정은 8~12학년, PG 과정까지이다.

학생 분포

총 학생수는 170명, 기숙생은 157명이다. 학급당
학생수는 12명 이하이며 교사와 학생의 비율은
1 대 6이다. 학년별로는 8학년 13명, 9학년 32명,
10학년 37명, 11학년 46명, 12학년 42명이
재학중이다. 외국 유학생은 13명이다.

교과 과정

전통예술과 과학 교육에 많은 비중을 두고 있다.
외국어, 흑인 역사, 컴퓨터, 경제학, 윤리, 법학,
저널리즘, 성가, 음악, 철학, 심리학, 연극 등 예술과
관련된 많은 과목들을 선택하여 수업받을 수 있다.
졸업학점은 20학점으로 보통 1년에 5과목을
이수한다. 생물학, 영어, 역사 등 5개 영역에서
AP 과정을 받을 수 있다.
Honor과정과 ESL 과정도 개설되어 있다.

다양하고 활발한 교외활동도 권장한다.

입학 및 학비

학교를 직접 방문하여 면접을 받아야 하며
교사 추천서와 성적증명서, 작문을 제출해야 한다.
SAT, SSAT 또는 WISC III 중 하나를 반드시 거쳐야
한다. 정해진 원서 마감일은 없으며
전형료는 50달러이다.
주 5일제의 경우, 기숙사비를 포함한 학비는 2만
500달러, 주 7일제는 기숙사비를 포함하여
2만 1,400달러이다. 입학금은 250~500달러이다.
학생 용돈으로 400달러를 납부한다는 게 독특하다.
기타 옷, 여행, 세탁 등에 지불하는 비용은 학생에
따라 차이가 있다. 1년 이상 재학중인 학생 중
성적이 우수한 학생에게는 장학금이 지급된다.

주요 진학 대학

College of Charleston, Texas Christian University,
The University of North Carolina at Chapel Hill,
University of the South.
SAT 언어영역 600점 이상인 졸업생들은 전체의
19퍼센트, 수학영역 600점 이상은 36퍼센트이다.

연락처

입학담당자 Colin Dunnigan
Tel 828-684-6232(ext 118) Fax 828-684-2745
E-mail : cdunnigan@christschool.com
URL : http://www.christschool.org

THE COLORADO SPRINGS SCHOOL

21 Broadmoor Avenue
Colorado Springs, Colorado 80906
학교장 Dr. Mary Flemke

1962년에 학부모, 교육자, 사업가들이 힘을 모아 세운 남녀공학이다. 포럼과 학생회를 통해 급훈을 정하고 교내에서 파생되는 제반 문제들을 다룬다. 유색인종과 외국인 학생간에 발생하는 분쟁을 해결하기 위한 위원회(Judicial Committee)가 있다. 현재의 캠퍼스는 1907년에 세워진 것으로 유적으로 등록되어 있다.Denver 근처의 작은 도시에 있다. 32에이커 캠퍼스와 10개 동의 건물이 있다. 학년과정은 유치원 과정에서 12학년까지 있으며 기숙사 생활은 9학년부터 가능하다.

학생 분포
총 학생수는 453명이다. 학급당 학생수는 평균 16명이다. 학년별로는 9학년 33명, 10학년 35명, 11학년 28명, 12학년 27명이 재학중이다.

교과 과정
4학기와 ECS(Experience Centered Seminar) 학기로 나뉘어져 있고 학기별 수업일수는 7주이다. 졸업학점은 22학점으로 1학기에 4과목을 이수해야 한다. 성적표는 학기말에 발송된다. ECS 학기에는 한 달간 여러 분야에 걸쳐 활동할 수 있다. 가령 프랑스, 스페인, 코스타리카 등으로 연수 여행을 떠나거나 사진 촬영, 장애인 돕기, 연극 공연 등에 집중할 수 있다. 탐사여행도 활발하게 이루어지는데 록키산맥이 대표적이다. 또 박물관을 견학하고 Denver로 나가 연극을 관람하거나 가까운 대학에서 강의를 듣는 기회도 자주 제공된다.

8개 영역에 걸쳐 AP 과정이 마련되어 있으며 Honor 과정, ESL 과정도 개설되어 있다.

입학 및 학비
면접과 학교시험(주관식), 생활기록부, 추천서 등이 입학 허가의 첫 번째 기준으로 작용한다. 사회적 배경이나 인종 차별은 없다. 입학 문의는 언제든지 가능하며 입학을 원하는 학생은 학교를 방문해볼 것을 권한다. 평일 오전 8시부터 오후 5시까지 연락하여 방문시간과 면접시간을 정하면 된다. 원서 마감일은 정해져 있지 않고 전형료는 50달러이다. 학비는 기숙사비를 포함하여 2만 350달러이다.

주요 진학 대학
Carleton College, Cornell College, University of Denver, Whitman College, Whittier College. SAT 언어영역 600점 이상이 50퍼센트, SAT 수학영역 600점 이상이 50퍼센트를 차지하고 있으며 총 평균점수 1200점 이상이 56퍼센트를 기록하고 있다.

연락처
입학담당자 Amie Hilles
Tel 719-475-9747 Fax 719-475-9864
E-mail : admissions@cos.wantweb.net
URL : http://www.css.org/css

CONCORD ACADEMY

165 Main Street
Concord, Massachusetts 01742
학교장 Thomas E. Wilcox

Boston 근처 작은 마을에 자리잡고 있는
남녀공학이다. 1922년 몇몇 학부모들이 뜻을 모아
세웠으며 학생 스스로 자유롭게 사고하고 모든
일에 최선을 다 하는 자세를 갖도록 하는데 역점을
두고 있다. 교육의 기본 방향은 성적 향상과
독립 의지를 기른다는 데 있다.
1주일에 2회 조회가 실시되며
졸업반과 교사들의 예배가 3회 열린다.
학년과정은 9~12학년이다.

학생 분포
총 학생수는 327명이다. 학급당 학생수는 12명으로
교사와 학생의 비율은 1 대 7이다. 9학년 64명,
10학년 85명, 11학년 89명, 12학년 89명으로
구성되어 있다. 외국인 유학생이 32명이다.

교과 과정
2학기제로, 1월에 시작하는 봄 학기와 9월에
시작하는 가을 학기로 나누어진다. 한 학기에
14~17과목 정도 수강해야 한다.
졸업학점은 120학점이다. 예술, 컴퓨터, 영어, 제2
외국어, 수학, 체육, 과학, 사회(역사 포함)가 필수
과목으로 되어 있다. 특히 예술 분야 과목이 많다.
스튜디오 예술 관련 23과목, 미디어와 연극 관련
10과목, 음악 관련 16과목을 수강할 수 있으며,
관심과 취미에 따라 기악 또는 성악을 선택할 수
있다. 프랑스어, 독일어, 라틴어, 스페인어 등 14개
영역에 걸쳐 AP과정이 설치되어 있다. 프랑스나

스페인 등에서 1년 동안 교환학생으로 공부할 수도
있다. 성적에 석차를 매기지 않는 게 특징이다.

입학 및 학비
ISEE나 SSAT는 반드시 준비해야 한다. 9학년과
10학년의 편입학이 자유롭다.
원서 마감일은 1월 31일이고 전형료는 45달러이다.
면접은 필수이다.
학비는 기숙사비를 포함하여 2만 5,480달러이다.
분할 납부하도록 되어 있는데 입학 등록시에
750달러, 나머지는 6월 31일, 11월 30일에 납부한다.
교재비와 세탁비는 별도 부담이다. 보통 교재비는
300~400달러, 세탁비는 125달러이다. 음악
개인지도를 받을 경우에는 950달러를 내야 한다.

주요 진학 대학
Brown University, Columbia University, Connecticut
College, Havard University, University of
Pennsylvania, Wesleyan University.
SAT 평균점수를 보면 언어영역이 660점,
수학영역이 660점으로 총 평균점수가 1320점이다.

연락처
입학 담당자 Jennifer Hunter Cardillo
Tel 978-402-2250 Fax 978-287-4302
E-mail : admissions@concordacademy.org
URL : http://www.concordacademy.org

CUSHING ACADEMY

39 School Street
Ashburnham, Massachusetts 01430
학교장 Dr. Joseph R. Curry

1865년에 설립된 남녀공학으로, 대학 진학을 목표로 하고 있다. 단순히 성적에 매달리는 교육이 아니라 보다 질적인 교육 내용을 갖추기 위해 노력한다. 교사와 학생간, 학생과 학생간에 서로를 배려해주는 가족적인 분위기를 강조하는 것도 그런 노력의 하나이다. Boston 근처에 위치해 있다. 학교 면적은 100에이커 정도이며 30개 동의 건물로 되어 있다. 학년과정은 9~12학년까지, 그리고 PG 과정도 있다.

학생 분포

총 학생수는 411명이고 그 중 기숙학생은 363명이다. 학급당 학생수는 12명으로 교사와 학생 비율은 1 대 7이다. 학년별로 9학년 57명, 10학년 97명, 11학년 124명, 12학년 109명, PG 과정 24명이다.

교과 과정

3학기제로, 각각 13주, 9주, 8주씩 운영된다. 매학기 중간고사와 기말고사를 실시한다. 성적표는 학기당 두 번 학부모에게 발송된다. 졸업학점은 16학점으로, 매학기 최소 4과목을 이수해야 한다. 교과과정으로 제시되는 과목수는 대략 140개로 자신의 관심과 취미에 따라 선택할 수 있다. 또 학교에서 정한 자격을 갖춘 학생에게는 프랑스나 스페인에 유학할 수 있는 기회가 주어진다. 14개 영역별로 AP 과정이 진행되고 있다. Honor 과정과 ESL 과정도 함께 개설되어 있다. 하기

프로그램으로 6주간의 계절수업이 있다. ESL 과정, 해양학, 스쿠버다이빙 등의 프로그램이 함께 진행된다. ESL 과정에는 영어와 수학 프로그램이 있고, 유학생들의 출신국에 맞춰 일본어, 중국어, 한국어, 러시아어 등으로 진행된다.

입학 및 학비

필요한 서류들은 성적증명서, 추천서, SSAT 또는 기타 시험점수표이다. 특히 SSAT와 TOEFL을 필히 준비해야 한다. 면접은 필수이며 전화 인터뷰도 가능하다. 면접과 캠퍼스 방문시간은 평일에는 오전 9시부터 오후 3시까지(토요일에는 오전 11시까지)이다. 원서 마감일은 2월 1일이고 전형료는 40달러이다. 학비는 기숙사비를 포함하여 2만 5,322달러로 6월 15일, 9월 15일, 12월 15일 내에 납부해야 한다. 입학금은 1,990달러이다.

주요 진학 대학

Bentley College, Boston College, Boston University, Guilford College, Northeastern University, University of Vermont.

연락처

입학담당자 Jessica Mackenzie
TEL 978-827-7300 Fax 978-827-6253
E-mail : admission@cushing.org

THE DALTON SCHOOL

108 East 89th Street
New York, New York 10128-1599
학교장 Gardner P. Dunnan

1919년에 설립된 남녀공학이다. 설립자는 Helen Parkhurst이다. 최고의 가능성을 향한 개인적인 성장과 공동체에 대한 책임이라는 두 가지 정신에 바탕을 두고 있다. Assignment, Laboratory, House로 구성되는데 이들은 각각 학생들의 학교 생활을 돕는 기능을 수행한다. Assignment에서는 학생들이 이수해야 할 학과목과 필수사항들에 대해, Laboratory에서는 수업 시간 외에 개인교습을, House에서는 학교생활이나 개인적인 문제와 고민을 상담해 준다.
New York시 Manhattan 동쪽에 있다.
졸업반 학생들은 명문 Columbia 대학, Barnard College 등에서 수업을 받기도 한다. 학년과정은 유치원 과정에서 12학년까지이다.

학생 분포
총 학생수는 1,284명이다. 학급당 학생수는 평균 15명 이하로 교사와 학생의 비율은 1 대 7이다. 학년별로 9학년 113명, 10학년 117명, 11학년 111명, 12학년 100명이 있다.

교과 과정
2학기제로 운영되며 한 학기에 두 번 성적표가 발송된다. 시각 및 공연예술 교육에 중점을 두기 때문에 고등학교에서는 무려 54개에 달하는 예술과목이 교과 과정에 포함되어 있다. 예술(미술, 음악, 무용, 연극), 컴퓨터, 영어, 제2 외국어, 수학, 체육, 과학, 사회 등이 필수과목이다. 졸업학점은 21학점이다. 11개 영역의 AP과정과 Honor 과정이 마련되어 있다. 읽기, 쓰기와 수학에서 보충학습이 필요한 학생에게는 특별지도가 실시된다. 학교별 연계활동도 활발하여 New York시와 스위스 등의 학교에서 공부할 수도 있다.

입학 및 학비
성적증명서, 추천서, 에세이와 ISEE 또는 SSAT 점수를 제출해야 한다. 성품이나 학습자세 등을 비중있게 고려하므로 면접은 반드시 거치도록 하고 있다. 서류 마감일은 없으며 전형료는 45달러이며 입학금은 35달러이다. 기숙사비를 제외한 학비가 1만 9,042달러이다.

주요 진학 대학
Brown University, Duke University, Harvard University, University of Michigan, Wesleyan University, Kale University.
졸업생들의 성적 분포를 보면 SAT 언어영역 600점 이상이 93퍼센트, 수학영역 600점 이상이 85퍼센트에 달한다.

연락처
입학담당자 Eva Rado
Tel 212-423-5200 Fax 212-423-5259
E-mail : rado@dalton.org
URL : http://www.dalton.org

DANA HALL SCHOOL

45 Dana Road
Wellesley, Massachusetts 02482
학교장 Blair Jenkin

1881년 Wellesley College 입학을 준비하기 위해
설립된 여학교이다. 변화하는 세계 속에서 개인의
성공적인 역할을 향한 도전을 계속하는 데 교육의
의의가 있다고 본다. 학교교육은 엄격함과
자율성을 함께 배려한다.
Boston 근처에 위치하고 있으며, 50에이커의
캠퍼스와 35개 동의 건물로 이루어져 있다.
학년과정은 6~12학년까지이며, 기숙사 생활은
9학년부터 12학년까지 가능하다.

학생 분포

총 학생수는 382명이며 그 중 125명은 기숙생활을
하고 있다. 학급당 평균 학생수는 13명 이하로
교사와 학생의 비율은 1 대 8이다.
9학년 71명, 10학년 65명, 11학년 61명, 12학년
67명이다. 외국 유학생은 59명이다.

교과 과정

졸업학점은 18학점이다. 12개 영역의 AP 과정이
설정되어 있고 Honor 과정이 개설되어 있다.
성적표는 1년에 4회에 걸쳐 발송된다. 정규과정
외에 다양한 학습 프로그램이 제공되고 있다.
자격이 충분하다고 판단되면 Wellesly와 Babson
대학에서 강의를 받을 수 있다.
각 분야의 전문가들을 초청하여 강의를 듣기도
한다. 탐사여행과 개인 프로젝트로서 특별히
관심을 갖고 있는 분야에 대해 개인이나 그룹으로
연구활동을 전개할 수 있도록 장려한다.

Community Service Program도 마련되어 캠퍼스
밖에서 인턴으로 활동할 수 있도록 한다.
프랑스어나 스페인어를 전공하는 학생은 프랑스의
Normandy, 스페인의 Burgos로 유학을 갈 수 있는
기회를 제공한다.

입학 및 학비

학교성적표와 추천서, SSAT 또는 ISEE 점수가
필요하다. 12학년 입학은 SSAT 또는 ISEE 점수,
PSAT 또는 SAT 점수를 제출해도 무방하다. 외국
유학생은 SSAT이나 ISEE 대신에 TOEFL 점수를
제출해도 된다. 원서 마감일은 2월 1일이며,
전형료는 40달러이다.
학비는 기숙사비를 포함하여 2만 5,100달러이며
입학금은 1,315~2,040달러이다.

주요 입학 대학

Boston University, Cornell University, New York
University, Tufts University, University of
Pennsylvania, Wellesley College.

연락처

입학담당자 Olive B. Long
Tel 781-235-3010 Fax 781-235-0577
E-mail : admission@danahall.org
URL : http://www.danahall.org

DARLINGTON SCHOOL

1014 Cave Spring Road
Rome, Georgia 30161
학교장 James Park McCallie

1905년에 설립된 남녀공학으로 유치원 과정부터 12학년, PG 과정까지 모든 과정을 포함하고 있다. 학생들의 지적 성장 외에 사회적, 문화적 성숙도, 육체적 성장을 돕는 데에 교육의 목적을 두고 있다. Atlanta 근처의 작은 마을에 위치한다. Atlanta시와 Chattanooga와도 1시간 거리에 있어서 손쉽게 도시문화들을 접할 수 있다. 캠퍼스 면적은 430에이커로 17개 동의 건물로 되어 있다.

학생 분포

총 학생수는 894명이며 기숙학생은 220명이다. 학급당 평균 학생수는 13명 이하이며, 교사와 학생의 비율은 1 대 10이다. 학년별로는 9학년 85명, 10학년 132명, 11학년 125명, 12학년 132명, PG 과정 1명이다. 외국 유학생은 46명이다.

교과 과정

3학기제로 운영되며 학기마다 2회 성적표가 발송된다. 졸업학점은 21학점이다. 영어, 예술, 체육, 수학, 과학, 사회(역사 포함), 외국어 외에 방과후 과외활동도 포함되어야 한다. 영어, 수학, 생물학, 물리학, 화학, 컴퓨터 등 16개 영역에 걸쳐 AP 과정이 마련되어 있다. 매일 저녁 2시간 30분 가량 자율학습 시간을 갖는다. Honor 과정과 ESL 과정도 개설되어 있다. 여름방학 기간에는 필수과목을 이수하지 못했거나 여타 과목의 수업을 희망하는 학생들을 위해 6주간 계절수업이 개설된다. 이 수업을 통해 1.5학점을 취득할 수 있다. 12~15세 학생들을 대상으로 한 캠프도 운영된다.

입학 및 학비

성적이 중위권에서 상위권에 있는 학생들을 환영한다. SSAT 점수, 성적증명서, 교사추천서와 면접 성적 등을 종합하여 입학 여부를 판단한다. 입학시험을 치러야 하비만 학교를 방문했을 때나 집에서도 볼 수 있다. 시험 결과는 지원서 제출 후 한 달 이내에 발표된다. 면접은 평일 오전 9시부터 오후 5시까지, 토요일에는 정오까지 받을 수 있다. 원서 마감일은 따로 정해져 있지 않으나 가을과 겨울에 신청하는 것이 좋다. 전형료는 30달러이다. 학비는 기숙사비를 포함하여 2만 1,700달러이며 입학금은 150달러이다.

주요 진학 대학

Auburn University, Georgia Institute of Technology, Rodes College, University of Georgia, University of North Carolina, Washington and Lee University. SAT 점수가 1200점 이상인 졸업생이 전체의 32퍼센트였다.

연락처

입학담당자 Lisa B. Schlenk
Tel 706-235-6051 Fax 706-232-3600
E-mail : lschlenk@darlington.rome.ga.us

DARROW SCHOOL

110 Darrow Road
New Lebanon, New York 12125
학교장 Lawrence Van Meter

1932년에 남자 고등학교로 출발하여 1970년부터 남녀공학으로 바뀌었다. Pittsfield 근처의 시골에 있으며 365에이커 면적에 건물 24개 동이 있다. 교정에는 3개 운동장, 테니스 코트 외에도 하이킹 코스, 스키 코스 등이 있고 양떼 목축장, 과수원 등도 함께 있다. 매주 수요일 오전에 학생과 교사가 함께 나무 쪼개기나 나무심기, 과수원 가꾸기 등을 하면서 노동의 즐거움과 가치를 맛보는 시간을 갖는다. 전통 있는 대학 입학을 준비하는 고등학교로서 교사와 학생간 1 대 1 교육을 지향하고 있다. 따라서 학생 개개인에 대한 관심도가 높고 학습지도도 섬세하게 이루어진다. 학년과정은 9~12학년, PG 과정이 있다.

학생 분포

총 학생수는 86명이다. 학급당 학생수는 평균 12명이며 교사와 학생의 비율은 1 대 5이다. 학년별로 9학년 12명, 10학년 18명, 11학년 30명, 12학년 25명, PG 과정 1명이다. 일본, 한국, 사우디아라비아, 스페인, 타이오스, 터키 출신의 외국인 학생 20명이 재학중이다.

교과 과정

2학기제로 운영된다. 졸업학점은 20학점으로 한 학기에 보통 5과목을 이수한다. 수요일과 토요일에는 오전수업만 실시된다. 성적표는 1년에 4회 발송되며 교사의 평가서가 첨부된다. Honor 과정과 ESL 과정이 있다. 이곳에 입학하게 되면 제일 먼저 학업 수행능력을 평가받는 것부터 시작하는데, 그 수행능력에 따라 개인교습이 이루어지기도 한다. 수업시간은 45~90분에 걸쳐 다양하게 짜여져 있다.

입학 및 학비

9학년에서 12학년까지 편입학이 가능하다. 필요한 서류는 추천서 3장, 성적증명서 외에 SSAT 성적을 제시할 수 있지만 필수 사항은 아니다. 개인 면접은 필수사항이다. 원서는 수시로 접수하며 전형료는 50달러이다. 학비는 기숙사비를 포함하여 2만 3,300달러이고 입학금은 1,580달러이다.

주요 진학 대학

Antioch College, Pratt Institute, Connecticut College, Dickinson College, Goucher College, Guilford College.
SAT 수학영역에서 600점 이상을 얻은 학생의 비율이 졸업생 전체의 14퍼센트를 차지한다.

연락처

입학담당자 J. Kirk Russell III
Tel 518-794-6008 Fax 518-794-7065
E-mail : jkr@taconic.net

DUBLIN SCHOOL

New Harrisville Road, Box 522
Dublin, New Hampshire 03444-0522
학교장 Christopher R. Horgan

1935년 Lehmann 부부가 대학 진학을 앞둔 학생들에게 최고의 교육을 시킨다는 목적으로 세운 남녀공학이다. 엄격한 학과수업을 기본으로 하지만 사회봉사와 운동 등 과외활동도 적극 권하고 있다.
Boston시 근처에 위치하고 있으며 345에이커의 캠퍼스에 16개 동의 건물이 있다.
학년과정은 9~12학년이 있다.

학생 분포

총 학생수는 110명이며 기숙학생은 78명이다. 학급당 학생수는 평균 9명으로 교사와 학생 비율은 1 대 5이다. 9학년 21명, 10학년 30명, 11학년 34명, 12학년 25명이다. 외국유학생은 22명이다.

교과 과정

졸업학점은 18학점이다. 예술(미술, 음악, 무용, 연극), Business Skills, 컴퓨터 과학, 외국어, 수학, 과학, 사회(역사 포함)와 사회봉사 활동이 포함되어야 한다. 소수 정원제로 운영되기 때문에 1 대 1 지도가 가능하다. 역사, 미적분학, 프랑스어, 스페인어의 4개 영역에 걸쳐 AP 과정이 설정되어 있고 ESL 과정도 개설되어 있다.
여러 과목에서 우수반과 일반반으로 나누어 수업을 진행한다. 시대적 흐름을 중시하여 학생 스스로 자신이 속한 사회가 세계 속에서 어떤 위치와 어떤 영향력을 지니고 있는지를 깨닫도록 지도한다. 정규 과정 외에 개인학습, 여행이나 해외 연수도 가능하다. 또 1주일에 한 번씩 분야별 전문가를 초청하여 재능 발견과 개발과정, 현 위치에 도달하기까지의 경험 등을 듣는다.

입학 및 학비

적극적이고 활발한 성격의 학생을 환영한다. 성적증명서, 에세이, 교사 추천서와 함께 지원하는 학년에 따라 SSAT 점수(9~10학년), SAT 점수(11~12학년) 또는 ACT를 제출해야 한다. 반드시 면접을 치러야 한다. 원서 마감일은 따로 정하지 않고 있다. 전형료는 50달러이다.
학비는 기숙사비를 포함하여 2만 3,900달러이며 입학금은 725달러이다.

주요 진학 대학

Brandies University, Northeastern University, Scool of the Art Institute of Chicago, Skidmore College, The College of Wooster, University of Massachusetts.
SAT 평균점수는 1080점으로, 그 중 1200점 이상의 성적을 낸 졸업생은 전체의 17퍼센트였다.

연락처

입학담당자 Marylou T. Marcus
Tel 603-563-8584 Fax 603-563-8671
E-mail : admissions@dublinschool.org
URL : http://www.dublinschool.org

DUNN SCHOOL

2555 Highway 154 West
Los Olivos, California 93441
학교장 Dr. Eric G. Ruoss

Santa Barbara 근처의 시골에 위치해 있는 학교로 남녀공학이다. 학생과 교사간 신뢰와 애정을 바탕으로 하여 교사는 학생의 높은 학업 성취와 인격 형성을 지도하고 교육한다. 예컨대 난독증 (dyslexia) 같은 언어장애 학생들을 위한 Learning Skills Program이 있다. 수업은 3시 30분경 끝나며 이후 시간에는 운동이나 취미활동을 할 수 있고 저녁에는 자습시간을 갖도록 되어 있다.
학년과정은 6~12학년이며, 기숙사 생활은 9학년 이상에 한하다. 캠퍼스 면적은 55에이커이다.

학생 분포
총 학생수는 206명으로 기숙학생은 110명이다. 학급당 학생수는 10명으로, 교사와 학생 비율은 1 대 5이다. 9학년 35명, 10학년 43명, 11학년 39명, 12학년 42명이며 중국, 독일, 일본, 한국, 대만, 인도네시아 출신의 외국인 30명이 재학중이다.

교과 과정
2학기제로 운영되며 6주마다 성적표가 발송된다. 졸업학점은 18학점이다. 예술(미술, 음악, 무용, 연극), 컴퓨터, 영어, 제2 외국어, 수학, 체육, 과학, 역사, 사회과학 등이 필수과목이다.
4개 영역에 걸쳐 AP과정이 개설되어 있고 Honor 과정도 마련되어 있다.

입학 및 학비
학업 성적이 우수하고 학교생활에 적극적인

학생을 환영한다. 방문 상담을 기본으로 한다. SSAT 점수, 성적증명서, 추천서 4통과 간단한 에세이 2장을 제출해야 한다. 특히 SSAT와 면접은 필수 사항이다.
원서 마감일은 따로 없으나 대체로 10월 1일 이후부터 받는다. 제출된 원서는 즉시 검토되므로 한 달 내에 결과를 통보받을 수 있다.
전형료는 30달러이다.
학비는 기숙사비를 포함하여 2만 3,500달러이다. 등록금의 70퍼센트는 8월 1일까지, 나머지는 12월 1일까지 납부해야 한다.

주요 진학 대학
Colgate University, Scripps College, The Colorado College, U.C.Berkeley, UCLA, UC San Diago.
SAT 언어영역 평균 점수는 550점, 수학영역 평균점수는 540점이며 총 평균점수는 1100점이다. 졸업생 가운데 총 SAT 평균점수가 1200점 이상인 경우가 25퍼센트에 달했다.

연락처
입학 담당자 James H. Matchin
Tel 805-688-6471 Fax 805-686-2078
E-mail : cadunnadmk@impresso.com
URL : http://www.dunnschool.com

EAGLEBROOK SCHOOL

Deerfield, Massachusetts 01342-0701
학교장 O. Stuart Chase

1922년 Howard B. Gibbs가 설립한 남학교이다. 지적이면서도 예술적인 계발에도 중점을 두고 있다. 자신감을 갖고 자신의 잠재적 재능을 개발하며 사려 깊고 따듯한 인간성을 가진 인간으로의 성장을 교육의 최고가치로 삼는다. 스키 슬러프가 있을 정도로 시설이 훌륭하다. Connecticut주에서 북쪽으로 조금 떨어진 시골에 있다. 캠퍼스의 총면적은 640에이커이며 Boston에서 약 2시간 30분 정도의 거리에 있다. New England 지방의 사립중고등학교 연합에서 인정받는 학교이다. 학년 과정은 6~9학년이다.

학생 분포

총 239명 중 170명이 기숙사 생활을 하고 있다. 학년별로 6학년 19명, 7학년 58명, 8학년 86명, 9학년 74명이다. 학급당 평균 학생수는 12명이며, 교사와 학생의 비율은 1 대 5이다. 출신 지역별로는 Massachusetts, New York, California, Connecticut, Vermont주가 많다. 캐나다, 중국, 콜롬비아, 한국 등에서 온 외국 유학생 58명이 재학중이다.

교과 과정

영어, 외국어, 수학, 체육, 과학, 사회봉사, 미술, 사회 과목은 필수이며, 선 선택과목으로 대수학, 기하학, 미국사, 건축, 생물, 도예, 중국어, 중국사, 과학, 작문, 지구과학, 영문학, 환경공학, 유럽사, 불어, 지리, 저널리즘, 라틴어, 음악, 사진, 스페인어, 드라마, 세계사 등이 있다. 외국인 유학생을 위한 ESL 과정이 운영되고 있다.

입학 및 학비

7학년 입학이 가장 많다. 9학년 입학을 원할 때는 WSIC라는 일종의 심리와 지능테스트를 받아야 하며, 8~9학년은 SSAT시험을 치러봐야 한다. 특별한 경우를 제외하고는 학교를 방문하여 면접받을 것을 요구한다. 외국인 학생에게도 마찬가지이다. 원서 마감일은 따로 없고 개별적으로 입학 여부를 결정한다. 전형료는 35달러이다. 학비는 기숙사비를 포함하여 2만 5,300달러이다. 장학금 제도가 있어서 형편이 어렵거나 성적이 우수한 학생들에게 혜택이 주어진다. 한국인 학생도 장학금을 받은 적이 있다.

주요 진학 고등학교

Choate Rosemary Hall, Deerfield Academy, Northfield Mount Hermon School, Phillips Academy(Andover), The Lawrencevile School, The Taft School, Berkshire School, Brooks School, Loomis Chaffee, St. Paul's School, Salisbury.

연락처

입학담당자 Theodore J. Low
Tel 413-774-7411
Email : tlow@eaglebrook.org
URL : http://www.eaglebrook.org

EMMA WILLARD SCHOOL

285 Pawling Avenue
Troy, New York 12180
학교장 Dr. Robin A. Robertson

1814년 Emma Hart Williard가 세운 여학교로서
기숙사제 학교이다. 여성의 지적 능력에 대한
Emma의 믿음과 진보적인 생각이 190년이란 역사
속에서 학생들에게 적용된 커리큘럼의 기본
바탕이다. 92에이커에 달하는 캠퍼스에는
22개 동의 건물들이 있다.
Albany 근처에 위치하고 있다.

학생 분포
총 학생수는 285명으로 기숙학생이 169명이며 외국
유학생은 11명이다. 학년별로는 9학년 55명, 10학년
72명, 11학년 75명, 12학년 80명, PG 과정 3명이다.
학급당 평균 학생수는 10명이다.

교과 과정
졸업학점은 20학점이며 사회봉사 활동도
필수이다. 영어, 스페인어, 프랑스어, 생물학, 컴퓨터
과학, 물리학, 미적분학, 파스칼 등 13개 영역에서
AP 과정이 시행된다. ESL 과정도 개설되어 있다.
성적이 부진한 학생들은 가을학기 동안
과외수업을 매일 받도록 한다.
또 가까운 대학에서 중국어와 FOTRAN 등
몇 과목을 이수할 수 있고 Emma Willard의
독립학습 프로그램에 따른 실습 과정을 통해 실제
현장에 대한 인식을 얻을 수 있다.
National Network of Complementary Schools의
멤버로 학생들에게는 여러 가지의 특별 프로그램
참여 기회가 제공된다.

입학 및 학비
적극성, 활동성, 책임감 있는 상위권 학생을
환영한다. SLEP, SSAT 또는 TOEFL 준비는
필수적이다. 또 12학년, PG 과정에 입학하려는
학생에게는 SAT를 요구한다. 면접은 반드시
받아야 한다. 학교 방문은 평일 오전 8시 30분에서
오후 4시 30분까지 가능하지만 학교측은 10월에서
4월 사이에 방문하도록 권한다.
원서 마감일은 2월 15일이며 전형료는 25달러이다.
학비는 기숙사비를 포함하여 2만 2,900달러이며
입학금은 575~825달러이다. 등록금 납부는 8월
이내에 하는 것이 원칙이지만 60퍼센트는 9월에,
나머지는 1월에 납부해도 된다.

주요 진학 대학
Columbia University, Cornell University, Mount
Holyoke College, Reed College, Rensselaer
Polytechnic Institute, Smith College.
졸업생들의 SAT 언어영역 평균점수는 630점,
수학영역 평균점수도 630점이었다.

연락처
입학 담당자 Trudy J. Hanmer
Tel 518-274-3478 Fax 518-272-0292
E-mail : admissions@emma.troy.ny.us
URL : http://www.emma.troy.ny.us

EPISCOPAL HIGH SCHOOL

1200 North Quaker Lane
Alexandria, Virginia 22302
학교장 Robert Hershey

Virginia주 교구의 도움으로 설립된 남녀공학이다. 기독교 정신을 기본으로 민주시민 교육에 중점을 둔다. 민주주의 사회의 발전과 안정은 현명하고 의식있는 시민에 의해 가능하다는 인식에서 비롯된 교육방침이다. Washington 중심가에서 10분 정도의 거리에 위치하며 총면적 130에이커의 캠퍼스와 18개 동의 건물로 이루어져 있다. 학년과정은 9~12학년이다.

학생 분포
전체 학생수는 407명 중 기숙학생은 398명이다. 학급당 학생수는 평균 16명이며, 교사와 학생의 비율은 1 대 7이다. 학년별 학생수는 9학년 81명, 10학년 109명, 11학년 116명, 12학년 101명이다.

교과 과정
졸업을 위해서는 최소한 19학점 취득이 필요하다. 모든 필수과목들, 14개 영역에 걸쳐 AP 과정이 실시되고 있으며 Honor 과정도 개설되어 있다. 여름 계절수업 동안에는 프랑스, 이탈리아, 스페인이나 영연방에서 지낼 수 있다. 또 1년 동안 The School Year Abroad 프로그램에 따라 프랑스나 스페인의 학교에서 수업을 받을 수 있다. 상급반 학생들은 Bryn Mawr College, Saint Joseph's University, Pennsylvania University 등에서 강의를 받을 수 있다. 또 은행이나 호텔, 증권 회사 등에서 인턴 사원으로 일하면서 경험을 쌓을 수 있다.

입학 및 학비
9~10학년이 입학이 가장 많다. 성적증명서, 교사 추천서 2통과 함께 면접이 필수적이다. 면접은 학생뿐만 아니라 학부모도 받아야 한다. 개인 적성검사도 실시되며 SSAT도 필수 사항이다. 입학 상담은 직접 학교를 방문하거나 전화로도 가능하다. 원서 마감일은 1월 31일이며 전형료는 50달러이다. 학비는 기숙사비를 포함하여 2만 2,400달러이다. 60퍼센트는 8월 15일까지 나머지는 2월 1일까지 두 번 나누어 납부한다.

주요 진학 대학
Bucknell University, Colgate University, Georgetown University, Southern Methodist University, The University of North Garolina at Chapel Hill, University of Virginia. SAT 성적인 1200점 이상인 졸업생은 전체의 56퍼센트였다.

연락처
입학 담당자 Robert C. Watts III
Tel 703-824-9470 Fax 703-931-8546
E-mail : rcw@episcopalhighschool.org
URL : http://www.episcopalhighschool.org

THE ETHEL WALKER SCHOOL

230 Bushy Hill Road
Simsbury, Connecticut 06070
학교장 Dr. Margaret Huling Bonz

1911년에 설립된 미국 최초의 여자 대학입학
예비학교이다. 철저한 학과 수업을 진행하며
독립심과 자부심을 길러주는 데 힘쓴다.
Hartford 근처에 위치하고 있으며 숲으로 둘러싸여
있다. 총면적 620에이커의 캠퍼스와 20개 동의
건물이 아름답게 배치되어 있다.
학년과정은 6~12학년, PG 과정이 있다.

학생 분포
총 학생수는 195명으로 기숙학생은 110명이다.
학급당 학생수는 평균 10명이며, 교사와 학생의
비율은 1 대 8이다.

교과 과정
지도교사와 상의하여 개개인의 학력수준과 관심도,
특성에 맞는 개인학습 프로그램을 작성한다.
매학기마다 5개의 필수과목과 1개의 선택과목을
이수해야 한다. 졸업학점은 18학점이다.
매일 저녁 2시간 동안 자율학습을 실시하고 있다.
성적표는 1년에 4회 발송된다. 성적평가는 A~F
단계로 이루어지며, 평균 D학점 이상이어야 한다.
영어, 프랑스어, 스페인어, 생물학, 라틴어 등 9개
영역에 걸쳐 AP 과정이 마련되어 있고
Honor 과정과 ESL 과정도 개설되어 있다.
학과 수업과 학교생활에 대해 일 주일에 한 번
지도교사와의 상담을 권하고 있다. 정규 과정 외에
특별 프로그램으로 유명 작가나 정치인, 예술가
등을 초청하여 정해진 주제에 대해 강의를 듣는다.

상급반이 되면 Senior Project Program을 통해 관심
영역에 대해 집중연구를 할 수도 있다.

입학 및 학비
전학년 성적증명서를 제출해야 한다. 6~8학년
입학을 희망하는 경우에는 입학시험을 치러야
하며, 9~11학년에 입학하려면 PSAT, SAT나 SSAT
점수를 제출해야 한다. 외국 유학생들의 경우에는
TOEFL 또는 SLEP를 치러야 한다. 면접을 필수
사항이다. 방문 상담은 가을학기 동안 월, 화, 목,
금요일은 오전 8시 30분에서 오후 3시까지,
수요일과 토요일은 오전 8시 30분에서부터
정오까지만 가능하다. 전화 상담도 권하고 있다.
원서 마감일은 2월 1일이며 전형료는 40달러이다.
학비는 기숙사비를 포함하여 2만 4,340달러이고
입학금은 300~650달러이다.

주요 진학 대학
Babson College, Dartmouth College, Gettysburg
College, Harvard University, University of
Connecticut, Vassar College.

연락처
입학담당자 Helen McGlennon Treat
Tel 860-408-4200 Fax 860-408-4201
E-mail : admission_office@ews.pvt.k12.ct.us
URL : http://www.ews.pvt.k12.ct.us

FAY SCHOOL

48 Main Street
South borough, Massachusetts 01772-9106
학교장 Stephen C. White

1866년에 설립된 남녀공학이다. '원한다면 할 수 있다'(You can if You will)는 명제를 기본정신으로 삼고 있다. 엄격한 규율 준수와 교복 착용은 학생들에게 절도와 품위를 심어주며, 학교와 자기 자신에 대한 자긍심을 길러준다.

특히 기숙사 생활을 하는 학생들을 관리하는데 많은 관심과 주의를 기울이고 있다.

Boston 근처에 자리잡고 있다. 30에이커의 캠퍼스 내에 16개 동의 건물이 있다.

학년과정은 1~9학년이며 기숙생활은 6학년부터 가능하다. 기숙사는 4개 동으로 남녀 학생이 따로 생활한다.

학생분포

총 368명의 재학생 가운데 110명이 기숙사 생활을 하고 있다. 학급당 학생수는 평균 12명이다. 학년별 학생수는 6학년 41명, 7학년 66명, 8학년 72명, 9학년 75명이다. 외국 유학생은 52명이다.

교과 과정

학생 스스로 수업에 적극 참여할 수 있도록 유도하고 있다. 학급 편성은 학생들의 특성과 학업 성적 등을 참고한다. 수학, 영어, 역사, 과학, 제2 외국어를 주요 과목으로 다양한 컴퓨터 과목들이 있다. 1년 이상의 음악 수업도 필수이다.

그밖에 학생의 흥미와 관심에 맞도록 다양한 선택과목을 개설해 놓고 있다.

영어에 익숙하지 않은 외국 유학생들을 위하여 국제 학생 프로그램(International Student Program)을 운영하고 있다. 4단계로 나누어 진행되는 이 프로그램에는 미술반, 음악반, 컴퓨터반, 스포츠반 등 과외활동을 통해 영어 습득을 빨리 할 수 있도록 짜여져 있다.

학급 현성은 학생들의 특성과 성적을 참고한다. Honor 과정과 ESL 과정이 준비되어 있다.

입학 및 학비

학생의 성품과 학업성적, 학업 수행능력 등을 종합하여 입학 여부를 판단한다.

학생이나 학부모가 미리 학교를 방문하여 입학 담당자와 면담할 것을 권한다. WISC III와 면접은 필수 사항이다.

원서 마감일은 없으며 전형료는 35달러이다.

학비는 기숙사비를 포함하여 2만 6,250달러이며, 입학금은 310~1,645달러이다.

주요 진학 고등학교

Brooks School, Choate Rosemary Hall, Phillips Exeter Academy, Saint Mark's School, St. George's School, St. Paul's School.

연락처

입학담당자 Lois Poirot
Tel 508-485-0100 Fax 508-481-7872
E-mail : fayadmit@fayschool.org
URL : http://www.fayschool.org

THE FENSTER SCHOOL OF SOUTHERN ARIZONA

8500 East Ocotillo Drive
Tucson, Arizona 85750
학교장 Don Saffer

1944년에 설립된 남녀공학이다. 학생 스스로
잠재력을 최대한으로 발휘할 수 있도록
지도한다는 게 설립 목적이다. 또 학생들이 서로를
존중하고 배려할 줄 알며 자신을 반성할 줄 아는
인격체로 성장할 수 있도록 힘쓰고 있다.
총면적 150에이커의 캠퍼스에 15개 동의 건물이
있다. Arizona주의 Tucson시 가까이에 있는 산타
카타리나 산기슭에 자리잡고 있다.
학년과정은 9~12학년이다.

학생 분포
학급당 학생수는 평균 9명으로 교사와 학생의
비율은 1 대 8이다. 학년별로는 9학년 11명, 10학년
24명, 11학년 30명, 12학년 24명이다. 인도네시아,
일본, 멕시코, 한국, 러시아, 스페인 등지에서 온
외국인 학생 16명이 재학중이다.

교과과정
2학기제로 운영되며, 학년 기간은 9월부터 다음해
5월까지이다. 성적표는 학생의 학교생활에 대한
평가서와 함께 1년에 4회 발송된다.
예술, 영어, 제2 외국어, 수학, 체육, 과학, 사회 등의
과목이 있으며, 졸업학점은 22학점이다.
학과 진도나 성적에 대해 지도교사와의 상담을
권한다. AP 과정이 개설되어 있고 ESL 과정도
운영되고 있다. 현재 15명이 등록했다.
여름방학에는 계절수업이 실시되는데 보충,
재이수, 이수를 위한 학과 수업과 ESL 과정이
진행된다.

입학 및 학비
필요한 서류는 성적증명서, 교사 추천서 2통이며
반드시 개인 면접을 받아야 한다. 전화를 이용한
입학 상담도 가능하며 상담 시간은 주중 오전 8시
30분부터 오후 5시까지이며, 특별한 경우에는
주말에도 가능하다. 원서 마감일은 없으며
학기중이라도 빈자리가 생기면 입학할 수 있다.
학비는 7일제 기숙사비를 포함하여 1만
9,500달러이며, 입학금은 460~500달러이다.

주요 진학 대학
Drake University, Indiana State University,
Marymount College, Pima Communtiy College,
Southwest Louisiana University, Arizona State
University., The University of Arizona, University of
Illinois at Urbanachampaign.
전체 졸업생 가운데 SAT 언어영역 600점 이상을
기록한 학생은 3퍼센트였고 수학영역에서 600점
이상을 기록한 학생은 5퍼센트였다.

연락처
입학 담당자 Michael J. Lyles
Tel 520-749-3340 Fax 520-749-3349
URL : //http://www.fenster-school.com

THE FESSENDEN SCHOOL

250 Waltham Street
West Newton, Massachusetts
학교장 Frank M. Perrine

1903년 Frederick J. Fessenden 부부가 설립한 남학교이다. Boston 시내와 가까워서 역사적인 장소와 박물관, 음악당 등을 방문할 기회가 많다. 91명의 교사가 있으며, 그 중 43명은 캠퍼스에서 생활한다. 모든 학생들은 Advisor를 가지며 담당 지도교사들은 학생의 생활상태와 성적 등을 항상 부모님에게 알려준다. 캠퍼스의 총면적은 42에이커이며 Logan공항에서 20분 정도의 거리에 위치하고 있다. 학년과정은 유치원부터 9학년까지이며, 기숙생활은 5학년부터 가능하다.

학생 분포
총 467명으로 기숙학생은 90명이다. 학급당 평균 학생수는 12명으로 교사와 학생의 비율은 1 대 6이다. 학년별로 7학년 77명, 8학년 63명, 9학년 56명이다. Massachusetts, California, Connecticut, New Jersey주 출신이 많다. 외국 유학생은 전체의 21퍼센트이다.

교과 과정
학생의 학습 유형에 맞춰 교과과정을 구성하며, 고교 생활을 성공적으로 마칠 수 있도록 준비시키는 과정을 제공한다. 모든 학생들은 담당교사에 의해 주의깊게 평가되어 Honor 과정, 정규 과정, 특별지도 과정으로 나뉘어 지도된다. 선택과목은 영어, 수학, 대수, 기하학, 미국사, 우주학, 도예, 컴퓨터 수학, 컴퓨터 과학, 지구과학, 윤리, 영어, 유럽사, 프랑스어, 지리, 음악, 미술, 체육, 물리, 사회, 드라마, 세계사이며, 필수과목은 과학, 영어, 외국어, 수학, 사회이다. 외국학생들을 위한 ESL 과정에는 현재 25명이 수강중이다.

입학 및 학비
8학년 입학이 가장 많으나, 외국인 학생은 8학년 입학이 어렵다. 원서 마감일은 2월 15까지이며, 전형료는 35달러이다. 면접과 학교 방문은 필수이며 졸업생의 형제, 친척에게 우선권을 주기 때문에 연고가 없는 사람이 입학을 원할 때는 조금 불리하다. 학비는 기숙사비를 포함하여 2만 6,750달러이다. 형편이 어려운 학생을 위해 장학금제도가 있으며 1인당 6,000달러 정도 지급된다.

주요 진학 고등학교
Belmont Hill School, Brooks School, Buckingham Browns and Nichols School, Milton Academy, Noble and Greenough School, Tabor Academy, Kate School, Govener Dummer, Loomis Chaffee, Middlesex, Westminster.

연락처
입학담담자 John Gray
Tel 617-630-2300 Fax 617-630-2303
Email : admissions@fessenden.org
URL : http://www.fessenden.org

FOUNTAIN VALLEY SCHOOL OF COLORADO

6155 Fountain Valley School Road
Colorado Springs, Colorado 80911
학교장 Dr. John E. Creeden

1929년에 설립된 남녀공학이다. 명문대 진학을
위한 학습 프로그램과 학생의 잠재력 개발에
필요한 프로그램을 운영한다. 그러나 가장
중요시하고 우선시하는 것은 바로 사람과 사람
사이의 관계 속에서 지켜져야 할 태도와 심성이다.
서로간에 이해할 줄 알고 서로 도우며 살아가는
사회인으로 성장할 수 있도록 하는데 노력한다.
콜로라도 스프링스 동남쪽에 위치하며 총면적
1,100에이커의 캠퍼스에는 13개 동의 건물이 있다.
학년과정은 9~12학년이다.

학생 분포
총 학생수는 212명으로 그 중 기숙학생은
135명이다. 학급당 학생수는 평균 13명 이하이며,
교사와 학생 비율은 1 대 6이다.
학년별 분포를 보면 9학년 42명, 10학년 50명,
11학년 63명, 12학년 57명이다.
외국인 유학생은 25명이다.

교과 과정
3학기제로 운영되며 졸업학점은 18학점이다.
성적표는 학기 중간과 학기말에 각각 학부모에게
발송된다. 학생들의 성적과 학업능력에 따라
반을 편성하여 수업한다.
상급반 학생들은 Senior Seminar에 참석, 자신의
관심 분야에 대해 연구하도록 한다.
Senior Seminar는 1주일간 진행된다.
11개 영역에 걸쳐 AP 과정이 개설되어 있고

Honor 과정과 ESL 과정도 마련되어 있다.
ESL 과정은 중급반과 고급반으로 구분 운영된다.

입학 및 학비
입학에 필요한 서류는 전학년 성적증명서,
교사추천서 3통, 작문과 SSAT 점수이다.
개인 면접을 통해 입학 여부가 최종 결정된다.
원서 마감일은 없으며 전형료는 45달러이다.
학비는 기숙사비를 포함하여 2만 3,250달러이며,
입학금은 640달러이다.

주요 진학 대학
Columbia University, Hobart and William Smith
College, Massachusetts Institute of Technology,
University of Colorado at Boulder, University of
Pennsylvania, Whitman College.
SAT 점수가 1200점 이상인 졸업생들은 전체의
31퍼센트인 것으로 나타났다.

연락처
입학담당자 Helen O' Keefe
Tel 719-390-7035 Fax 719-390-7762
E-mail : admis@fvs.edu
URL : http://www.fvs.edu

FOXCROFT SCHOOL

Foxcroft Road
Middleburg, Virginia 20118
교장 Mary Louise Leipheimer

1914년 Charlotte H. Noland가 세운 여학교이다.
Washington D.C. 가까이 있어서 학생들은
박물관이나 극장, 콘서트 등을 자주 갈 수 있다.
500에이커의 캠퍼스에 52개 동의 건물이 있다.
과수원과 오솔길, 냇물 등이
아름다운 전원 풍경을 연출한다.
학생들에게 삶에 대한 용기를 불어넣어 주고
보다 성숙한 인격 형성을 도와주는 것을 중요하게
여긴다. 학년과정은 9~12학년, PG 과정까지이다.

학생 분포
총 학생수는 157명이며 그 중 130명이 기숙사
생활을 하고 있다. 학급당 학생수는 평균 12명으로,
교사와 학생간 비율은 1 대 5이다.
9학년 40명, 10학년 32명, 11학년 49명, 12학년 33명,
PG 과정 3명이다. 외국인 유학생은 28명이다.

교과 과정
학과 18학점과 체육 4학점을 취득해야 졸업할 수
있다. 물리학, 스튜디오 예술과 라틴어 등
11개 영역에 걸쳐 AP 과정이 진행된다.
Honor 과정과 ESL 과정도 개설되어 있다.
관심있는 분야가 있다면 집중적으로 연구할 수
있는 독립학습의 기회가 주어진다.
자율학습 시간은 오후 7시 30분부터
밤 10시까지이며, 학업 성적이 부진한
학생들에게는 특별 개인지도가 실시된다.
10학년부터 대입 상담을 시작하여 전공 선택과
PSAT를 준비한다. 11학년 겨울학기 쯤이면 대학
상담자와 만날 수 있다.

입학 및 학비
교사와 교장 추천서 각 1통, 전학년 성적증명서,
작문 그리고 SSAT 점수가 필요하다.
면접은 반드시 받아야 한다.
전화나 방문 상담도 가능하다.
정해진 마감일은 없으며 전형료는 35달러이다.
학비는 기숙사 사용 시간에 따라 다르다.
주 5일제인 경우에는 2만 3,900달러이며,
주 7일제인 경우에는 2만 3,900달러이다.
입학금은 300~400달러이다.

주요 진학 대학
Elon College, Georgetown University, James
Madison University, Northwestern University,
Syracuse University, University of Virginia.
졸업생들의 평균 SAT 점수는 1070점이다. SAT
1200점 이상인 졸업생들은 전체의 20퍼센트였다.

연락처
입학담당자 Mary G. Looney
Tel 800-858-2364 Fax 540-687-3627
E-mail : admissions@foxcroft.org
URL : http://www.foxcroft.org

FRYEBURG ACADEMY

152 Main Street
Fryeburg, Maine 04037-1329
학교장 Daniel G. Lee Jr.

1792년 Maine주의 지도자 15명에 의해 세워진
학교로서 Maine주에서 가장 오래된 남녀공학이다.
지역사회에 공헌할 수 있는 인물을 기르는 데 교육
방향이 맞춰져 있다. Portland 근처에 위치하며
학교 주변의 산에서 스키나 카누, 하이킹 등
여가 생활을 즐길 수 있다. 25에이커의 캠퍼스에
9개 동의 건물로 되어 있다.
학년과정은 9~12학년, 그리고 PG 과정이 있다.

학생 분포
전체 학생수는 503명이며 기숙학생은 73명이다.
학급당 학생수는 평균 14명으로 교사와 학생의
비율은 1 대 10이다. 학년별로는 9학년 140명,
10학년 131명, 11학년 129명, 12학년 102명, PG 과정
1명다. 외국인 유학생은 50명이다.

교과 과정
2학기제로 운영되며 성적표는 5주마다 발송된다.
졸업학점은 19학점으로
한 학기당 보통 5과목을 이수해야 한다.
4개 영역에걸친 AP과정이 제공되며,
Honor 과정과 ESL 과정이 개설되어 있다.
월요일부터 목요일까지 매일 오후 7~9시에
자율학습을 실시하고 있다. 특히 독해력이 부족한
학생들에게는 특별교육이 실시된다.
학과와는 별도로 Mountain Washington Valley Ski
Academy라는 프로그램이 운영되고 있다.
이 프로그램에는 1년 또는 1학기 말부터

3학기 말까지 2학기 동안 참여할 수 있는데, 사전에
Eastern Racing에 참가할 실력을 확인받아야 한다.

입학 및 학비
개인면접이 입학 허가 결정에 크게 영향을 미친다.
인종이나 종교, 국적에는 차별을 두지 않는다.
접수 후 1주일 이내에 결과가 통보된다.
원서 마감일은 없으며 전형료는 35달러이다.
학비는 기숙사비를 포함하여 1만 8,800달러이며
입학금은 900달러이다.

주요 진학 대학
Bentley University, Colby College, Fairleigh
Dickinson University, Northeastern University,
University of Maine, Worcester Polytechnic Institute.
졸업생들 가운데 SAT 점수 1200점 이상인 학생이
전체의 2퍼센트였다.

연락처
입학 담당자 Alan D. Whittemore
Tel 877-935-2001 Fax 207-935-4292
E-mail : admissions@fryeburgacademy.org
URL : http://www.fryeburgacademy.org

GARRISON FOREST SCHOOL

300 Garrison Forest Road
Owings Mills, Maryland 21117
학교장 G. Peter O' Neill

1910년에 설립된 여자 기숙학교이다. 대학 준비를 목적으로 한 학교이지만, 학생들에게 열정과 봉사, 인간 정신의 중요성을 깨닫게 하는 데 많은 노력을 기울이고 있다. Baltimore 근처의 도시에 자리잡고 있는 학교로 Baltimore시 및 Washington D.C.와 가까워서 목가적인 분위기와 도시 분위기를 함께 느낄 수 있다. 면적 100에이커에 달하는 캠퍼스에 26개 동의 건물이 있다.
학년과정은 유치원에서 12학년까지 있다. 유치원 과정만 남녀공학이며 나머지 학년과정은 여학생들에게만 허용된다.
기숙생활은 8학년 이상부터 가능하다.

학생분포
총 학생수는 612명이며 그 중 기숙사 생활을 하는 학생은 75명이다. 학급당 학생수는 평균 12명으로 교사와 학생의 비율은 1 대 12이다. 학년별로 9학년 58명, 10학년 58명, 11학년 47명, 12학년 57명이다. 외국 유학생은 35명으로 바하마, 일본, 멕시코, 한국, 사우디아라비아, 태국 출신이다.

교과 과정
2학기제로 운영된다. 9~12학년에서는 영어, 제2 외국어, 역사, 수학, 과학, 정치, 경제, 예술, 컴퓨터 등 다방면으로 짜여진 교과 과정이 적용된다. 졸업학점은 21학점이다.
성적표는 정기적으로 학부모에게 발송된다.
9개 영역에서 AP과정이 실시된다.

Honor 과정과 ESL 과정도 함께 실시되고 있다. 상급생들은 봄학기 동안 3주간의 개인 프로젝트를 가질 수 있다.

입학 및 학비
성적증명서와 교사 추천서 2통과 교장 추천서, ISEE나 SSAT 시험성적을 기준으로 입학 여부를 결정한다. 개인 면접은 필수이다.
원서 마감일은 1월 15일이며, 전형료는 35달러이다. 전화 상담이나 방문 상담 모두 가능하다.
방문 시간은 평일의 경우 오전 9시부터 오후 2시 사이에 정해야 한다.
학비는 기숙사비를 포함하여 2만 3,950달러이다. 8월 1일, 1월 1일로 두 번 나누어 납부하거나 월별로 나누어 납부하는 것이 가능하다. 정규 과정 외에 이루어지는 수업(음악 레슨, 승마 레슨 등)이나 교재비, 교복비 등은 따로 부담해야 한다.

주요 진학 대학
Brown University, Columbia University, Cornell University, Oberlin College, Skidmore College, University of Virginia.

연락처
입학 담당자 A.Benedict
Tel 410-363-1500 Fax 410-363-8441
E-mail : gfs_info@gfs.org
URL : http://www.gfs.org

GEORGE SCHOOL

Route 413 P.O. Box 4000
Newtown, Pennsylvania 18940
학교장 David L. Bourns

1893년에 설립된 남녀공학으로 프렌드회에 속해
있다. 모든 재학생들은 화요일이나 목요일 예배에,
기숙학생은 일요일 예배에 참석해야 한다.
대학 수준의 AP 과정을 처음으로 설립한 학교 중
하나이며 IB program이 인정된 학교이기도 하다.
Philadelphia 근처의 시골에 위치하여 Philadelphia,
Princeton, New York시의 문화를 접하기 쉽다.
265에이커의 캠퍼스에 18개 동의 건물이 있다.
학년과정은 9~12학년이다.

학생 분포

총 학생수는 540명이고 그 중 기숙학생은
280명이다. 학급당 학생수는 평균 13명으로 교사와
학생의 비율은 1 대 7이다. 9학년 112명,
10학년 131명, 11학년 155명, 12학년 142명이다.
외국인 유학생은 85명이다.

교과 과정

3학기제로 운영되며 성적표는 1년에 4회 발송된다.
대학 예비과정과 선택과목으로 구분되어 수업이
진행된다. 필수과목 4과목 이상 수강해야 하며,
예술과 체육은 1년간 반드시 이수하도록 되어
있다. 학생들의 특성과 능력을 고려하여 반 편성을
하며 각 반별로 수업진도가 조금 다르다.
졸업학점은 17학점이다. 봉사활동에도
65시간 이상 투자해야 한다.
11~12학년 학생에게는 교외 연구 프로젝트가
마련되는데, 월 2주 동안과 방학 동안에 교직원의
지도 아래 실행된다. 또 1년간 국제세미나와 국제
교류 프로그램에 참가할 수 있다.
ESL 과정과 Honor 과정이 마련되어 있고
9개 영역에 걸친 AP 과정이 실시되고 있다.

입학 및 학비

SSAT는 필수로서 전학년 성적증명서, 추천서와
함께 제출해야 한다. 면접도 반드시 받아야 한다.
입학 담당자와의 상담은 평일 오전 8시부터
오후 4시까지 가능하다.
원서 마감일은 없고 전형료는 35달러이다.
학비는 기숙사비를 포함하여 2만 2,300달러이다.

주요 진학 대학

Earlham College, Guilford College, New York
University, The George Washington University,
University of Pennsylvania, University of Vermont.
SAT 언어영역 점수가 600점 이상인 졸업생은
전체의 50퍼센트, 수학영역 점수 600점 이상은
58퍼센트이다.

연락처

입학 담당자 Karen Hallowell
Tel 215-579-6547/6549
E-mail : admissions@georgeschool.org
URL : http://www.georgeschool.pvt.k12.pa.us

GEORGETOWN PREPARATORY SCHOOL

10900 Rockville Pike
North Bethesda, Maryland 20852-3299
학교장 Rev. Thomas E. Roach, SJ

1789년에 세워진 남자 고등학교이다. 2백 년이
넘는 전통과 역사를 자랑하는 미국에서 가장
오래된 남학교이다. 또 미국 내 45개 기독교계
고등학교 가운데 하나로 유일한 예수회
기숙학교이다. 기독교 학교답게 정의와 사랑을
강조하며 학생들에게는 정신적, 도덕적 가치관을
심어준다. 학생들과 교사간에 애정을 주고받으며
가족과도 같은 학교 분위기를 자아낸다. 학교
내에서는 양복 상의와 넥타이를 착용해야 한다.
Washington D.C. 근처에 자리잡고 있다.
90에이커의 캠퍼스에 7개 동의 건물이 있다.
학년과정은 9~12학년이다.

학생분포
현재 재학중인 학생은 411명이다.
학급당 학생수는 평균 17명으로
교사와 학생의 비율은 1 대 8이다.
학년별로 9학년 106명, 10학년 100명, 11학년 105명,
12학년 100명이다. 독일이나 인도네시아, 멕시코,
파나마, 한국, 영국 출신의 유학생 29명이 있다.

교과 과정
4학기제이며 성적표는 학기말에 발송된다.
졸업학점은 22학점으로 매학기마다 6개 과목을
이수해야 한다. 사회봉사 활동도 포함되어야 한다.
학업 성적이 우수한 학생에게는 지방 대학에서
강의를 받을 수 있는 Internship Program을
운영한다. AP 과정이 14개 영역에서 실시되고

있다. 또 ESL 과정과 Honor 과정도 개설되어 있다.

입학 및 학비
필요한 서류는 SSAT, 성적증명서, 교사 추천서
2통이다. 입학을 위해서는 반드시 SSAT를 준비해야
하고 면접시험도 필수 사항이다. 지원자는 학교를
방문하여 수업을 참관하거나 학교생활을 하루
정도 경험해 볼 수 있다. 또 기숙사 생활을
계획하고 있는 학생을 위해 기숙사문을
열어두기도 한다. 원서 마감일은 정해져 있지 않아
항상 접수가 가능하며 전형료는 50달러이다.
학비는 기숙사비를 포함하여 2만 5,580달러이다.
입학금은 67달러이다.

주요 진학 대학
Boston College, Carnegie Mellon University, Duke
University, Georgetown University, Saint Joseph's
University, University of Maryland, College Park.
SAT 평균점수가 1200점 이상인 졸업생들이 전체
63퍼센트를 차지하고 있다.

연락처
입학 담당자 Michael J. Horsey
Tel 301-214-1215 Fax 301-493-5905
E-mail : admissions@gprep.org
URL : http://www.gprep.org

GILMOUR ACADEMY

34001 Cedar Road
Gates Mills, Ohio 44040-9732
학교장 Br. Robert E. Lavelle, CSC

1946년에 남학교로 설립되었다가 1982년부터
남녀공학으로 전환했다. 가톨릭계 사립학교로
Cleveland시에서 30분 가량 떨어진 곳에 위치하고
있다. 학년과정은 유치원 과정부터 12학년까지
있다. 7학년부터 기숙사 생활이 가능하며, 대학
진학을 준비하는 학과 수업이 시작된다. 캠퍼스
면적은 144에이커로 15개 동의 건물이 있다.

학생분포

총 학생수는 632명으로 그 중 50여명이 기숙생활을
하고 있다. 학급별 학생수는 평균 15명이며 교사와
학생의 비율이 1 대 10이다. 학년별로 9학년 83명,
10학년 77명, 11학년 79명, 12학년 76명이다. 중국,
일본, 멕시코, 한국, 러시아, 태국 출신의
외국인 학생 20명이 재학중이다.

교과 과정

2학기제로 운영되며 성적표는 학기 중간과 학기
말에 발송된다. 졸업학점은 23학점이다. 학점 외에
봉사활동 60시간과 상급생 프로젝트를 이수해야만
졸업이 가능하다. 성적은 A~F 단계로 평가되며
F는 낙제로 처리된다. 낙제된 과목은 여름방학의
계절 학기나 개인지도를 받아야 한다.
또 학부모와 교사간 이해를 높이고 신뢰를 쌓기
위해 매학기 PTA를 연다. 정규 과정 외에
웅변(Speech) 코스도 졸업 필수 과정이다.
13개 영역에 걸쳐 AP 과정이 개설되어 있으며
ESL 과정도 함께 운영되고 있다. 여름방학 동안

계절수업과 스포츠 프로그램이 진행되는데 다른
학교의 학생에게도 개방되어 있다.

입학 및 학비

입학원서, 교사 추천서 2통, 성적증명서와 학교
입학시험 또는 SSAT 점수를 제출해야 한다. SSAT
또는 TOEFL 시험은 필수이다. 원서 마감일은
없으며, 전형료는 25달러이다. 면접은 ISEE(SSAT
또는 TOEFL) 성적과 함께 입학을 판단하는
기준이 된다.
학비는 기숙사비를 포함하여 2만 1,796달러이다.
등록금의 60퍼센트는 8월 15일까지, 나머지는 1월
15일까지 납부한다. 입학금은 195~450달러이다.

주요 진학 대학

Boston College, Case Western Reserve University,
Dartmouth College, Duke University, Georgetown
University, Vanderbilt University

연락처

입학담당자 Devin K. Schlickmann
Tel 440-473-8050 Fax 440-473-8010
E-mail : schlickd@gilmour.org
URL : http://www.gilmour.org

Gould Academy

GOULD ACADEMY

PO Box 860
Bethel, Maine 04217
학교장 William P. Clough III

1836년에 설립된 남녀공학이다. Portland 근처에 위치해 있다. 학교 가까이에 White Mountain이 있어서 정서적 안정감을 얻을 뿐 아니라 또 야외 학습장으로도 활용되고 있다. Portland에서 1시간 30분 정도, Boston에서는 약 3시간 30분 정도의 거리에 위치하고 있다. 면적 456에이커의 캠퍼스에 28개 동의 건물이 들어서 있다. 학년과정은 9~12학년, PG 과정이다.

학생 분포
총 학생수는 234명, 그 가운데 기숙학생은 171명이다. 학급당 학생수는 평균 12명 이하이며, 교사와 학생의 비율은 1 대 7이다. 학년별로 9학년 38명, 10학년 58명, 11학년 70명, 12학년 65명, PG 과정 3명이다. 외국 유학생은 26명이다.

교과 과정
졸업학점은 18학점으로 매학기 최소한 5과목을 이수해야 한다. 모든 과목 수업은 학생 스스로 분석, 조사 활동을 하여 그 결과를 발표하는 식으로 진행된다. 학교의 교과 과정은 광범위하고 다양한 선택 과목들이 포함되어 있어 학생들은 자신의 관심과 흥미가 있는 영역의 지식을 넓힐 수 있다. 11~12학년에 입학한 학생들은 첫 학기에 작문 수업을 수강해야 한다. 4개 영역의 AP 과정과 Honor 과정이 개설되어 있다. National Honor Society에도 참가하고 있다. 여름방학 동안에는 계절수업을 실시하며 학과 과목외에 예술, 컴퓨터 수업을 받을 수 있다. 교환학생으로 스페인, 독일, 프랑스, 헝가리 등에서 공부할 수 있다.

입학 및 학비
성적증명서와 본인 소개서 등이 필요하다. 9~11학년에 입학하려면 SSAT를 보아야 한다. SSAT와 면접은 필수 사항이다. 원서 마감일은 2월 15일이며 전형료는 30달러이다. 학비는 기숙사비를 포함하여 2만 4,300달러이며 입학금은 40달러이다.

주요 진학 대학
Bates College, Clarkson University, St.Lawrence University, University of Colorado at Boulder, University of Massachusetts Amherst, University of Vermont

연락처
입학 담당자 Nancy Stowell White
Tel 207-824-7777 Fax 207-824-2926
E-mail : contct@gouldacademy.org
URL : http://www.gouldacademy.org

GOVERNOR DUMMER ACADEMY

1 Elm Street
Byfield, Massachusetts 01922
학교장 Peter W. Bragdon

Newburyport 근처에 있는 기숙학교로서, 1763년에 설립되어 230년이 넘는 역사를 자랑한다.
이 학교 출신 유명인사로는 John Hancock, Paul Revere, John Q. Adams 등이 있다.
최근에는 Tufts University와 공동연구, 개발한 SCIENCE 2000 등 여러 개의 새로운 프로그램 실시에 전념하고 있다. 학생들은 매년 문화행사에 3회 이상 참여하고 있으며 사회봉사 프로그램을 통해 다양한 활동을 전개하고 있다.
총면적 300에이커의 캠퍼스 안에 40개 동의 건물이 자리잡고 있다. 대서양과 가깝고 학교 주변에는 숲과 늪지대, 시냇물, 야생 동물섬 등이 있어서 자연학습장과 여가 선용의 장소로도 널리 활용되고 있다.
학년과정은 9~12학년이다.

학생 분포

총 학생수는 361명이며 기숙학생은 225명이다.
학급당 학생수는 평균 12명이다. 학년별로는 9학년 80명, 10학년 94명, 11학년 107명, 12학년 80명이다.
버뮤다, 캐나다, 중국, 독일, 한국, 사우디아라비아 출신의 외국인 학생 40명이 재학중이다.

교과 과정

졸업학점은 16학점으로 매학기 5과목 정도를 이수해야 한다. 학기말에 성적표가 발송되며 적어도 D⁻ 이상 성적을 받아야 한다. 사회봉사 활동을 의무화하여 집이 없는 아이들 혹은 장애인들을 가르치거나 노인들과 함께 시간을 보내는 등 다양한 프로그램을 제시하고 있다.
영어, 수학, 미국사, 과학, 제2 외국어 등 14개 영역에서 AP과정이 진행되며 그밖에 Honor 과정과 ESL 과정이 있다.

입학 및 학비

9학년과 10학년에 입학하는 경우가 대부분이다.
성적증명서, 교사 추천서, 과외활동기록이 필요하다. 특히 SSAT시험과 면접은 필수이다.
원서 마감일은 2월 1일이며, 전형료는 35달러이다.
학비는 기숙사비를 포함하여 2만 5,100달러이고 입학금은 450달러이다.

주요 진학 대학

Bowdoin College, Colgate University, Connecticut College, Denison University, Harvard Unversity, Wesleyan University
SAT 총 평균점수가 1335점으로 졸업생 전체의 51퍼센트가 SAT 1200점 이상을 획득했다.

연락처

입학 담당자 Gillian M. Lloyd
Tel 978-465-1763 Fax 978-462-1278
E-mail : admissions@gda.org

THE GRAND RIVER ACADEMY

3042 College Street
Austinburg, Ohio 44010
학교장 Randy Blum

1831년에 설립된 남학교이며, 설립 당시의 명칭은 The Grand River Institute였다. Cleveland 근처에 자리잡고 있고 총면적 150에이커의 캠퍼스에 9개 동의 건물이 들어서 있다. 1960년에 고등학교를 개설하고 초등학교는 폐교하여 대학진학 예비학교의 성격을 띠게 되었다. 학년과정은 9~12학년, PG 과정이다.

학생 분포

총 학생수는 110명이다. 학급당 학생수는 평균 7명이며 교사와 학생의 비율은 1 대 5이다. 학년별로 9학년 17명, 10학년 29명, 11학년 35명, 12학년 28명, PG 과정 1명이다. 외국 유학생은 10명이다.

교과 과정

2학기제로 운영된다. 성적표는 매달 학부모에게 발송된다. 졸업학점은 19학점으로 한 학기마다 6과목을 이수하도록 되어 있다. 2001년부터는 21학점으로 변경할 예정이다. 반드시 개인 연구보고서를 제출해야만 졸업이 가능하다. 3개 영역에서 AP 과정이 실시되며 Honor 과정과 ESL 과정이 개설되어 있다. 성적이 부진한 학생들에게는 매일 수업이 끝나고 특별지도를 실시한다. 매년 The Different Aptitude Test(DAT)를 실시한다. 여름방학인 6월 초부터 8월 중순까지 6주간에는 하기 프로그램이 실시된다. 외국인 학생들이 전체 수강생의 3분의 1을 점하고 있다. 학과목 외에 예술, 사진, 컴퓨터 수업이 진행된다.

입학 및 학비

성적증명서, 교사 추천서 및 면접 결과 등을 종합하여 결정한다. 원서 마감일은 따로 없고 전형료는 35달러이다. 학비는 기숙사 사용 시간에 따라 다르다. 주 5일제는 기숙사비를 포함하여 1만 6,200달러, 주 7일제는 1만 7,500달러이다. 등록금은 3회 분할 납부가 가능하다.

주요 진학 대학

Boston University, Howard University, Ohio Northern University, University of Cincinnati, University of Illinois, University of Toledo.

연락처

입학담당자 Keith Corlew
Tel 440-275-2811 Fax 440-275-1825
E-mail : academy@interlaced.net
URL : http://www.grandriver.org

THE GRIER SCHOOL

Route 435
Tyrone, Pennsylvania 16686
학교장 Angelica A. Wutz

1853년에 설립된 여학교이다. 학교교육은 2단계로 나누어져 진행되는데 1단계는 우수한 4년제 대학 진학을, 2단계는 1단계보다 약간 낮은 대학 진학을 목표로 삼는다. 학생의 성적에 따라 단계별 이동이 가능하다. Pittsburgh 근처의 시골에 위치하고 있다. 315에이커의 캠퍼스 안에 7개 동의 건물이 있다. 학년과정은 7~12학년, PG 과정이다.

학생 분포
재학중인 총 학생수는 154명으로 9학년 16명, 10학년 44명, 11학년 36명, 12학년 33명, PG 과정 3명이다. 학급당 학생수는 평균 10명으로 교사와 학생의 비율은 1 대 6이다. 중국, 인도네시아, 일본, 멕시코, 한국, 사우디아라비아 등의 출신 유학생 62명이 재학중이다.

교과 과정
3개 영역의 AP 과정이 있다. 동물학에 대한 특별과정이 마련되어 있다는 점이 독특하다. 여기에는 생물학, 동물생물학, 바다생물학 등 이색적인 과목이 개설되어 있다.
매년 1개 예술과목을 반드시 이수해야 하는데, 스튜디오 예술, 제도술, 보석디자인, 사진 등 선택의 폭이 넓은 게 특징이다. 실제로 많은 졸업생들이 대학에서 예술을 전공하고 있다.
졸업학점은 20학점이다. 성적이 부진한 학생을 위해 Learning Skills 과정이 마련되어 있다. Honor 과정과 ESL 과정도 있다.

TOEFL 점수가 400점 이하인 외국인 학생은 여름 계절학기 동안 ESL 집중수업을 받아야 한다. 1975년부터 하기 프로그램으로 학과, 스포츠, 예술 수업 등을 진행하고 있다.

입학 및 학비
중상위권 이상의 실력을 가진 학생들이 유리하다. 7~12학년까지 지원이 가능하며 성적증명서와 교사 추천서, 개인면접을 통해 입학이 결정된다. 원서 마감일은 따로 없으며 약간의 전형료를 부담해야 한다. 학비는 기숙사비를 포함하여 2만 1,600달러이다. 입학금은 500달러이다.

주요 진학 대학
George Mason University, Juniata College, Pennsylvania State University, University of Michigan, University of Pittsburgh, University of Wisconsin-Madison
총 SAT 평균점수가 1000점이었고 1200점을 넘은 학생의 비율은 20퍼센트였다.

연락처
입학 담당자 Andrew M. Wilson
Tel 814-684-3000 Fax 814-684-2177
E-mail : admissions@grier.org
URL : http://www.grier.org

GROTON SCHOOL

P.O.Box 991 Farmers Row
Groton, Massachusetts 01450
학교장 William M. Polk

1884년에 설립된 남녀공학이다. 설립 목적은
지, 덕, 체를 일치시키는 데 있으며 실제로 졸업생과
재학생들은 지도자적인 면모를 강하게 드러낸다.
교칙도 엄격하여 거짓말이나 컨닝, 마약 또는 술을
소지하기만 해도 퇴학처분이 내려진다.
Boston 근처의 시골에 위치하여 농촌문화와
도시문화를 함께 즐길 수 있다.
약 300에이커에 달하는 캠퍼스에 8개 동의 건물이
있다. 학년과정은 8~12학년이다.

학생분포

총 학생수는 348명이며 기숙사 생활을 하는 학생이
305명이다. 학급당 학생수는 12명으로 교사와
학생의 비율은 1 대 6이다. 학년별로는 10학년
85명, 11학년 85명, 12학년 86명이다.
버뮤다, 중국, 독일, 한국, 태국, 영국 출신의 외국인
학생 19명이 재학중이다.

교과 과정

졸업학점은 48학점이다. 성적표는 1년에 3회
발송되는데 평균이 60점 이상이 되어야 한다.
80점 이상은 우수한 성적으로 인정받는다.
수학과 언어 과목에서는 학생의 능력에 따라 반을
편성하여 수업한다. 상급생들은 독립학습이나
학교 밖의 프로젝트 또는 관심 있는 분야에 대한
학습연구를 할 수 있다.
단기간 유학 제도도 운영되고 있다.
역사, 컴퓨터, 언어, 수학, 과학 등 18개 영역에서 AP
과정이 개설되어 있고 Honor 과정도 있다.

입학 및 학비

8학년부터 10학년까지 가능하다. 성적이 우수하고
활발한 성격의 학생을 환영한다. 필요한 서류는
성적증명서, 작문, 교사 추천서 3통, SSAT 점수이다.
SSAT와 면접은 필수 사항이다.
학교 방문 시간은 미리 약속을 해두는 것이 좋다.
평일 오전 8시 30분부터 오후 1시 30분까지,
토요일 오전 8시부터 정오까지 가능하다.
원서 마감일은 1월 15일이며 전형료는 15달러이다.
학비는 기숙사비를 포함하여 2만 5,900달러이다.
등록금은 8월과 1월, 2회 분납이 가능하다. 기타
세탁비, 교재비, 여행비 등은 따로 부담해야 한다.

주요 진학 대학

Brown University, Duke University, Georgetown
University, Harvard University, Princeton University,
Yale University.
졸업생들의 SAT 평균점수는 1380점이었다.

연락처

입학담당자 Mr. John M. Niles
Tel 978-448-7510 Fax 978-448-9623
E-mail : jniles@groton.org
URL : http://www.groton.org

GROVE SCHOOL

175 Copse Road
Madison, Connecticut 06443
학교장 Richard L. Chorney

1934년에 설립되었으며 소수정예 교육을 기본으로 삼는다. 뛰어난 학습능력에도 불구하고 환경적 요인으로 자신의 능력을 발휘하지 못하는 11세 이상 17세 이하의 학생들을 위한 학교이다. 적합한 교육 프로그램과 교육환경을 제공함으로써 개개인의 잠재된 능력이 실현될 수 있다고 본다. New Haven 근처에 있다. 98에이커의 캠퍼스에 26개 동의 건물이 있다.
학년과정은 7~12학년이다.

학생분포
총 학생수는 166명이다. 7학년 2명, 8학년 4명, 9학년 8명, 10학년 34명, 11학년 18명, 12학년 17명, PG 과정 83명이다.

교과 과정
졸업학점은 21학점이다. 영어 4년, 미국사 2년, 수학 2년, 과학(생물학) 2년, 컴퓨터 1년, 체육 4년 과정은 필수이다. 그 외에 다양한 선택과목이 있다. 학생들의 능력에 맞춰 반을 편성하며 학습능력이 뒤떨어지는 학생들을 위해서 방학 동안에는 보충수업을 한다.
학생들끼리 짝지어 공부하거나 상급생이 하급생들을 지도하기도 한다. 난독증상이 있거나 청각, 시각 장애가 있는 학생들을 위한 별도의 학습 프로그램을 운영하고 있다.
성적표는 1년에 5회 학부모에게 발송된다.
여름방학 동안에는 학과, 스포츠, 예술, 컴퓨터와 관련한 프로그램들이 진행된다.

입학 및 학비
원서를 먼저 접수한 후에 성적증명서, 신경정신과 의사의 소견서 등을 제출해야 한다. 입학하기 전에 학교를 방문하여 상담과 개인 면접을 받는다. 입학 결정은 면접 후에 곧바로 이루어진다.
시간은 평일 오전 9시에서 오후 2시 사이에 가능하다. 원서 마감일이나 전형료는 없다.
학비는 기숙사비를 포함하여 5만 8,500달러이며 입학금은 500달러이다.

주요 진학 대학
Bryant College, Muhlenberg College, North Adams State College, Pitzer College, Southern Connecticut State University, University of Wisconsin.
졸업생들 가운데 SAT 언어영역 평균점수 600점 이상을 기록한 학생은 4퍼센트, 수학영역 평균점수 600점 이상은 4퍼센트인 것으로 나타났다.

연락처
입학 담당자 Kathy Kimmel
Tel 203-245-2778 Fax 203-245-6098

THE GUNNERY

Route 47
Washington, Connecticut 06793
학교장 Susan G. Graham

1850년에 설립되었다. 150년의 오랜 역사 속에서 이 학교가 견지해온 교육 철학은 지, 덕, 체의 조화로운 성장을 통해 학생 개개인이 갖고 있는 잠재력을 이끌어낸다는 점이다. 또 책임감 있고 자신감 있는 인재로 성장하여 그들이 배운 내용들을 사회에 환원할 수 있도록 하자는 데 교육 목적을 두고 있다. 220에이커 가까이 되는 캠퍼스는 Berkshire시 언덕에 위치하고 있다. New Haven이나 Hartford에서 차를 이용하면 1시간 정도 걸린다.
학년과정은 9~12학년, PG 과정이다.

학생분포
총 241명이 재학중이며, 그 중 171명이 기숙학생이다. 학년별로 보면 9학년 34명, 10학년 54명, 11학년 71명, 12학년 82명, PG 과정 18명이다. 브라질, 독일, 일본, 한국 등에서 유학온 학생 41명이 있다.

교과 과정
3학기제로 운영되며 성적표는 1년 동안 6회 학부모에게 발송된다. 주로 세미나식 수업 진행이 많다. 몇몇 과목에서는 학습 능력에 따라 반을 편성하기도 한다. 다양한 연구 활동이나 학습 활동 통로가 제시되어 있다.
12학년이 되면 봄학기에 독립 프로젝트를 신청하여 학교 밖에서 실무경험을 쌓거나 학교 안에서 연구활동을 할 수도 있다.

또 학점을 서로 인정해주는 해외유학 제도가 마련되어 있고 교환학생 프로그램으로 프랑스나 스페인에서 1년간 공부하기도 한다.

입학 및 학비
다양한 활동에 관심을 가진 학생을 환영한다. 성적증명서, 교사 추천서 2통, 입학원서, 작문 등을 제출해야 한다. SSAT 또는 기타 입학시험 결과와 개인면접 점수를 종합하여 입학 허가를 결정한다. 될 수 있으면 학교에 직접 찾아가 입학 담당자와 상담하는 것이 좋다. 방문시간은 월, 화, 목, 금요일에는 오전 8시에서 오후 2시까지, 수요일과 토요일에는 오전 8시부터 11시까지이다. 학비는 기숙사비를 포함하여 2만 4,900달러이다. 입학금은 800~1,200달러이다.

주요 진학 대학
Boston University, College of William and Mary, Colorado College, Kenyon College, Muhlenberg College, St. Lawrence University.

연락처
입학 담당자 Thomas E. Schenck
Tel 860-868-7334 Fax 860-868-1614
E-mail : admissions@gunnery.crec.org
URL : http://www.gunnery.org

HACKLEY SCHOOL

293 Benedict Avenue
Tarrytown, New York 10591
학교장 Walter C. Johnson

1899년 Hackley 부인이 설립한 학교이다. 처음에는
남자 기숙학교로 출발했다가 1970년부터 여학생을
받아들이기 시작한 남녀공학이다. 비교적 학교
규율이 엄한 편으로 미국 전통문화의 내용을
인식하고 유지시키는 데 노력을 기울인다.
New York시에서 비교적 가까운 거리에 있다.
285에이커의 캠퍼스에 건물 15개 동이 있다.
교과과정은 유치원 과정부터 고등학교 과정인
12학년까지 있다.

학생 분포
총 학생수는 788명이다. 9학년 90명, 10학년 96명,
11학년 93명, 12학년 95명이 재학중이다. 학급당
학생수는 평균 16명으로 교사와 학생의 비율은
1 대 4이다. 외국에서 유학온 학생 30명이 있다.

교과 과정
2학기제로 9월초부터 다음해 6월초까지를
한 학년으로 구분한다. 학년과정마다 진행되는
내용이 약간씩 다른데, 중학교 과정에서는 미국
역사의 현장방문이 포함되어 있고,
고등학교 과정에서는 광범위한 특수분야의
교육이 이루어진다.
밴드, 오케스트라, 재즈 프로그램 등의 음악
프로그램이 실시되며 음악원이 함께 운영되고
있다. 4개 영역에 걸친 AP 과정이 있으며
Honor 과정과 ESL 과정이 마련되어 있다.
졸업학점은 20학점이다. 성적표는 1년에 4회

발송된다. 봄방학 동안에는 중국, 홍콩, 이집트,
프랑스, 영국 등으로 여행을 떠나기도 한다.
여름방학에는 계절수업이 실시되는데 보충받을
필요가 있는 필수과목이나 작문, 역사, 과학을
수강할 수 있다. 이때 다른 학교의 학생도 수강할
수 있다.

입학 및 학비
교사 추천서 2통, 전학년 성적표와 ISEE 점수표를
제출해야 한다. 그러나 시험점수나 학업성적보다
지원자의 성실함과 정직함, 성격 등을 중요하게
여긴다. 면접을 중시한다.
원서 마감일은 따로 정해놓지 않고 있으며
전형료는 55달러이다.
학비는 주 5일제의 경우 기숙사비를 포함하여
1만 9,250달러에서 2만 1,250달러의 수준이다.
입학금은 426~986달러이다.

주요 진학 대학
Cornell University, Hamilton College, Middlebury
College, New York University, Princeton University,
Williams College.

연락처
입학 담당자 Julie S. Core
Tel 914-366-2642 Fax 914-366-2636
E-mail : admissions@hackley.k12.ny.us

THE HARKER SCHOOL

500 Saratoga Avenue,
San Jose, California 95129
학교장 Howard E. Nichols

1893년 설립될 당시에는 Stanford University 진학을
위한 예비과정 성격을 남녀공학이었다. 그러나
2000년부터 5일제 기숙학교로 바뀌었다. 주말에는
기숙사에서 나가야 하기 때문에 외국인 유학생은
가디언이 필요하다. 건강하고 착하고 예의바른
것을 우선으로 하며 스포츠, 리더십, 음악, 여행,
예술 분야에 중점을 둔다.
WASC에서 인정한 학교로서 San Francisco 남쪽,
실리콘 밸리의 심장부인 San Jose에 위치해 있으며
캠퍼스는 18에이커이다.
학년과정은 유치원 과정부터 10학년 과정까지
있고 기숙사 생활은 3학년부터 가능하다. 10학년은
1999년에 개설되었다.

학생 분포
총 학생수는 1,151명이며 학급당 학생수는 평균
16명이다. 유치원 과정부터 초등학교 과정까지의
재학생이 605명, 중학교 과정(6~8학년) 446명,
고등학교 과정(9~10학년) 100명이다. California주
출신이 많다. 외국인 학생은 전체 학생수의
4퍼센트 수준이며 한국인 학생 10명이 재학중이다.

교과 과정
영어, 수학, 대수학, 기하학, 미국사, 과학, 작문,
유럽사, 불어, 지리, 문법, 윤리, 음악, 스페인어,
연설, 연극 등은 선택과목이고 미술, 영어, 외국어,
수학, 체육, 과학, 사회봉사, 사회는 필수과목이다.
우수한 학생을 위한 Honor 과정이 있다.

ESL 과정 또한 개설되어 현재 30명이 등록되어
있다. 졸업하기 위해서는 영어 4년, 과학 3년, 수학
3년, 역사 2년, 체육 1년, 기술 1년의 학점을
이수해야 한다.

입학 및 학비
좋은 가정환경과 학습태도, 재능을 가진 학생들을
환영한다. 학습 동기와 새로운 환경에 대한
적응력을 중시한다. 성적증명서와 교사 추천서를
제출해야 하며 면접과 학교 방문은 필수이다.
원서 마감일은 정해져 있지 않다.
전형료는 125달러이다.
학비는 기숙사비를 포함하여 2만 1,500달러이며
ESL 과정은 2만 9,715달러이다. 입학 예치금은
700달러이며 기숙학생은 2,000달러를 3월 1일
이전에 납입해야 한다. 7학년 입학생이 가장 많고
형편이 어려운 학생을 위해 장학금제도가 있다.

주요 진학 고등학교
Bellarmine Preparatory School, Castilleja School,
Cate School, Menlo School, Robert Louis Stevenson
School.

연락처
입학담당자 Nan Nielsen
Tel 408-871-4600 Fax 408-871-4320
Email : nann@harker.org
URL : http://www.harker.org

THE HARVEY SCHOOL

260 Jay Street
Katonah, New York 10536
학교장 Barry W. Fenstermacher

New York시 근처에 위치한 남녀공학이다. 1916년에 설립되었으며 1979년부터 주간에 한해 여학생 입학을 허용했고 1986년부터 여학생 기숙사를 운영했다. 학생들의 지적 발달 외에 신체적, 도덕적, 사회적 성장에 많은 관심을 쏟고 있다. 기숙사는 주 5일제로 운영되므로 주말이면 가족들과 함께 시간을 보낼 수 있다. 기숙사는 2개 동이며 남녀가 따로 생활한다. 100에이커에 달하는 캠퍼스에 14개 동의 건물이 있다. 학년과정은 6학년부터 PG 과정까지 있고, 기숙사 생활은 7학년부터 가능하다.

학생분포

총 학생수 181명으로 그중 기숙학생은 30명이다. 교사와 학생의 비율은 1 대 7이다. 학년별로 9학년 23명, 10학년 36명, 11학년 35명, 12학년 22명이다. Connecticut, New Jersey, New York 출신이 대부분이며, 현재 외국인 학생은 없다.

교과 과정

3학기제로, 매학기 5과목을 이수해야 한다. 중학교 과정은 기본과목을 중심으로, 고등학교 과정은 대학입학 준비를 중심으로 짜여져 있다. 스스로 탐구하는 독립학습을 중시하며 필요에 따라서는 교사의 특별 개인지도가 실시된다. 매학기 영어와 수학은 반드시 수강해야 한다. 12학년이 되면 Senior Independent Project 과정을 선택하여 탐구 활동을 전개할 수 있다. 역사, 영어, 과학, 스페인어,

예술 분야에 최신 멀티미디어 컴퓨터 기술을 적용시킨 Krasne Project가 있다. 작문에 많은 비중을 두며 시험도 에세이 형식으로 치른다. 성적이 우수한 학생들을 대상으로 AP 과정이 10개 과목에 걸쳐 개설되어 있고 Honor 과정도 마련되어 있다.

입학 및 학비

9학년 입학이 기본이나 다른 학년에의 편입학도 가능하다. 무시험제를 원칙으로 하고 있다. SSAT나 ISEE 등의 성적은 참고자료일 뿐이며 그보다는 개인 면접은 중시한다. 원서 마감일은 없으며 전형료는 50달러이다. 학비는 주 5일제 기숙사비를 포함하여 2만 100달러에서 2만 175달러 내이다.

주요 진학 대학

Cornell University, Purdue University, St. Lawrence University, Syracuse University, University of Southern California, Villanova University.

연락처

입학담당자 Ronald Romanowicz
Tel 914-232-3161 Fax 914-232-2986
E-mail : romanowicz@harveyschool.org
URL : http://www.harveyschool.org

HAWAII PREPARATORY ACADEMY

65-1692 Kohala Mountain Road
Kamuela, Hawaii 96743-8476
학교장 John R. Colson

1949년에 설립된 남녀공학이다. 설립 당시에는 7~12학년의 남학생들을 위한 기숙학교였으나 1969년부터 여학생 입학을 허용했다.. Hawaii라는 지리적 위치 때문에 고유의 사회적, 문화적 특징들이 수업과 과외활동에 많이 녹아 있다. 소수 정예로 구성된 학생들, 우수한 교사진, 최신식 교수법으로 학업 성취도를 높일 뿐 아니라 자기 만족감과 자아 성취감을 함께 만들어 간다. 매주 금요일과 일요일에는 예배에 참석해야 한다. Hilo 근처의 시골에 자리잡고 있으며 총면적 90에이커의 캠퍼스 안에 22개 동의 건물이 있다. 학년과정은 유치원 과정부터 12학년, PG과정이다. 기숙사 생활은 6학년 이상부터 가능하다.

학생분포
총 학생수는 587명이며 학급당 평균 학생수는 15명이다. 9학년 93명, 10학년 94명, 11학년 84명, 12학년 71명이다. 하와이 출신이 많다. 프랑스, 일본, 말레이시아, 한국, 대만 출신의 외국인 학생 53명이 재학중이다.

교과 과정
2학기제로 운영되며 학기는 9월에서 12월, 다음해 1월에서 5월까지로 구분한다. 성적표는 1년에 4회 학부모에게 발송된다.
졸업학점은 21학점으로 보통 1년에 5과목을 이수해야 한다. 학생의 학업능력에 따라 단계별 학급을 편성하여 수업을 진행한다. 미국사, 생물학,

미적분학, 화학, 경제학, 영문학, 프랑스어 등 14개 영역에서 AP 과정이 마련되어 있다. 외국인 학생을 위한 ESL 과정도 개설되어 있다. 여름방학에는 학과 외에 스포츠, 컴퓨터, ESL 과정이 실시된다.

입학 및 학비
우수한 성적과 활발한 성격을 소유한 학생을 환영한다. 입학 지원서, 추천서 2통, 성적증명서, SSAT 나 ERB 시험점수를 제출해야 한다.
면접은 반드시 받아야 한다.
원서 마감일은 3월 5일이며 전형료는 50달러이다.
학비는 기숙사비를 포함하여 2만 1,000달러이며, 입학금은 100달러이다.

주요 진학 대학
Dartmouth College, Lewis & Clark College, Princeton University, University of Colorado at Boulder, University of Hawaii at Manoa, University of Southern Calisfornia.

연락처
입학담당자 Todd Anderson
Tel 808-881-4007 Fax 808-881-4003
E-mail : admissions@hpa.edu
URL : http://www.hpa.edu

HEBRON ACADEMY

PO Box 309
Hebron, Maine 04238
학교장 Richard B. Davidson

1804년에 설립되어 200년 가까운 역사와 전통을 자랑하는 남녀공학이다. Portland 근처의 시골에 자리잡고 있다. Portland에서는 1시간 가량, Boston에서 3시간 가량이 소요된다.
산과 숲으로 둘러싸인 총면적 1,500에이커의 넓은 캠퍼스를 자랑하는데, 캠퍼스와 주위 환경은 학생들에게 스키와 카누 등 야외활동을 충분히 즐길 수 있는 공간을 제공해 준다. 학생들이 보다 수준높은 교육을 받을 수 있도록 기초조건을 마련하는 데 학교교육의 기본방향이 맞춰져 있다.
2개 동의 기숙사가 있고 교사가 함께 생활한다. 학년과정은 유치원 과정부터 12학년까지 있고, PG 과정이 있다.
기숙사 생활은 9학년부터 가능하다.

학생분포
총 학생수는 331명이다. 학급당 평균 학생수는 14명으로 교사와 학생의 비율은 1 대 8이다.
학년별로 9학년 40명, 10학년 57명, 11학년 64명, 12학년 58명, PG 과정 19명이다.
캐나다, 중국, 독일, 일본, 한국, 스페인 출신의 외국인 학생 51명이 재학중이다.

교과 과정
3학기제로 운영되며, 시험은 1년에 두 번 실시된다.
성적이 C+ 이하인 학생에게는 자습실이 개방된다.
또 성적이 부진한 학생을 위해 특별 프로그램을 마련하고 있다. 졸업학점은 18학점이다.

예술, 컴퓨터 과학, 영어, 제2 외국어, 수학, 과학, 사회(역사 포함)는 반드시 수강해야 한다.
일요일에도 오후나 야간에 자율학습이 실시된다.
9개 영역에 걸친 AP 과정이 개설되어 있으며 Honor 과정과 ESL 과정이 마련되어 있다.

입학 및 학비
9~10학년 입학을 희망한다면 SSAT 점수를 제출해야 한다. PG 과정에의 입학은 대학예비 프로그램을 수료한 후에 가능하다.
면접은 필수조건이며 입학 상담과 면접은 언제나 가능하다. 원서 마감일은 없으며 전형료는 35달러이다.
학비는 기숙사비를 포함하여 2만 1,400달러이며 입학금은 45달러이다.

주요 진학 대학
Cornell University, Endicott College, Maine Maritime Academy, Rochester Institute of Technology, University of Maine, William College.
졸업생들의 SAT 총평균점수는 1070점이었으며 23퍼센트 정도가 1200점 이상의 점수를 받았다.

연락처
입학 담당자 William J. Wallace Jr.
Tel 207-966-2100(Ext 225) Fax 207-966-1111
E-mail : hbrnadmit@aol.com
URL : http://www.hebronacademy.pvt.k12.me.us

THE HILL SCHOOL

717 East High Street
Pottstown, Pennsylvania 19464-5791
학교장 David R. Dougherty

1851년 설립될 당시에는 남학교로 출발했으나 1998년부터 여학생 입학을 허용하여 지금은 남녀공학이다. 학생 스스로 학문에 대한 열망과 열정을 갖도록 교육시키는데 중점을 두고 있다. 교사 역시 학생들의 학과 공부 외에 학교생활에서 겪는 어려움을 충실히 상담하고 있다. Philadelphia와는 50분 정도 걸리는 거리에 있다. Pottstown은 그 지리적 특성으로 연중 온화한 날씨에 겨울이면 하키나 스키를 즐길 수 있는, 생활하기에 적합한 지역이다. 캠퍼스의 총면적은 200에이커로 58개 동의 건물들이 들어서 있다. 캠퍼스 주변에는 캠프장과 호수 및 사격장도 있다. 학년과정은 기숙학생과 통학생 모두 8~12학년, PG 과정이다.

학생 분포

총 학생수는 427명이다. 학급당 평균 학생수는 11명으로 교사와 학생의 비율은 1 대 6이다. 학년별로는 9학년 90명, 10학년 100명, 11학년 111명, 12학년 126명이다. 독일, 일본, 한국, 사우디아라비아, 스페인, 타이완 출신의 외국인 학생 40명이 재학중이다.

교과 과정

3학기제로 운영되며, 매 학기말마다 교사의 의견서가 학부모에게 발송된다. 학생들의 학습을 돕기 위해 수업시간 외에도 보충수업을 해준다. 도서관은 하루 12시간 동안 개방되어 있다.

졸업학점은 17학점이다. 14개 영역에 걸친 AP과정이 개설되어 있고 Honor 과정과 ESL 과정도 함께 진행된다.

입학 및 학비

언제나 노력하는 학생을 환영한다. 미술, 연극, 음악 또는 과학이나 운동 등 어느 분야이든 재능이 있으면 더욱 환영한다. SSAT와 면접은 필수 사항이다. 원서 마감일은 2월 15일이며 전형료는 35달러이다. 학비는 기숙사비를 포함하여 2만 3,800달러이다.

주요 진학 대학

Cornell University, Duke University, The University of North Carolina at chapel Hill, United States Naval Academy, University of Pennsylvania. 졸업생들의 SAT 점수분포를 보면 언어영역 600점 이상이 39.5퍼센트, 수학영역 600점 이상이 47.4퍼센트로 나타났다.

연락처

입학담당자 Gregory B. Buckles
Tel 610-326-1000 Fax 610-326-7471
E-mail : gbuckles@thehill.org
URL : http://www.thehill.org

HILLSIDE SCHOOL

Robin Hill Road
Marloborough, Massachusetts 01752
학교장 Mr. David Z. Beecher

1901년에 Miss Charlotte Drinkwater와 Mrs.
Drinkwater Warren이 설립한 남학교로
100년 역사의 기독교 전통을 자랑한다.
교사들이 학생 개개인의 부족한 점을 개인지도로
지도해 주고 있다. 교사는 11명이며 그 중 8명이
교내에서 생활한다. 교사 외에도 카운슬러와
심리학자, 석사학위를 가진 상담자가 있어서
학생들의 고민 해결에 도움을 준다.
New England의 시골에 위치하고 있다.
Boston시에서 멀리 떨어져 있지 않아 Boston의
문화시설이나 갖가지 이벤트에 참가할 수 있다.
총면적 220에이커의 캠퍼스에 14개의 건물들이
들어서 있다. 학년과정은 5~9학년이다.

학생 분포
5~8학년의 중학교 과정에 51명이 재학중이다.
그 중에서 30명이 기숙사 생활을 하고 있다.
그밖에 7학년 19명, 8학년 25명, 9학년 13명이다.
학급당 평균 학생수는 8~10명이다.
Florida, Maine, Massachusetts, New Jersey주 출신의
학생들이 대부분이다.

교과과정
학생들의 올바른 사회 적응력과 자신감, 믿음, 정직,
인내력, 친절 등을 함양하여 성숙된 인격체를
형성시키는데 중점을 두고 있다. 특히 미술과
스포츠 교육에 역점을 둔다.
수학, 과학, 영어, 역사, 작문, 산업예술, 사진 예술,

읽기와 컴퓨터 등이 주요 교과목들이다.

입학 및 학비
WISC를 준비해야 한다. 정해진 원서 마감일은
없으며, 전형료는 25달러이다.
학비는 기숙사 사용에 따라 다르다.
7일제 기숙사의 경우에는 2만 5,000달러이며,
5일제 기숙사는 2만 2,400달러이다.

주요 진학 고등학교
Blair Academy, Brewster Academy, Chapel
Hill-Chauncey Hall School, Cheshire Acdaemy,
Chunch Farm, Darrow School, Hoosac School,
Kents Hill School, The Marvelwood School, Pomfret
School, Storm King, St. Andrew's School, Tilton
School.

연락처
입학담당자 Brian A. Campion Jr.
Tel 508-485-2824 Fax 508-485-4420
E-Mail : hillsadm-@ultranet.com
URL : http://www.ultranet.com/~hillsid-/

THE HOCKADAY SCHOOL

11600 Welch Road
Dallas, Texas 75229-2999
학교장 Elizabeth M. Lee

1913년 Ela Hockaday 부인과 학부모들이 설립한 여학교이다. 학생들로 하여금 학문의 즐거움을 깨닫고 올바른 가치관을 가짐으로써 건강하고 풍요로운 삶을 누릴 수 있게 하자는 취지로 설립되었다.
Dallas 서북부의 주거지역에 위치하고 있다. 총면적 100에이커의 캠퍼스에 8개 동의 건물이 있다. 학년과정은 유치원 과정부터 12학년까지이다. 기숙사 생활은 8~12학년으로 한정되어 있다.

학생분포
총 학생수는 1,009명이며 기숙학생은 66명이다. 학급당 평균 학생수는 15명으로 교사와 학생의 비율은 1 대 5이다. 9학년 104명, 10학년 104명, 11학년 111명, 12학년 110명이다. 외국 유학생 41명이 재학중이다.

교과 과정
3학기제로 운영되며 학기말에 성적표가 발송된다. 영어, 근대사, 미국사, 미적분학, 물리학 등 12개 영역에 걸쳐 AP과정이 마련되어 있다. Honor 과정과 ESL 과정도 개설되어 있다. 일부 과목에 한해서는 St. Mark's School과 함께 하는 프로그램이 실시된다. 기타, 피아노, 첼로나 플루트 등 악기 연주와 성악에 대해 개인지도를 받을 수 있다. 여름방학 기간에는 12~18세 학생을 대상으로 6주간 계절수업이 실시된다. 기초법률학, 언어학, 수학, 컴퓨터, 체육, SAT 준비, 영어, 작문, 예술 등 다양한 과목을 수강할 수 있다. 개인별로 지도교사가 지정되어 있다.

입학 및 학비
성적증명서, 적성 및 교사 추천서와 ISEE나 SSAT 점수와 면접을 고려하여 입학허가를 결정한다. 최소 2년 이상은 수료해야 졸업이 가능하기 때문에 상급반으로 입학하는 경우는 드물다. 전화 상담이나 방문 상담은 언제나 가능하다. 원서 마감일은 없고 전형료는 75달러이다. 학비는 기숙사비를 포함하여 2만 2,665달러에서 2만 3,345달러 이내이며 입학금은 2,085~2,155달러이다.

주요 진학 대학
Duke University, Emorly University, Southern Methodist University, Stanford University, The University of Texas at Austin, Vanderbilt University. 졸업생들의 SAT성적을 보면, 언어영역에서 600점 이상인 학생이 전체의 73퍼센트, 수학영역에서 600점 이상인 경우는 59퍼센트였다.

연락처
입학담당자 Jen Liggitt
Tel 214-363-6311 Fax 214-363-0942
E-mail : admissions@mail.hockacaday.org
URL : http://www.hockaday.org

HOLDERNESS SCHOOL

RR3, Box 18
Plymouth, New Hampshire 03264-9104
학교장 Rev. Brinton W. Woodward Jr.

1879년 저렴한 학비와 최고 수준의 교육을 목표로
성직자들이 뜻을 모아 설립한 남녀공학이다.
지금까지도 그 뜻은 변함없이 유지되고 있다.
Boston 근처에 위치하고 있으며, 대학 도시인
Plymouth에서 멀지 않다. White Mt. 국립공원과
가까워 야외활동을 즐길 수 있다.
면적 620에이커의 캠퍼스에 건물 29개 동이 있다.
학년과정은 9~12학년, PG 과정이다.

학생분포
총 학생수는 268명이며 그 중 기숙학생은
216명이다. 학급당 평균 학생수는 12명으로 교사와
학생의 비율은 1 대 7이다. 9학년 43명, 10학년 67명,
11학년 80명, 12학년 75명, PG 과정 3명이다.
버뮤다, 캐나다, 독일, 한국 출신의 외국인 유학생
22명이 재학중이다.

교과 과정
졸업학점은 48학점이다. 영어, 수학, 제2외국어,
역사, 음악, 미술, 종교 등 여러 분야에 걸쳐
수업받을 수 있다. 학생들은 언제든지 개인 학습에
필요한 내용들을 지원받을 수 있다. 또 성적이
우수한 학생들은 교외 연구 활동이 가능하다.
11개 영역에 AP과정이 제공되며, Honor 과정도
마련되어 있다.

입학 및 학비
적극적인 성격을 가진 학생을 선호한다.

성적증명서, 수학과 영어 교사의 추천서, 과외활동
수료증을 제출해야 한다.
SSAT와 면접은 필수 사항이다.
방문은 월, 화, 목, 금요일 오전 8시부터 오후
2시까지, 수요일과 토요일은 오전 8시부터
11시까지 가능하다. 겨울학기중에는 오전에만
방문이 가능하다.
원서 마감일은 2월 1일이며, 전형료는 30달러이다.
학비는 기숙사비를 포함하여 2만 5,100달러,
입학금은 600달러이다. 등록금은 8월에
완납하거나 8월과 12월에 나누어 납부해도 된다.
교재비와 세탁비는 따로 부담해야 한다.

주요 진학 대학
Bowdoin College, Colby College, Dartmouth
College, Middlebury College, The Colorado College,
University of New Hampshire.

연락처
입학 담당자 Peter B. Barnum
Tel 603-536-1747 Fax 603-536-2125
E-Mail : admissions@holderness.org
URL : http://www.holderness.org

HOOSAC SCHOOL

P.O. Box 9 Pine Valley Road
Hoosick, New York 12089
학교장 Richard J. Lomusico

1889년에 설립된 남녀공학으로 환경보존 운동에 적극적으로 참여하고 있다. 성공회의 정신을 바탕으로 운영되는 학교로서 한 주일에 여러 차례 예배 시간을 의무화하고 있다.

학생들의 특성에 따라 교육방법과 교육내용에 차이를 두고 있다. 예컨대, 정상적이며 적극적인 태도를 갖고 있는 경우와 잠재력은 있으나 제대로 발휘하지 못하는 경우, 그리고 특별지도를 받아야 하는 경우 등을 유형별로 나누어 각기 특징적인 교육을 실시하고 있다. Albany 근처의 시골에 자리잡고 있으며 총면적 350에이커에 16개의 건물이 있다. 참고로 'Hoosac' 이란 단어는 인디언 말로 '부엉이의 집' 이란 뜻이다.

학년과정은 8~12학년, PG 과정이다.

학생분포

총 학생수는 78명이다. 학급당 평균 학생수는 8명으로 교사와 학생의 비율은 1 대 5이다. 학년별로 보면 8학년 3명, 9학년 12명, 10학년 19명, 11학년 17명, 12학년 26명, PG 과정 1명이다. 중국, 일본, 멕시코, 한국 출신의 외국인 유학생 22명이 재학중이다.

교과과정

졸업학점은 20학점이다. 영어, 윤리학, 제2 외국어, 수학, 과학, 사회 등이 필수과목으로 되어 있다. 성적에 따라 개인지도 외에도 독립학습을 할 수도 있다. 성적이 뒤떨어진 학생들은 Oasis Program을 통해 개인 특별지도를 받는다. 3개 영역에 걸친 AP 과정이 마련되어 있다. 외국인 학생을 위한 ESL 과정도 개설되어 있다. 하기 프로그램으로 재이수나 보충학습 등을 위한 학과 수업과 ESL 과정이 제공된다.

입학 및 학비

학교 설명서와 7분짜리 학교 비디오를 시청한 뒤 입학상담실과 연락하여 학교 방문시간을 정한다. 학교 성적과 면접 점수를 종합하여 입학 여부를 결정한다. 정해진 원서 마감일은 없으며 전형료는 30달러이다.

학비는 기숙사비를 포함하여 2만 1,600달러이며, 입학금은 650달러이다.

주요 진학 대학

Boston University, Prexel University, State University of New York at Stony Brook, University of Maryland, College Park, University of Massachusetts Amherst, University of Vermont.

졸업생드의 SAT 총 평균점수가 1200점 이상이 전체의 10퍼센트였다.

연락처

입학담당자 Erica M. B. Callahan
Tel 800-822-0159 Fax 518-686-3370
URL : http://www.hoosac.com

기숙사 있는 미국 165개 사립 중고등학교 안내 | 287

THE HUN SCHOOL

176 Edgerstoune Road
Princeton, New Jersey 08540
학교장 Dr. James M. Byer

1914년 John Gale Hun이 설립한 학교로서
1924년에 현재의 위치로 이전했다. 우수한
대학들이 주위에 있고 명문 Princeton University와
이웃해 있다. 성적이 우수한 학생은 Princeton
University에서 수강할 수 있고, Westminster Choir
College에서 음악 수업을 받을 수 있다.
교육 내용이 갖고 있는 '질적 차이'에 주목하여
질적으로 우수한 교육을 실현하려고 애쓴다.
규율은 비교적 엄격하고 공평하게 적용된다.
New York과 Philadelphia시에 차로 약 1시간 정도
걸리는 곳에 위치하고 있다.
학년과정은 9~12학년, PG 과정이다.

학생분포
총 학생수는 561명이며 기숙학생은 140명이다.
학급당 평균 학생수는 14명이다. 9학년 105명,
10학년 112명, 11학년 118명, 12학년 113명, PG 과정
8명이 재학중이다. 중국, 파키스탄, 한국, 러시아,
사우디 아라비아 등의 외국인 유학생 40명이 있다.

교과 과정
2학기제로 운영되며 학기별 수업일수는 18주이다.
매 학기마다 평균 5과목을 이수해야 하며 학기마다
학기말 시험이 있다. 졸업학점은 20학점이다.
사회봉사 활동도 필수이다.
고등학교 과정은 독립학습을 기본으로 한다. 오랜
경험을 바탕으로 짜여진 Academic Learnig Skills
Program이 독특하다. 10개 영역에 걸친 AP 과정이

마련되어 있고 Honor 과정과 ESL 과정도 함께
개설되어 있다. 여름방학 기간에는 2~5주 정도
계절수업이 실시된다. 영어, 수학, 제2 외국어, 역사
등 여러 과목의 수업이 진행된다. TOEFL 준비반도
개설된다. 누구나 신청할 수 있는데, 보통 110명이
참가한다.

입학 및 학비
입학원서, 신원보증서(추천서), 성적증명서를
제출해야 한다. SSAT나 TOEFL은 필수이다.
면접 또한 필수 사항이다. 전화 상담이나 방문 상담
모두 가능하며, 평일 오전 9시부터 오후 2시 사이에
방문하면 된다.
원서 마감일은 없고 전형료는 50달러이다.
학비는 기숙사비를 포함하여 2만 4,300달러이다.

주요 진학 대학
Boston College, Princeton University, United States
Naval Academy, University of Pennsylvania,
Washigton University, Wildener University.

연락처
입학 담당자 P. Terence Beach
Tel 609-921-7600 (ext 2380) Fax 609-683-4410
E-mail : admiss@hun.k12.nj.us
URL : http://www.hun.k12.nj.us

HYDE SCHOOL

616 High Street
Bath, Maine 04530
학교장 Malcolm J. Gauld

1966년 '누구나 충분한 잠재력을 갖고 있다' 는 전제 아래 Joseph W. Gauld가 세운 남녀공학이다. 그는 교육에 따라 학생 개개인이 갖고 있는 특성과 능력이 충분히 발휘될 수 있다고 믿고 있다. 따라서 교과 과정 역시 학생들의 창조적인 사고능력 개발에 초점을 맞추고 있다.

학교 근처에 위치한 Bowdoin College와 University of Marine에서 필요한 과목을 수강할 수도 있다. 캠퍼스의 면적은 150에이커이며 23개 동의 건물로 이루어져 있다. 기숙사는 7개 동이고 각 동마다 교직원이 함께 거주한다. 독방은 없다.

학년과정은 8~12학년, PG 과정이다.

학생 분포

총 학생수는 227명이며 그 중 기숙학생이 198명이다. 학급당 평균 학생수는 12명으로 교사와 학생의 비율은 1 대 7이다. 학년별로 보면 8학년 5명, 9학년 37명, 10학년 43명, 11학년 89명, 12학년 58명이다.

교과 과정

3학기제(9월~11월, 12월~2월, 3월~5월)로 운영되며 매 학기마다 성적표가 발송된다. 졸업학점은 18학점이다. 상급생에게는 교직원회의 참가나 학생 감독 등의 역할을 수행하도록 한다. 성적이 65점 이하인 경우에는 낙제 처리된다. 중점을 두는 교과목은 작문과 수학이며 과학, 역사, 제2 외국어 등에 걸쳐 교육을 실시한다. Honor 과정이 있다.

여름방학에는 Summer Challenge Program이 운영되는데, 신입생들도 참여할 수 있다. 6월 초에 시작하여 6주 동안 진행된다.

입학 및 학비

잠재력을 중시하는 만큼 자신을 개발하려는 의지와 노력을 우선 기준으로 삼는다. 성적이나 SSAT 점수 등은 참고로 할 뿐이다. 그 대신 면접은 반드시 받아야 한다. 면접 시간은 입학담당자와 사전에 약속해두는 게 좋다. 원서 마감일은 따로 없으며 전형료는 75달러이다.

학비는 기숙사비를 포함하여 2만 1,300달러이며 입학금은 500달러이다.

주요 진학 대학

Barnard College, Clemson University, Cornell University, Duke University, Kenyon College, Willamette University.

졸업생들의 SAT 총 평균점수는 1125점이었고 1200점 이상인 졸업생들의 비율은 33퍼센트였다.

연락처

입학 담당자 Laurie G. Hurd
Tel 207-443-7373 Fax 207-442-9346
E-mail : ilhurd@hydeschools.org
URL : http://www.hydeschools.org

IDYLLWILD ARTS ACADEMY

52500 Temecula Road
Idyllwild, California 92549
학교장 William M. Lowman

1946년에 설립된 남녀공학으로 예술 과목을
중심으로 수업하는 학교이다. 학교 전공을 보면
문예창작을 비롯하여 음악, 미술, 무용, 연극, 뮤지컬
등 다양하다. 그밖의 다른 분야에서도 마찬가지로
지적 호기심과 탐구심을 길러주도록 노력한다.
Riverside 근처의 작은 마을에 위치하고 있으며
200에이커에 달하는 캠퍼스에 35개 동의 건물이
들어서 있다.
학년과정은 8~12학년, PG 과정이 있다.

학생분포
총 학생수는 249명이며 그 중 기숙학생은
217명이다. 학급당 평균 학생수는 12명으로 교사와
학생의 비율은 1 대 12이다. 학년별로 9학년 32명,
10학년 55명, 11학년 83명, 12학년 73명, PG 과정
1명이다. 불가리아, 중국, 일본, 독일, 한국, 대만
등지에서 온 외국인 유학생 88명이 재학중이다.

교과 과정
2학기제로 연간 4회에 걸쳐 성적표가 발송된다.
졸업학점은 13학점이다. 학과목 외에 예술 과목을
반드시 이수해야 한다. 각자 자신의 전공을 선택한
후에 교직원, 예술과정 담당자, 학과과정 담당자와
함께 학습계획서를 작성한다. 예술 프로그램은
이론과 역사, 창작과 발표, 전문교사 수업 및
개인지도, 야외 연구여행의 4개 과정으로
진행된다. 4개 영역의 AP 과정이 있고
Honor 과정과 ESL 과정도 함께 실시된다.

여름방학 기간에는 5주간 계절수업이 실시되며
이수 학점은 1학점이다. Children's Arts Center,
작문, 미국 원주민 예술, 무용, 음악, 연극, 뮤지컬,
시각예술 등 다양한 분야에 걸쳐 강의를 들을 수
있다.

입학 및 학비
성적과 추천서 외에 오디션이나 포트폴리오를
근거로 하여 입학 여부를 결정한다. SSAT와 면접은
필수 사항이다. 원서 마감일은 정해놓지 않았으며
전형료는 35달러이다.
학비는 기숙사비를 포함하여 2만 5,700달러이며
입학금은 600~1,500달러이다.

주요 진학 대학
New York University, Purchase College, State
University of New York, School of the Art Institute
of Chicago, Juilliard School, University of Southern
California, Yale University.
SAT 총 평균점수는 1060점이며 1200점 이상인
졸업생은 전체 졸업생의 26퍼센트이다.

연락처
입학담당자 Anne. E. Behnke
Tel 909-659-2171 (ext 343) Fax 909-659-2058
E-mail : behnke@pe.net
URL : http://www.idyllwidarts.org

INTERLOCHEN ARTS ACADEMY

PO Box 199
Interlochen, Michigan 49643-0199
학교장 Edward Downing

1962년 Dr. Joseph E. Maddy가 설립한 예능학교로
남녀공학이다. 재능을 가진 학생들이 실력과
창의력을 길러 사회에 기여할 수 있도록
교육한다는 목적으로 설립되었다. 학문에 대한
열정과 예술활동에서의 독창성 및 창조성을 기를
뿐더러 올바른 인격자로 성장하도록 이끌어주는
교육을 지향한다.
Traverse시 근처의 시골에 자리잡고 있다.
총면적 1,200에이커에 달하는 넓은 캠퍼스에
무려 225개 동의 건물이 들어서 있다.
학년과정은 9~12학년, PG 과정이 있다.

학생분포
총 학생수는 447명, 기숙학생은 414명이다.
학급당 평균 학생수는 15명이다. 학년별로 9학년
18명, 10학년 68명, 11학년 142명, 12학년 196명,
PG 과정 23명이 재학중이다.

교과 과정
1년 2학기제로 운영되며 학년은 9월 중순부터
다음 해 6월초까지로 구분한다. 매 학기 7과목을
이수해야 하며 졸업 전까지 총 20학점을 이수해야
한다. 예술, 컴퓨터 과학, 영어, 제2 외국어, 수학,
체육, 과학, 사회(역사 포함)가 포함되어 있다.
AP 과정과 ESL 과정이 개설되어 있다.
학업 성적이 C⁻ 미만인 경우에는 특별지도를
받아야 하며 E학점 미만일 경우에는 낙제
처리된다. 작문, 무용, 음악, 연극 등 예술과목이

있으며 예술을 전공하는 학생들은 성적에 따라
반을 편성한다. 매년 봄, 가을에 야외 과학연구
여행을 제공한다. Network of Complementary
School의 교환학생 프로그램에 참여할 수도 있다.

입학 및 학비
재능 있고 노력하는 학생을 선호한다. 학교 성적과
추천서, 오디션이나 포트폴리오를 입학 결정의
기준으로 삼고 있다. 성적은 4.0 만점에 평균 3.0은
되어야 한다. SSAT와 면접은 필수 사항이다.
원서 마감일은 없으며 전형료는 25달러이다.
학비는 기숙사비를 포함하여 2만 2,750달러이다.

주요 진학 대학
Eastman School of Music, Indiana University,
Oberlin College, Peabody of Conservatory of Music
of The Johns Hopkins University, University of
Michigan, University of Southern California.
졸업생들이 기록한 SAT 언어영역 평균점수는
584점, 수학영역은 555점이었다.

연락처
입학담당자 Rose Overmyer,
Tel 616-276-7472 Fax 616-276-6321
E-mail : overmyerrm@interlochen.k12.mi.us
URL : http://www.interlochen.org

THE JUDSON SCHOOL

6704 North Mockingbird Lane
Paradise Valley, Arizona 85253
학교장 Dennis P. Gray

Phoenix 근처 Scottsdale에 위치한 남녀공학이다. 1928년 개교 당시에는 남학교였다가 1956년부터 여학생을 받아들이기 시작했다. 풍부한 지적 교양과 성숙한 인격을 가진 사회인이 될 수 있도록 지도하는 노력을 기울인다. 제반 사회적 문제와 상황에 대해 정확한 판단력과 실천력, 책임감을 지닐 수 있도록 기본 방향을 맞추고 있다. 면적은 55에이커로 9개 동의 건물이 있다. 학년과정은 유치원 과정부터 12학년 과정까지, PG 과정이 있다. 기숙사 생활은 3학년 과정부터 가능하다.

학생 분포
재학생은 256명이며 그중 기숙학생은 127명이다. 학급당 평균 학생수는 12명으로 교사와 학생의 비율은 1 대 8이다. 학년별로 9학년 23명, 10학년 25명, 11학년 42명, 12학년 48명이다. 앙골라, 독일, 인도네시아, 일본, 한국, 태국 출신의 외국인 학생 59명이 재학중이다.

교과 과정
3학기제로 매 학기 중간과 학기말에 성적표가 발송된다. 고등학교는 1주일에 5일간 수업하고 토요일에는 격주로 오전 수업을 한다. 매일 오전 8시부터 8시 40분까지 자율학습이 실시되며 기숙사 학생들은 매일 오후에 1시간 30분 정도 자율학습을 한다. 필요한 경우에는 개인지도가 실시된다. 졸업학점은 22학점이다. 9학년에서 12학년 사이에 체육 2학점을 취득해야 한다. 매년 3주간의 개인 프로젝트와 10시간의 사회봉사 활동도 필수 사항이다. Honor 과정이 개설되어 있다. 외국 유학생을 위한 ESL 과정과 TOEFL 대비반 등도 마련되어 있다.

입학 및 학비
성적이나 추천서에 기준하여 거의 모든 학년에 편입학을 할 수 있다. SSAT 점수를 제출하는 것은 선택 사항이지만, 면접은 필수 사항이다. 원서 마감일은 따로 없고 전형료는 75달러이다. 학비는 기숙사비를 포함하여 2만 1,400달러에서 2만 4,400달러이며 입학금은 565~2,200달러이다.

주요 진학 대학
Arizona State University, Boston University, Purdue University, The University of Arizona, University of California, University of Virginia.

연락처
입학담당자 Juanita Formica
Tel 301-324-6675 (ext 21)
E-Mail : admission@judsonschool.com
URL : http://www.judsonschool.com

Box 2006
Kent, Connecticut 06757
학교장 Rev. Richardson W. Schell

1906년에 목사 Frederick H. Sill이 대학 진학을 대비하는 교육을 목적으로 설립했다. 인문과학과 자연과학의 기본부터 고급 단계에 이르기까지 명문 대학에의 진학 프로그램을 갖고 있다. 또한 노동의 진정한 가치를 깨닫도록 하는 데에도 많은 비중을 두고 있다. 오랜 동안 성공회에 가입되어 있었기에 지금도 모든 교육을 기독교 정신에 입각하여 실시한다.

Hartford 근처의 Kent 마을에 자리잡고 있다. New York시에서 2시간, Hartford시에서 1시간 10분 정도 걸린다. 총면적 1,200에이커의 넓은 캠퍼스에는 14개 동의 건물이 들어서 있다.

기숙사 시설은 남녀 구분되어 있고 각기 3개 동씩 마련되어 있다. 2인 1실이 대부분이며, 룸메이트는 일 년에 두 번 바꿀 수 있다.

학년과정은 9~12학년, PG 과정이 있다.

학생 분포

총 학생수는 538명 중 기숙학생이 506명이다. 학급당 평균 학생수는 13명이다. 학년별로는 9학년 87명, 10학년 141명, 11학년 163명, 12학년 147명이다. 캐나다, 중국, 프랑스, 독일, 한국, 사우디아라비아 출신 외국 유학생 18명이 있다.

교과 과정

5주마다 성적이 학부모에게 전달되고 학기말에는 교사의 의견서가 함께 발송된다. 보통 한 학기에 5과목을 이수하도록 되어 있다. 9학년 과정에서는 고대 유대인과 그리스-로마 역사를 중심으로 학교생활의 기본 원칙과 태도를 학습한다. 학습능력에 따라 반을 편성하며 6.0 만점에 2.0 이하인 경우에는 낙제 처리된다. 졸업학점은 18학점이다. 19개 영역의 AP과정이 설치되어 있고 Honor 과정과 ESL 과정도 개설되어 있다.

입학 및 학비

전학년 학업 성적과 추천서를 제출해야 한다. SSAT가 필수 조건인데, 이 점수는 입학조건에서 가장 비중있게 다루어진다. 면접도 꼭 받아야 한다. 학교 방문은 월, 화, 목, 금요일 오전 8시부터 오후 3시까지, 수요일과 토요일은 정오까지이다. 원서 마감일은 1월 15일이고 전형료는 40달러이다. 학비는 기숙사비를 포함하여 2만 5,250달러이며, 입학금은 790달러이다.

주요 진학 대학

Boston College, Boston University, Bucknell University, Colgate University, Skidmore College, University of Colorado at Boulder.

연락처

입학 담당자 Mark C. McWhinney
Tel 860-927-6111 Fax 860-927-6109
E-mai : admissions@kent.pvt.k12.ct.us
URL : http://www.kent-school.edu

KENTS HILL SCHOOL

Route 17
Kents Hill, Maine 04349
학교장 Mr. Rist Bonnefond

Portland 근처의 시골에 위치하고 있다. 1824년에
설립된 학교로서 현재 미국에서 가장 오래된
남녀공학 기숙학교 중 하나이다. 성공회에 속하여
기독교 정신에 바탕을 둔 교육을 실시하고 있다.
총면적 500에이커의 캠퍼스에 20개 동의 건물이
있다. 학년과정은 9~12학년, PG 과정이다.

학생분포
총 학생수는 184명, 그중 기숙학생은 150명이다.
교사와 학생의 비율은 1 대 7이다. 학년별로 보면
9학년 35명, 10학년 51명, 11학년 55명, 12학년 41명,
PG 과정 2명이다. 독일, 일본, 한국, 사우디아라비아
출신의 외국인 유학생 35명이 재학중이다.

교과 과정
졸업학점은 18학점이며 보통 한 학기에 5과목을
이수한다. 성적을 기준으로 반을 편성하며
학습진도와 수업 내용에서 차이를 두고 있다.
성적은 6.0 만점으로 계산하는데 최소한 2.0 이상을
유지해야 한다. 1.0 이하인 경우에는 낙제
처리된다. 성적이 부진하거나 학습 능력이 부족한
학생은 Learning Center에서 개인지도를 받을 수
있다. 성적표는 4주에서 5주 단위로 발송된다.
6개 영역의 AP 과정이 있으며, ESL 과정도 개설되어
있다.

입학 및 학비
성적증명서, 추천서, SSAT 점수를 제출해야 한다.
입학 결정에 가장 크게 작용하는 것은
SSAT 점수이다. 면접은 필수 사항이다.
입학 통보를 받았다면 한 달 이내에 결정해야 한다.
원서 마감일은 없으며, 전형료는 35달러이다.
학비는 기숙사비를 포함하여 2만 3,500달러이며
입학금은 210달러이다. 등록금은 8월 1일까지
납부해야 하며, 분할 납부도 가능하다. 형편이
어려운 학생들은 학비 보조금과 학자금 융자를
지원받을 수 있다.

주요 진학 대학
Bowdoin College, Connecticut College, Hartwick
College, Providence College, Saint Anselm College,
St. Lawrence University.
졸업생들의 성적을 보면 SAT 평균점수가 1200점을
넘은 학생이 전체의 13퍼센트였다.

연락처
입학담당자 Eric J. Turner
Tel 207-685-4914 Fax 207-685-9579
E-mail : turnere@kents-hill.pvt.k12.me.us
URL : http://www.kents-hill.pvt.k12.me.us

KIMBALL UNION ACADEMY

Main Street
Meriden, New Hampshire 03770
학교장 Timothy Knox

남녀공학으로 Boston 근처의 시골에 위치한다.
1813년 장래 성직자를 희망하는, 신앙심이 깊지만
가난한 학생들을 위해 설립되었다.
Dartmouth 대학이 있는 New Hampshire주의
Hanover에서 가까운 거리에 있다. Boston과
Hartford에서는 대략 2시간 반 정도 걸린다.
총면적 1500에이커에 달하는 넓은 캠퍼스에
30개 동의 건물이 들어서 있다.
학년과정은 9~12학년, PG 과정이다.

학생 분포

총 학생수는 294명이며 그 중 기숙학생은
197명이다. 교사와 학생의 비율은 1 대 7이다.
9학년 47명, 10학년 81명, 11학년 82명, 12학년 71명,
PG 과정 13명이다. 외국인 유학생은 35명이다.

교과 과정

4학기제로 운영된다. 성적표는 매 학기 말에
학부모에게 발송된다. 특히 입학 후 첫 학기에는
2주마다 성적표와 학생평가서가 전달된다.
영어, 수학, 서양사, 미국사, 생물학, 화학, 물리학,
프랑스어, 스페인어, 라틴어, 컴퓨터 등 다양한
과목이 개설되어 있다. 졸업학점은 17학점으로
매학기 필수 4과목을 포함하여 5과목을 이수해야
한다. 필요한 경우에는 오후 5시에서 6시까지 특별
보충수업을 받을 수 있다.
12개 영역의 AP과정이 마련되어 있고
Honor 과정과 ESL 과정도 개설되어 있다.

입학 및 학비

긍정적인 사고 방식과 적극적인 활동력을 지닌
학생을 환영한다.
전학년 성적증명서, SSAT, PSAT, SAT 성적과 교사
추천서 및 면접 점수를 종합하여 입학을 결정한다.
이 가운데 SSAT와 면접은 필수 사항이다.
원서 마감일은 2월 1일이며 전형료는 30달러이다.
학비는 기숙사비를 포함하여 2만 4,600달러이며
입학금은 500달러이다. 1년 2회 분납, 혹은 매월
분할 납부가 가능하다.

주요 진학 대학

Amherst College, Emory University, Lehigh
University, St. Lawrence University, The Colorado
College, Williams College.
SAT 총 평균점수는 언어영역에서 600점 이상인
졸업생이 35퍼센트, 수학영역에서 600점 이상인
졸업생이 37퍼센트였다.

연락처

입학 담당자 Chip Audett
Tel 603-469-3218 Fax 603-469-3220
E-mail : admissions@kua.org
URL : http://www.kua.org

THE KISKI SCHOOL

1888 Brett Lane
Saltsburg, Pennsylvania 15681
학교장 John A. Pidgeon

1888년 Andrew Wilson과 R.W. Fair가 설립한 남자
기숙학교이다. Pittsburgh 근처에 자리잡고 있으며
학문탐구 활동의 조건을 조성하고 학생의 개성을
개발하는 데 노력하고 있다.
400에이커의 캠퍼스에 건물은 42개 동이다.
학년과정은 9~12학년, PG 과정이 있다.

학생분포
총 학생수는 232명이며 기숙학생은 215명이다.
학급당 평균 학생수는 10명으로 교사와 학생의
비율은 1 대 7이다. 학년별로 9학년 35명, 10학년
62명, 11학년 53명, 12학년 70명, PG 과정 12명이
재학중이다.

교과 과정
3학기제로 운영되며 성적표는 매 학기마다
발송된다. 11~12학년 과정에는 미적분학, 수학,
컴퓨터 프로그래밍, 러시아 역사, 경제학, 스튜디오
예술, 음악사, 음악이론, 심리학, 비교종교론,
정치지리학 등이 포함되어 있다. 졸업학점은
19학점이다. 평일에는 저녁 7시 30분에서 9시
30분까지 자율 학습을 하도록 하고 있다.
1947년부터 여름방학의 하기 프로그램을 실시하고
있는데, 보통 100명의 학생들이 참여하고 있다.
다른 학교의 학생들도 참여할 수 있다. 이
프로그램에는 캠프 프로그램과 계절수업이 있는데,
캠프 프로그램은 9~12학년을 대상으로 한다.
계절수업에는 영어, 대수학, 기하학, 생물학, 화학,

물리학, 컴퓨터 프로그래밍이 개설되어 있다.
생물학, 화학, 수학, 영어, 역사 등 12개 영역에서
AP 과정이 개설되어 있다.
Honor 과정과 ESL 과정도 마련되어 있다.

입학 및 학비
전학년 성적증명서와 에세이를 제출해야 하며
반드시 ISEE나 SSAT, 면접을 치러야 한다. 방문
상담 또는 전화 상담이 가능하다.
원서 마감일은 따로 없으며 원서 제출 후 2주 내에
결과가 통보된다.
학비는 기숙사비를 포함하여 2만 달러이다.

주요 진학 대학
Colgate University, Dickinson College, Duquesne
University, Pennsylvania State University, United
States Naval Academy.
SAT 총 평균점수가 1200점 이상인 졸업생이
전체의 30퍼센트였다.

연락처
입학 담당자 Robert J. Grandizio
Tel 724-639-3586 Fax 724-639-8467
URL : http://www.kiski.org

LAKE FOREST ACADEMY

1500 West Kennedy Road
Lake Forest, Illinois 60045
학교장 Thomas D. Hodgkins

1974년 남학교(Lake Forest Academy)와 여학교(Ferry Hall School)가 합병하여 설립된 남녀공학이다. 학생 스스로 자신이 지향하는 목표에 도달하는데 도움을 주는 교육이어야 한다는 교육철학을 갖고 있다. 특히 자신감을 기르고 사회와 세계를 올바로 인식하는 방향을 제시하는 안내자 역할을 충실히 하는 학교가 되고자 노력한다.

Chicago 근처의 북부 해안지대에 자리잡고 있다. 총면적 175에이커의 캠퍼스에 22개 동의 건물이 있다. 학년과정은 9~12학년이다.

학생분포

총 학생수는 265명이며 기숙학생이 127명이다. 학급당 평균 학생수는 10명으로 교사와 학생의 비율은 1 대 7이다. 9학년 66명, 10학년 66명, 11학년 73명, 12학년 60명이 재학중이다.

외국인 유학생은 28명이다.

교과 과정

졸업학점은 18학점으로 1년에 5과목을 이수해야 한다. 시험은 1년에 두 번 있다.

역사, 흑인 역사, 제3세계 정치, 저널리즘, 예술, 과학, 천문학 등 다양한 영역을 개설해 놓고 있다. 음악이나 과학, 외국어 수업은 능력별로 반을 편성하여 실시한다.

수학1, 물리, 화학, 생물, 영어, 외국어, 미국사 등 14개 영역에 걸쳐 AP 과정이 개설되어 있다. Honor 과정과 ESL 과정도 마련되어 있다.

입학 및 학비

성적증명서, 교사 추천서, SSAT이나 TOEFL 성적, 면접을 종합하여 결정한다. 평일 오전 8시부터 4시 사이에 입학 담당자와 상담할 있다.

입학이나 학교 프로그램, 장학금 등에서 인종, 종교, 국적 차별은 없다.

마감일은 없으며 전형료는 45달러이다.

학비는 기숙사비를 포함하여 2만 300달러이다. 등록금은 8월 1일에 완납하거나 10개월 할부로 납부할 수 있다. 6월 15일까지 완납하는 경우에는 할인 혜택이 주어진다.

주요 진학 대학

Bryn Mawr College, Dartmouth College, Loyola University, Chicago Northewestern University, Washington University.

SAT 총 평균점수 1200점 이상인 졸업생이 전체 졸업생의 41퍼센트였다.

연락처

입학담당자 Betsy Eaton

Tel 847-615-3267 Fax 847-615-3202

E-mail : beaton@Ifa.Ifc.edu

URL : http://www.Ifa.Ifc.edu

LAWRENCE ACADEMY

Powder House Road
Groton, Massachusetts 01450
학교장 Steven L. Hahn

1793년에 Groton Academy로 개교했다가 1845년 Lawrence Academy로 이름을 바꾸었다. 200년이 넘는 전통에 걸맞게 대학 진학 예비학교로 훌륭하다는 평을 얻고 있다. 도서관, 컴퓨터실, 실험실, 자습실 등이 오전 8시에서 오후 10시까지 개방된다. 학과목과 예술 및 체육 관련 프로그램, 지역사회 활동과 봉사 등이 어우러진 커리큘럼에 기준하여 교육한다. 사회 구성원이 될 수 있는 기본 자질을 다지는데 중점을 둔다.
Boston 근처 New England의 시골마을에 위치하며 면적 92에이커의 캠퍼스에 28개 동의 건물이 있다. 기숙사는 9개 동이다. 독방부터 3인 1실까지 있으나 대개 2인 1실을 사용한다
학년과정은 9~12학년이다.

학생분포
총 학생수는 357명이며 기숙학생은 175명이다. 교사와 학생의 비율은 1 대 7이다. 학년별로 보면, 9학년 64명, 10학년 92명, 11학년 106명, 12학년 95명이다. 독일, 일본, 한국, 대만, 사우디아라비아 출신의 외국인 유학생 58명이 있다.

교과 과정
졸업학점은 18학점이다. 매학기 5과목 정도를 이수하는 게 보통이다. 과목에 따라 수업 기간을 1년 또는 1학기로 조절하여 수업한다. 학생에게 스스로 원하는 분야를 연구할 수 있도록 하는 기회를 제공해 주는데, 독립학습 프로그램이나

Winterim Project 등이 한 예이다. 독립학습을 위해 도서관이나 컴퓨터실, 실험실과 스튜디오 등을 오전 8시부터 오후 10시까지 개방하고 있다. 영어, 라틴어, 불어, 스페인어, 수학1, 미국사, 미술, 음악, 컴퓨터 과학 등 9개 영역의 AP 과정이 개설되어 있다. Honor 과정과 ESL 과정도 있다.

입학 및 학비
SSAT 점수와 성적증명서, 추천서를 제출한 후에 면접을 받아야 한다. 대학 진학을 준비하는 학생을 받아들이는데, 12학년에는 입학이 안 된다.
원서 마감일은 2월 1일이며 전형료는 40달러이다. 학비는 기숙사비를 포함하여 2만 5,100달러이다.

주요 진학 대학
Bently College, Boston College, Boston University, Bowdoin College, Garnegie Mellon University, Connecticut College.

연락처
입학 담당자 Christopher G. Overbye
Tel 978-448-6535 Fax 978-448-9208
E-mail : admiss@lacademy.edu

THE LEELANAU SCHOOL

One Old Hmestead Road
Glen Arbor, Michigan 49636
학교장 Timothy A. Daniel

1929년에 설립된 남녀공학이다. 학생들이 잠재적으로 가지고 있는 재능을 살려주고 현실화시키는 데 방향을 맞추고 있다. 학교의 좌우명은 '소나무처럼 똑바르게, 떡갈나무처럼 튼튼하게' 이다. Traverse City 근처에 있다. 50에이커의 캠퍼스에 12개 동의 건물이 있다. 학년과정은 8~12학년이다.

학생분포
총 학생수는 69명이다. 학급당 평균 학생수는 7명으로 교사와 학생의 비율은 1 대 4이다. 학년별로 9학년 12명, 10학년 11명, 1학년 28명, 12학년 18명이다. 앙골라, 중국, 한국, 대만출신의 외국인 유학생 8명이 재학중이다.

교과 과정
2학기제로 운영되어 9월부터 다음해 5월말까지를 한 학년으로 한다. 학기중에는 부모님의 허락이 있어야만 귀가할 수 있다. 모든 교과목이 대학 진학을 걸맞게 짜여져 있다. 졸업학점은 41학점이다. 1년에 6회 성적표가 발송된다. 읽기와 수학, 영어 성적이 부진한 학생에게는 Educational Development Program이 제공되며 주 1회 개인지도 혹은 그룹지도를 받을 수 있다. 오후에는 2시간의 자율학습이 실시된다. 5개 영역의 AP 과정이 개설되어 있다. Honor 과정과 ESL 과정도 함께 제공된다. 여름방학에는 계절수업이 6월 20일부터 7월 28일까지 열려 과학과 예술, 수학과 영어 등 강의가 진행된다.

입학 및 학비
성적증명서, 수학과 영어교사 추천서, 개인 추천서, Standardized Test 점수를 종합하여 결정한다. SSAT와 면접은 필수 사항이다. 원서 마감일은 없으며 전형료는 50달러이다. 학비는 기숙사비를 포함하여 2만 500달러이다. 교재비나 여행, 견학 비용 등은 추가로 부담해야 한다. 매년 8~9학년 입학자 가운데 학업 성적이 뛰어난 학생에게는 The Beals Merit Scholarship을 지급해준다.

주요 진학 대학
Babson College, Kalamazoo College, Michigan State University, North-Western University, Oberlin College, University of Michigan.

연락처
입학 담당자 Todd Holt
Tel 616-334-5824 Fax 616-334-5898
E-mail : admissions@tls.leelanau.org
URL : http://www.leelanau.org

LINDEN HALL

212 East Main Street
Lititz, Pennsylvania 17543
학교장 Thomas W. Needham, M.Ed

1746년에 설립된 여학교로 Philadelphia 근처의
작은 마을에 위치한다. 대학 진학을 목표로 삼고
있는 학생들을 위한 교육에 중점을 두고 있다.
훌륭한 인격체로서 사회에 이바지할 수 있는
인재를 길러내는 것도 큰 몫으로 강조하고 있다.
지리적으로 Baltimore, Washington D.C.
Philadelphia, New York 등 대도시 문화와 이들
지역의 각종 문화행사를 접하기 쉽다.
46에이커의 캠퍼스에 20개 동의 건물이 있다.
학년과정은 6~12학년, PG 과정이다.

학생분포
총 학생수는 107명이며 기숙학생은 76명이다.
학급당 평균 학생수는 8명이며 교사와 학생의
비율은 1 대 4이다. 학년별로 9학년 14명, 10학년
23명, 11학년 25명, 12학년 21명이 재학중이다.
외국인 유학생은 21명이다.

교과 과정
3학기제로 운영되며 성적표는 1년에 6회 발송된다.
성적은 A~F까지로 나누어 평가하는데 F는 낙제
점수이다. 졸업학점은 23학점이다. 중학교와
고등학교 과정 모두 매일 보충수업이 진행된다.
또 학습능력이 부족하다고 판단되면 특별지도를
실시한다. 4개 영역의 AP과정과
Honor 과정이 개설되어 있다.
외국인 학생을 위한 ESL 과정이 있다.
여름방학에는 다양한 종류의 캠프가 열리는데

6월 초부터 8월 중순까지 계속된다. 무용, 승마,
농구, 축구, 테니스, 크로스컨트리 캠프 등이 있다.

입학 및 학비
자신의 목표를 향해 끊임없이 노력하고
학교생활에 적극적인 학생을 환영한다.
성적증명서, 교사 추천서, 입학시험 성적이
필요하며 개인 면접은 필수 사항이다.
원서 마감일은 없으며 전형료는 50달러이다.
학비는 기숙사 사용에 따라 다르다.
주 5일제인 경우에는 1만 8,400달러,
주 7일제인 경우에는 2만 1,400달러이다.
입학금은 810달러이다.

주요 진학 대학
American University, Bryn Mawr College, Clinch
Valley College of the University of Virginia,
Haverford College, Mary Washington College.
졸업생들의 SAT 총 평균점수는 1019점이었으며,
평균 1200점 이상을 얻은 학생은 전체의
18퍼센트였다.

연락처
입학 담당자 Evelyn Z. McDowell
Tel 717-626-8512 Fax 717-627-1384
E-mail : admissions@lindenhall.com
URL : http://www.lindenhall.com

THE LINSLY SCHOOL

The Linsly School
BRINGING YOUNG MINDS TO LIFE

60 Knox Lane
Wheeling, West Virginia 26003-6489
학교장 Reno F. DiOrio

West Virginia의 유일한 대학 예비학교로 1814년에 설립되었다. 1876년 사관학교로 개편되면서 교육의 초점이 군사훈련으로 갔다가 1979년부터는 다시 대학 진학 예비학교의 성격을 띠게 되었다. '지식에 투자하는 것은 언제나 최고의 이익을 가져다 준다'는 B. Franklin의 말은 이 학교의 교육 철학을 대변해 준다. Pittsburgh 근처에 위치하고 있으며 면적 60에이커의 캠퍼스에 건물 19개 동이 있다. 학년과정은 5~12학년이다.

학생 분포
총 학생수는 418명이며 기숙학생은 100명이다. 학급당 평균 학생수는 15명으로 교사와 학생의 비율은 1 대 13이다. 학년별로 보면 9학년 65명, 10학년 73명, 11학년 66명, 12학년 67명이다. 일본, 한국, 태국에서 온 외국인 유학생은 13명이다.

교과 과정
2학기제로 운영되며 9월부터 다음 해 5월 말까지를 기준으로 삼고 있다. 졸업학점은 20학점이다. 고등학교 과정에서는 매학기 5과목을 이수해야 한다. 소수 정원 교육이 실시된다. 미국사, 생물학, 경제학, 영어 등 7개 영역에 AP 과정이 있으며 Honor 과정과 ESL 과정이 개설되어 있다. 정규 과정 외에 몇 가지 특별 프로그램이 실시된다. Pennsylvania주 Raccoon Creek 주립공원 근처에 있는 The Linsly Outdoor Genter에서 환경교육을

실시한다. 모든 학생들을 대상으로 하며 1주일간 진행된다. 또 봄학기에는 프랑스, 이탈리아, 독일 등 유럽으로 문화여행을 떠난다.

입학 및 학비
성적증명서와 입학시험 점수, 면접 결과를 종합하여 입학을 결정한다. Otis-Lennon, Stanford Achievement Test는 필수 조건이다. 원서 마감일이나 전형료는 없다. 학비는 기숙사 사용이 주 5일제이든 주 7일제이든 똑같이 1만 6,330달러이다.

주요 진학 대학
Carnegie Mellon University, Denison University, Miami University, Pennsylvania State University, Wake Forest University. 졸업생들의 SAT 평균점수는 1120점이었으며 1200점 이상의 성적을 기록한 학생들은 전체의 35퍼센트였다.

연락처
입학 담당자 James Hawkins
Tel 304-233-1436
E-mail : admit@linsly.org
URL : http:/www.linsly.org

THE LOOMIS CHAFFEE SCHOOL

4 Batchelder Road
Windsor, Connecticut 06095
학교장 Dr. Russell H. Weigel

Loomis 가문의 형제들이 1914년에 설립한 남녀공학이다. 학생의 독립심 형성에 많은 무게를 두고 교육을 진행한다. 하나의 인격체가 형성되고 성장해 간다는 점을 중시한다.
Hartford 근처에 자리잡고 있다. New Haven에서 1시간, New York에서 2시간 10분 걸린다.
학년과정은 9~12학년, PG 과정이다.

학생분포
총 학생수는 725명이며 교사와 학생의 비율은 1 대 6이다. 학년별로 보면 9학년 138명, 10학년 189명, 11학년 194명, 12학년 189명, PG 과정 25명이다. 외국인 유학생은 79명이다.

교과 과정
최하 16학점을 취득해야 졸업할 수 있다.
보통 19학점에서 20학점 정도를 이수한다.
성적표는 학기 중간과 학기말에 발송된다.
11~12학년에게는 프랑스, 스페인의 학교에서 공부할 있는 기회가 주어진다. 그밖에 다양한 특별 프로그램에 참가할 수 있는데, Milton Academy의 Mountain School Program이나 독일 기숙학교에서 생활하는 게 대표적이다.
12개 영역의 AP 과정이 개설되어 있으며 Honor 과정도 마련되어 있다.
여름 방학에는 6월 2일부터 8월 12일 사이에 6주간의 계절학기가 실시된다. 수학, 영어(작문 위주), 프랑스어, 스페인어, 사회, 철학, 심리학, 미술 등의 수업이 진행된다.
외국인 학생을 위한 ESL 과정도 함께 실시된다.

입학 및 학비
면접과 ISEE, PSAT, SAT, SSAT 또는 TOEFL 가운데 한 가지를 보아야 한다.
전화 상담이나 방문 상담이 가능하다. 방문할 때는 사전에 시간 약속하는 게 좋다.
원서 마감일은 1월 16일이며 전형료는 50달러이다.
학비는 기숙사비를 포함하여 2만 4,700달러이다.
8월 1일과 1월 1일에 분할 납부한다.

주요 진학 대학
Amherst College, Boston College, Brown University, Cornell University, Middlebury College, Trinity College.
졸업생들의 SAT 평균점수는 1260점이었고, 평균 1200점 이상인 졸업생들이 전체의 69퍼센트였다.

연락처
입학담당자 Thomas D. Southworth
Tel 860-687-6316 Fax 860-298-8756
E-mial : tom_southworth@loomis.org
URL : http://www.loomis.org

THE LOWELL WHITEMAN SCHOOL

42605 RCR 36P
Steamboat Springs, Colorado 80487
학교장 Walter Daub

1957년 Lowell Whiteman이 설립한 남녀공학이다. 전통적이고 체계적인 대학 진학 예비학교로 알려져 있다. Denver 근처의 작은 마을에 자리잡고 있다. 그러나 Denver에서 Steamboat Springs까지 자주 항공편이 있어서 어려움이 없다. 총면적 220에이커의 캠퍼스에 건물은 9개 동이다. 학년과정은 9~12학년이다. 해마다 봄에 학생과 교사들이 해외여행하는 관행이 있다는 점이 특이하다.

학생 분포
총 학생수는 97명이며 기숙학생은 55명이다. 학급당 평균 학생수는 8명으로 교사와 학생의 비율은 1 대 8이다. 학년별로 보면 9학년 17명, 10학년 27명, 11학년 21명, 12학년 32명이다. 캐나다, 독일, 멕시코, 영국 출신의 외국인 유학생 4명이 재학중이다.

교과 과정
2학기제로 운영된다. 성적표는 한 학기에 2회 학부모에게 발송된다. 평균 성적이 60점 이하인 경우에는 낙제 처리된다. 졸업학점은 18학점이다. 매년 5과목이나 6과목을 이수해야 한다. 봄방학 동안에는 학교 주관 하에 해외여행을 떠나는데, 학생들은 여행할 지역에 대해 사전에 공부하고 여행을 다녀와서는 기행문을 작성하여 제출해야 한다. 영어, 미적분학, 생물학, 미술사 등 4개 영역에 걸쳐 AP 과정이 개설되어 있다. ESL 과정과 Honor 과정도 마련되어 있다.

입학 및 학비
추천서, 성적증명서, 에세이 등을 제출해야 한다. 특별히 필수과정으로 설정한 시험은 없으나 면접은 필수조건이다. 원서는 수시로 접수하며 전형료는 30달러이다. 학비는 기숙사비를 포함하여 2만 3,450달러이고 입학금은 350달러이다.

주요 진학 대학
Colorado State University, Ithaca College, Tulane University, University of Colorado at Boulder, University of San Francisco, University of Vermont.

연락처
입학담당자 Mark Wilsey
Tel 970-879-1350 Fax 970-879-0506
E-mail : admissions@whiteman.edu
URL : http://www.whiteman.edu

THE MADEIRA SCHOOL

8328 Georgetown Pike
McLean, Virginia 22102
학교장 Dr. Elisabeth Griffith

1906년 Lucy Madeira 부인이 설립한 여학교이다. 대학 진학과 여성 지도자 양성에 교육 목표를 두고 있다. 우수상과 같은 시상제도를 마련하지 않고 있는데, 그 이유는 모든 학생이 최선을 다한다고 보기 때문이다. Washington D.C. 근처에 위치하여 Washington D.C.의 여러 시설들을 쉽게 접할 수 있다. 총면적 382에이커에 달하는 캠퍼스 내에 32개 동의 건물들이 들어서 있다.
학년과정은 9~12학년이다.

학생분포
총 학생수는 303명이며 그 중 기숙학생은 162명이다. 교사와 학생의 비율은 1 대 6이다. 학년별로 보면 9학년 74명, 10학년 75명, 11학년 85명, 12학년 69명이다. 외국인 유학생34명이 재학하고 있다.

교과 과정
졸업학점은 19학점으로 1년에 보통 5과목 정도를 이수한다. 14개 영역의 AP 과정이 제공되며, ESL 과정도 개설되어 있다. 모든 학생들은 Wednesday Co-Curriculum Program에 참석해야 하는데, 자신감과 독립심, 책임감을 기르기 위한 내용으로 짜여져 있다. 학년별로 각기 다른 학습 프로그램이 제시된다. 9학년은 Study skill, 컴퓨터, 음악 등을, 10학년은 병원과 학교 등지에서 자원봉사 활동을 한다. 11학년은 Capitol Hall에서 일하는 프로그램에 참여한다. 12학년은 ashington

지역에서 관심 분야나 영역과 관련이 있는 곳에서 일정 기간 인턴 사원으로 일할 수 있다.

입학 및 학비
지원자는 SSAT 점수를 제출한다.
면접도 반드시 받아야 한다.
정해진 원서 마감일은 없고 전형료는 40달러이다.
학비는 기숙사비를 포함하여 2만 5,500달러이며,
입학금은 500~1200달러이다.

주요 진학 대학
Brown Institute, The University of Texas at Austin Trinity College, Tufts University, University of Virginia, Vassar College.
SAT 총 평균점수가 1200점 이상인 졸업생이 전체의 63퍼센트였다.

연락처
입학 담당자 Meredyth M. Cole
Tel 703-556-8253 Fax 703-821-2845
E-mail : admissions@madeira.org
URL : http://www.madeira.org

MAINE CENTRAL INSTITUTE

125 South Main Street
Pittsfield, Maine 04967
학교장 Douglas C. Cummings

1866년 Free Will Baptist가 설립한 남녀공학이다. 대학을 준비하는 학교라는 성격 외에 비즈니스, 산업예술 등을 함께 가르치는 일반 종합학교의 성격도 가지고 있다. Bangor 근처에 위치하며 Thomas College, Colby College, Maine College 등과 가까운 거리에 있다. 23에이커의 캠퍼스에 12개 동의 건물이 들어서 있다.
학년과정은 9~12학년, PG 과정이다.

학생분포
총 학생수는 416명이다. 학급당 평균 학생수는 15명으로 교사와 학생의 비율은 1 대 12이다. 학년별로 9학년 108명, 10학년 102명, 11학년 103명, 12학년 103명이 재학중이다. 한국, 일본, 대만, 러시아 등에서 온 유학생 38명이 재학중이다.

교과 과정
졸업학점은 20학점으로 한 학기당 5과목 이상을 이수해야 한다. 일 년에 4회 성적표가 발송된다. 시험성적에 따라 반을 편성하는데 성적 60점 이하인 경우에는 낙제 처리한다. PG 과정은 영어와 수학을 비롯하여 대학 진학에 필요한 과목을 중심으로 진행된다. 영어는 작문, SAT, 문학, 독서 등에 중점을 둔다. 4개 영역의 AP 과정과 Honor 과정 및 ESL 과정이 제공된다. TOEFL 수업도 있다.

입학 및 학비
성적증명서와 Standardized Test 점수와 면접 점수를 종합하여 입학을 결정한다. 평일 오전 8시부터 오후 4시 30분 사이에 방문하거나 전화를 이용하여 상담할 수 있다. 원서 마감일은 없으며 전형료는 50달러이다. 학비는 기숙사 사용에 따라 다르다. 주 5일제인 경우에는 1만 7,500달러, 주 7일제인 경우에는 2만 1,500달러이다.

주요 진학 대학
Albright College, Clarkson University, Fairleigh Dickinson University, Saint Joseph's College, University of Maine.
졸업생들이 기록한 SAT 총 평균점수를 영역별로 보면 언어영역은 475점, 수학영역은 535점이다. 총 평균점수가 1200점 이상인 졸업생은 전체의 6.2퍼센트였다.

연락처
입학 담당자 Clint M. Williams
Tel 207-487-2282 Fax 207-487-3512
E-mail : clintw@mci.mint.net
URL : http://www.mci-school.org

MARIANAPOLIS PREPARATORY SCHOOL

PO Box 368, 26 Chase Road
Thompson, Connecticut 06277-0368
학교장 Rev. Timothy J. Roth, Mic

1926년 Marians 모임에서 남자 기숙학교로
설립되었다. 1974년 주간에 한해 여학생을
받아들임으로서 남녀공학으로 바뀌었다. 여자
기숙사가 마련된 것은 1989년이다.
가톨릭대학 예비학교로 비신자들에게도 입학의
문이 열려 있다. Worcester 근처의 시골에 위치하고
있다. Boston에서는 1시간 가량, New York시에서
약 3시간 가량 떨어져 있다.
총면적 440에이커의 캠퍼스에 11개 동의 건물이
있다. 학년과정은 9~12학년, PG 과정이다.

학생 분포
총 학생수는 215명이며 기숙학생은 81명이다.
교사와 학생의 비율은 1 대 11이다.
학년별로 보면 9학년 42명, 10학년 55명, 11학년
64명, 12학년 51명, PG 과정 3명이다. 독일, 일본,
멕시코, 한국 출신의 외국인 학생은 60명이다.

교과 과정
졸업학점은 22학점으로 매년 6과목을 이수해야
한다. 학점은 1년간 한 과목에 평균 1점으로
계산된다. 성적은 A에서 F까지 구분하여 평가하며,
C⁻ 이하는 낙제 처리된다. 연 4회 성적표가
발송되지만, 낙제했다면 총 8회 발송된다.
3개 영역에 걸쳐 AP 과정이 개설되어 있다.
Honor 과정과 ESL 과정도 마련되어 있다.
ESL 과정은 상급, 중급, 초급반으로 나누어
진행한다.

입학 및 학비
SSAT나 STS 점수, 전학년 학업성적, 교사 추천서,
면접을 종합하여 결정한다.
입학 사무실은 평일 오전 8시부터 오후 4시까지
방문할 수 있다.
원서 마감일은 없으며 전형료는 25달러이다.
학비는 기숙사비를 포함하여 1만 6,425달러이다.

주요 진학 대학
Boston University, Clarkson College, College of the
Holy Cross, Rhode Island School of Design,
University of Connecticut, Worcester Polytechnic
Institute.
SAT 평균점수가 1090점, SAT 1200점 이상의
성적을 낸 졸업생은 전체의 20퍼센트였다.

연락처
입학 담당자 Stephanie S. Baron
Tel 860-923-1992 Fax 860-923-1884
E-mail : mpsadmissions@yahoo.com
URL : http://www.marianapolis.com

MARMION ACADEMY

1000 Butterfield Road
Aurora, Illinois 60504-9742
학교장 Rev. Basil Yender, OSB

1933년 가톨릭의 성 베네딕도 수도회 성직자들과 Marmion 수도원이 설립한 남학교이다. 가톨릭 세계관의 토대 위에서 진리 탐구와 학문 연구에 힘쓰고 있다. Chicago시 근처에 위치하며 총면적 325에이커에 달하는 캠퍼스에 5개 동의 건물로 되어 있다.
학년과정은 9~12학년이다.

학생분포
총 학생수는 475명이며 그 중 기숙학생이 80명이다. 학급당 평균 학생수는 24명으로 교사와 학생의 비율은 1 대 11이다. 학년별로 보면 9학년 140명, 10학년 126명, 11학년 119명, 12학년 90명이 재학중이다. 외국 유학생은 16명이다.

교과 과정
2학기제로 운영된다. 성적표는 1년에 4회 발송된다. 졸업학점은 24학점이다. 졸업을 위해서는 학점 취득 외에 사회봉사 활동 40시간을 수료해야 한다. 영어, 작문, 프랑스어, 스페인어, 라틴어, 서양 문화, 20세기 문학, 사회학, 경제학, 철학, 심리학, 기하학, 컴퓨터, 지질학, 동물학, 생물학 등 여러 분야의 과목이 제시된다. 필요한 경우에는 개인지도가 무료로 실시되며 컴퓨터나 과학, 음악 과목에서는 독립학습이 가능하다.
또 지도력을 기르기 위한 프로그램으로 JROTC, Leadership and Service Program이 있다. 신입생은 프로그램을 선택하기 전에 3주에 걸쳐 각각의 프로그램별로 오리엔테이션을 받는다.
AP 과정이 5개 영역에 걸쳐 마련되어 있으며 Honor 과정도 제공된다.

입학 및 학비
9~11학년에 입학이 가능하며 입학 여부는 전학년 학업 성적과 학교 추천서, SSAT 점수와 면접 성적을 고려하여 결정한다. 면접은 필수 사항이다. 정해진 원서 마감일은 없고 전형료는 50달러이다. 학비는 기숙사비를 포함하여 1만 2,500달러이고 입학금은 100달러이다.

주요 진학 대학
Benedictine University, Creighton University, Marquette University, Northern Inllinois University, University of Illinois, University of Nortre Dame.

연락처
입학 담당자 William J. Dickson Jr.
Tel 630-897-6936 Fax 630-897-7086
URL : http://www.marmion.org

MARVELWOOD SCHOOL

476 Skiff Mountain Road
Kent, Connecticut 06757-3001
학교장 Anne D. Scott

1957년에 설립된 남녀공학이다. 학생과 학생, 교사와 학생 사이가 마치 가족처럼 보일 만큼 우의가 두텁다. 학생들에게 성적과 학습에 대한 부담감을 덜어주고 자기 발전과 자기 목표에 충실할 수 있게끔 애쓴 결과이다. 재학생들이 다양한 배경을 가지고 있기 때문에 꽤 융통성 있는 교과 과정이 제공된다. 교사들은 학생들이 수업 내용을 어떻게 얼마나 이해하고 있는지, 성적이 얼마나 향상되는지에 대해 관심을 갖고 살펴본다. 기숙사 생활을 할 때 가능하면 같은 학년 학생끼리 룸메이트가 되도록 한다. 여름방학 동안에는 기숙사를 개방하지 않는다.
Hartford 근처 시골에 위치하고 있으며 면적 75에이커의 캠퍼스와 9개 동의 건물이 있다. 학년과정은 9~12학년이다.

학생분포
총 학생수 148명이다. 학급당 평균 학생수는 10명이며 교사와 학생의 비율이 1 대 5이다. 학년별로 보면 9학년 18명, 10학년 34명, 11학년 49명, 12학년 47명이 재학중이다. 외국인 유학생은 34명이다.

교과 과정
3학기제로 운영되며 매 학기말마다 교사의 소견서와 성적표가 학부모에게 발송된다. 또 학생 스스로 자기 평가서를 작성하고 학과 성적과 이후 학업 진행에 대해 지도교사와 상담한다. 특히 학업 수행 능력이 부족하다고 판단된 학생에게는 특별 프로그램이 적용된다. 이 프로그램에는 작문이나 독서, 듣기를 집중 탐구하고 수학 같은 경우에는 개념 정리부터 출발하도록 짜여져 있다. 졸업학점은 20학점이다.
Honor 과정과 ESL 과정이 있고 여름방학 기간에는 계절수업이 실시된다.

입학 및 학비
특별한 조건은 없지만 학업 수행능력이 현저히 떨어지거나 난독 증상이 있는 경우라면 입학은 힘들다. 성적증명서, 추천서 3통을 제출해야 하고, SSAT와 면접은 필수 사항이다.
원서 마감일은 없으며 전형료가 40달러이다.
학비는 기숙사비를 포함하여 2만 4,850달러이며, 입학금은 500달러이다.

주요 진학 대학
Clark University, Dean College, Hobart and William Smith College, Lake forest College, Northwestern University.
졸업생들의 SAT 평균점수는 920점이었다.

연락처
입학 담당자 Thomas O' Dell
Tel 860-927-0047 Fax 860-927-5325
E-mail : marvelwood.school@snet.net

THE MASTERS SCHOOL

49 Clinton Avenue
Dobbs Ferry, New York 10522
학교장 Pamela J. Clarke

1877년 여학교로 설립되었다가 1996년부터 남학생을 받아들이기 시작하여 현재는 남녀공학이다. 이 학교에는 네 가지 원칙이 있는데, 성실, 타인에 대한 고려, 협동과 책임감이다. 기숙사는 6개 동이며 독방과 2인 1실의 두 가지가 있다. 방학 기간과 국경일에는 기숙사를 폐쇄한다. New York시 근처에 있는 Dobbs Ferry에 있으며 Hartford와는 2시간, Boston과는 3시간 거리이다. 캠퍼스 면적은 96에이커로 9개 동의 건물이 있다. 학년과정은 6~12학년, PG 과정이다. 기숙사 생활은 8~12학년에 가능하다.

학생 분포

총 학생수는 384명이다. 학급당 평균 학생수는 12명으로 교사와 학생간 비율은 1 대 6이다. 학년별로 보면 9학년 65명, 10학년 68명, 11학년 84명, 12학년 69명이 재학중이다. 대부분이 동북부 지역 출신이다. 외국 유학생은 55명이며 그 중 한국인은 12~15명 정도이다.

교과 과정

3학기제이며, 10주 단위로 학기가 구분된다. 전공 과목과 일반과목이 있는데, 전공과목은 1주일에 5번, 일반과목은 2~3번 수업을 받도록 되어 있다. 14개 영역에 걸쳐 AP 과정과 Honor 과정 및 ESL 과정이 개설되어 있다. 10학년 가운데 선발된 학생들은 스위스 Zermatt에서 한 학기동안 공부할

수 있다. 영국과 러시아에도 교환학생으로 갈 수 있다. 그밖에 English Exchange Program, Special Wiednesday, Winter Program 등의 프로그램도 마련되어 있다.

입학 및 학비

성적증명서, 추천서 2통, ISEE나 SSAT 점수를 제출해야 한다. 영어권 이외의 지역에서 온 학생은 교내에서 치르는 SSAT, English Placement 시험을 보아야 한다. 입학 사무실은 오전 8시부터 오후 4시까지 개방되어 있다. 원서 마감일은 없으며 전형료는 40달러이다. 학비는 기숙사비를 포함하여 2만 3,900달러이고 입학금은 300달러이다.

주요 진학 대학

Boston University, Mount Holyoke College, New York University, Smith College, University of Maryland, Wesleyan University. 졸업생들 가운데 SAT 총 평균점수 1200점 이상은 35퍼센트이다.

연락처

입학담당자 William Andres and Susan Hendricks
Tel 914-693-1400 Fax 914-693-1230
E-mail : admissions@email.themastersschool.com
URL : http://www.themasterschool.com

MAUR HILL PREP SCHOOL

1000 Green Street
Atchison, Kansas 66002
학교장 Patrick Cairney

1919년에 설립되었다. 가톨릭의 성 베네딕트
수도회 수도사들이 운영하는 남학교이다. 진리
추구와 학문 전수가 학교 교훈이다. 자매 학교인
여학교가 있으며 과외활동이나 사회활동, 문화행사
등에 함께 참여한다. Kansas 근처의 작은 마을에
위치하고 있다. 캠퍼스의 면적은 150에이커로서
7개 동의 건물로 되어있다.
학년과정은 9~12학년이다.

학생분포
총 학생수는 188명이며 기숙학생은 105명이다.
학년별로 9학년 50명, 10학년 42명, 11학년 56명,
12학년 40명이 재학하고 있다.
외국인 유학생은 60명이다.

교과 과정
졸업학점은 22학점이며 1년에 8과목을 이수해야
한다. 가톨릭 신자인 학생들은 4년 동안 종교
프로그램을 수강해야 한다. 그러나 11학년이 되면
신자이건 비신자이건 구분없이 모두 종교과목을
이수해야 한다. 대학 진학을 원하면 외국어 과목을
2년 이상 수강해야 한다. 교과 과정과 진도는
학생의 실력에 따라 조절하는데 고등학교 수준을
넘어서는 경우도 있다. 낙제 과목이 2개
이상이거나 C⁻ 이하가 3개 이상인 학생은 별도로
교사의 지도를 받지만 그래도 성적이 향상되지
않을 때(모든 과목이 C⁻ 이상이 아닌 경우)에는
퇴학시킨다. 외국인 유학생을 위한 프로그램으로

English Language Program과 ESL 과정이 함께
개설되어 있다.

입학 및 학비
면접 외에 별다른 서류나 시험 조건들은 없다.
성격이 곧고 올바른 품성의 학생을 환영하지만
성적이 지나치게 하위권이면 입학이 어렵다.
원서 마감일은 9월 12일이며 전형료는 25달러이다.
학비는 기숙사 사용에 따라 다르다.
주 5일제인 경우에는 9,000달러이며,
주 7일제인 경우에는 1만 800달러이다.
입학금은 256~350달러이다.

주요 진학 대학
Benedictine College, Kansas State University,
Rockhurst University, University of Kansas.

연락처
입학담당자 Mr. Michael McGuire
Tel 913-367-5482 Fax 913-367-5096
E-mail : maurhill@maurhill.com
URL : http://www.maurhill.com

THE MCCALLIE SCHOOL

500 Dodds Avenue
Chattanooga, Tennessee 37404
학교장 Spencer J. McCallie III

1905년 McCallie 형제에 의해 설립된 남학교이다. 학문 연구와 대입 준비에 충실하다. 기독교 세계관 위에 세워진 학교인 만큼 진실성을 강조하고 있다. 학생들이 훌륭한 인격자로서 사회에 영향을 줄 수 있는 인재로 성장할 조건을 마련해 주고자 노력한다. Atlanta 근처에 있으며 100에이커의 캠퍼스에 15개 동의 건물이 있다. 학년과정은 7~12학년이며, 기숙사 생활은 9학년부터 가능하다.

학생분포

총 학생수는 783명이며 기숙학생은 225명이다. 학급당 평균 학생수는 15명으로 교사와 학생의 비율은 1 대 8이다. 학년별로 보면 9학년 135명, 10학년 162명, 11학년 153명, 12학년 158명이 재학하고 있다.

교과 과정

2학기제로 운영되며 학기별 수업일수는 18주이다. 졸업학점은 20학점이다. 1년에 5과목 이상 이수해야 한다. 미술, 영어, 기악, 성악, 컴퓨터 프로그래밍, 경제학, 종교, 역사 등이 선택과목이다. 연령과 실력에 따라 반을 편성하여 수업을 진행한다. 여름방학에는 8학년~11학년 기숙학생을 대상으로 계절수업이 진행된다. 미국사, 생물학, 미적분학, 영어, 프랑스어, 컴퓨터 등 14개 영역에 걸쳐 AP 과정이 개설되어 있다. Honor 과정과 ESL 과정이 개설되어 있다.

입학 및 학비

인종이나 종교, 국적의 차별없이 선발한다. ISEE, SSAT와 면접은 필수 사항이다. 학교 방문은 평일 8시에서 5시까지 가능하며 여름방학 중에는 오전 8시 30분부터 오후 4시 30분까지 가능하다. 입학을 희망하는 학생과 학부모를 위해 Visitor's Days가 11월, 1월, 4월의 3회에 걸쳐 열린다. 이 기간 동안 학교에 대한 자세한 안내와 정보를 얻을 수 있다. 원서 마감일은 없으며 전형료는 25달러이다. 학비는 기숙사비를 포함하여 2만 2,350달러이며 입학금은 200~400달러이다.

주요 진학 대학

Furman University, Southern Methodist University, University of Georgia, University of Tennessee, University of Virginia, Vanderbilt University. SAT 총 평균점수가 1200점 이상인 졸업생은 전체의 35퍼센트였다.

연락처

입학 담당자 Steven B. Hearn
Tel 423-624-8300 Fax 423-629-2852
URL : http://www.mccallie.org

MCDONOGH SCHOOL

PO Box 380
Owings Mills, Maryland 21117-0380
학교장 W. Boulton Dixon

1873년에 설립된 남녀공학이다. 가난한 학생들에게 교육의 기회를 제공하기 위해 McDonogh가 기증한 재산으로 시장과 시의회가 주체가 된 학교이다. 교육 내용 역시 이러한 방향에 맞추어 교육받은 내용을 사회에 환원시키는 인재 양성에 중점을 두고 있다. Baltimore 중심가로부터 30분, Washington D.C.에서 1시간 걸린다. 총면적 800에이커의 캠퍼스에 건물 6개 동이 있다. 학년과정은 유치원 과정부터 12학년 과정까지 있고 9~12학년에 한해 기숙사 생활이 가능하다.

학생분포

총 학생수는 1,233명이며 기숙학생은 90명이다. 학급당 평균 학생수는 15명이다. 학년별로 보면 9학년 138명, 10학년 135명, 11학년 131명, 12학년 129명이 재학중이다.

교과 과정

졸업학점은 20학점이다. 1년에 4과목 이상을 이수해야 하며, 영어는 필수과목이다. 또 봉사활동 40시간을 이수해야 한다. 봄학기와 가을학기에는 기말시험이 실시되고 겨울학기말 시험은 선택해서 치를 수 있다. 또 여름 기간에는 다양한 프로그램이 마련되어 있는데, 다른 학교의 학생들도 참가가 가능하다. 말타기 훈련을 하는 Riding Department도 있고 한 달 동안 유럽 여행을 하는 McDonogh Abroad도 있다.

16개 영역의 AP과정이 개설되어 있으며 Honor 과정도 있다.

입학 및 학비

ISEE와 성적증명서를 제출한다. 학교 방문과 면접은 필수 사항으로 평일 오전 8시 30분부터 오후 2시 30분 사이에 가능하다. 원서 마감일은 1월 15일이며 전형료는 45달러이다. 학비는 주 5일제 기숙사비를 포함하여 1만 7,450달러이며, 입학금은 110~220달러이다.

주요 진학 대학

Emory University, THe George Washington University, University of Delaware, University of Maryland, College Park, University of Virginia, Washington University in St. Louis.
졸업생들 가운데 SAT 총 평균점수가 1200점 이상은 67퍼센트였다.

연락처

입학 담당자 Amy Thompson,
Tel 410-581-4719 Fax 410-581-4777
E-Mail : admissions@mcdonogh.com
URL : http://www.mcdonogh.com

MERCERSBURG ACADEMY

300 East Seminary Street
Mercersburg, Pennsylvania 17236-1551
학교장 Douglas Hale

1893년 W.M. Irvine 박사가 설립했다.
설립 당시에는 남학교였으나 1969년부터 여학생의
입학을 허용하여 1971년부터 남녀공학이 되었다.
Eseter, Andover, St. Paul's에서 후원하는 School
Year Abroad의 준회원이다.
Washington D.C. 근처의 시골에 자리잡고 있다.
Philadelphia에서는 3시간 거리에 있다.
300에이커의 캠퍼스에 18개 동의 건물이 있으며
시설이 뛰어난 운동시설이 많다.
학년과정은 9～12학년, PG 과정이다.

학생분포
총 학생수는 390명이며 기숙학생은 350명이다.
학급당 평균 학생수는 13명으로 교사와 학생의
비율은 1 대 6이다. 학년별로 보면 9학년 61명,
10학년 86명, 11학년 133명, 12학년 97명, PG 과정
13명이 재학중이다. 외국인 유학생은 66명이다.

교과 과정
3학기제로 성적표는 5주마다 발송된다.
졸업학점은 61학점이다. 학생들의 성적과 수준을
기준으로 반을 편성하는 것을 원칙으로 하고 있다.
신입생들도 마찬가지로 입학할 때 치른 수학과
외국어시험 결과에 따라 반을 편성한다. 12학년이
되면 독립 프로젝트를 할 수 있다.
성적이 우수한 학생들을 위해
15개 영역의 AP 과정이 설정되어 있다.
Honor 과정과 ESL 과정도 있다.

입학 및 학비
SSAT점수와 성적증명서, 추천서 등을 제출해야
한다. 면접을 통해 지원하는 학생의 성격과 품행,
과외활동에 대한 관심과 적응력을 판단하여
입학 여부를 결정한다.
전화 상담이나 방문 상담은 언제든지 가능하다.
원서 마감일은 2월 10일이며 전형료는 30달러이다.
학비는 주 7일제 기숙사비를 포함하여
2만 3,500달러이며, 입학금은 175달러이다.

주요 진학 대학
Brown University, Carnegie Mellon University,
Gettysburg College, Stanford University, United
States Naval Academy, University of Virginia.
SAT 총 평균점수에서 언어영역 600점, 수학영역
606점을 기록했다.

연락처
입학 담당자 Gordon D. Vink Jr.
Tel 800-772-2874 Fax 717-328-9027
E-mail : admission@mercersburg.edu
URL : http://www.mercersburg.edu

MILLBROOK SCHOOL

School Road
Millbrook, New York 12545
학교장 Drew Casertano

1931년에 설립된 남녀공학이다.
교사와 학생 관계가 친밀하다는 사실과
지역사회에서 벌인 봉사활동으로 지역 주민들
사이에서 인지도가 높다.
총면적 466에이커에 달하는 캠퍼스에 68개 동의
건물이 있다. 학생회관, 매점이나 스낵바 외에
소극장이 마련되어 있다.
학교 주위의 자연환경은 교사와 학생에게 학습장
또는 휴식 환경을 마련해 준다.
기숙사는 7개 동이며, 국경일과 방학 중에는
폐쇄된다.
학년과정은 9~12학년이다.

학생분포

총 학생수는 227명이며 기숙학생은 180명이다.
학년별로 보면 9학년 38명, 10학년 66명, 11학년
69명, 12학년 54명이 재학중이다.
캐나다, 독일, 일본, 한국 출신의 외국인 유학생
22명이 재학중이다.

교과 과정

매년 5개 과목 이상을 이수해야 한다. 교과목 중
읽기와 작문에 많은 비중을 두고 있다. 영어, 수학,
과학, 역사, 사회과학, 예술 등은 선택과목이다.
11개 영역에 걸쳐 AP 과정이 마련되어 있고
Honor 과정도 함께 개설되어 있다.
1993년부터 여름방학 동안 학과 수업과 함께
운동 프로그램이 실행되고 있다.

입학 및 학비

학업 성적, 시험 결과, 교사 추천서, 학생의 성격
등을 총괄하여 결정한다. 따라서 특히 ISEE, SSAT와
면접은 필수 사항이다.
입학 결정은 주로 3월 초에 이루어지지만 별도로
원서 마감일을 정해놓지 않고 있다.
전형료는 35달러이다.
학비는 기숙사비를 포함하여 2만 4,050달러이며,
입학금은 300달러이다.

주요 진학 대학

Amherst College, Boston University, Hamilton
College, Skidmore College, Trinity College,
Wheaton College.

연락처

입학담당자 Cynthia S. McWilliams
Tel 914-677-8261 Fax 914-677-8598
E-mail : admissions@millbrook.org
URL : http://www.millbrook.org

MILTON ACADEMY

170 Centre Street
Milton, Massachusetts 02186
학교장 Edwin P. Fredie

1898년에 설립된 남녀공학이다. 미국 최고 명문 중에 하나로 손꼽힌다. 그러나 학생 가운데 동양인이 별로 없어서 한국 유학생들이 적응하기에는 다소 어려우며 입학을 허가 받기도 쉽지 않다. 학생들의 창조적인 정신과 독립적인 판단력을 갖추도록 많은 주의를 기울이고 있다. Boston 근처 Milton 시에 있다. 125에이커 넓이의 캠퍼스 속에 16개의 건물이 세워져 있다. 학년과정은 유치원 과정에서 12학년까지이며 기숙사 생활은 9학년부터 가능하다.

학생 분포

총 학생수는 985명이며 기숙학생이 285명이다. 교사와 학생의 비율이 1 대 5이다. 학년별로 9학년 146명, 10학년 171명, 11학년 180명, 12학년 171명이 재학중이다.

교과 과정

2학기제로 운영되며 9월 초에 개강, 6월 초에 종강이다. 졸업학점은 18학점 이상으로, 보통 한 학기당 5과정을 수강하며 능력에 따라 선택할 수 있다. 그 가운데 영어 4년, 역사 2년, 과학 2년, 예술 1년, 제2외국어 등은 필수 과목이다. 독립학습이 가능하다. 9학년과 특별지도가 필요한 학생은 오후에 자율 학습을 해야 한다. 11학년 학생들은 가을이나 겨울 학기 가운데 한 학기 동안 Vermont 주 Vershire에서 개최되는 Mountain School Program에 참여한다. 12학년 학생들은 5주간

독립프로젝트를 수행한다. 런던, 파리, 마드리드, 베이징에서 공부할 수 있는 교환학생 제도도 있다. 11개 영역에 AP 과정이 있으며 Honor 과정도 개설되어 있다.

입학 및 학비

입학 원서와 함께 성적증명서, 교사 추천서, 에세이 2개를 제출해야 한다. ISEE(7학년 입학) 또는 SSAT(9~11학년 입학)는 필수이며 면접도 반드시 받아야 한다. 원서 마감일은 2월 1일이며 전형료는 40달러이다. 학비는 기숙사비를 포함하여 2만 4,930달러이며, 입학금은 250~400달러이다.

주요 진학 대학

Brown University, Columbia University, Harvard University, Middlebury College, University of Pennsylvania, Yale University. 졸업생들의 SAT 총 평균점수는 1330점으로 높은 편이며, SAT 평균점수가 1200점 이상인 경우가 82퍼센트이다.

연락처

입학 담당자 Christine H. Baker
Tel 617-898-2224 Fax 617-989-1701
E-mail : admissions@milton.edu
URL : http://www.milton.edu

MISS HALL'S SCHOOL

492 Holmes Road
Pittsfield, Massachusetts 01202
학교장 Jean K. Norris

1898년에 설립된 여학교이다. 실제로는 1800년에
설립되었지만 Hinsdale Hall이 교장으로 취임한
해인 1898년을 학교 설립연도로 삼는다.
Massachusetts주에서 최초로 설립된
여자 기숙학교이다. 폭넓은 교양과 훌륭한 인격을
지닌 여성 지도자 양성을 위해 노력한다.
Albany, New York 근처에 위치한다.
캠퍼스의 면적은 80에이커로 건물 6개 동이 있다.
학년과정은 9~12학년, PG 과정이다.

학생분포
총 학생수는 130명이다. 학급당 평균 학생수는
8명으로 교사와 학생의 비율은 1 대 8이다.
학년별로 보면 9학년 19명, 10학년 30명, 11학년
40명, 12학년 41명이다.
에콰도르, 독일, 일본, 한국, 멕시코, 대만 출신의
외국인 유학생은 24명이다.

교과 과정
3학기제로 성적표는 매 학기말에 발송된다.
졸업학점은 18학점이다. 학생들에게 많이
가르치기보다는 깊이 있게 가르치는 데에 중점을
두고 있다. 시각미술, 연극, 음악 등 표현예술을
통해 자신을 계발하도록 유도한다. 또 읽기나 쓰기,
수학 등에서 뒤떨어지는 학생들을 위한
보충교육을 실시한다.
7개 영역에 걸쳐 AP 과정이 설정되어 있으며
Honor 과정과 ESL 과정도 제공된다.

입학 및 학비
성적증명서와 교사 추천서 외에 SSAT 결과를
반드시 제출해야 한다. 제출 서류의 내용들과
학생의 능력과 성격, 학습태도 등을 종합하여
판단한다. 따라서 면접은 입학 결정에 크게
작용한다. 원서 마감일은 따로 정해져 있지 않으며
전형료는 35달러이다.
학비는 기숙사비를 포함하여 2만 4,000달러이다.
등록금은 7월과 12월에 나누어 납부하거나 매월
분납하는 것도 가능하다. 형편이 어려운
학생들에게는 학비 보조금이 지급된다.

주요 진학 대학
Hobart and William Smith College, Northeatern
University, The College of Wooster, Trinity College,
Yale University, University of Massachusetts
Amberst.

연락처
입학 담당자 Elaine R. Cooper
Tel 800-233-5614 Fax 413-448-2994
E-mail : info@misshalls.org
URL : http://www.misshalls.org

MISS PORTER'S SCHOOL

60 Main Street
Farmington, Connecticut 06032
학교장 Burch Tracy Ford

1843년 대학 진학을 목표로 설립된 여학교이다.
Hartford 근처 Farmington에 위치하고 있으며 학교
주변으로 강과 숲이 우거져 자연을 즐기며 공부할
수 있는 전원적인 교육환경을 갖고 있다.
학년과정은 9~12학년이다.

학생분포
총 학생수는 295명이며 기숙학생은 205명이다.
교사와 학생 비율은 1 대 8이다. 학년별로 9학년
57명, 10학년 78명, 11학년 77명, 12학년 83명이
재학중이다. 외국인 유학생은 33명이다.

교과 과정
졸업학점은 16학점이다. 1년에 5과목 정도를
이수해야 한다. 성적표는 일 년에 5회 발송된다.
교사들은 학생들의 교과에 대한 이해도를 높이고
응용력을 기르는데 초점을 맞추어 수업을
진행한다. 자격을 갖추었다고 판단되면 개인
프로젝트나 해외 유학 프로그램에 참가할 수 있다.
11~12학년이 되면 자신이 원하는 분야에서
인턴으로 일할 수 있다. 특히 12학년 학생들에게는
가을 또는 봄학기 동안 Chewonki Foundation에서
주관하는 Maine Coast Semester Program에 참가할
기회가 주어진다. 18개 영역에 걸쳐 AP 과정이
개설되어 있고 Honor 과정과 ESL 과정도 있다.

입학 및 학비
성적증명서, 교사 추천서와 함께 SSAT 결과를
제출해야 한다. SSAT는 필수적인 것으로 취급된다.
또 반드시 면접을 거쳐야 하는데 면접을 통해
학생의 능력과 품행 등을 파악하고 입학 여부를
결정짓는다.
원서 마감일은 2월 1일이며 전형료는 35달러이다.
학비는 기숙사비를 포함하여 2만 4,250달러이며
입학금은 575~820달러이다.
수업료 납부는 7월과 12월에 두 번 나누어 낼 수도
있고 매달 나누어 낼 수도 있다.

주요 진학 대학
Brown University, Cornell University, Georgetown
University, Haverford College, Kenyon College,
Welleskey College.
졸업생들의 SAT 총평균점수는 1190점이다.
평균점수가 1200점을 넘는 학생이 전체의
55퍼센트였다.

연락처
입학 담당자 Rebecca B. Ballard
Tel 860-409-3530 Fax 860-409-3535
E-mail : admissions@mps.pvt.k12.ct.us
URL : http://www.missporters.org

OAK CREEK RANCH SCHOOL

1165 Willow Point Road
Cornville, Arizona 86325
학교장 David Wick

1972년에 설립된 남녀공학이다. 세계 각지에서 모여든 청소년을 위해 조직적인 환경을 제공해준다. 교육 방향 또한 책임의식이 뚜렷하며 독창적인 사고방식을 지닌, 자기 자신과 타인을 존중할 줄 아는 인격체로 만들어 가는 데 역점을 둔다. 학생들에게 적용되는 규율도 자율과 엄격함이 조화를 이루고 있다.
기상시간은 오전 6시 30분이며 학과 수업과 체육시간, 과외활동 시간을 가진 후에 적어도 9시까지는 기숙사로 돌아와야 한다.
Phoenix시 근처에 위치하고 있다.
학년과정은 6~12학년, PG 과정이다.

학생분포
전체 학생수가 87명이다. 학급당 평균 학생수는 9명이며 교사와 학생의 비율은 1 대 8이다. 학년별로 보면 9학년 14명, 10학년 21명, 11학년 15명, 12학년 20명이 재학중이다. 중국, 일본, 한국, 태국, 필리핀 출신의 외국인 유학생은 14명이다.

교과 과정
체육을 제외한 학과에서 20학점을 이수해야만 졸업할 수 있다. 2학기제로 운영되며 성적표는 6주마다 발송된다. 입학생의 경우에는 입학 후 4주가 지나 학부모에게 학생의 학교생활과 진도 등에 대해 평가서가 전달된다. 성적이 부진한 경우에는 특별지도를 받도록 되어 있고 학생의 학력 수준에 맞추어 진행된다.

Honor 과정과 외국인 학생을 위한 ESL 과정이 개설되어 있다.

입학 및 학비
입학원서와 함께 건강기록, 각종 시험성적 등을 제출해야 한다. 면접은 학생의 품행과 성격 등을 파악하는 데 필요하다. 이런 내용들은 모두 입학 여부 결정에 기준으로 작용한다.
원서 마감일은 따로 없으며 전형료는 200달러이다. 학비는 기숙사비를 포함하여 2만 달러이며, 입학금은 200~2,000달러이다.

주요 진학 대학
Fort Lewis College, Harymont College, Montana State University, Northern Arizona University, Santa Monica College, University of Portland.
SAT 평균점수는 900점이고 SAT 총 평균점수가 1200점 이상이 3퍼센트였다. 수학영역에서 평균 600점 이상은 4퍼센트를 차지했다.

연락처
입학담당자 Jay Wick
Tel 520-634-5571 Fax 520-634-4915
E-mail : headmaster@ocrs.com
URL : www.ocrs.com

OJAI VALLEY SCHOOL

723 El Paseo Road
Ojai, California 93023
학교장 Michael Hall-Mounsey

1911년에 설립된 남녀공학이다. 학생들의 안전이 보장된 조건 하에서 전통 있는 내용으로 교육이 이루어져야 한다는 철학을 기본으로 삼고 있다. 현재 학생들에게 적용되는 교과 과정들도 다재다능한 인물을 기른다는 방향으로 맞춰져 있다. 체육, 승마로부터 견학 여행에 이르기까지 선택의 폭이 넓다.
Los Angeles 근처의 시골에 위치하고 있다. 학년과정은 유치원 과정부터 12학년 과정까지 있다.

학생 분포
총 학생수는 330명이며 기숙학생은 175명이다. 학급당 평균 학생수는 12명이며 교사와 학생의 비율은 1 대 5이다. 학년별로 보면 9학년 22명, 10학년 37명, 11학년 26명, 12학년 26명이다. 외국인 유학생 38명이 재학중이다.

교과 과정
영어 4년, 제2 외국어 2년, 역사 3년, 수학 3년, 과학실험 2년, 예술 1년 등을 필수로 이수해야 한다. 한 학기당 평균 5학점을 이수해야 하며 졸업학점은 17학점이다. 2주에 한 번씩 학생들의 학업 성취도를 점검하여 학부모에게 통보한다. 8개 영역에 걸쳐 AP 과정을 밟을 수 있으며 Honor 과정과 ESL 과정도 개설되어 있다. 정규 과정 외 학습 프로그램으로 New York, Washington D.C., Houston Space Center로

단기여행을 떠나기도 하며 Mexico City에 있는 자매 학교를 방문하기도 한다.

입학 및 학비
학업 성적, 추천서, 면접과 SSAT 점수(기타 다른 입학시험 점수를 제출해도 상관없다)를 기준으로 입학 여부를 판단한다.
외국 유학생의 경우 TOEFL은 필수이다.
원서 마감일은 없으며 전형료는 50달러이다.
학비는 기숙사비를 포함하여 2만 5,700달러이며 입학금은 1,195달러이다.

주요 진학 대학
Brandeis University, Syracuse University, The George Washington University, University of Califronia, Santa Barbara University of Southern California, Whittier College.
졸업생들의 SAT 평균점수는 1121점이었다.

연락처
입학담당자 John H. Williamson
Tel 805-646-1423   Fax 805-646-0362
E-mail : admit@ovs.org
URL : http://www.ovs.org

OLDFIELDS

1500 Glencoe Road
Glencoe, Maryland 21152
학교장 Dr. Kathleen Jameson

1867년에 설립된 여자 기숙학교이다. 학생들이
지적, 도덕적, 사회적으로 올바르게 성장할 수
있도록 이끌어주면서 가족적인 분위기를 유지하는
학교이다. 각자 자신의 능력을 개발하고 충분히
발휘할 수 있게끔 지도해 준다.
Baltimore 근처의 시골에 자리잡고 있다.
캠퍼스 면적은 200에이커로 건물은 4개 동이 있다.
학년과정은 8~12학년까지이다.

학생 분포

총 학생수는 189명이며 그 중 기숙학생은
147명이다. 학급당 평균 학생수는 8명으로 교사와
학생의 비율은 1 대 4이다. 학년별로 보면 8학년
18명, 9학년 31명, 10학년 48명, 11학년 46명, 12학년
46명이다. 외국인 유학생 23명이 있다.

교과 과정

2학기제로 운영된다. 중간고사와 기말고사를
치르며, 성적표는 1년에 4회 부모에게 발송된다.
졸업학점 19학점으로 학기당 5과목을 이수해야
한다. 모든 과목은 학생의 학습 능력에 맞춰
A, B반으로 나누어 진행한다. 외국인 학생들은
SLEP 성적에 따라 반을 편성하게 된다.
5월 학기 중간에 3주 정도 해외연수나 자기 관심
분야에 대한 연구활동을 할 수 있다.
외국인 학생을 위한 ESL 과정과 TOEFL 준비반이
개설되어 있다. 또 미국 문화와 사회, 역사에 대한
이해를 높이기 위한 American Studies를 진행한다.

입학 및 학비

성적증명서, 교사 추천서와 ISEE, SSAT 또는 WISC
점수를 제출해야 한다. ISEE, SSAT 또는 WISC와
면접은 필수 사항이다.
학교 방문은 가능하면 가을학기중 오전 8시에서
오후 2시 사이에 하는 게 좋다. 만일 학교 방문이
어렵다면 전화로 면접을 치를 수도 있다.
외국인 유학생들은 에세이, TOEFL 또는 SLEP 시험
결과를 제출해야 한다.
원서 마감일은 3월 1일이며 전형료는 35달러이다.
학비는 기숙사비를 포함하여 2만 5,100달러이다.

주요 진학 대학

Carnegie Mellon University, Guilford College,
Hollins College, New England College, Reed
College, University of Vermont.

연락처

입학담당자 Kimberly Caldwell
Tel 401-472-4800 (ext 208) Fax 410-472-6839
E-mail : caldwellk@oldfields.pvt.k12.md.us
URL : www.oldfieldsSchool.com

THE OXFORD ACADEMY

1393 Boston Post Road PO Box 685
Westbrook, Connecticut 06498-0685
학교장 Philip H. Davis

1906년에 Dr. Joseph M. Weidberg가 세운 남학교로
학습 능력이 다소 떨어지는 학생들을 위한
고등학교이다. 기대치보다 낮은 성적을 올리는
것은 일반적인 학습방법으로는 재능과 학습능력을
제대로 발휘하지 못한다고 여겨서 학생 스스로
생각하고 연구하고 학습하고 발표하도록 하는
교육방법을 반영시키고 있다.
New Haven시 가까이 위치한다.
총면적 13에이커의 캠퍼스에 건물 8개 동이 있다.
학년과정은 9~12학년, 그리고 PG과정이다.

학생분포

극소수 정원제로 운영되고 있다. 학년별로 보면
9학년 2명, 10학년 7명, 11학년 14명, 12학년
14명이다. PG과정에 2명이 재학중이다.
Connecticut, Florida, Massachusetts주 출신 학생이
많다. 외국인 유학생들은 프랑스, 필리핀, 한국,
사우디아라비아 출신들이다.

교과 과정

개인별 능력에 따른 학습을 학생일대 한 사람에
교사 한 사람이 담당하는 것을 기본으로 한다.
교육 프로그램 역시 개인별 특성과 능력에 맞춰
짜여진다. 고등학교 및 졸업 후에 필요한 과목으로
되어 있다. 즉, 영어, 수학, 과학, 사회 및 외국어
영역의 여러 과목들이 제시된다. 그 외에 개인별로
필요하다고 판단되는 부분, 즉 읽기나 작문,
ESL 과정 등에 대해서는 특별지도가 진행된다.

여름방학과 겨울방학 기간에는 계절수업이
실시된다.

입학 및 학비

학습능력이 부족하거나 미국 대학에 진학하기를
희망하는 14~20세의 남학생이라면 입학이
가능하다. 그러나 학습능력이 크게 뒤떨어진다면
곤란하다. 서류 제출과 면접으로 입학을 결정한다.
원서 접수 기간은 따로 정해져 있지 않으며,
전형료는 160달러이다. 학비는 주 7일간제
기숙사비를 포함하여 3만 6,450달러이다.

주요 진학 대학

College of Charleston, Hanover College, Louisiana
State Uni., Lynn Uni., Savannah College of Art and
Design, The University of Arizona.
SAT 평균점수 1200점 이상을 기록한 학생이 전체
졸업생의 30퍼센트였다.

연락처

입학 담당자 Sonia M. Varley
Tel 860-399-6247 Fax 860-399-6805
E-mail : oxacadmi@connix.com
URL : http://www.oxfordacademy.pvt.k12.ct.us

THE PEDDIE SCHOOL

South Main Street
Hightstown, New Jersey 08520
학교장 Thomas A. DeGray

1864년에 교회 병설 학교로 설립된 남녀공학이다.
지금은 교회와 관련없지만 그 영향으로 일 주일에
두차례 예배 시간을 갖는다. 각자 지닌 능력의 한도
내에서 최상의 학업 성과를 달성한다는 것이 주요
교육방침이다. Trenton 근처 Hightstown에
위치하고 있으며 280에이커의 캠퍼스에 35개 동의
건물들과 호수, 숲, 운동장 등이 있다.
학년과정은 8~12학년, PG 과정이다.

학생 분포
총 학생수는 503명이며 기숙학생은 320명이다.
통학생은 주로 학교 가까이의 Hightstown을 비롯,
크랜베리, 프리홀드, 뉴브런스윅, 프린스턴 등에
거주한다. 학급당 평균 학생수는 12명으로 교사와
학생의 비율은 1 대 6이다.
학년별로 보면 8학년 28명, 9학년 91명, 10학년
111명, 11학년 135명, 12학년 117명, PG 과정 21명이
재학중이다. 외국인 유학생은 61명이다.

교과 과정
3학기제로 운영되며 졸업학점은 47학점이다.
성적표는 매 학기 중간과 학기말에 발송된다.
8학년은 9학년 이상의 고등학교 교육에 대비하는
수업을 진행한다. 질문이나 의사표현 등 학생들의
적극적인 수업 참여를 위해 소수 인원으로 반을
편성하고 있다.
영어, 생물학, 화학, 서양사, 미국사, 프랑스어 등
여러 과목에 걸쳐 AP 과정이 마련되어 있고

Honor 과정과 ESL 과정도 개설되어 있다.
독립학습 프로그램을 운영하며 12학년 학생에게는
봄학기 동안 교외 프로젝트에 참가할 기회가
제공한다.

입학 및 학비
9학년 입학이 대부분이다. 성적증명서, 교사
추천서, SSAT 또는 College Board 적성검사 결과를
제출해야 한다. ISEE 또는 SSAT는 필히 준비해야
한다. 면접도 반드시 받아야 한다. 학교 방문 및
면접은 평일 오전 9시부터 오후 3시 사이에
가능하다. 마감일은 없으며 전형료는 40달러이다.
학비는 기숙사비를 포함하여 2만 4,750달러이다.

주요 진학 대학
Cornell University, Harvard University, Princeton
University, United States Naval Academy, University
of Pennsylvania, Yale University.
졸업생들의 SAT 평균점수는 1240점으로 평균이
1200점을 넘은 학생은 전체의 65퍼센트였다.

연락처
입학 담당자 Michael Gary
Tel 609-490-7500 Fax 609-448-5498
E-mail : mgary@peddie.org
URL : http://www.peddie.org

THE PENNINGTON SCHOOL

112 West Delaware Avenue
Pennington, New Jersey 08534-1616
학교장 Lyle D. Rigg

1838년 New Jersey의 감리교연합에서 설립한 학교로 남녀공학이다. 학생들의 도덕성 발달과 정신적인 성숙을 돕는다는 것을 교육목적으로 삼고 있다. 교육방향의 기본은 학생들마다 고유하게 가지고 있는 개성을 존중하면서 지, 덕, 체가 조화롭게 어우러진 인격체로 성장하는 것을 돕는 데 있다.
Philadelphia에서 1시간 걸리는 작은 마을에 위치하고 있다. New Jersey주의 Princeton이나 Trenton에서 10분 정도 떨어져 있다.
54에이커의 캠퍼스에 17개 동의 건물로 되어 있고 기숙사는 7개 동이다.
학년과정은 6~12학년이며 기숙사 생활은 7학년부터 가능하다.

학생분포
총 학생수는 392명이며 기숙학생은 125명이다. 학급당 평균 학생수는 13명으로 교사와 학생의 비율은 1 대 9이다. 학년별로 9학년 86명, 10학년 78명, 11학년 76명, 12학년 82명이 재학중이다. 외국인 유학생은 48명이다.

교과 과정
3학기제로 학부모, 학생, 교사가 참석하는 회의를 첫 학기 중간과 2학기 중간에 갖는다. 졸업학점은 25학점이다. 보통 하루에 6과목을 수업을 받는다. 매일 오후마다 자율학습 시간을 갖고 기숙학생들은 밤에도 자율학습을 갖는다. 학습

능력이 부족한 학생들을 위해 Center for Learning과 외국인 학생들을 위해 International Student Program이 마련되어 있다. 학교 생활이나 성적 등에 관한 고민은 언제든 지도교사와 상담을 할 수 있다. 10개 영역의 AP 과정이 있으며 Honor 과정과 ESL 과정이 개설되어 있다.

입학 및 학비
성적증명서, 교사 추천서와 교내 시험이나 SSAT 점수를 제출해야 한다. SSAT(또는 교내 시험)와 면접은 반드시 치러야 한다. 원서 마감일은 없지만 입학 6개월 전까지 원서를 접수시켜야 한다. 전형료는 40달러이다.
학비는 기숙사비를 포함하여 2만 3,750달러이며 입학금은 550~725달러이다.

주요 진학 대학
American University, Amherst College, Lehigh University, Princeton University, Syracuse University.

연락처
입학담당자 Diane P. Monteleone
Tel 609-737-6128 Fax 609-730-1405
E-mail : admiss@pennington.org
URL : http://www.pennington.org

PERKIOMEN SCHOOL

200 Seminary Avenue
Pennsburg, Pennsylvania 18073
학교장 George K. Allison

청소년기에 있는 학생들에게 자기 발전에 도움을
줄 수 있는 환경을 조성하고자 1875년에 설립된
학교이다. 교육은 평생 동안 계속된다는 토대 아래
상식과 정의감, 존경심, 책임감을 갖도록 하는데
힘쓰고 있다.
Philadelphia시 근처에 있다. 캠퍼스의 면적은
104에이커이며 18개 동의 건물이자리잡고 있다.
학년과정은 5～12학년, PG 과정으로 되어 있으며
기숙사 생활은 7학년부터 가능하다. 10학년이 되면
1년 동안 성서 공부를 해야 한다.

학생분포
총 학생수는 446명이며 기숙학생은 135명이다.
학급별 평균 학생수는 10명이며 교사와 학생의
비율은 1 대 7이다. 학년별로 보면 9학년 34명,
10학년 46명, 11학년 55명, 12학년 57명, PG 과정
6명이다. 바하마, 캐나다, 독일, 홍콩, 일본, 한국,
대만 출신의 외국인 유학생 30명이 재학중이다.

교과 과정
3학기제로 운영되며, 성적표는 학기당 4회, 1년에
12회 발송된다. 졸업학점은 19학점이다. 성적은
A～F로 분류하고 F는 낙제 처리된다.
1985년에 개발한 언어교육 프로그램이 실시되고
있는데, 난독증이나 불충분한 언어 훈련으로
어려움을 겪는 학생들을 상대로 Orton-Gillingham
방식의 일대 일 교육을 시키는 것이다.
영어, 수학, 컴퓨터 등 14개 영역에 걸쳐 AP 과정이

마련되어 있다. Honor 과정과 ESL 과정 교육도
실시되고 있다.

입학 및 학비
성적증명서, 추천서와 입학시험 점수, 면접 결과에
따라 입학이 결정된다.
원서 마감일은 없으며 전형료는 45달러이다.
학비는 기숙사비를 포함하여 2만 3,400달러이며
입학금은 200～3,000달러이다.

주요 진학 대학
Dartmouth College, Lehigh University, New York
University, Rhode Island School of Design, United
States Naval Academy.

연락처
입학 담당자 Carol S. Dougherty
Tel 215-679-9511 Fax 215-679-1146
E-mail : cdougherty@perkiomen.org
URL : http://www.perkiomen.org

PINE CREST SCHOOL

1501 Northeast 62nd Street
Fort Lauderdale, Florida 33334-5116
학교장 Dr. Lourdes Cowgill

1934년에 설립된 남녀공학이다. Fort Lauderdale 캠퍼스와 Boca Raton 캠퍼스를 갖고 있는데 모두 플로리다 남쪽 끝에 위치하고 있다. 대서양과 멕시코만 가까이 있으면서 기후적으로는 열대기후라는 지리적 특성에 맞게 우수한 해양과학 수업으로 유명하다.
1985년 미국 정부에서 Exemplary Private School로 지명했다. 학년과정은 Fort Lauderdale 캠퍼스의 경우 유치원 과정부터 12학년 과정까지 있고 Boca Raton 캠퍼스의 경우 유치원 과정부터 8학년 과정까지 있다. 기숙사 생활은 7학년부터가능하다.

학생분포
총 학생수는 1,615명이고 기숙학생은 130명이다. 학급당 평균 학생수는 17명이며 교사와 학생의 비율은 1 대 11이다. 학년별로 보면 9학년 179명, 10학년 173명, 11학년 106명, 12학년 177명이다. 외국인 유학생 67명이 재학하고 있다.

교과 과정
3학기제로 학기당 수업일수는 12주이다. 매년 5과목이나 6과목의 필수과목과 선택과목을 수강한다. 성적은 A에서 F로 구분하여 평가하며 평균 C⁻ 이상을 유지해야 한다.
졸업학점은 19학점이다.
9~12학년 학생들은 졸업 전에 반드시 사회봉사 활동을 해야만 한다. 또 여름방학에는 프로그램이 다양하게 운영되는데, 레크레이션 캠프, 컴퓨터 캠프, 테니스 캠프, 무용 캠프와 계절수업 등이 실시된다. 19개 영역의 AP 과정이 있고 졸업 전에 적어도 한 과목은 AP 과정을 밟도록 하고 있다. Honor 과정과 ESL 과정이 개설되어 있다.

입학 및 학비
학업 성적과 적성검사 결과, 사회봉사활동, 학교 발전에 기여할 수 있는 정도 등을 두고 판단한다. SSAT 성적 제출과 면접은 필수 사항이다. 외국 유학생의 경우, 기본 영어와 수학에서 어느 정도 수준을 갖추었다고 판단되면 Special Visting Student Status를 부여한다.
원서 마감일은 없으며 전형료는 75달러이다.
학비는 기숙사비를 포함하여 2만 600달러이다.

주요 진학 대학
Harvard and Radcliffe College, University of Florida, University of Michigan, University of Pennsylvania, Washington University in St. Louis.
졸업생들의 SAT 평균점수는 1298점이었다.

연락처
입학담당자 Dr. John Harrington
Tel 954-492-4103 Fax 954-492-4188
E-mail : pcadmit@pinechest.edu

POMFRET SCHOOL

Route 44
Pomfret, Connecticut 06258
학교장 Bradford Hastings

1894년에 설립된 남녀공학이다. 학생들 모두가 고등교육을 수용할 수 있는 기본 지식과 능력을 갖추고, 목적의식과 자신감으로 미래를 개척할 수 있도록 교육이 이뤄져야 한다는 교육철학을 실천하고 있다. 따라서 지역사회 봉사활동에 상당한 비중을 둔다. 다른 학생을 위한 개인지도나 유아원, 병원 등에 일정 기간 봉사하며 생활하는 경험을 쌓도록 한다.
Hartford 근처에 위치하며, 500에이커 면적의 캠퍼스와 15개의 건물이 있다.
학년과정은 9~12학년이다.

학생분포
총 학생수는 311명이며 기숙학생은 220명이다. 학급당 평균 학생수는 12명으로 교사와 학생의 비율은 1 대 5이다. 학년별로 9학년 59명, 10학년 63명, 11학년 96명, 12학년 88명, PG 과정 5명이다. 외국인 학생은 34명이다.

교과 과정
2학기제로 12월과 5월에 시험을 치른다. 졸업학점은 20학점이다. 수업은 1주일에 6일간, 오전 8시부터 40분 단위로 7교시까지 진행된다. 매일 오후 1시 30분에서 3시까지는 예술활동 프로그램이 운영된다.
역점을 두는 교과목은 읽기, 작문, 수학, 컴퓨터, 외국어, 과학, 역사 등이다. 다양한 종교에 대한 종교교육도 진행된다.

13개 영역의 AP과정과 Honor 과정이 개설되어 있다.

입학 및 학비
입학원서와 SSAT 시험성적 제출, 그리고 면접을 받아야 한다. 인종이나 종교, 국적, 성별, 연령에 따른 차별은 없다. 평일 오전 8시부터 오후 5시, 토요일에는 정오까지 직접 방문하여 입학 문제를 상담할 수 있다.
원서 마감일은 2월 1일이며 전형료는 35달러이다. 학비는 기숙사비를 포함하여 2만 6,200달러이고 입학금은 400~1,500달러이다.

주요 진학 대학
Brown University, Denison University, Duke University, Tufts University, Yale University, University of Vermont.

연락처
입학 담당자 Monique C. K. Wolanin
Tel 860-963-6120 Fax 860-963-2042
E-mail : admission@griffin.pomfretschool.org

PROCTOR ACADEMY

Main Street
Andover, New Hampshire 03216
학교장 Steve Wilkins

1848년에 설립된 남녀공학이다. Boston시 근처의 작은 마을에 위치한다. 산과 스키장, 호수, 캠핑장으로 둘러싸여 있다. 캠퍼스 면적은 2000에이커로 그 안에 1,750에이커의 수림과 산맥, 4개의 연못과 스키장이 있고 43개 동의 건물이 어우러져 있다. 학년과정은 9~12학년이다.

학생분포

총 학생수는 325명이며 기숙학생은 248명이다. 학급당 평균 학생수는 12명으로 교사와 학생의 비율은 1 대 5이다. 학년별로 보면 9학년 51명, 10학년 80명, 11학년 99명, 12학년 95명이다. 외국인 유학생 21명이 재학중이다.

교과 과정

2학기제로 운영되며 보통 1년에 4과목 이상을 이수한다. 대학에 진학할 계획이라면 매년 5과목을 이수하도록 되어 있다. 체육 및 건강교육 프로그램과 사회봉사 활동도 필수 과정이다. 발표와 토론 중심으로 수업이 진행된다. 경험주의 교육방식을 위주로 실시하고 있다. 그 단적인 예가 언어 수업과 Mountain Classroom Program이다. 프랑스 아비뇽과 스페인 세고비아에서 10주간 실시되는 언어수업을 받는다. 소요 경비는 학교에서 부담한다. 재학생의 75퍼센트가 이러한 언어수업을 이용한다. 학기별로 10명의 학생이 Mountain Classroom Program에 선발되어 미국 서부에 관련된 인문, 자연지리학을 배울 수 있다. 이에 소요되는 비용 역시 학교가 부담한다. 5개 영역에 걸쳐 AP 과정이 개설되어 있고 Honor 과정과 ESL 과정도 마련되어 있다.

입학 및 학비

성적증명서, 추천서 및 작문 2가지를 제출해야 한다. SSAT와 면접은 필수 사항이다. 학교 방문 및 면접은 평일 오전 8시 30분에서 오후 1시 사이에 가능하다. WISC-III과 같은 적성검사를 요구받을 수도 있다. 원서 마감일은 정해져 있지 않으며 전형료는 35달러이다. 학비는 기숙사비를 포함하여 2만 5,400달러이며 입학금은 1,200~1,400달러이다.

주요 진학 대학

Fort Lewis College, Northeatern University, Rochester Institute of Technology, University of New Hampshire, University of Vermont. SAT 평균점수가 1200점 이상인 졸업생은 전체의 23퍼센트였다.

연락처

입학담당자 Michele Koenig
Tel 603-735-6212 Fax 603-735-6284
E-mail : mek@gw.proctor.pvt.k12.nh.us
URL : http://www.proctor.com

THE PURNELL SCHOOL

Route 512, Pottersville Road
Pottersville, New Jersey 07979
학교장 Kathleen O' Neill Jamieson

1963년에 Lyttleton B. P. Gould 부부가 설립한
여학교이다. New York에서 1시간 거리에 있는
시골에 위치하고 있다. 캠퍼스는 80에이커이며
21개 동의 건물들이 배치되어 있다.
학년과정은 9~12학년이다.

학생분포
총 학생수는 105명이며 기숙학생은 100명이다.
학급당 평균 학생수는 13명이다.
학년별로 보면 9학년 18명, 10학년 26명, 11학년
40명, 12학년 21명이 재학중이다. 외국 유학생은
10명이다.

교과 과정
졸업학점은 18학점이며 한 학기에 4~5과목을
이수한다. 세계사, 미국 문학, 해부학, 예술, 예술사,
생물학, 화학, 컴퓨터 과학, 작문, 무용, 운전연습 등
다양한 교과목이 개설되어 있다.
1월부터 2월 사이에 6주간 열리는 특별 프로그램
Winterim이 있다. Project Exploration과
Immersion으로 구분되는데, 학년마다 별도의
내용으로 진행된다. Project Exploration 기간(2주 반)
동안에는 9~11 학년 학생들은 컴퓨터에서부터
뮤지컬 참가에 이르기까지 다양하고 폭 넓은
영역에서 하나의 주제를 탐구할 수 있다.
Immersion 기간(3주 반)에는 외국어 학습이
중점적으로 이루어지며 11학년 학생들은
프랑스어나 스페인어를 공부할 수 있다. 조건이

된다면 어학연수를 떠날 수도 있다.
Honor 과정과 ESL 과정이 개설되어 있다.

입학 및 학비
학교를 방문하여 입학지원서를 작성 제출해야
한다. SSAT나 다른 시험점수도 함께 제출하도록
되어 있지만 큰 비중을 두지는 않는다. 면접은 대략
2시간 정도 소요된다. 입학위원회에서 입학서류를
심사한 후 입학 허가를 결정짓는다.
WISC/WOODCOCK-JOHNSON은 필수이다.
원서 마감일은 없으며 전형료는 35달러이다.
학비는 기숙사비를 포함하여 2만 4,500달러이며
입학금은 500~600달러이다.

주요 진학 대학
Boston University, Curry College, Goucher College,
Lynn University, New York University, Tisch School
of the Arts.

연락처
입학담당자 Katherine W. Boyer
Tel 908-439-2154 Fax 908-439-2090
E-Mail : info@purnell.org

THE PUTNEY SCHOOL

Elm Lea Farm
Putney, Vermont 05346
학교장 Brian Morgan

Carmelita Hinton이 세운 남녀공학이다. 대학
진학을 위한 지식 습득 외에 예술적인 감성과
건강한 체력을 갖출 수 있는, 체계적이고 균형잡힌
교과과정을 마련하고 있다. 토론식으로 수업을
진행하여 합리적 사고능력을 계발하고 문제
해결능력을 기르도록 이끌어 준다.
Boston 근처의 시골에 있으며 캠퍼스 면적은
500에이커이다. 건물은 모두 35개 동이다.
학년과정은 9~12학년, PG과정이다.

학생분포
총 학생수는 196명이며 기숙학생은 150명이다.
학급당 평균 학생수는 12명으로, 교사와 학생의
비율은 1 대 9이다. 학년별로 보면 9학년 26명,
10학년 32명, 11학년 76명, 12학년 62명이
재학중이다. 프랑스, 독일, 일본, 멕시코, 노르웨이,
한국 등에서 온 외국인 유학생은 17명이다.

교과 과정
2학기제로 운영된다. 졸업학점은 20학점으로
1년에 5과목을 이수한다. 성적표는 규칙적으로
학부모에게 발송된다. 학과 범위는 넓고 다양하여
영어, 외국어, 수학, 역사 등 기본과목 외에 생태학,
비교종교학, 철학, 기악, 음악이론, 세라믹, 드라마,
회화 등의 선택과목을 제시하고 있다.
독립학습과 ESL 과정이 개설되어 있다.
겨울방학 시작 전과 봄학기가 끝날 즈음에
Project Weeks가 진행된다. 10일에 걸쳐 개인별
프로젝트를 실행하는 기간인데, 프로젝트는 심의
과정을 거치도록 되어 있다. 12학년 학생은 봄에
학교나 공공기관, 실험실, 병원, 상원의원
사무실에서 5주간 인턴으로 일할 수 있는 기회를
제공받는다.

입학 및 학비
입학을 희망하는 학생은 질의서를 작성하도록
하고 있다. 교사 2명, 상담자 또는 교장의 추천서,
SSAT 점수를 제출해야 한다.
SSAT와 면접은 필수 사항이다.
원서 마감일은 따로 없으며 전형료는 35달러이다.
학비는 기숙사비를 포함하여 2만 4,600달러이고
입학금은 1,200~1,500달러이다.

주요 진학 대학
Dartmouth College, Friends World Program,
Hampshire College, Sarah Lawrence College, Smith
College, Wesleyan College.
졸업생들 가운데 SAT 평균점수가 1200점 이상인
학생이 전체의 41퍼센트였다.

연락처
입학 담당자 Pia Senese Norton
Tel 802-387-6219 Fax 802-387-6278
E-mail : admissions@putney.com
URL : http://www.putney.com

RANDOLPH-MACON ACADEMY

200 Academy Drive
Front Royal, Virginia 22630
학교장 Maj. Gen. Henry Hobgood

1892년에 설립된 남녀공학 고등학교로 미국 감리교재단에 가입되어 있다. 그러나 종교나 인종, 성별 등에 따른 차별은 없다.

학년과정은 6~12학년, PG 과정이다. 9~12학년, PG 과정에 있는 학생들은 Air Force Junior ROTC 교육을 받는다. 기숙학교 가운데 공군 JROTC 교육과 비행훈련을 실시하는 유일한 학교이다. Shenandoah University와 교류를 맺어 12학년과 PG 과정에 있는 학생은 대학 강의를 들을 수도 있다. Washington D.C. 가까운 곳에 위치하고 있다. 135에이커에 달하는 캠퍼스에 건물은 8개 동이다.

학생 분포
총 학생수는 421명이며 기숙학생은 366명이다. 학급당 평균 학생수는 10명으로 교사와 학생의 비율은 1 대 7이다. 학년별 보면 9학년 48명, 10학년 97명, 11학년 98명, 12학년 91명, PG 과정 4명이다. 외국인 유학생 88명이 재학하고 있다.

교과 과정
졸업학점은 24학점이다. 영어 4년, 수학 4년, 과학 4년, 사회 4년, 제2 외국어 3년, 체육 2년, 컴퓨터 1년, 신구약 성경 등이 교과과정 안에 포함되어 있다. 교과목 수업은 학생의 수준과 희망에 따라 조절하여 진행한다. 성적표는 9주 단위로 발송된다. 여름방학 중에는 수학, 과학, 사회 과목을 중심으로 계절수업이 진행된다. 이 기간 동안 낙제한 과목을 재이수하거나 새로운 과목을

이수할 수 있다. 다른 학교의 학생도 참가할 수 있고 외국인 학생도 참가할 수 있다. Honor 과정과 ESL 과정이 개설되어 있다.

입학 및 학비
면접을 통해 입학을 결정한다. 학교 방문과 면접 시간은 사전에 입학 상담자와 연락하여 정해 놓는 게 좋다. 원서 마감일은 없으며 학기중이라도 결원이 발생하면 바로 입학할 수 있다. 전형료는 50달러이다.
학비는 기숙사비를 포함하여 1만 2,500달러이며 입학금은 1,145~1,990달러이다.

주요 진학 대학
James Madison University, Pennsylvania State University, The Citadel, the Military College of South Carolina, United States Air Force Academy Preparatory School, University of Virginia, Virginia Military Institute.

연락처
입학 담당자 Max N. Andrews
Tel 540-636-5200 Fax 540-636-5419
E-mail : maxa@rma.edu
URL : http://www.rma.edu

THE RECTORY SCHOOL

528 Pomfret Street
Pomfret, Connecticut 06258
학교장 Thomas F. Army Jr.

1920년 Frank Bigelow 목사에 의해 설립되었다. 남녀공학이지만 기숙사는 남학생에게만 개방되어 있다. 54명의 교사 가운데 15명은 석사학위 소지자이며, 27명이 캠퍼스에 거주하고 있다. 학년과정은 5~9학년으로, 중학교 과정을 지도하고 있다. Hartfod 동쪽에 위치하며 캠퍼스의 총면적은 135에이커이다.

학생 분포
전체 학생은 180명이며 그 중 기숙학생은 76명이다. 학급당 평균 학생수는 10명이다. 학년별로 보면 6학년 19명, 7학년 32명, 8학년 78명, 9학년 46명이다. Florida, New York, Georgia, California, Connecticut, Louisiana주 출신이 많다. 외국인 유학생은 33명으로 18퍼센트 수준이다.

교과 과정
대수학, 미국 역사, 미국문학, 생물, 방송학, 컴퓨터 수학, 컴퓨터 프로그램, 컴퓨터 과학, 지구과학, 영문학, 음악, 사진, 문법, 지리, 세계사 등은 선택과목이다. 영어, 수학, 역사, 과학, 음악, 미술, 컴퓨터는 필수과목이다. 제2 외국어로 프랑스어, 스페인어, 라틴어 가운데 선택할 수 있다. 9학년은 건강과 인간관계를 다룬 과정을 마쳐야 한다. 성적이 우수한 학생들을 위한 Honor 과정이 개설되어 있다. 개인지도 프로그램이 있다는 것이 특징이다. 1주일에 5회 받을 수 있으나 수업료는 별도로 지불해야 한다. 전체 학생의 70퍼센트가 필요한 과목의 개인지도를 받고 있다. ESL 과정이 개설되어 있고 15명의 외국인 학생들이 공부하고 있다.

입학 및 학비
성격이 좋고 지적인 학생들을 환영한다. 학생을 뽑는데 있어서 인종이나 종교 등의 차별을 두지 않는다. 면접과 영어 시험이 요구된다. 전형료는 35달러이다. 학비는 기숙사비를 포함하여 2만 1,200달러이며 개인지도를 받으려면 4,800달러를 추가 지불해야 한다. 책을 사거나 여행, 그밖의 비용으로 기숙학생은 1,900달러를 예치시켜야 한다. 예치금 가운데 잔액은 1학기가 끝날 때 학생들에게 지급된다. 장학제도는 있으나 아주 제한적으로, 특별한 경우에만 지급된다.

주요 진학 고등학교
Avon, Berkshire, Blair, Blue Ridge, Brooks, Darlington, Episcopal, Gunnery, Hill, Hotchkiss, Kets, Lawrenceville, Loomis-Chaffee, Milton, Proctor, Stevenson, St. Paul's, Westminster, Woodberry Forest.

연락처
입학담당자 Stephen A. DiPaolo
Tel 860-928-7750   Fax 860-963-2355
Email ; recadmit@neca.com
URL ; www.neca.com/~librslo1/rectory.htm

RUMSEY HALL SCHOOL

201 Romford Road
Washington Depot, Connecticut 06794
학교장 Thomas W. Farmen

1900년에 학생들의 능력을 최대한 개발한다는 교육이념으로 설립되었다. 청소년들이 하나의 인간으로서, 가족의 구성원으로서, 사회의 한 구성원으로서 역할과 책임을 다하는 인물로 성장할 수 있도록 환경과 조건을 제공하자는 것이 학교의 모토이다.

New York시에서 2시간, Hartford시와 New Haven시에서 1시간 정도의 거리에 위치하여 이들 도시에서 열리는 문화행사나 스포츠 경기를 즐길 수 있다.

학년과정은 유치원 과정부터 9학년 과정이 있으며 기숙사 생활은 5학년부터 가능하다.

학생분포

총 학생수는 265명이다. 학급당 평균 학생수는 12명으로 교사와 학생의 비율은 1 대 12이다. 학년별로 보면 6학년 27명, 7학년 38명, 8학년 72명, 9학년 57명이며, California, Connecticut, Florida, Louisiana, New Jersey주 출신이 많다. 일본, 멕시코, 한국, 대만, 태국 출신의 외국인 유학생 21명이 재학중이다.

교과 과정

3학기제로 운영된다. 학기말 시험은 1년에 2회 실시되며, 성적표와 교사 의견서는 1년에 3회 학부모에게 발송된다. 예술, 컴퓨터, 영어, 제2 외국어, 수학, 체육, 과학, 사회 등이 필수과목으로 되어 있다.

Honor 과정과 ESL 과정이 개설되어 있다. 보충학습 프로그램으로 Language Skills Department가 있다. 지적 능력은 충분하지만 난독증 같은 학업 수행에 장애가 있는 학생을 대상으로 마련된 프로그램이다. 현재 재학생의 18퍼센트가 이 프로그램에서 교육을 받고 있다.

입학 및 학비

6학년으로 입학이 가능하다. 성적증명서와 SSAT 점수를 제출해야 한다. 면접도 받아야 한다. 원서 마감일은 없으며 면접 후 2주 내에 결과를 통보해 준다. 전형료는 40달러이다. 학비는 기숙사비를 포함하여 2만 3,100달러이며 입학금은 500~1,000달러이다.

주요 진학 고등학교

Choate Rosemary Hall, Phillips Academy, Loomischatty, Northfield Mount Hermon School.

연락처

입학 담당자 Matthew S. Hoeniger
Tel 860-868-0535 Fax 860-868-7907
E-mail : rhsadm@wtco.net
URL : http://www.rumsey.pvt.k12.ct.us

ST. ANDREW'S-SEWANEE SCHOOL

290 Quintard Road
Sewanee, Tennessee 37372-4000
학교장 Rev. William S. Wade

1868년에 설립된 남녀공학이다. 성공회와 Essential Schools연합의 원리에 바탕을 두고 있다. 그러나 종교적인 이유로 입학을 제한하는 경우는 없다. 풍부한 지적 교양과 성숙한 인격을 갖춘 인재로 성장할 수 있도록 노력한다. 11~12학년 학생들은 University of the South에서 강의를 들을 수도 있다. Chattanooga에서 가까운 Cumberland Plateau에 위치하고 있다. 아름다운 경치와 야외 휴양시설을 갖춘 휴양지로도 유명하다. 총면적 450에이커에 달하는 캠퍼스 안에 23개 동의 건물이 있다. 학년과정은 7~12학년이며 기숙사 생활은 9학년부터 가능하다.

학생 분포

총 학생수는 273명이며 기숙학생은 110명이다. 교사와 학생의 비율은 1 대 7이다. 학년별로 보면 9학년 46명, 10학년 50명, 11학년 82명, 12학년 55명이다. 오스트리아, 독일, 일본, 한국, 사우디아라비아, 대만 출신의 외국인 유학생 18명이 재학중이다.

교과 과정

2학기제로 운영되며 한 학기에 3회 성적표가 발송된다. 졸업학점은 18학점이다. 스스로의 탐구 및 연구활동이란 면을 강조하여 예술과 종교 분야에서 주제별로 보고서, 에세이 등을 작성하여 제출하도록 의무화하고 있다. 또 자전적 에세이를 작성하는 경험을 쌓게 한다. 6개 영역의 AP 과정이 마련되어 있고 외국인 학생을 위한 ESL 과정이 개설되어 있다. 여름방학에는 계절수업이 열리는데, ESL, 영어, 수학, 과학 과목에 대해서 보충수업이 진행된다. 또한 방과 후나 주말에는 조각, 카누, 수영 등을 즐길 수 있다.

입학 및 학비

성적증명서, 추천서, ISEE나 SSAT 점수를 제출해야 한다. ISEE나 SSAT는 필수 사항이다. 면접도 반드시 받아야 한다. 외국인 유학생은 TOEFL 또는 SLEP 시험 결과를 제출해야 한다. 방문 상담은 평일 오전 8시부터 오후 4시까지 가능하다. 원서 마감일은 없으며 전형료는 50달러이다. 학비는 기숙사비를 포함하여 2만 1,050달러이며 입학금은 390~1,515달러이다.

주요 진학 대학

College of Charleston, Middlebury College, Oberlin College, University of Colorado at Boulder, University of the South, Banderbilt University. SAT 평균점수가 1200점 이상인 졸업생이 전체의 53퍼센트였다.

연락처

입학 담당자 Christopher R. Tompkins
Tel 931-598-5651 Fax 931-598-0039
E-mail : admissions@standrews.sewanee.edu
URL : http://www.sewanee.edu

ST. ANNE'S-BELFIELD SCHOOL

2132 Ivy Road
Charlottesville, Virginia 22903
학교장 Rev. George E. Conway

1970년 여학교와 초등학교가 통합하여 설립된
학교이다. 여자 기숙학교 St. Anne's School(1910년
설립)과 남녀공학 초등학교 Belfield School(1955년에
설립)이 St. Anne's-Belfield School의 전신이다.
학생은 매주 예배에 참석해야 한다. Richmond시
가까운 Charlottesville이라는 곳에 위치한다.
Washington D.C.에서 1시간 반 정도 걸린다.
캠퍼스 면적은 49에이커이며 건물 6개 동이 있다.
학년과정은 유치원 과정부터 12학년 과정이다.

학생 분포
총 학생수는 539명이다. 교사와 학생의 비율은
1 대 11이다. Maryland, North Carolina, Virginia주
출신이 대부분이다. 외국인 유학생 27명이
재학중이며 그 중 한국인은 15명이다.

교과 과정
2학기제로 운영되며 1년에 4회 학부모에게
성적표가 발송된다. 졸업학점은 18학점으로
매학기 5과목을 이수한다.
영어, 미적분학, 미국사, 생물학, 라틴어 등 10개
영역에서 AP 과정이 마련되어 있다.
Honor 과정과 ESL 과정도 개설되어 있다.
9~12학년 학생들은 사회봉사 활동에 참여하여
자신들이 배운 바를 실천하도록 지도하고 있다.
여름방학 중에는 계절수업이 실시되며, 학과수업
외에 남녀 농구 캠프, 여자 필드하키 캠프, 남녀
축구 캠프가 함께 운영된다.

입학 및 학비
영어, 수학교사의 추천서 2통, ERB(언어, 수학) 점수,
또는 SSAT 점수를 제출해야 한다. ERB(또는 SSAT)와
면접은 필수 사항이다. ERB 시험은 학교에서
실시하는데, 입학 담당자에게 신청하면 된다.
원서 마감일은 없으며 전형료는 30달러이다.
학비는 기숙사 사용에 따라 다르다.
주 5일제 기숙사의 경우라면 2만 300달러에서 2만
700달러이며 주 7일제 기숙사는 2만 7,900달러에서
2만 8,200달러이다.

주요 진학 대학
College of William and Mary, Duke University,
University of Maryland, University of Virginia,
Vanderbilt University, Washington and Lee
University, Yale, Harvard, MIT, Princeton
University.
졸업생들의 SAT 평균점수는 1260점이다.

연락처
입학담당자 Jean Craig
Tel 804-296-5106 Fax 804-979-1486
URL : http://www.stab.pvt.k12.va.us

ST. CATHERINE'S SCHOOL

6001 Grove Avenue
Richmond, Virginia 23226
학교장 Auguste Johns Bannard

1890년에 설립된 여학교이다. 단순히 지적 영역을 확장한다는 것뿐 아니라 학생 개개인의 창의력과 사고력을 기르는 데 목적을 두고 있다. Richmond의 주택가에 위치하고 있다. 캠퍼스의 면적은 17에이커이며 건물은 15개 동이다. 학년 과정은 유치원 과정부터 12학년 과정까지 있다.

학생 분포

총 학생수는 747명이고 기숙학생은 75명이다. 학급당 평균 학생수는 17명으로 교사와 학생의 비율은 1 대 9이다. 학년별로 보면 9학년 56명, 10학년 69명, 12학년 79명이다. 중국, 멕시코, 노르웨이, 한국 출신의 외국인 유학생 10명이 있다.

교과 과정

3학기제로 운영된다. 성적표는 1년에 5회 발송되며 성적은 A~F로 나누어 평가된다. 졸업학점은 20학점으로 매년 5과목과 체육과목을 이수해야 한다. 종교는 4/3학점을 이수하도록 되어 있다. 영어, 외국어, 역사, 사회과학, 수학, 실험과학, 종교, 예술, 컴퓨터, 체육 등은 필수과목이다. 최근에는 중국어 과목이 신설되었다.

17개 영역에 걸쳐 AP 과정이 설정되어 있으며, Honor 과정도 운영되고 있다.

가까이 있는 St. Christopher's School에 가서 수업을 받을 수 있다. 또 2주간 Colorado와 New York 혹은 프랑스, 케냐, 캐나다 등으로 연수 교육을 갈 수도 있다.

여름방학이나 알 년 동안 외국 학교에 유학할 수 있는 American Field Service Program을 실시하고 있다. 여름방학 동안에는 Richmond 지역 학생들을 위해 6주간 창작예술 수업을 진행한다.

입학 및 학비

성적증명서, 교사 추천서, SSAT 성적을 제출해야 한다. 면접도 반드시 받도록 되어 있다.

학교 방문은 평일 오전 8시 30분부터 오후 3시 30분까지 가능하다. 원서 마감일은 따로 없으며 전형료는 25달러이다.

학비는 기숙사비를 포함하여 2만 1,200달러이며 입학금은 200달러이다.

주요 진학 대학

College of William and Mary, James Madison University, University of Georgia, University of Virginia, Vanderbilt University, Wake Forest University.

SAT 평균점수 1200점 이상인 졸업생들이 전체의 53퍼센트 정도였다.

연락처

입학담당자 Katherines. Wallmeyer
Tel 804-288-2804 Fax 804-285-8169
E-mail : kwallmeyer@st.catherines.org
URL : http://www.st.catherines.org

SAINT JAMES SCHOOL

College Road
St. James, Maryland 21781-9999
학교장 Rev. Dr. D. Stuart Dunnan

영국식 성공회 기숙사 학교로 미국에서 가장
오래된 남녀공학이다. 1842년 W.W. Whittingham
주교가 설립했다. 대학 진학에 대비하여 학업을
연마하는 한편 성숙한 인격체로 지도한다는
방침이 확고하다. 특히 Washington D.C. 근처에
위치하여 도시와 농촌의 분위기를 동시에 느낄 수
있다는 점 때문에 학생들로 하여금 현대적 감각과
정서적 안정을 갖게 하는데 많은 도움을 주고 있다.
캠퍼스의 면적은 400에이커이며 36개 동의
건물들이 배치되어 있다.
학년과정은 7∼12학년이다.

학생 분포
총 학생수는 204명이며 기숙학생은 121명이다.
학급당 평균 학생수는 12명으로, 교사와 학생의
비율은 1 대 7이다. 학년별로 9학년 42명, 10학년
43명, 11학년 36명, 12학년 38명이 재학중이다.
독일, 일본, 한국, 사우디아라비아, 대만, 태국
출신의 외국인 유학생 21명이 있다.

교과 과정
3학기제로 운영되며, 시험은 11월, 3월, 5월에 각각
실시된다. 성적표는 10월과 학기말에 학부모에게
발송된다. 졸업학점은 18학점으로 대개
매 학기당 5학점 정도를 수강한다. 영어 4년, 역사
3년, 수학 3년, 과학 3년, 제2 외국어 3년, 음악 1년,
종교 1년은 필수과정이다. 과학, 외국어, 역사 및
미적분학 등 10개 영역에 걸쳐 AP 과정이 개설되어

있다. Honor 과정과 ESL 과정도 있다.

입학 및 학비
성적증명서, 교사 추천서와 입학시험 점수를
제출해야 한다. 이때 PSAT, SAT나 SCAT, SSAT는
필수조건이다. SCAT는 학교를 방문했을 때 실시할
수 있다. 면접도 반드시 받아야 한다.
학교 방문과 면접은 월요일에서 금요일 사이에
약속하면 된다. 원서 마감일은 1월 31일이며
전형료는 35달러이다.
학비는 기숙사비를 포함하여 1만 8,200달러이다.

주요 진학 대학
Cornell University, Dartmouth College, Georgetown
University, Stanford University, Wake Forest
University, Washington and Lee University.
졸업생들의 SAT 평균점수는 1190점이었으며 SAT
점수가 1200점 이상인 경우는 전체의
47퍼센트였다.

연락처
입학 담당자 Win Sherman
Tel 301-733-9330 Fax 301-739-1310
E-mail : admissions@stjames.edu
URL : http://www.stjames.edu

ST. JOHNSBURY ACADEMY

7 Main-Street
St. Johnbury, Vermont 05819
학교장 Bernier L. Mayo

1842년 Fairbanks 3형제가 세운 남녀공학이다. 책임감 있고 창조적이며 자유로운 사고를 할 줄 아는 민주시민을 양성하는 데 노력을 기울이고 있다. 또 지도교사를 지정하여 학생 개개인의 학교 생활에 도움을 주고 있다.
Boston 근처에 자리잡고 있으며 Dartmouth College, University of Vermont가가까이 위치하고 있다. 캠퍼스의 면적은 42에이커, 건물은 20개 동이다. 학년과정은 9~12학년, PG 과정이다.

학생분포
총 학생수 910명이며 기숙학생은 154명이다. 학급당 평균 학생수는 15명으로 교사와 학생의 비율은 1 대 15이다. 학년별로 보면 9학년 212명, 10학년 234명, 11학년 235명, 12학년 226명, PG 과정 3명이다. 외국인 유학생 97명이 재학중이다.

교과 과정
4학기제로 운영하며 학년 기간은 8월 말부터 다음 해 6월 초까지이다. 학기별 수업일수는 9주이다. 성적표는 매 학기말 학부모에게 발송된다. 졸업학점은 18학점이다.
150개에 달하는 과목들이 제시되며 자신이 관심을 두고 있는 분야나 그 밖의 폭넓은 지식을 접할 수 있다. 특히 과학분야의 교과목은 집중화, 전문화되어 있어 과학기술을 익히기에 유리하다. 11개 영역의 AP과정이 마련되어 있고

Honor 과정과 ESL 과정도 개설되어 있다.

입학 및 학비
STS는 필수이며 성적증명서, 신원보증서, 면접 점수와 합해서 입학 여부를 결정한다. 원서 마감일은 없으며 전형료가 있다. 학비는 기숙사비를 포함하여 2만 700달러이다.

주요 진학 대학
Dartmouth College, McGill University, Tufts University, University of Chicago, University of Vermont.

연락처
입학 담당자 Mr. John J. Cummings
Tel 802-751-2130 Fax 802-748-5463
E-mail : admissions@stj.k12.vt.us
URL : http://www.state.vt.us/schools/stj/

SAINT JOHN'S PREPARATORY SCHOOL

Box 4000 1857 Water Tower Road
Collegeville, Minnesota 56321-4000
학교장 Fr. Gorden Tavis, OSB

1857년에 설립된 남녀공학으로 처음부터
성 베네딕트 수도회의 전통을 받아들여 총면적
2,500에이커에 달하는 캠퍼스 내에 Saint John's
대학, 출판사, 베네딕트 수도원, 그리스도 교회 및
문화 연구센터, Hill Monastic Microfilm 도서관이
자리잡고 있다.
학년과정은 9～12학년, PG 과정이다.

학생분포
총 학생수는 250명이며 기숙학생은 92명이다.
학급당 평균 학생수는 17명으로 교사와 학생의
비율은 1 대 10이다.
학년별로 보면 9학년 42명, 10학년 68명, 11학년
48명, 12학년 51명, PG 과정 1명이 재학중이다.
외국인 유학생은 50명이다.

교과 과정
졸업학점은 21학점으로 매 학기당 5과목 이상을
이수해야 한다. 일정한 자격이 되는 학생들은
독어나 영어, 수학 등 몇몇 과목 수업을
Saint John's 대학에서 받을 수 있으며
그 학점은 다른 대학에서도 인정받는다.
따라서 졸업생은 대학에서 3년 과정으로
학사학위를 받을 수 있다.
8개 영역의 AP 과정이 마련되어 있고
Honor 과정과 ESL 과정이 개설되어 있다.
11～12학년 학생과 졸업생들에게 1년간 호주에서
공부할 수 있는 Foreign Studies Program이

마련되어 있다. 여름방학에는 10～15세 학생들을
위한 Summer Leadership Camps가 실시된다.

입학 및 학비
성적증명서와 추천서 2통을 제출해야 하며, 적성 및
입학시험과 면접시험을 치러야 한다. 학교에서
실시하는 입학시험도 보아야 한다.
정해진 원서 마감일은 없으며
전형료는 30달러이다.
학비는 기숙사 사용에 따라 다르다. 주 5일제인
경우에는 1만 5,293달러이며 주 7일제인 경우에는
1만 7,162달러이다. 입학금은 75달러이다.

주요 진학 대학
College of Saint Benedict, Creighton University,
Harvard University, St. John's University, St. Olaf
College, University of Minnesota.
SAT 점수가 1200점 이상인 졸업생은 전체의
50퍼센트에 달한다.

연락처
입학담당자 Bryan Backes
Tel 320-363-3321 Fax 320-363-3513
E-mail : bbackes@csbsju.edu
URL : http://www.csbsju.edu/sjprep

ST. MARGARET'S SCHOOL

444 Water Lane
Tappahannock, Virginia 22560
학교장 Margaret R. Broad

1921년 버지니아 성공회 주교가 세운 여학교이다. 빠르게 변해 가는 세계 속에서 사회에 기여할 수 있는 인재를 배출한다는 기치 아래 출발했다. Richmond 가까이에 위치하고 있다. 캠퍼스 면적은 9.5에이커이며 건물은 9개 동이다. 학년과정은 8~12학년이다.

학생분포

총 학생수는 150명이며 기숙학생은 105명이다. 학급당 평균 학생수는 10명으로 교사와 학생의 비율은 1 대 6이다. 학년별로는 8학년 12명, 9학년 28명, 10학년 27명, 11학년 49명, 12학년 34명이 재학중이다. 외국인 유학생은 27명이다.

교과 과정

졸업학점은 21학점이다. 성적표는 2개월에 한 번씩 학부모에게 발송된다. 영어, 프랑스어, 라틴어부터 마이크로 컴퓨터, 미술사, 피아노, 성경, 세계종교, 체육 등 여러 영역에 걸쳐 균형있는 학과 프로그램을 갖고 있다. 5개 영역의 AP 과정이 마련되어 있다. ESL 과정도 제공된다. Academic Resource Center에서는 특별한 재능이 있는 학생들을 개인지도하고 있다. 12학년 학생은 봄에 2주 동안 개인학습 프로젝트에 몰두할 수 있다. 여름방학에는 5주간 기숙사 여학생과 주간 남녀 학생을 위해 계절수업이 실시된다. 1주일에 6일간 수업이 진행되며 방과 후에는 윈드서핑,

수영, 테니스와 Sailing 등을 즐길 수 있다.

입학 및 학비

성적증명서, 과외활동 내용, 교사 추천서 2통, 친지 추천서 1통을 제출해야 한다. SSAT와 면접도 필수 사항이다. 원서 마감일은 없으며 전형료는 30달러이다. 학비는 기숙사비를 포함하여 2만 1,800달러이며 입학금은 500~1,000달러이다.

주요 진학 대학

College of William and Mary, Elon College, James Madison University, Longwood College, Mary Washington College, Old Dominion University. SAT 평균점수가 1200점 이상인 졸업생이 전체의 9퍼센트였다.

연락처

입학담당자 Kim McDowell
Tel 804-443-3357 Fax 804-443-1832
E-mail : admit@sms-va.com
URL : http://www.sms.org

ST. MARK'S SCHOOL

25 Marlborough Road
Southborgough, Massachusetts 01772
학교장 Antony J. deV. Hill

Massachusetts주 Southborough에 자리잡고 있는 남녀공학으로 1865년에 설립되었다. 학교 풍경은 말 그대로 시골이지만 Boston, Worcester시에 가깝기 때문에 도시문화에 접하기가 쉽다. 또 도서관이나 미술관, 스튜디오, 컴퓨터 센터, 과학 시설들은 언제나 열려있어 학생들의 학습활동에 편의를 제공해준다.
일 주일에 세 번 예배 시간이 있다.
캠퍼스의 면적은 250에이커, 건물은 15개 동이다. 기숙사는 7개 동으로 남녀 기숙사를 분리하여 생활한다. 학년과정은 9~12학년이다.

학생 분포

총 학생수는 321명이며 기숙학생은 244명이다. 학급당 평균 학생수는 12명이다.
학년별로 9학년 50명, 10학년 91명, 11학년 93명, 12학년 87명이 재학중이다. 중국, 일본, 한국, 사우디아라비아 등 외국인 유학생이 24명이다.

교과 과정

졸업학점은 20학점으로 매년 5과목을 이수하도록 되어 있다. 특별한 경우에 한하여 교장의 허락을 받고 6과목을 이수할 수 있다.
14개 영역에 걸쳐 AP 과정이 개설되어 있고 Honor 과정도 마련되어 있다.
12학년에는 봄학기 동안 독립학습 프로그램을 선택할 수 있다.
1년에 3회 성적표가 학부모에게 발송된다.

입학 및 학비

교사 추천서, 성적증명서, 적성검사, 수학시험 성적 등을 제출해야 한다. 특히 SSAT나 TOEFL 성적은 입학을 결정짓는 필수 사항이다. 면접도 역시 필수 조건이며 두 번 받아야 한다.
원서 마감일은 1월 30일이며 전형료는 35달러이다. 학비는 기숙사비를 포함하여 2만 5,200달러이고 입학금은 500달러이다.

주요 진학 대학

Boston University, University of Virginia, Northwestern University, University of Virginia. Colby College, Bowdoin College, Colgate University.

연락처

입학담당자 Molly H. King
Tel 508-786-6000 Fax 508-786-6120
E-mail : mollyking@stmarksschool.org
URL : http://www.stmarksschool.org

SAINT MARY'S HALL

9401 Starcrest Drive
San Antonio, Texas 78217
학교장 John M. Thomas

1879년 미국 성공회의 주교가 설립한
남녀공학이다. San Antonio 북동쪽 교외 지역에
위치한다. 유치원 과정부터 12학년 및 PG 과정이
있다. 5일 기숙사제와 7일 기숙사제가 있는데,
5일제는 8학년, 7일제는 9~12학년에만 적용된다.

학생분포
총 학생수는 874명이다. 학급당 평균 학생수는
15명으로 교사와 학생의 비율은 1 대 12이다.
학년별로 9학년 73명, 10학년 87명, 11학년 79명,
12학년 81명, PG 과정 1명이 재학중이다. 독일,
일본, 멕시코, 한국, 대만 출신의
외국인 유학생 31명이 있다.

교과 과정
2학기제로 운영되며 총 수업일수는 36주이다.
1학기에 5과목을 이수하며, 24학점이
졸업학점이다. 학과목과 예술 및 컴퓨터 과목들을
다양하게 선택할 수 있다. 개인적으로 음악레슨을
받는 경우라면 수업료를 따로 지불해야 한다.
영어, 제2 외국어, 수학 등도 개인지도가 가능하다.
영어, 수학, 역사, 과학 영역에 대해 Honor 과정이
개설되어 있고, 영문학과 작문, 컴퓨터, 생물, 화학,
경제, 외국어 영역 등에 대해 AP 과정이 실시되고
있다. 외국인 학생을 위한 ESL 과정 외에 졸업 후
영어 실력을 쌓기 위한 PG 과정 프로그램 지원이
가능하다. 여름방학 때 4주간 ESL 프로그램이
개설되며 방과 후에는 컴퓨터, 스포츠, 무용 및
스터디 그룹에 참가할 수 있다. 수업료에는 Dallas,
San Antonio 등의 여행 경비가 포함되어 있다.

입학 및 학비
성적증명서, 입학시험 성적, 추천서를 제출하고
면접을 보아야 한다. 특히 ISEE, SSAT과 면접은
필수 사항이다. 6~12학년에의 지원자에게는
실력검사를 실시한다. 원서 마감일은 별도로
정해지지 않았으나 가을과 봄학기로 나누어
접수한다. 전형료는 50달러이다.
학비는 기숙사 사용에 따라 달라 5일제 기숙사는
1만 7,290달러, 7일제 기숙사는 2만 600달러이다.
입학금은 1,500달러이다. Campbel Academic
Scholarship Program에서는 9학년에 진학할 학생
중 성적 우수자에게 장학금을 지급한다.

주요 진학 대학
Boston University, Texas Christian University, The
University of Texas, Trinity University, Tufts
University, Washington University.
졸업생의 SAT 언어영역의 평균점수는 586점이었고
수학영역은 608점이었다.

연락처
입학담당자 M. Frederick Koval
Tel 210-483-9234 Fax 210-483-9297
E-mail : admissions@smhall.org
URL : http://www.smhall.org

기숙사 있는 미국 165개 사립 중고등학교 안내 | 341

ST. SCHOLASTICA ACADEMY

615 Pike Avenue
Ca on City, Colorado 81212
학교장 Virginia T. Wilkinson

1890년 성 베네딕트 수녀회에 의해 설립된
여학교이다. 가톨릭의 가치관과 이상을 중시하며
교복 착용이 의무적이다.
Colorado Springs 근처의 작은 마을에 위치해 있다.
캠퍼스는 5에이커, 건물은 5개 동이다.
학년과정은 6~12학년이다.

학생분포
총 학생수는 96명이며 기숙학생은 55명이다.
학급당 평균 학생수는 10명이다. 학년별로 보면,
9학년 15명, 11학년 13명, 12학년 14명이
재학중이다. 멕시코, 한국, 러시아 등에서 온
외국인 유학생은 11명이다.

교과 과정
4학기제로 매 학기말에 성적표가 발송된다.
졸업학점은 22학점으로 보통 6과목을 이수한다.
대수학, 미국사, 미국 문학, 예술, 예술사, 성경 학습,
생물학, 도예, 화학, 작문, 지구과학, 프랑스어,
지리학, 역사, 수학, 음악, 체육, 종교, 사회과학,
세계사 등이 있다.
5개 영역의 AP 과정이 개설되어 있다.
12학년 학생들은 5월에 개별 독립학습 프로그램을
진행하거나 관심있는 영역에서 인턴 사원으로
일할 수 있다.
여름방학 동안에 실시되는
ESL 과정은 6월 1일부터 8월 중순까지 실시된다.
말하기, 듣기, 읽기, 쓰기, 문법, 미국사 과목이 있다.

테마 여행을 떠날 수도 있고 원한다면 Home Stay도
가능하다.

입학 및 학비
학업 성적, 추천서, Standardized Test 점수와 면접
성적을 종합하여 입학을 결정한다.
입학 지원자에게는 St. Scholastica Academy에 대한
설명이 담겨 있는 CD를 발송해 준다.
원서 마감일은 따로 정해져 있지 않으며 전형료는
50달러이다. 학비는 기숙사 사용에 따라 다르다.
주 5일제인 경우에는 1만 6,745달러이며
주 7일제인 경우에는 1만 7,745달러이다.
입학금은 485달러이다.

주요 진학 대학
Colorado School of Mines, Duquesne University,
Loyola University, Chicago Massachusetts Institute of
Technology, Rice University, Smith College.

연락처
입학 담당자 Nancy Adnrews
Tel 719-275-7461 Fax 719-269-9537
E-mail : ssacad@iex.net
URL : http://www.stscholastica.com/

ST. STANISLAUS COLLEGE PERP

304 South Beach Boulevard
Bay St. Louis, Mississippi 39520
학교장 Br. Ronald Talbot, SC

1854년에 설립된 남학교이며 가톨릭 교회에 소속되어 있다. New Orleans주 LA 근처의 작은 마을에 위치하고 있다. 학교 면적은 30에이커로 8개 동의 건물들이 있다.
학년과정은 6~12학년이다.
기숙사 생활은 전학년이 가능하지만 통학은 7~12학년으로 한정되어 있다.

학생분포
총 학생수는 571명이다. 학급당 평균 학생수는 25명으로 교사와 학생의 비율은 1 대 14이다. 학년별로 9학년 98명, 10학년 85명, 11학년 94명, 12학년 94명이 재학중이다. Alabama, Florida, Goergia, Louisiana, Mississippi, Texas주 출신이 많다.

교과 과정
종교 4년, 영어 4년, 역사 4년, 과학 4년, 수학 4년, 제2 외국어 2년, 예술 1년, 컴퓨터 1년, 체육 1년 등은 필수이며 이밖에 다양한 선택과목이 있다. 9주 단위로 4학기가 진행되며 학기당 2회씩 성적표가 발송된다. 만일 성적이 부진하거나 수업 내용을 이해하지 못했다면 정규수업 시간 외에 보충학습을 받을 수 있다.
졸업학점은 26학점이다. 예술, 컴퓨터, 영어, 제2 외국어, 수학, 체육, 종교, 자연과학, 사회과학이 포함되어야 한다. 3개 영역에서의 AP 과정이 있다. Honor 과정과 ESL 과정도 개설되어 있다.

이밖에 1950년부터 하기 프로그램으로 St. Stanislaus Summer Camp를 실시해 오고 있는데, 여기서는 학과 수업과 체육, 예술, 컴퓨터 프로그램 등을 배울 수 있다.

입학 및 학비
면접은 필수 사항이다. 원서는 수시로 접수하며 전형료는 100달러이다.
학비는 기숙사비를 포함하여 1만 2,600달러이고 입학금은 200~700달러이다.

주요 진학 대학
Louisiana State University, Mississippi State University, The University of Alabama, University of Mississippi, University of South Alabama, University of Southern Mississippi.
SAT 평균점수는 언어영역 526점, 수학영역 553점이었고, 전체 평균점수가 1200점 이상인 졸업생은 전체의 30퍼센트였다. 졸업생 중 98퍼센트가 대학에 진학했다.

연락처
입학 상담자 Mrs. Dolores Richmond
Tel 800-517-6257 Fax 228-466-2972
E-mail : admissions@ststan.com
URL : http://www.ststan.com

ST. STEPHEN'S EPISCOPAL SCHOOL

2900 Bunny Run
Austin, Texas 78746
학교장 A. Frederick Weissbach

1950년에 설립된 남녀공학이다. 성공회의 후원으로 설립되었고 교육철학의 바탕도 기독교적 세계관에 두고 있다. Texas시 중심지에 있으며 The University of Texas at Austin 가까이 있다. 면적이 430에이커인 캠퍼스 내에 건물이 40개 동이다. 학년과정은 6~12학년이며 기숙사 생활은 8학년부터 가능하다.

학생분포
총 학생수는 586명으로 기숙학생은 168명이다. 학급당 평균 학생수는 15명이다. 학년별로 9학년 91명, 10학년 111명, 11학년 115명, 12학년 91명이 재학중이다. 독일, 인도네시아, 멕시코, 한국, 러시아 등에서 온 외국인 유학생이 54명이다.

교과 과정
3학기제로 운영된다. 졸업학점은 18학점으로 보통 1년에 5과목을 이수한다. 성적표는 매 학기말에 발송된다. 성적은 우수, 양호, 보통, 합격, X(낙제)의 단계별 평가이다.
10~11학년 남학생들에게는 일 년 동안 일본 Osaka에 있는 St. Andrew's 남자 고등학교에서 수업받을 수 있는 기회가 주어진다.
여름방학 동안에는 영국이나 스페인, 프랑스에서 6주간 생활하며 외국어를 익힐 수도 있다.
각종 운동 프로그램도 함께 운영된다.
12개 영역에 걸친 AP 과정과 Honor 과정이

마련되어 있으며 ESL 과정도 개설되어 있다.

입학 및 학비
ISEE 점수, 추천서, 전학년 학업성적, 지원자 및 학부모 질의서, 면접 성적을 종합하여 결정한다. ISEE 점수 제출은 필수 사항이다. 학교 방문과 면접 또한 필수조건이다. 학교 방문은 평일의 경우 오전 8시에서 오후 3시 사이에 이루어진다. 원서 마감일은 없으며 전형료는 50달러이다. 학비는 기숙사비를 포함하여 1만 9,900달러이다.

주요 진학 대학
Columbia University, Davidson College, Emory University, Rice University, The University of Texas at Austin, University of the South.
SAT 평균점수는 1210점이었으며 SAT 1200점 이상인 졸업생은 전체의 52퍼센트였다.

연락처
입학담당자 Lawrence Sampleton
Tel 512-327-1213 Fax 512-327-6771
E-mail : admission@sss.austin.tx.us
URL : http://www.sss.austin.tx.us

SAINT THOMAS MORE SCHOOL

45 Cottage Road
Oakdale, Connecticut 06370
학교장 James F. Hanrahan Jr.

1962년에 대학 진학을 대비하는 남자 고등학교로 개교했다. 재학중인 가톨릭 신자들은 매년 신학 과정을 이수해야 한다. 가톨릭교에 기반을 두고 있지만 학생들의 종교는 다양하다.

미 동부지역 Gardner Lake가 경계를 이루고 있는, Hartford 근처의 시골에 위치하고 있다. 야외활동과 운동하기에 좋은 환경이면서 동시에 Hartford, New Haven 등과 가까이 있어서 도시문화를 즐길 수도 있다. 면적 100에이커의 캠퍼스 내에 12개 동의 건물로 들어서 있다.

학년과정은 8~12학년, PG 과정이다.

학생분포

총 학생수는 181명이다. 학급당 평균 학생수는 14명으로 교사와 학생의 비율은 1 대 9이다. 학년별로 보면 8학년 11명, 9학년 28명, 10학년 35명, 11학년 40명, 12학년 50명, PG 과정 17명이 재학중이다. 외국인 유학생은 32명이다.

교과 과정

졸업학점은 16점으로 일 년에 5과목 이상을 이수해야 한다. 11학년과 PG과정에서는 정규 과목 외에 다양한 선택과목이 주어진다.

외국인 학생을 위해 ESL 과정이 개설되어 있으며 TOEFL 준비반도 마련되어 있다.

하기 프로그램으로 Summer Academic Camp가 운영되는데 7월 첫째 주부터 6주 동안 2학기로 나누어 실시된다. 한 학기만 수강을 신청할 수도 있고 두 학기 모두 신청해도 된다. 오전에만 수업이 있으며 오후 1시부터 7시 30분까지는 과외활동, 이후 2시간 정도 자율학습을 하도록 짜여져 있다.

입학 및 학비

성적증명서, 교사 추천서 2통, 지도 상담자의 추천서를 제출해야 한다. Nelson-Denny Reading Test와 Otis-Lennon이 필요하며 면접은 필수 사항이다. 방문과 면접 시간은 월요일에서 토요일까지 오전 8시 30분에서 오후 1시 사이에 하며 사전에 약속해야 한다.

원서 마감일은 없으며 전형료를 약간 있다.

학비는 기숙사비를 포함하여 1만 7,325달러이다.

주요 진학 대학

Boston College, Fairfield University, University of Colorado, University of Connecticut, University of Massachusetts.

졸업생들의 SAT 언어영역 평균점수는 490점, 수학영역 평균점수는 500점이다.

연락처

입학 담당자 W. Bradley Gottschalk

Tel 860-823-3861 Fax 860-823-3863

E-mail : stmadmit@cyberzone.net

URL : http://www.stthomasmore.pvt.k12.ct.us

ST. TIMOTHY'S SCHOOL

8400 Greenspring Avenue
Stevenson, Maryland 21153
학교장 Deborah Cook

1882년에 설립된 여학교이다. 잠재되어 있는 능력을 최대한 실현할 수 있도록 기초를 닦는데 중점을 두고 있다.
Baltimore 근처 시골에 자리잡고 있으며, 캠퍼스의 면적은 150에이커, 건물은 22개 동이다.
학년과정은 9~12학년, PG 과정이다.

학생 분포
총 학생수는 120명이며 그 중 기숙학생은 83명이다. 학급당 평균 학생수는 12명으로 교사와 학생의 비율은 1 대 5이다. 학년별로 보면 9학년 36명, 10학년 27명, 11학년 32명, 12학년 25명이 재학중이다. 외국인 유학생은 16명이다.

교과 과정
졸업학점은 19학점으로 한 학기에 보통 4과목 이상을 이수한다. 교과 과정은 학력수준과 희망에 따라 조정된다. 학습방법으로 과목별 구분이 없는 주제별 연구학습을 권하는데, 가령 Shakespheare에 대해서라면 그가 갖는 문화적, 역사적 배경을 살펴봄으로서 세계사의 흐름을 읽어내고 연극 공연을 통해 작품이 갖는 문학적 특징들에 대한 이해를 얻는 식으로 진행된다.
모든 재학생들에게 Resource Center를 개방함으로써 학생들의 활발한 학습활동을 보장하고 있다. 또 학생 전체가 PSAT/NMSQT와 SAT를 치루도록 하며 특히 11~12학년 학생들은 College Board의 Subject Test를 치러야 한다. 졸업 전에 개인별 독립학습을 전개할 수 있다.
영어, 생물, 미술사, 미적분학 등 9개 영역에 걸쳐 AP 과정이 실시되고, Honor 과정과 ESL 과정도 개설되어 있다.

입학 및 학비
성적증명서, 교장과 교사의 추천서, ISEE(또는 SSAT, TOEFL) 점수, 에세이, 개인 추천서와 면접 점수를 종합하여 입학 여부를 결정한다.
원서 마감일은 없으나 가능하면 입학을 희망하는 전해에 접수하는 게 좋다. 전형료는 40달러이다.
학비는 기숙사비를 포함하여 2만 5,620달러이며 입학금은 500달러이다.

주요 진학 대학
Colby College, Goucher College, Middlebury College, New York University, The Evergreen State College, Wesleyan College.
SAT 평균점수가 1200점 이상인 졸업생은 전체의 29퍼센트로 나타났다.

연락처
입학 담당자 Sarah Morse
Tel 410-486-7400 Fax 410-486-1167
E-mail : admis@sttimothysschool.com
URL : http://www.sttimothysschool.com

SALEM ACADEMY

500 Salem Avenue
Winston-Salem, North Carolina 27108
학교장 Dr. Wayne Burkette

1772년에 Moravian 이민들에 의해 세워진 오랜 전통을 지닌 여학교이다. Greensboro 근처 도시에 있으며 캠퍼스 면적은 54에이커이다. Salem College와 같은 캠퍼스에 있으며, 울창한 숲과 하키필드, 야구장, 사격장 등 운동시설을 갖추고 있다. 학교가 위치한 Pedimont 지역은 문화 예술센터로 유명하다. 그리고 모든 문화시설들이 학생들에게 풍부한 정서생활을 제공해 준다. 학년과정은 9~12학년이다.

학생 분포

총 학생수는 207명이며 기숙학생은 103명이다. 교사와 학생의 비율은 1 대 8이다. 학년별로 보면 9학년 43명, 10학년 64명, 11학년 55명, 12학년 45명이다. 외국인 유학생은 7명이다.

교과 과정

1년에 2학기와 1월 소학기로 구분하여 운영된다. 영어, 제2 외국어, 역사, 수학, 과학, 성경, 인류학, 예술 등 여러 영역에 걸쳐 다양한 과목들로 교과 과정이 구성되어 있다. 9개 영역의 AP 과정이 마련되어 있고 Honor 과정도 함께 개설되어 있다. 1월의 소학기 동안 학생들은 각자 자신의 관심 분야에서 교육을 받는다. 졸업학점은 21학점이다. 성적표는 6주마다 학부모에게 발송된다. 피아노, 오르간, 하프, 목관악기, 관악기 등과 같은 악기 연주에 대해서도 개인 레슨이 실시된다.

학과목별로 학생들의 이해를 돕고 수업 시간에 다루지 않았던 새로운 내용을 전달하기 위한 보충 특별학습이 진행된다.

입학 및 학비

성적증명서, 추천서와 함께 PSAT, SAT 또는 SSAT 점수를 제출해야 한다. 면접은 필수 사항으로 입학사무실과 미리 연락하여 면접 시간을 정해 두어야 한다. 원서 마감일은 없으며 전형료는 35달러이다. 학비는 기숙사비를 포함하여 2만 300달러이며 입학금은 200달러이다.

주요 진학 대학

Meredith College, North Carolina State University, The University of North Carolina at Chapel Hill, University of North Carolina at Charlotte, University of Tennessee at Chattanooga, Wake Forest University.

연락처

입학 담당자 Karen G. Kimberly
Tel 336-721-2643 Fax 336-917-5340
E-mail : academy@salem.edu
URL : http://www.salemacademy.com

SALISBURY SCHOOL

251 Canaan, Road
Salisbury, Connecticut 06068
학교장 Richard T. Flood Jr.

1901년에 설립된 남자 고등학교이다. 대학입학 준비를 목적으로 설립되었지만 성적 중심의 교육은 지양하고 있다. 학생들의 지적, 도덕적, 신체적 성장을 도와주는 환경을 마련해 준다는 방침을 기본방향으로 설정하고 있다. Hartford에서 1시간 정도 떨어진 작은 마을에 자리잡고 있다. 캠퍼스의 면적은 50에이커, 건물은 27개 동이다. 학년과정은 9~12학년, PG 과정이다.

학생 분포
총 학생수는 270명이다. 교사와 학생의 비율은 1 대 5이다. 학년별로 보면 9학년 36명, 10학년 67명, 11학년 74명, 12학년 82명, PG 과정 11명이다. 외국인 유학생은 32명이다.

교과 과정
3학기제로 운영되며 매학기 성적표가 발송된다. 졸업학점은 20학점이다. 11월말과 5월말에 시험이 실시된다. 과외공부가 필요하다고 판단되면 개인지도를 해 준다. Reading Study Skill Center를 운영하며 독해와 작문, 독서에 대해서는 개별 수준에 따라 단계별로 수업을 진행한다. 1991년부터 임학 프로그램을 실시하여 학생들에게 나무와 숲의 소중함을 인지시키고 자연생태의 중요성을 깨닫도록 지도하고 있다. 5개 영역의 AP 과정 외에 Honor 과정을 개설하고 있다. 여름방학에는 Reading and English Program이 실시된다. 미국 전역에 있는 공, 사립

학교 학생들이 참여하는 이 프로그램에서는 교사 1인당 4명을 담당한다. 영어 독서, 글쓰기, 논술 지도와 레크레이션 프로그램으로 짜여져 있다.

입학 및 학비
9학년 이상 11학년 지원자에게 SSAT는 필수이다. 평일 오전 9시에서 오후 2시, 토요일에는 오전 11시 사이에 면접을 보아야 한다. 원서 마감일은 2월 1일이며 전형료는 40달러이다. 학비는 기숙사비를 포함하여 2만 5,300달러이며 입학금은 780달러이다.

주요 진학 대학
Babson College, Boston College, Brown University, Duke University, Hamilton College, Hobart and William Smith College. 졸업생들의 SAT 성적은 언어영역 평균점수가 560점, 수학영역 평균 점수는 565점이다. SAT 600점 이상인 경우는 언어영역 42퍼센트, 수학영역 46퍼센트이다.

연락처
입학 담당자 Chisholm S. Chandler
Tel 860-435-5700 Fax 860-435-5750
URL : http://www.salisburyschool.org

SANTA CATALINA SCHOOL

1500 Mark Thomas Drive
Monterey, California 93940-5291
학교장 Sr. Carlotta O' Donnell

1850년에 세워진 학교로 가톨릭 정신을 바탕으로 삼는다. 진리와 가치를 추구하는 성숙한 여성 지도자 양성에 힘쓰고 있다.
San Francisco시 근처에 위치하고 있다.
캠퍼스의 면적은 36에이커, 건물은 21개 동이다.
학년과정은 유치원 과정부터 12학년 과정이 있다.
유치원 과정부터 8학년까지 남녀 모두 입학할 수 있지만 9학년부터는 여학생에 한해 가능하다.

학생분포

총 학생수는 554명이며 기숙학생은 164명이다.
교사와 학생의 비율은 1 대 7이다.
학년별로 보면 9학년 72명, 10학년 92명, 11학년 69명, 12학년 68명이 재학중이다.
외국인 유학생은 24명이다.

교과 과정

졸업학점은 19학점으로 매년 5과목과 예체능 분야 과목을 이수한다.
성적은 A~F로 평가하며 이 가운데 A~C까지는 대입 추천 성적으로 인정한다. 12학년 학생들은 겨울학기에 2주간 희망하는 분야에서 독립학습 프로그램을 진행할 수 있다.
여름방학에는 고등학생를 대상으로 남녀공학 및 여학생 캠프가 운영된다. 기간은 4주이다.
영어, 역사, 수학, 과학, 제2 외국어, 음악, 미술사 등 12개 영역에 걸쳐 AP 과정이 설정되어 있으며 Honor 과정도 함께 마련되어 있다.

입학 및 학비

성적 증명서(특히 최근 2년간의 성적), 교장 또는 상담자 추천서, 교사 추천서, 면접, SSAT, 에세이 등을 종합하여 입학을 결정짓는다.
특히 SSAT와 면접은 필수 사항이다.
원서 마감일은 2월 1일이며 전형료는 50달러이다.
학비는 기숙사비를 포함하여 2만 4,200달러이며 입학금은 754달러이다.

주요 진학 대학

Boston College, Duke University, Princeton University, Santa Clara University, University of California, Berkeley University of California, Los Angeles.

연락처

입학담당자 Meriwether T. Beatty
Tel 831-655-9329 Fax 831-655-7535
E-mail : admissions@scs.monterey.ca.us
URL : http://www.santacatalina.org

SHATTUCK-ST. MARY'S SCHOOL

1000 Shumway Avenue
Faribault, Minnesota 55021
학교장 Gregory J. Kieffer

1858년에 설립되어 130여 년의 역사를 지닌
남녀공학이다. Midwest에서 가장 오래된 기숙학교
중 하나이다. 학교 건물 대부분이 1800년대에
지어졌으며 그 역사적 가치를 인정받아 National
Register of Historic Places에 기록되었다. 또 캠퍼스
전체가 National Historic District로 불리운다.
매주 예배시간을 갖는다.
Minneapolis 근처의 작은 마을에 위치하고 있으며
캠퍼스의 면적은 250에이커이고 10개 동의 건물이
있다. 학년과정은 6~12학년, PG 과정이다.

학생 분포
총 학생수는 302명이며 그 중 기숙학생은
233명이다. 학급당 평균 학생수는 15명으로 교사와
학생의 비율은 1 대 7이다. 학년별로 보면 9학년
38명, 10학년 75명, 11학년 71명, 12학년 63명, PG
과정 5명이다. 외국인 유학생은 44명이다.

교과 과정
3학기제로 운영되며 성적표는 1년에 2회 발송된다.
졸업학점은 20학점이며 매학기 5~6개 과목을
이수한다. 기하학, 미국사, 미국 문학, 인류학, 예술,
예술사, 발레, 성경 연구, 화학, 사회봉사, 컴퓨터
프로그래밍, 작문, 무용, 영문학, 환경과학, 수학,
음악, 연설법, 사진술, 종교 등 100개가 넘는
과목들이 개설되어 있다.
영어, 컴퓨터, 물리학, 미국사, 화학 등 12개 영역에
AP 과정이 설정되어 있다.

방과후에는 학생들의 이해를 돕고
수업 내용을 보충해주는 특별지도가 실시된다.
Honor 과정과 ESL 과정도 함께 개설되어 있다.

입학 및 학비
성적증명서와 SSAT(또는 SSAT에 준하는 시험) 점수,
추천서를 제출하고 면접을 받아야 한다.
이 모든 자료들을 통해 입학 여부를 결정한다.
인종이나 종교, 국적, 성별에 따른 차별은 없다.
원서 마감일은 없으며 전형료는 30달러이다.
학비는 기숙사 사용에 따라 다르다.
주 5일제인 경우에는 1만 8,300달러이며
주 7일제인 경우에는 2만 300달러이다.

주요 진학 대학
Carnegie Mellon University, Colgate University,
Harvard University, Lake Forest College,
St. Olaf College, University of Chicago.
SAT 평균점수 1200점 이상인 졸업생이 전체의
35퍼센트였다.

연락처
입학 담당자 Phillip Trout
Tel 507-333-1618 Fax 507-333-1661
E-mail : admissions@ssm.pvt.k12.mu.us
URL : http://www.s-sm.org

SOLEBURY SCHOOL

Phillips Mill Road
New Hope, Pennsylvania 18938
학교장 John D. Brown

1925년에 세워진 남녀공학으로, 학생들이
자신들의 관심 분야에 몰두하고 발전할 수 있도록
돕는 교육 실현에 집중하고 있다.
Philadelphia에서 50분 거리에 있는 New Hope에
위치하고 있다. 18세기의 농촌 풍경과 같은
자연환경이어서 학교가 인상적이다.
학년과정은 7~12학년, PG 과정이며
기숙사 생활은 9학년부터 가능하다.

학생 분포
총 학생수는 189명이다. 교사와 학생의 비율은
1 대 5이다. 학년별로 9학년 32명, 10학년 46명,
11학년 41명, 12학년 37명, PG 과정 2명이다.
외국인 유학생은 19명이다.

교과 과정
3학기제로 운영되며 1년에 3회 성적표가 발송된다.
졸업학점은 18학점이다. 예술사, 천문학, 의학,
제도술, 컴퓨터, 환경과학, 작문, 섬유예술, 경제사,
지리학, 사상사, 일본과 미국의 가치관 비교론,
논리학 등 광범위한 범위에서 선택하여 수업을
받을 수 있다.
학업 성적이 우수한 학생은 독립학습 프로그램에
참여할 수 있다. 기본적인 언어 사용능력이 없는
학생을 위해 Learning Skills Program이 1985년부터
운영되고 있다. Orton-Grillingham 기법에 따른
읽기, 작문 교육이 실시된다.
ESL 과정과 3개 영역의 AP 과정, 그리고

Honor 과정이 개설되어 있다.
하기 프로그램으로는 저학년을 대상으로 한
주간캠프, 전학년을 대상으로 한 미술 및 축구
프로그램, ESL 여름 프로그램 등이 있다.

입학 및 학비
성적증명서, 추천서, SSAT 점수를 제출해야 한다.
면접은 반드시 받아야 한다. 서류 및 면접 외에도
학생이 갖고 있는 잠재력, 과외활동이나 봉사활동
참여 여부 등이 입학 결정의 중요한 기준이다.
원서 마감일은 없으며 전형료는 35달러이다.
학비는 기숙사비를 포함하여 2만 2,700달러이다.

주요 진학 대학
Cornell University, Florida State University,
Haverford College, New England College, Stevens
Institute of Technology, University of Colorado at
Boulder.
졸업생들의 SAT 평균 점수는 1146점이었고
1200점을 넘은 졸업생들은 전체의 34퍼센트였다.

연락처
입학담당자 Karl Welsh
Tel 215-862-5261 Fax 215-862-3366
URL : http://www.solebury.com/

SOUTH KENT SCHOOL

40 Bull's Ridge Road
South Kent, Connecticut 06785
학교장 John S. Farber

소수정예 교육을 기본으로 하는 남학교로서 영국
교회와 연계되어 있다. 1923년에 자신의 잠재력을
스스로 개발할 수 있도록 교육시킨다는 기치 아래
설립되었다. 다른 학교에 비해 학생들이 참여할 수
있는 기회가 많다는 장점이 특징적이다.
단순명료함, 자립심, 올바른 목적의식의 3대 요소를
심어주기 위한 교육에 역점을 두고 있다.
New York시와 가까운 위치한다.
학년과정은 9~12학년, PG 과정이다.

학생 분포
총 학생수는 100명이다. 학급당 평균 학생수는
7명으로 교사와 학생의 비율은 1 대 4이다. 학년별
학생수는 9학년 14명, 10학년 27명, 11학년 25명,
12학년 32명, PG 과정 2명이다.
외국인 유학생은 15명이다.

교과 과정
졸업학점은 18학점이다. 매일 평균 5과목을
이수하며 3시간 동안 자율학습을 한다. 학생들의
수준이나 능력에 따라 반을 편성한다.
뛰어난 재능이 있는 학생에게는 특별과정이
실시되고, 반대로 학습능력이 다소 부족한
학생에게는 Learning Advantage Program이
적용된다.
8개 영역에 걸쳐 AP 과정이 설정되어 있고
Honor 과정과 ESL 과정도 개설되어 있다.
재학생 전원에게 지도교사를 정하고 Advocate

Program을 실시하고 있다. 지도교사들은 학업이나
일상생활의 고민에 대해 매주 상담을 해준다.

입학 및 학비
학업성적, 기타 과외활동 내용과 SSAT 점수를 입학
결정의 기준으로 삼고 있다. 면접도 필수 사항이다.
전화 상담이나 학교 방문을 환영한다.
원서 마감일은 없고 전형료는 40달러이다.
지원절차를 밟은 후 3주 내에 결과를 통보해준다.
학비는 기숙사비를 포함하여 2만 3,939달러이다.

주요 진학 대학
Allegheny College, Fairfield University, Ohio
Wesleyan University, Providence College, The
College of Wooster, University of Massachusetts
Amherst.
졸업생들의 SAT 영역별 평균점수는 언어영역
541점, 수학영역 590점이다. SAT 1200점 이상인
졸업생은 전체의 1퍼센트였다.

연락처
입학담당자 Sarah E. Rowlan
Tel 860-927-3530 Fax 860-927-0024
E-mail : skadmiss@mohawk.net

SOUTHWESTERN ACADEMY

2800 Monterey Road
San Marino, California 91108
학교장 Kenneth R. Veronda

1924년에 설립된 남녀공학으로 현재 San Marino Campus와 Beaver Creek Campus로 나누어져 있다. San Marino Campus는 California주 Pasadena 근처에 위치해 있고, Beaver Creek Campus는 Arizona주 Phoenix시에서 2시간 정도 떨어진 곳에 위치해 있다. 두 캠퍼스가 갖고 있는 주변 환경은 상이하지만, 경쟁보다는 조화와 협력의 중요성을 깨닫게 하고 개성과 독창성을 살려주는 교육이 이루어져야 한다는 교육관은 똑같다. San Marino Campus의 경우 면적은 8에이커, 건물은 7개 동이다. 학년과정은 6학년부터 PG 과정까지 있다.

학생분포
총 학생수는 146명이다. 학급당 평균 학생수는 9명으로 교사와 학생의 비율은 1 대 4이다. 학년별로 9학년 28명, 10학년 40명, 11학년 29명, 12학년 39명, PG 과정 3명이 재학중이다. 외국인 유학생은 74명이다.

교과 과정
9월 중순부터 다음해 6월 중순까지를 한 학년 기간으로 구분된다. 성적표는 1년에 4회 발송된다. 체육을 이수해야만 졸업이 가능하다. 몇몇 과목은 이미 수업을 받았다고 해도 재이수가 가능하다. 영어, 수학 등 4개 영역의 AP 과정이 설정되어 있고, Honor 과정과 ESL 과정이 개설되어 있다 ESL 과정은 3단계로 나누어 실시한다. San Marino Campus에서는 학생들의 도시활동이 활발하며, 여름에는 외국인 학생들을 대상으로 ESL 프로그램, 대학 예비수업 등이 실시된다. Beaver Creek Campus에서는 Grand Canyon, 인디언지역 여행 등과 같은 야외활동이 활발하다. 여름방학에는 계절수업이 실시된다.

입학 및 학비
입학 조건은 까다롭지 않다. 지원자의 학업 노력과 학업 수행 능력을 중시한다. 다만 징계받은 적이 있거나 정신적으로 문제가 있다면 입학할 수 없다. 개인 면접은 필수 사항이다. 원서 마감일은 없으며 전형료는 100달러이다. 학비는 기숙사비를 포함하여 2만 240달러이다.

주요 진학 대학
California State University, Occidental College, The University of Arizona, University of California, University of South California, Whitman College.

연락처
입학 담당자 Lynn Yekiazarian
Tel 626-799-5010 Fax 626-799-0407
E-mail : lyekiazarian@southwesternacademy.edu
URL : http://www.southwesternacademy.edu

STONELEIGH-BURNHAM SCHOOL

574 Bernardston Road
Greenfield, Massachusetts 01301
학교장 Raymond A. Nelson

1968년에 Mary A. Burnham School(1877년 설립)과 Stoneleigh Prospect Hill School(1869년 설립)이 통합한 여학교이다. 다양한 배경과 실력을 가진 학생들이 조화의 묘를 깨닫고 자신의 재능을 발휘할 수 있도록 돕는 데 노력을 기울인다. Boston 근처에 위치하며 캠퍼스의 면적은 100에이커이고, 건물은 7개 동이다. 학년과정은 9~12학년, PG 과정이다.

학생분포
총 학생수는 166명이며 기숙학생은 128명이다. 학급당 평균 학생수는 9명이다. 학년별로 보면 9학년 41명, 10학년 36명, 11학년 51명, 12학년 38명이 재학중이다. 독일, 일본, 한국, 대만 출신의 외국인 유학생이 30명이 있다.

교과 과정
졸업학점은 18학점이다. 언어영역과 사회과학, 기초과학 영역에 걸쳐 기초적이고 체계적인 지식을 가질 수 있도록 교과 과정이 짜여져 있다. 영어, 프랑스어, 스페인어, 음악이론 등 9개 영역에 걸쳐 AP 과정이 설정되어 있다. Honor 과정과 ESL 과정도 마련되어 있다. 하기 프로그램으로 Bonnie Castle Riding Camp가 개설되고 있다.

입학 및 학비
성적증명서와 개인 신원보증서, Standardized Test 점수, 영어교사 추천서 등을 제출해야 한다. SSAT, TOEFL, SLEP 점수 제출은 필수 사항이다. 면접도 반드시 받아야 하는데 미리 연락하여 시간을 약속해 두어야 한다. 수시로 입학 지원이 가능하며 전형료는 35달러이다. 학비는 기숙사비를 포함하여 2만 3,850달러이며 입학금은 800달러이다.

주요 진학 대학
Mount Holyoke College, Skidmore College, Trinity College, Union College, University of Massachusetts Amherst, University of Virginia. SAT 언어영역 평균점수가 600점 이상인 졸업생이 전체의 14퍼센트, 수학 600점 이상은 9퍼센트로 나타났다.

연락처
입학담당자 Carolyn J. Smith
Tel 413-774-2711 Fax 413-772-2602
E-mail : admissions@sbschool.org
URL : http://www.sbschool.org

THE STONY BROOK SCHOOL

Chapman Parkway
Stony Brook, New York 11790
학교장 Rovert E. Gustafson Jr.

1922년에 설립된 남녀공학이다. 대입 준비와 더불어 기독교 신앙과 가치를 심어주는 교육을 실시해오고 있다. 특정 종파와 연계를 맺고 있는 것은 아니지만 성경 과목을 학점에 반영시키고 잇고 매일 예배 시간을 갖는다.
Longlsland의 북부해안 지대에 있으며 New York시에서 1시간 30분 떨어진 거리에 위치한다. 캠퍼스의 면적은 54에이커, 건물은 12개 동이다. 교내에 있는 울창한 숲과 18세기 조지 왕조시대의 건축 양식으로 지어진 건물들이 함께 어우러져 아름다운 풍경을 자아내고 있다.
학년과정은 7~12학년이 있다.

학생분포
총 학생수는 345명이다. 학급당 평균 학생수는 18명으로 교사와 학생의 비율은 1 대 8이다. 학년별로 보면 9학년 57명, 10학년 78명, 11학년 65명, 12학년 77명이다. 외국인 유학생은 47명이다.

교과 과정
3학기제이며 총 수업일수는 35주이다. 졸업학점은 22학점으로 보통 하루 7교시까지 수업을 진행한다. 영어, 프랑스어, 라틴어, 스페인어, 역사, 정치학, 수학, 생물, 화학, 음악, 체육, 예술 등 다양한 과목이 개설되어 있다. 예술, 컴퓨터, 영어, 제2 외국어, 수학, 종교, 과학, 사회는 필수과목이다. 영어, 화학, 미국사, 프랑스어, 라틴어, 스페인어, 물리학 등 13개 영역에 걸쳐 AP 과정이 설정되어

있다. Honor 과정과 ESL 과정도 개설되어 있다. 고등학교로는 유일하게 Staley Lecture Series에 참가하고 있다. 여름방학에는 13~16세 학생들을 대상으로 한 계절수업이 실시된다.

입학 및 학비
우수한 성적과 뛰어난 재능을 가진 학생을 환영한다. SSAT 점수, 성적증명서, 추천서, 면접을 기준으로 입학을 결정한다.
SSAT와 면접은 필수사항이다.
원서 마감일은 따로 없으며 전형료는 50달러이다. 학비는 기숙사비를 포함하여 2만 500달러이며 입학금은 200~240달러이다.

주요 진학 대학
Cornell University, Dartmouth College, Massachusetts Institute of Technology, Swarthmore College, The George Washington University, University of Virginia.
졸업생들의 SAT 평균점수는 1139점이었다.

연락처
입학 담당자 Jane Taylor
Tel 516-751-1800   Fax 516-751-4211
URL : http://www.stonybrookschool.org

STORM KING SCHOOL

314 Mountain Road
Cornwall-on-Hudson, New York 12520-1899
학교장 Philip D. Riley Jr.

1867년에 설립된 남녀공학이다. 대학 진학을
준비하는 학교인 만큼 대학입학 자격을 얻을 수
있는 실력을 쌓는 것을 기본 목표로 잡고 있다.
그러나 학생 개개인이 지니고 있는 재능과 기술을
계발하고 발전시킬 것을 강조하고 있다.
New York시 근처의 작은 마을에 위치하고 있으며
New York에서 1시간 20분 정도 걸린다.
시골에 자리잡고 있지만 도시문화를 즐기는
데에는 어려움이 없다. 캠퍼스의 면적은 100에이커,
22개 동의 건물이 곳곳에 들어서 있다.
학년과정은 9~12학년, PG 과정이 있다.

학생 분포
총 학생수는 117명이다. 교사와 학생의 비율은
1 대 6이다. 학년별로 보면 9학년 18명, 10학년 29명,
11학년 35명, 12학년 35명이 재학중이다.
아르헨티나, 중국, 일본, 한국, 스페인 등에서 온
외국인 유학생 36명이 있다.

교과 과정
3학기제로 매 학기마다 2회 성적표가 발송된다.
졸업학점은 18학점으로 예술, 컴퓨터, 영어,
제2 외국어, 수학, 체육, 과학, 사회 등을 포함해야
한다. 도서관은 Learning Center의 역할을 한다.
기본 수학과 읽기, 작문에 대해서는 필요하다고
판단되면 특별지도가 실시된다.
9개 영역에서 AP과정이 마련되어 있고 ESL과정과
Honor 과정도 있다.

입학 및 학비
9학년에서 11학년까지 입학이 많으며 입학은
9월과 10월, 1월과 2월에 있다. 입학 조건은
까다롭지 않다. 학생의 태도, 학교생활 적응력,
성적 등을 중심으로 결정한다.
원서 마감일은 없으며 전형료는 50달러이다.
학비는 기숙사비를 포함하여 2만 4,000달러이며
입학금은 1,300달러이다.

주요 진학 대학
Boston College, Boston University, Cornell
University, Massachusetts Institute of Technology;
Rutgers, The State University of New Jersey.
졸업생들의 평균 SAT 점수는 1000점이었고,
1200점이상인 졸업생의 비율은 전체의
4퍼센트였다.

연락처
입학담당자 Peter C. Wicker
Tel 914-534-9860 Fax 914-534-4128
URL : http://www.sks.org

STUART HALL

235 West Frederick Street
Staunton, Virginia 24401
학교장 Rev. J. Kevin Fox

Charlottesville 가까이 위치한 여학교로서 1844년 Virginia Female Institute로 설립되었다가 1907년 Stuart Hall로 이름이 바뀌었다. 기독교적 바탕 위에 학생들이 교육받은 내용을 사회에 환원시킴으로써 모든 사람들이 보다 발전적이고 풍요로운 삶을 살 수 있도록 하자는 데 중적을 두고 있다. 캠퍼스는 8에이커이며 건물은 6개 동이다. 학년과정은 6~12학년이다.

학생분포

총 학생수는 127명이며 기숙학생은 49명이다. 학급당 평균 학생수는 12명으로 교사와 학생의 비율은 1 대 6이다. 학년별로 보면 9학년 13명, 10학년 12명, 11학년 18명, 12학년 12명이 재학중이다. 외국 유학생은 6명이다.

교과 과정

졸업학점은 21학점으로 한 학기에 5~6과목을 이수한다. 학습 능력에 따라 우수반과 일반으로 나뉘어 진행한다. 뛰어난 재능을 가진 학생을 위한 프로그램도 마련되어 있다. 교과 과정은 학생의 학습능력과 희망에 따라 조절될 수 있으며, 빠르면 3년 이내에 대학 예비학과를 마칠 수 있다. 대학 예비학과를 마치면 Mary Baldwin College에서 대학 학점을 이수할 수 있다. 4개 영역의 AP과정이 설정되어 있고 ESL 과정도 개설되어 있다. 성적표는 1년에 6회 발송된다. 매년 봄에 원하는 학생은 10일간 Cultural Immersion Program에 참여할 수 있다. 여름방학 동안에는 5주간에 걸쳐 계절수업을 실시한다.

입학 및 학비

성적증명서, 건강진단서, 자기소개서와 Standardized Test 결과를 제출해야 한다. 면접은 필수 사항이다. 원서 마감일은 없으며 전형료는 35달러이다. 학비는 기숙사 사용에 따라 다르다. 주 5일제인 경우에는 1만 8,000달러이며, 주 7일제인 경우에는 2만 달러이다.

주요 진학 대학

College of William and Mary, James Madison University, The Cithadel, The Military College of South Carolina, Vanderbilt University, Virginia Polytechnic Institute and State University. SAT 점수가 1200점 이상인 졸업생은 전체의 30퍼센트를 차지했다.

연락처

입학담당자 Stephanie Shafer
Tel 888-306-8926 Fax 540-886-2275
E-mail : sshafer@stuart-hill.staunton.va.us
URL : http//www.stuart-hall.staunton.va.us

SUFFIELD ACADEMY

185 North Main Street
Suffield, Connecticut 06078
학교장 Dr. David R. Holmes

1833년에 Connecticut Literary Institute로 출발하여
1916년 Suffield Academy로 이름을 바꾸었다.
2차대전을 거치면서 남자학교로 개편되었다가
1974년에 다시 남녀공학으로 복귀했다.
소수 정원제로 체계적인 학과 프로그램을
실시한다는 것이 기본 원칙이다.
학년과정은 9~12학년, PG 과정이 있다.
Hartford 근처에 자리잡고 있으며 캠퍼스의 면적은
340에이커이며 49개 동의 건물로 되어 있다.
Massachusetts주 Springfield와 가까이 있어서
이곳의 콘서트나 박물관, 극장 등을 찾기 쉽다.

학생 분포
총 학생수는 358명이며 기숙학생은 230명이다.
학급당 평균 학생수는 8명으로 교사와 학생의
비율은 1 대 4이다. 학년별로 보면 9학년 54명,
10학년 95명, 11학년 105명, 12학년 91명, PG 과정
13명이 재학중이다. 외국인 유학생은 63명이다.

교과 과정
3학기제로 운영된다. 졸업학점은 18학점이다.
1주일에 6일간 수업을 기본으로 하며 수요일과
토요일에는 오전 수업만 한다.
성적표는 매 학기말과 첫 학기 중간에 발송된다.
성적이 부진한 학생에게는 특별 지도가 실시된다.
영어, 역사, 과학 등 11개 영역의 AP 과정이
설정되어 있으며 Honor 과정과 ESL 과정도
마련되어 있다. The Suffield Leadership Program을
통해 학생들에게 지도자로서의 역량을 길러주고
또 지도자적 역할을 해낼 수 있다고 판단되는
학생에게장학금을 지급한다. 12학년 학생들은
개인 프로젝트를 수행할 수 있다.

입학 및 학비
성적증명서와 추천서, SSAT 점수를 제출해야 한다.
면접도 필수 사항이며, 시간은 오전 8시에서 오후
2시 사이에 한한다.
원서 마감일은 2월 15일이고 전형료는 40달러이다.
학비는 기숙사비를 포함하여 2만 4,750달러이며
입학금은 1,000달러이다.

주요 진학 대학
Gettysburg College, Hamilton College, St. Lawrence
University, Stanford University, Trinity College,
University of Colorado at Boulder.
SAT 1200점 이상인 졸업생은 전체의
21퍼센트였다.

연락처
입학 담당자 Charlie Cahn
Tel 860-668-7315 Fax 860-668-2966
E-Mail : saadmit@suffieldacademy.org
URL : http://www.suffieldacademy.org

TABOR ACADEMY

Front Street
Marion, Massachusetts 02738
학교장 Jay S. Stroud

1876년 Elizabeth Taber 부인이 설립한 남녀공학이다. 학생 스스로 정신적, 신체적, 지적 능력을 개발하여 성실한 삶을 살아가도록, 나아가 사회에 공헌하도록 하자는 데 설립 목적이 있다. Boston 근처에 위치하며 Rhode Island주 Providence로부터 45분 거리에 있다. 캠퍼스 면적은 75에이커, 건물은 42개 동이다. 학년과정은 9~12학년이다.

학생분포

총 학생수는 477명이며 기숙학생은 335명이다. 학급당 평균 학생수는 12명이다. 학년별로 보면 9학년 82명, 10학년 130명, 11학년 131명, 12학년 134명이 재학중이다. 독일, 중국, 한국, 일본, 대만 출신의 외국인 유학생 73명이 재학하고 있다.

교과 과정

졸업학점은 18학점으로 학기마다 필수과목 5개, 기타 선택과목 1~2개를 이수한다. 대개는 학생의 수준에 맞춰 반을 편성, 수업을 진행한다. 해양학(선박조종술, 선박건축, 해양역사), 천문학, 연설, 인류학, 생태학, 러시아역사, 동양사, 컴퓨터 프로그래밍 등이 선택과목이다. Honor 과정과 19개 영역에 걸쳐 AP과정이 마련되어 있다. ESL 과정도 함께 개설되어 있다. 외국 유학생을 위한 Center of International Students은 외국인 학생들의 문화적 욕구를 충족시키기 위한 것이다. 여름방학 프로그램으로 8~15세 재학생을 대상으로 한 운동과 수상스포츠 중심의 캠프가 있다. 영어나 ESL, 읽기, 수학 및 과학수업, 해양학 세미나 등도 함께 진행된다. 기간은 6월 말부터 8월 초까지 6주간이다.

입학 및 학비

ISEE나 SSAT 성적과 면접을 통해 입학을 결정한다. 원서 마감일은 1월 31일이며 전형료는 30달러이다. 학비는 기숙사비를 포함하여 2만 4,900달러이며 입학금은 350달러이다.

주요 진학 대학

Georgetown University, Rollins College, Hobart and William Smith College, Trinity College, Tulane University, University of New Hampshire. 졸업생들은 SAT 언어영역에서 576점, 수학영역에서 597점의 성적을 올렸다.

연락처

입학 담당자 Andrew L. McCain
Tel 508-748-2000 Fax 508-748-0353
E-mail : admissions@tabor.pvt.k12.ma.us
URL : http://www.taboracademy.org

THE TAFT SCHOOL

110 Woodbury Road
Watertown, Connecticut 06795
학교장 Lance R. Odden

1890년에 남학교로 설립되었다가 1971년에 남녀공학으로 개편되었다. 엄격하고 수준 높은 교육을 통해 학문적 영역에서의 성취도를 높일 뿐만 아니라 올바른 인격을 형성시키는 데에 중적을 둔 교육을 실시하고 있다. Waterbury 근처에 있으며 캠퍼스의 면적은 220에이커, 건물은 18개 동으로 이루어져 있다. 학년과정은 9~12학년, PG 과정이다.

학생분포
총 학생수는 551명이며 기숙학생은 450명이다. 교사와 학생의 비율은 1 대 6이다. 학년별 9학년 99명, 10학년 145명, 12학년 139명, PG 과정 11명이 재학중이다. 외국인 유학생은 61명이다.

교과 과정
2학기제로 운영되며 성적표는 학기 중간과 학기말 모두 4회 발송된다. 성적 평가는 1~6점으로 구분되며 평균 2점 이하인 경우 학사경고가 내려진다. 4.5점 이상은 우수한 성적으로 인정된다. 졸업학점은 36학점이다. 정규과정에 포함된 과목은 무려 200개가 넘는다. 학생은 자신의 관심분야에 따라서 과목을 선택할 수도 있고 반대로 관심영역을 넓힐 수도 있다. 과목당 1학점씩 부여한다. 자격을 갖춘 학생들은 지도교사로부터 지도를 받아가며 작문, 연극 연출, 컴퓨터 프로그래밍 등에 종사할 수 있다. 19개 영역의 AP 과정이 있고 Honor 과정과

ESL 과정도 개설되어 있다. 여름 방학에는 영어, 수학, 역사, 언어 등에서 5주간의 계절수업 프로그램이 마련된다. 그러나 이 성적은 학점으로 인정받지 못한다.

입학 및 학비
자기소개서와 성적증명서, 추천서, SSAT(필수) 점수를 제출해야 한다. 12학년에 지원하는 경우에는 PSAT 및 SAT 성적을 제출해야 한다. 면접은 필수이므로 입학 담당자와 사전에 시간을 정해 놓는게 유리하다. 원서 마감일은 2월 1일이며 전형료는 30달러이다. 학비는 기숙사비를 포함하여 2만 4,000달러이며 입학금은 375달러이다.

주요 진학 대학
Brown University, Colby College, Colagte University, Cornell University, Georgetown University, Middlebury College. SAT 1200점 이상인 졸업생이 전체의 67퍼센트를 차지했다.

연락처
입학 담당자 Frederick H. Wandelt III
Tel 860-945-7777 Fax 860-945-7808
E-mail : admissions@taft.pvt.k12.ct.us
URL : http://www.taft.pvt.k12.ct.us

TALLULAH FALLS SCHOOL

P.O. Box 10
Tallulah Falls, Georgia 30573
학교장 Dr. Charles H. Green

Atlanta에 가까운 곳에 위치하고 있는 남녀공학으로 1909년 Georgia 여성단체협의회가 주체가 되어 설립한 주립학교이다. 정규 교과과정 외에 여러 가지 프로그램들이 실시되어 산학협동과 같은 연관성을 찾도록 도와주고 있다. 캠퍼스 면적은 550에이커, 건물은 16개 동이다. 학년과정은 6~12학년과정이다.

학생분포
총 학생수는 148명이며 기숙학생은 160명이다. 학급당 평균 학생수는 12명으로 교사와 학생의 비율은 1 대 10이다. 학년별로 보면 9학년 24명, 10학년 31명, 11학년 35명, 12학년 28명이 재학중이다. 외국인 유학생은 14명이다.

교과 과정
3학기제로 운영되며 8월 말부터 다음해 6월 말까지가 한 학년이다. 졸업학점은 21학점이다. 예술, 경영학, 컴퓨터, 영어, 제2 외국어, 수학, 체육, 과학, 사회; 역사 등은 필수과목이다. 워드프로세스, 그래픽, 스프레드 쉬트, 데스크탑 편집 등 컴퓨터의 여러 기능을 이용하여 학과 수업의 효율성을 높이고 있다. AP 과정과 Honor 과정, ESL 과정이 개설되어 있다. 성적표는 6주마다 발송된다. 가을학기에는 특별 독서교육이 실시된다.

입학 및 학비
성적증명서, 신원증명서, 학교 보증서 등을 제출해야 한다. 특히 Otis-Lennon과 면접 과정은 필수이다. 원서 마감일은 따로 정해놓지 않았으나 가능하면 봄에 접수하도록 권장하고 있다. 학비는 기숙사비를 포함하여 1만 3,200달러에서 1만 4,500달러 수준이다.

주요 진학 대학
Berea College, Clemson University, Furman University, United States Military Academy, University of South Carolina, Vanderbilt University. SAT 언어영역에서 600점 이상 성적을 올린 졸업생은 전체의 40퍼센트였고 수학영역 600점 이상은 전체의 50퍼센트였다.

연락처
입학담당자 Bryan T. Green
Tel 706-754-3171 Fax 706-754-3595
URL : http://www.tfs.pvt.k12.ga.us

THOMAS JEFFERSON SCHOOL

4100 South Lindbergh Boulevard
St. Louis, Missouri 63127
학교장 Lawrence A. Morgan

1946년에 설립된 남녀공학이다. 노력하는 자세를 중시하여 학생들의 자발적인 학습활동을 유도해 내는데 역점을 두고 있다. 자신이 행한 일에 대해 책임질 줄 알고 매사에 적극적으로 열정을 가지고 집중하는 태도를 갖도록 이끌어 간다.
수업 진행방식도 강의식이 아닌 토론식 수업을 선택하고 있다. 수업은 오전 8시 30분에서 12시 30분까지 35분 단위로 진행된다. 다른 학교에 비해 수업시간이 짧은 것은 스스로 연구 및 학습 활동에 많은 시간을 투자하기 위한 의도에서이다.
St. Louis시 중심가에서 20분 가량 떨어진 Sunset Hills에 위치하고 있다. 캠퍼스의 면적은 20에이커, 건물은 11개 동이 있다.
학년과정은 7~12학년, PG 과정이다.

학생분포
총 학생수는 77명이다. 학급당 평균 학생수는 10명으로 교사와 학생의 비율은 1 대 6이다. 학년별로 7학년 9명, 8학년 9명, 9학년 17명, 10학년 13명, 11학년 13명, 12학년 16명이 재학중이다. 외국인 유학생은 12명이다.

교과 과정
졸업학점은 21학점이다. 성적은 A~E로 평가되며 평균 B⁻ 이상인 학생에게는 Honors가 주어진다. 7~8학년은 영어, 수학, 과학, 사회, 라틴어 등을 수강하며 9~12학년은 영어, 수학, 그리스어, 프랑스어, 이탈리아어, 화학, 물리학, 생물학, 미국사

등을 수강한다. 12개 영역에서 AP과정이 개설되어 있고, Honor 과정과 ESL 과정도 마련되어 있다. 여름방학 중에는 여름학교가 따로 운영되지 않지만 학교장과 함께 유럽 여행을 떠나기도 한다.

입학 및 학비
ISEE, 입학시험 또는 SSAT, 면접이 필수 사항이다. 따로 정해진 마감일이 없기 때문에 항시 지원이 가능하다. 전화 상담이나 방문 상담을 하여 시험과 면접 일시를 정해야 한다.
학비는 기숙사 사용에 따라 다르다.
주 5일제인 경우에는 2만 100달러이며 주 7일제인 경우에는 2만 1,100달러이다.
입학금은 200달러이다.

주요 진학 대학
Bowdoin College, Brown University, Davidson College, Haverford College, Saint Louis University.
졸업생들의 평균 SAT 점수가 1440점으로 전체 82퍼센트에 달하는 학생들이 평균 1200점 이상을 기록하였다.

연락처
입학 담당자 Villiam C. Rowe
Tel 314-843-4151   Fax 314-843-3527
E-mail : admissions@tjs.org
URL : http://www.tjs.org

TILTON SCHOOL

30 School Street
Tilton, New Hampshire 03276
학교장 James R. Clements

1845년 감리교회에 의해 설립된 남녀공학이다. 지성과 감성의 두 영역이 고르게 성장하고 완벽한 조화를 이룰 수 있는 교육이 되도록 힘써 왔다. Concord 근처의 작은 마을에 자리잡고 있으며 146에이커에 달하는 캠퍼스에 27개 동의 건물이 있다. 학년과정은 9~12학년, PG 과정이다.

학생분포
총 학생수는 207명이며 기숙학생은 151명이다. 학급당 평균 학생수는 10명으로 교사와 학생의 비율은 1 대 5이다. 학년별로 9학년 25명, 10학년 55명, 11학년 69명, 12학년 46명, PG 과정 12명이 재학중이다. 외국인 유학생은 26명이다.

교과 과정
3학기제로 운영된다. 학과 과정은 인문계열과 이공계열로 나누어 진행된다. 졸업학점은 18학점으로 매학기 5과목을 이수한다. 영어, 수학, 제2 외국어, 예술, 실험과학, 미국사, 체육 등은 필수과목이다. 11~12학년은 자신이 원하는 과목들을 선택하여 수업을 받을 수 있다. 신입생은 첫 4주 동안 오후 자율학습에 출석해야 한다. 성적 평가는 A~F로 이루어지는데, D⁻ 이하는 낙제 처리되며 B⁻ 이상은 우수한 성적으로 인정된다. 성적이 부진한 학생은 개인지도를 받는다. 5개 영역에서 AP 과정이 마련되어 있다. Honor 과정과 ESL 과정도 개설되어 있다.

입학 및 학비
성적증명서와 교사 추천서를 제출해야 한다. 몇 학년에 입학하느냐에 따라 준비해야 하는 시험이 다르다. 9~10학년에 입학하려면 SSAT점수를 제출해야 한다. 11학년에서 PG 과정에 입학하는 경우에는 PSAT나 SAT를 보아야 한다. 면접은 필수 과정이다. 원서 마감일은 없으며 전형료는 35달러이다. 학비는 기숙사비를 포함하여 2만 4,700달러이며 입학금은 500달러이다.

주요 진학 대학
Bently College, Elmira College, Saint Michael's College, St. Lawrence University, University of Massachusetts Dartmouth. University of Vermont. SAT 언어영역에서 600점 이상인 졸업생은 전체의 22퍼센트, 수학영역 600점 이상인 졸업생은 32퍼센트를 차지했다.

연락처
입학 담당자 Jonathan C. Rand
Tel 603-286-1733 Fax 603-286-1705
E-mail : jrand@tiltonschool.org

TRINITY-PAWLING SCHOOL

300 Route 22
Pawling, New York 12564
학교장 Archibald A. Smith III

1907년에 설립된 남학교이다. 설립 당시에는
Pawling School이었다가 1946년 New York의
Trinity School과 결연함으로써 Trinity-Pawling
School이 되었다. 채플 외에 종교, 윤리, 심리학
등의 과목은 이 학교의 종교적 배경을 반영해
준다고 하겠다.
타인의 능력을 인정하고 자신의 숨겨진 재능을
개발할 수 있게끔 교육이 이뤄져야 한다고 여긴다.
New York 근처의 작은 마을에 위치하고 있으며
캠퍼스의 면적은 140에이커, 건물은 15개 동이다.
학년과정은 7~12학년, PG 과정이며, 기숙사
생활은 9학년부터 가능하다.

학생분포
총 학생수는 316명이며 기숙학생은 235명이다.
학급당 평균 학생수는 13명으로 교사와 학생의
비율은 1 대 7이다. 학년별로 9학년 49명, 10학년
73명, 11학년 83명, 12학년 72명, PG 과정 12명이
재학중이다. 외국인 유학생은 30명이다.

교과 과정
졸업학점은 112학점으로 필수과목에서 90학점,
선택과목에서 22학점을 이수하도록 되어 있다.
한 학기에 최소한 4과목을 이수한다. 학점은
1년 수업은 6학점으로, 한 학기 수업은 2학점으로
계산한다. 성적표는 한 학기에 3회 발송된다.
9학년과 10학년에는 Language Retraining
Program을 운영하는데 Orton-Gillingham 기법을

응용하여 난독증을 해소하기 위해 노력한다.
음성학, 쓰기, 외우기, 그밖에 여러 Language Skill을
균형있게 학습한다.
10개 영역의 AP 과정이 설정되어 있다.
Honor 과정과 ESL 과정도 개설되어 있다.

입학 및 학비
입학원서, 교사추천서 3통, SSAT 점수를 제출해야
한다. 면접은 필수 사항으로 평일 오전 8시
30분에서 오후 2시 30분, 토요일에는
오전 11시 30분 사이에 미리 시간을 정해야 한다.
원서 마감일은 3월 1일이며 전형료는 40달러이다.
학비는 기숙사비를 포함하여 2만 5,000달러에서
3만 300달러 수준이다.
입학금은 500~1,500달러이다.

주요 진학 대학
Boston College, Gettysburg College, Hartwick
College, Lafayette College, St. Lawrence University,
Trinity College.
SAT 1200점 이상인 졸업생은 전체의
14퍼센트였다.

연락처
입학담당자 Thomas W. Sheppard
Tel 914-855-4825 Fax 914-855-3816
E-mail ; admit@tps.k12.ny.us
URL : http://www.tps.k12.ny.us

VALLEY FORGE MILITARY ACADEMY
AND COLLEGE

1001 Eagle Road
Wayne, Pennsylvania 19087-3695
학교장 Rear Adm. Virgil L. Hill, Jr., USN

1928년 M. G. Baker 장군에 의해 설립된 남학교이다. 자기 책임을 알고 서로를 신뢰할 줄 아는 인간관계 형성에 목적을 두고 있다. Philadelphia 근처에 있으며, 115에이커에 이르는 캠퍼스에 83개 동의 건물로 이루어져 있다. 학년과정은 7~12학년, PG 과정이다.

학생분포

총 학생수는 561명이다. 학급당 평균 학생수는 15명으로 교사와 학생의 비율은 1 대 10이다. 학년별로 9학년 92명, 10학년 113명, 11학년 166명, 12학년 135명, PG 과정 11명이 재학중이다. 외국인 유학생은 92명이다.

교과 과정

2학기제로 운영되며 학년 구분은 8월말에서 다음해 6월초로 되어 있다. 성적표는 학기마다 2회, 1년에 모두 4회 발송된다. 성적은 A~F로 구분하며 C⁻ 이상은 대학 추천이 가능한 성적으로 인정된다. 졸업학점은 20학점이다.

학생의 수준에 따라 상급, 중급, 초급반으로 나누어 수업을 진행하며 성적이 부진한 학생들에게는 방과후에 특별지도를 실시한다.

Honor 과정과 ESL 과정이 개설되어 있다.

모든 재학생들은 JROTC 교육을 받는다. 또 12학년 학생들은 독립학습을 하거나 야외 연구활동을 할 수 있고 Valley Forge Military Junior 대학에서 강의를 들을 수도 있다. 여름방학 동안 학과 수업(보충수업, ESL 과정)과 운동, 예술, 엄격한 야외훈련 등이 실시된다.

입학 및 학비

추천서와 성적증명서를 제출해야 한다. Otis-Lennon School Ability Test와 면접을 통해 입학 여부를 결정한다. 학교 방문 및 면접은 학기중 오전 10시에서 오후 1시 사이에 가능하다.

원서 마감일은 없으며 전형료를 지불해야 한다. 상황에 따라서는 학기중 입학이 허용되기도 한다. 학비는 기숙사비를 포함하여 2만 700달러이며 입학금은 250~350달러이다.

주요 진학 대학

Indiana University of Pennsylvania, Pennsylvania State University, The Citadel, The Military College of South Carolina, Villanova University, Valley Forge Military College, Virginia Military Institute.

연락처

입학 담당자 Col. Fred A. Serino
Tel 610-989-1300 Fax 610-688-1545
E-mail : admission@vfmac.edu
URL : http://www.vfmac.edu

VERDE VALLEY SCHOOL

3511 Verde Valley School Road
Sedona, Arizona 86351
학교장 Saul Hillel Benjamin

1948년에 설립된 남녀공학이다. 대학 진학 준비를 기본으로 하지만 학업에만 집중하지는 않는다. 한 사람의 훌륭한 사회인으로서 역할할 수 있는 전인교육을 지향한다. Phoenix 근처에 있는데, Arizona주 Sedona에서 가장 아름다운 곳으로 알려져 있다. 숲으로 둘러싸인 캠퍼스는 면적이 100에이커이며 20개 동의 건물로되어 있다. 학년과정은 9~12학년, PG 과정이다.

학생분포
총 학생수는 76명이다. 학급당 평균 학생수는 10명으로, 교사와 학생의 비율은 1 대 10이다. 학년별로 9학년 19명, 10학년 10명, 11학년 27명, 12학년 20명이다. 외국인 유학생은 6명이다.

교과 과정
졸업학점은 20학점이다. 학과목으로는 대수학, 미국사, 미국 문학, 해부학, 인류학, 예술, 예술사, 천문학, 발레, 생물학, 미적분학, 도예, 화학, 작문, 무용, 연극, 지구과학, 영어, 영문학, 환경과학, 유럽사, 미술, 지리학, 의상학, 역사, 수학, 음악, 회화, 철학, 사진술, 체육, 시문학, 종교, 세계사, 사회 등이 있다.
정규 과정 외에 진행되는 3개 프로그램이 있다. 예술 영역, 사회봉사 활동, 주제별 연구로 구분되어 가장 적합한 시기에 실시된다.
7개 영역에 AP 과정이 마련되어 있으며 ESL 과정도 개설되어 있다.

입학 및 학비
입학 허가 결정은 추천서, 성적증명서, Standardized test 결과, 그리고 면접을 종합한 점수를 기준으로 삼는다. 대부분은 9월 학기에 입학한다.
원서 마감일은 없고 전형료는 45달러이다.
학비는 기숙사 사용에 따라 다르다. 주 5일제인 경우에는 1만 9,500달러이며 주 7일제인 경우에는 2만 1,200달러이다. 입학금은 600~1,500달러이다.

주요 진학 대학
California Institute of the Arts, Reed College, St. John's College, The Colorado College, University of California, Berkeley University of Chicago

연락처
입학 담당자 Mark R. Green
Tel 520-284-2272 (Ext 12) Fax 520-284-0432
E-mail : vvschool@sedona.net
URL : http://www.verdevalleyschool.org

VERMONT ACADEMY

Pleasant Street
Saxtons River, Vermont 05154-0500
학교장 James C. Mooney

1876년에 설립된 남녀공학이다. 학생들의 의사
표현력, 사고력, 논리력 향상에 중점을 두고 있다.
Boston과 가까운 곳에 자리잡고 있으며 New
Hampshire주의 Hanover와 Massachusetts주의
Amherts에서 각각 45분 정도 거리에 있다.
학생들은 Dartmouth College, University of
Massachusetts, Amherst University에서 열리는 문화
행사나 스포츠 행사를 관람할 수 있다. 캠퍼스는
500에이커이며 건물은 20개 동이다.
학년과정은 9~12학년, PG 과정이다.

학생분포
총 학생수는 256명이며 기숙학생은 180명이다.
학급당 평균 학생수는 11명으로, 교사와 학생의
비율은 1 대 7이다.
학년별로 9학년 41명, 10학년 62명, 11학년 77명,
12학년 65명, PG 과정 11명이 재학중이다.
외국 유학생은 16명이다.

교과 과정
졸업학점은 17학점으로 선택과목 3개를 포함하고
있어야 한다. 정규 과정에는 대수학, 미국 정부론,
미국사, 미국 문학, 예술, 예술사, DNA와 문화,
생물학, 미적분학, 도예, 화학, 합창, 영어, 영 문학,
환경과학, 운전 수업, 무용, 라틴어, 무용, 사진술,
체육, 웅변술, 저널리즘 등 다양한 과목들이 있다.
보통 1년에 5과목 정도를 이수한다. 성적표는
1년에 4회 발송된다.

8개 영역에 AP과정이 마련되어 있다. 성적이
부진한 학생들에게는 Learning Skills Program이
적용된다. Honor 과정과 ESL 과정도 개설되어
있다.

입학 및 학비
성적증명서와 교장 및 교사의 추천서와 함께 시험
점수를 제출해야 하며 면접 점수와 종합하여 입학
허가를 내준다. 반드시 ISEE 또는 SSAT 등 공인된
시험들 가운데 하나를 치르도록 되어 있다.
원서 마감일은 없으며 전형료는 40달러이다.
학비는 기숙사비를 포함하여 2만 4,900달러이며
입학금은 50달러이다.

주요 진학 대학
Rochester Institute of Technology, Saint Michael's
College, Skidmore College, St. Lawrence University,
University of Connecticut, University of Vermont.
SAT 점수가 1200점 이상인 졸업생은 전체의
16.5퍼센트였다.

연락처
입학 담당자 William J. Newman
Tel 802-869-6229 Fax 802-869-6242
E-mail : admissions@vermontacaemy.org
URL : http://www.vermontacademy.org

VIRGINIA EPISCOPAL SCHOOL

400 V.E.S. Road
Lynchburg, Virginia 24503
학교장 Dr. Phillip L. Hadley

Richmond 근처에 있는 남녀공학으로 근처에 고등교육기관들과 예술센터들이 있어서 학생들은 여러 장르의 문화를 접할 수 있다. 1916년 R. C. Jett 신부가 설립했고 초대 교장으로 역임했다. 캠퍼스는 160에이커에 이르고 건물은 14개 동이다. 학년과정은 9~12학년이다.

학생 분포

총 학생수는 214명이며 기숙학생은 165명이다. 학급당 평균 학생수는 10명으로 교사와 학생의 비율은 1 대 8이다. 학년별로 9학년 31명, 10학년 61명, 11학년 69명, 12학년 53명의 학생들로 이루어져 있다. 외국 유학생은 모두 16명이다.

교과 과정

졸업학점은 19학점으로 매 학기마다 5과목 이상을 이수해야 한다. 성적표는 1년에 6회 학부모에게 발송된다. 9~10학년에는 무작위로 반 편성을 하지만 이후에는 학생의 성적에 따라 교과과정을 다르게 적용한다. 12개 영역에서 AP 과정을 받을 수 있고 Honor 과정도 마련되어 있다.

입학 및 학비

교사 추천서, 성적증명서, 에세이 등을 기본으로 제출해야 하며 반드시 SSAT를 치러야 한다. 제출서류는 입학위원회에서 검토한다. 면접도 반드시 보아야 한다. 면접 시간은 평일 오전 8시부터 오후 4시 사이에 정해진다.

원서 마감일은 없으며, 전형료는 45달러이다. 학비는 기숙사비를 포함하여 2만 1,475달러이며 입학금은 1,500달러이다.

주요 진학 대학

Elon College, Hampden-Sydney College, James Madison University, North Carolina State University, The University of North Cardina at Chapel Hill, University of the South.
졸업생들 가운데 SAT 1200점을 넘은 비율은 전체의 27퍼센트였다.

연락처

입학담당자 Gayle H. Foster
Tel 804-384-4214 Fax 804-384-1655
URL : http://www.ves.org

WALNUT HILL SCHOOL OF THE ARTS

12 Highland Street
Natick, Massachusetts 01760-2199
학교장 Stephanie B. Perrin

남녀공학으로 미 동부지역에서 유일한 예술 사립고등학교이다. 설립연도는 1893년으로 오랜 역사를 지녔다. Boston 가까운 곳에 있으며 그 지역의 우수한 학교와의 교류를 통해 교육 프로그램의 질을 한층 높이고 있다. 관계를 맺고 있는 우수 학교도 많다. New England Conservatory of Music, The Boston Ballet School, The Institute of Advanced Theatre Training of the American Reportory, Theatre at Harvard University, School of Fine and Applied Arts 등 대표적이다. 학년과정은 8~12학년, PG 과정이다.

학생 분포

총 학생수는 230명이다. 교사와 학생의 비율은 1 대 5이다. 학년별로 8학년 10명, 9학년 28명, 10학년 46명, 11학년 72명, 12학년 74명이 재학생중이다. 캐나다, 독일, 일본, 한국, 사우디아라비아, 대만 출신의 외국인 유학생은 59명이다.

교과 과정

졸업학점은 16학점으로 1년에 학과목 4~5학점, 예술 분야 2학점을 이수한다. 여러 영역에 걸친 AP 과정, 교환학생 프로그램, ESL 과정과 TOEFL 준비반, Honor 과정 등이 있다. 무용과, 음악과, 연극과, 시각예술과로 나누어져 있으며 각 학과별로 전공분야에 맞는 학교와 연계하여 학생들의 기량을 한층 향상시켜 나가고 있다.

토요일에는 Boston 대학에서 강의를 받을 수 있다. 여름에는 Summer Dance Workshop을 운영하는데 대상은 11~16세의 학생들이다. 수업기간은 총 6주간이며 뮤지컬, 성악, 연극, 무용, 연출 등을 지도한다.

입학 및 학비

성적증명서, 교장과 수학(또는 영어) 교사 추천서, 전문 보증서를 제출해야 한다. 오디션 과정도 거치도록 되어 있다. SSAT와 면접은 필수 사항이다. 원서 마감일은 2월 15일이며 전형료는 50달러이다. 학비는 기숙사비를 포함하여 2만 2,950달러이며 입학금은 375달러이다.

주요 진학 대학

Boston University, Manhattan School of Music, New England Conservatory of Music, New York University, Parsons School of Design, New School University, School of the Art Institute of Chicago.

연락처

입학 담당자 Anthony Blackman
Tel 508-650-5020 Fax 508-653-9593
E-mail : whsadmit@aol.com
URL : http://www.walnuthillarts.org

WASHINGTON COLLEGE ACADEMY

116 Doak Lane
Washington College, Tennessee 37681
학교장 Dr. Samuel H. Humphreys

1780년에 Samuel Doak에 의해 설립되었다. 현재의 학교명은 1795년 George Washington에 대한 경의를 표하면서부터이다. 서부 지역에서 고전 교육을 하는 유일한 학교이다. 개교 당시 기숙사 학교교육을 감당하기 어려운 학생들을 위해 마련하였던 Self-help 프로그램이 현재까지 이어져 오고 있다. 이 프로그램은 학생들에게 노동의 중요성과 자기 책임감, 자신감 등을 길러준다. Johnson City 근처에 위치한다.
캠퍼스는 155에이커이며 11개 동의 건물이 있다. 학년과정은 9~12학년이다.

학생분포
총 학생수는 81명이며 전원 기숙사 생활을 하고 있다. 학급당 평균 학생수는 8명이다. 학년별로 보면 9학년 11명, 10학년 15명, 11학년 16명, 12학년 18명이 재학중이다. 중국, 일본, 스페인, 유고슬라비아 출신 외국인 유학생은 35명이다.

교과 과정
대수학, 미국사, 고대사, 예술, 생물학, 미적분학, 도예, 화학, 봉사 활동, 작문, 무용, 디자인, 연극, 음악, 수학, 회화, 사진술, 러시아어, 사회, 스페인어 등으로 교과 과정이 짜여진다. 12학년은 인턴 활동과 사회봉사 활동, 연구 프로젝트를 수행한다. 졸업학점은 22학점이다. 외국인을 위한 ESL 과정이 마련되어 있다. 기타 환경교육이나 실외학습, 리더십 워크숍이 운영된다.

입학 및 학비
전학년 성적증명서, 시험 점수, 추천서 등과 면접을 통해 입학 여부를 판단한다. 방문 및 면접 시간은 월요일에서 토요일까지 오전 10부터 오후 5시 사이에 정하면 된다. 입학 절차를 밟은 후 일 주일 내로 결과를 통보받을 수 있다.
원서 마감일은 없으며, 전형료는 25달러이다. 학비는 기숙사 사용에 따라 다르다. 주 5일제인 경우에는 1만 달러이며, 주 7일제인 경우에는 1만 3,000달러이다. 입학금은 250달러이다.

주요 진학 대학
Beloit College, Endicott College, Goddard College, Northeastern University, Trinity College, University of Kentucky.

연락처
입학 담당자 John Greer
Tel 423-257-5151 Fax 423-257-5156
E-mail : wca@wca-pvt.com

THE WEBB SCHOOL

Highway 82
Bell Buckie, Tennessee 37020
학교장 A. Jon Frere

1870년에 설립된 전형적인 대입 준비 학교로서 남녀공학이다. Tennessee주에서 가장 오래된 대학 예비 기숙학교이며, 남부 지역에서 명문으로 인정받고 있는 학교이다. 체계적인 Liberal Arts 프로그램과 학생들에 대한 관심 및 세심한 배려가 높은 평가를 받고 있다. Nashville 근처에 위치한다. 캠퍼스는 150에이커이며 건물은 12개 동이다. 학년과정은 7~12학년, PG 과정이다.

학생 분포

총 학생수는 264명이다. 학급당 평균 학생수는 8명으로 교사와 학생의 비율은 1 대 9이다. 학년별로 9학년 45명, 10학년 51명, 11학년 51명, 12학년 52명, PG 과정 1명이 재학중이다. 외국인 유학생은 19명이다.

교과 과정

9월 초부터 다음 해 6월 초까지 한 학년으로 구분한다. 졸업학점은 21학점이다. 성적표는 6주마다 발송되는데 평균 성적 70점 이상을 유지해야 한다. 학생과 학부모와 계속되는 상담을 통해 성적 향상과 모범적인 학교 생활을 유지하도록 이끌어간다. Honor 과정과 AP 과정이 개설되어 있는데, 매년 Honor 과정 또는 AP 과정 2개를 이수해야 한다. Honor 과정은 정규 과정보다 훨씬 엄격하게 관리되며 수학, 제2 외국어, 역사, 실험과학 교육이 1년씩 더해진다. ESL 과정도 있다. 여름방학 동안 8주간 계절수업과 야외 프로그램이 실시된다.

입학 및 학비

입학 희망자가 지닌 잠재력과 품성을 1차 기준으로 삼는다. 따라서 면접은 많은 비중을 차지한다. ISEE나 SSAT는 필수 사항이다. 원서 마감일이 없으며 전형료는 30달러이다. 학비는 기숙사비를 포함하여 2만 750달러이며 입학금은 625~1,185달러이다.

주요 진학 대학

Brown University, Rhodes College, The Colorado College, The University of North Carolina at Chapel Hill, University of the South, Vanderbilf University.

연락처

입학 담당자 Kimi Avernathy
Tel 931-389-6003 Fax 931-389-6657
E-mail : webbschool@united.net
URL : http://www.thewebbschool.com

WEST NOTTINGHAM ACADEMY

1079 Firetower Road
Colora, Maryland 21917-1599
학교장 Edward J. Baker

1744년 설립된 남녀공학이다. 개인과 사회간의
조화와 발전을 지향하는 교육을 실시하고 있다.
학문에 대한 열정과 성숙한 시민의식을 지닌
인재를 길러내고자 노력한다. Baltimore시와
Philadelphia시의 중간쯤, 조용한 농촌 풍경 속에
자리잡고 있다.
학년과정은 9~12학년, PG 과정까지이다.

학생 분포

총 학생수 130명이다. 학급당 평균 학생수는
10명이다. 학년별로 보면 9학년 29명, 10학년 32명,
11학년 32명, 12학년 35명, PG 과정 2명이
재학중이다.

교과 과정

3학기제로 운영되며 학기말 고사는 11월, 3월,
5월에 치른다. 성적표는 두 달 간격으로 발송된다.
졸업학점은 19학점이다. 예술(미술, 음악, 무용,
연극)과 컴퓨터, 영어, 제2 외국어, 수학, 종교론(성경
연구), 과학, 사회를 포함하고 있어야 한다.
9~10학년은 학생들의 성적과 능력에 따라 반을
편성한다. 대부분의 과목에 AP 과정이 마련되어
있으며, 외국인 학생들을 위한 ESL 과정이 개설되어
있다. 학습 능력이 뒤떨어지고 성적이 부진한
학생들을 위해 Chesapeake Learning Center가
있는데, 교사와 학생이 개인지도 형식으로 수업을
진행한다. 하기 프로그램으로 계절수업이
개설되어 있다.

입학 및 학비

접수해야 할 서류들로는 성적증명서와 시험점수,
추천서, SSAT 점수이다. 제출 서류와 면접 성적을
종합하여 입학 여부를 결정한다. 전화나 방문
상담을 모두 환영한다. 입학 상담실은 평일
8시부터 오후 4시까지 이용할 수 있다.
원서 마감일은 없어서 수시로 원서를 접수시킬 수
있다. 전형료는 50달러이다.
학비는 기숙사비를 포함하여 2만 3,340달러이며
입학금은 600달러이다. Cheasapeake Learning
Center에 등록한 기숙학생은 모두 2만 7,340달러를
납부해야 한다.

주요 진학 대학

Gettysburg College, Ithaca College, Johnson &
Wales University, Muhlenberg College, University of
Maryland.

연락처

입학 담당자 Kenneth W. Michelsen
Tel 410-658-5556 Fax 410-658-6790
URL : http://www.wna.org

WESTERN RESERVE ACADEMY

115 College Street
Hudson, Ohio 44236
학교장 Dr. Henry E. Flanagan Jr.

1826년에 Western Reserve College 예비학교로
설립된 남녀공학이다. 대학 진학 예비학교라는
오랜 전통을 유지하기 위해 노력하고 있다. 풍부한
지적 교양과 성실하고 근면한 성품을 갖추게끔
지도 교육한다. Cleveland 근처에 위치하고 있으며
200에이커에 달하는 캠퍼스에 50개 동의 건물이
있다. 학년과정은 9~12학년, PG 과정이다.

학생분포
총 학생수는 407명이며 기숙학생은 240명이다.
학급당 평균 학생수는 12명으로 교사와 학생의
비율은 1 대 12이다. 학년별로 보면 9학년 89명,
10학년 89명, 11학년 99명, 12학년 118명, PG 과정
12명이 재학중이다. 외국인 유학생은 45명이다.

교과 과정
졸업학점은 18학점으로 보통 1년에 5학점 정도를
이수한다. 대학 진학 준비에 집중하기 위해
교과목의 기초 단계는 9학년과 10학년에 모두
마무리짓는다. 10학년 봄학기에는 2주 동안
캐나다의 St. Catherine 대학으로 유학갈 수 있다.
11~12학년에서는 AP 과정, SCAP 과정, 독립학습,
School Year Abroad Program에 참가할 수 있다.
컴퓨터, 컴퓨터 프로그래밍, 영어, 라틴어, 프랑스어,
생물학, 물리학 등 14개 영역에 걸쳐
AP 과정이 마련되어 있다. 또 우등생을 위한
Honor 과정도 마련되어 있다.
여름방학 동안 Encore School for Strings(Cleveland

Institute of Music 후원)과 수영과 다이빙 등을 배우고
즐길 수 있는 스포츠 캠프가 열린다.

입학 및 학비
ISEE나 SSAT는 필수이다. 시험 결과를 교사 추천서
2통과 함께 제출해야 하며고 면접도 필수사항이다.
원서 마감일은 2월 15일이며 전형료는 30달러이다.
학비는 기숙사비를 포함하여 2만 500달러이다.

주요 진학 대학
Amherst College, Cornell University,
Johns Hopkins University, Miami University,
United Sates Naval Academy, University of
Pennsylvania.
SAT 평균점수가 1200점이 넘는 졸업생들이 전체의
52퍼센트에 달했다.

연락처
입학 담당자 Christopher D. Burner
Tel 330-650-9717 Fax 330-650-9754
E-mail : admission@wra.net
URL : http://www.wra.net

WESTMINSTER SCHOOL

995 Hopmeadow Street
Simsbury, Connecticut 06070
학교장 W. Graham Cole Jr.

남녀공학으로 주체의식과 전통의식이 강하게 배어
있는 학교로 유명하다. 1888년에 남학교로
설립되었고, 1971년부터 여학생을 받아들이기
시작했다. 오랜 역사 속에서 형성된 전통과
교육철학에 대해 높은 자부심을 보여준다.
Hartford시 가까운 곳에 자리잡고 있으며
223에이커에 달하는 캠퍼스에 25개 동의 건물이
있다. 9~12학년, PG 과정까지 교육받을 수 있다.

학생분포
총 학생수는 354명이다. 학급당 평균 학생수는
12명으로 교사와 학생간 비율은 1 대 5이다.
학년별로 보면 9학년 59명, 10학년 107명, 11학년
99명, 12학년 86명, PG 과정 3명이 재학중이다.
외국인 유학생은 34명이다.

교과 과정
3학기제로 운영되며 매 학기마다 생활 보고서가
학부모에게 전달된다. 졸업학점은 18학점이지만
대부분의 학생이 20학점이나 그 이상을 수강한다.
영어 4학점, 수학 3학점, 과학 2학점, 제2 외국어
2학점, 역사 2학점, 예술 1학점 등이 포함되어야
있어야 한다. 미적분학, 라틴어, 프랑스어, 화학,
물리학, 생물학, 환경과학 등 15개 영역에서 AP
과정을 밟을 수 있다. 수학과 외국어 과목은
학생들의 수준에 따라 반을 편성한다. 또 1년 중
1학기 동안에는 운동 대신 개인 학습프로그램을
진행할 수 있다.

입학 및 학비
성적증명서, 영어와 수학교사 추천서, 개인 추천서,
작문(Writing Sample), ISEE나 SSAT 점수를 제출해야
하고 면접을 받아야 한다. 특히 ISEE나 SSAT,
면접은 필수 사항이다.
전화 상담이나 방문 상담이 가능하며, 방문 가능
시간은 월, 화, 목, 금요일에는 오전 8시부터 오후
2시까지, 수요일과 토요일에는 오전 11시까지이다.
원서 마감일은 1월 25일이며 전형료는 40달러이다.
학비는 기숙사비를 포함하여 2만 5,300달러이며
입학금은 482~945달러이다.

주요 진학 대학
Bowdoin College, Gettysburg College, Hamilton
College, Middlebury College, Skidmore College,
Wesleyan College.
졸업생들의 SAT 평균 점수는 1195점으로 그
가운데 1200점 이상인 경우는 전체의 52퍼센트에
달한다.

연락처
입학 담당자 Jon C. Deveaux
Tel 860-408-3060 Fax 860-408-3001
E-mail : admit@westminster.pvt.k12.ct.us
URL : http://www.westminster.pvt.k12.ct.us

WESTOVER SCHOOL

1237 Whittemore Road
Middlebury, Connecticut 06762
학교장 Ann S. Pollina

1909년에 M. R. Hillard에 의해 세워진 여학교이다.
전인교육의 한 방법으로서 예술과 체육 분야의
교육을 중요시하게 여긴다. New York 근처에
위치해 있으며 100에이커에 이르는 캠퍼스에는
8개 동의 건물이 자리잡고 있다.
Hartford시와 New Haven시까지는 약 40분 정도
걸린다. 또 Boston시와 New York시는 하루에
왕복이 가능하다. 학년과정은 9~12학년이다.

학생분포
총 학생수는 191명이며 기숙학생은 125명이다.
교사와 학생간 비율은 1 대 6이다. 학년별로 9학년
43명, 10학년 51명, 11학년 49명, 12학년 48명이
재학중이다.

교과 과정
졸업학점은 18학점이다. 영어, 미적분학, 프랑스어,
라틴어, 서양사, 물리학, 컴퓨터, 미술, 음악 등 17개
영역에 AP 과정이 마련되어 있다. 학생들이 갖고
있는 재능과 관심을 키우기 위해 다른 학교와
공동으로 프로그램을 운영하기도 한다. 가령
음악에 소질이 있는 학생을 위해서는 Manhattan
School of Music과 프로그램을 함께 운영하며,
과학이나 공학에 관심을 가지고 있는 학생들을
위해서는 Rensselaer Polytechnic Institute와
공동으로 프로그램을 운영한다.
우수한 학생을 위한 Honor 과정과 ESL 과정도
개설되어 있다.

입학 및 학비
입학 여부를 결정하는 기준으로 성적증명서와
SSAT 점수, 면접 점수, TOEFL이나 SLEP 점수가
있다. 특히 SLEP, SSAT 또는 TOEFL는 필수
사항이다. 면접은 월요일에서 금요일 오전 8시에서
오후 2시 사이에 실시한다.
원서 마감일은 2월 1일이며 전형료는 40달러이다.
학비는 기숙사비를 포함하여 2만 3,600달러이며
입학금은 150달러이다. 등록금은 4월 10일 내에
입학 계약금을 내야 하고 나머지는 7월 31일과
11월 30일에 분할 납부해야 한다. 보조금을
지원받으려면 School and Student Service for
Financial Aid에 학부모 재정증명서를 제출해야
한다. 뛰어난 음악적 재능을 가진 학생에게는
Manhatattan School of Music과의 합작 프로그램의
수업료에 해당하는 장학금이 지급된다.

주요 진학 대학
Earlham College, Georgetown University,
Massachusetts Institute of Technology, Queen's
University at Kingston, University of Vermont,
University of Virginia.
졸업생들의 SAT 평균 점수는 1200점이었다.

연락처
입학담당자 Elisabeth J. Evans
Tel 203-577-4521 Fax 203-577-4588
E-mail : admission@westover.pvt.k12.ct.us

WESTTOWN SCHOOL

Westtown Road
Westtown, Pennsylvania 19395
학교장 Thomas B. Farquhar

1799년에 설립된 남녀공학으로 Quaker 철학을 바탕으로 하는 학교이다. 학문 연구와 책임감 있는 행동, 도덕적 양심을 갖춘 인재 양성을 추구한다. 수요일과 일요일 예배 참석은 의무사항이다. Philadelphia에서 40분 정도 거리에 있는 시골에 자리잡고 있어 농촌 문화와 도시 문화를 동시에 즐길 수 있다. 600에이커 정도의 캠퍼스에는 건물이 모두 38개 동이 있다. 학년과정은 유치원 과정부터 12학년 과정까지 있고 기숙사 생활은 9학년부터 가능하다.

학생 분포
총 학생수는 616명이다. 학급당 평균 학생수는 15명으로 교사와 학생의 비율은 1 대 8이다. 학년별로 9학년 76명, 10학년 100명, 11학년 95명, 12학년 81명이 재학중이다. 외국인 유학생은 38명이다.

교과 과정
3학기제로 운영되며 졸업학점은 18학점이다. 영어 4년, 수학 3년, 제2외국어 2년, 역사 2년, 과학 1년, 예술 1년, 체육, 종교 등이 필수로 되어 있다. 이외에도 다양한 선택 과목 중 최소 6과정 이상을 수강해야 한다. 9~10학년은 필수과목 5개와 선택과목 1개를 이수해야 하며, 11~12학년은 필수과목 4~5개와 선택과목 1개 이상을 이수해야 한다. 12학년은 가을학기부터 자신이 관심을 갖거나 목적의식을 가지고 있었던 분야에서

실무경험을 쌓도록 하고 있다. 외국인 학생을 위해 ESL 과정이 준비되어 있으며 10개 영역에서 AP과정이 개설되어 있다. 학기말에는 주로 교외 활동 참여기회가 주어진다.

입학 및 학비
성적증명서, 교사 추천서를 제출해야 하며 SSAT와 면접은 필수이다. 전화 상담이나 방문 상담이 가능하며 월요일에서 금요일까지 입학 상담을 받을 수 있다. Quaker와 동문 자녀에게 입학 우선권이 주어진다.
원서 마감일은 없으며 전형료는 40달러이다.
학비는 기숙사비를 포함하여 2만 1,650달러이며 입학금은 500달러이다.

주요 진학 대학
Amherst College, Brown University, Columbia University, Earlham College, Guilford College, Swarthmore College.
졸업생들 가운데 SAT 1200점 이상인 경우는 51퍼센트이다.

연락처
입학담당자 Sarah J. Goebel
Tel 610-399-7900 Fax 610-399-7909
E-mail : admissions@westtown.edu
URL : http://www.westtown.edu

THE WHITE MOUNTAIN SCHOOL

371 West Farm Road
Bethlehem, New Hampshire 03574
학교장 W. Philip Irwin

1886년 성공회 성직자 자녀들을 위한 학교로
설립되었다. 1969년부터 남학생들을 받아들이기
시작했고 1972년 남자 기숙사를 세워 명실공히
남녀공학 기숙학교로 자리잡았다.
Concord 근처 시골에 위치하고 있으며
235에이커에 달하는 캠퍼스에 11개 동의 건물로
되어 있다. 학년과정은 9∼12학년, PG 과정이다.

학생분포

총 학생수는 92명이며 기숙학생은 72명이다.
학급당 평균 학생수는 10명으로 교사와 학생의
비율은 1 대 4이다. 9학년 24명, 10학년 26명, 11학년
21명, 12학년 21명이 재학중이다.
외국인 유학생은 8명이다.

교과 과정

2학기제로 학기별 수업일수는 13∼14주이다.
졸업학점은 20학점이다. 지도교사제가 실시되고
있는데, 학생은 자신이 원하는 교사에게
학교 생활이나 학업에 관한 고민을 상담할 수 있다.
봄학기 동안에는 개인학습 프로젝트를 진행할 수
있다. 11학년은 PSAT, SAT, College Board 테스트를
받으며, 12학년은 SAT와 영어 작문을 포함한 실력
테스트를 받는다. 평균 성적이 C⁻ 미만인 학생들은
방과 후 특별 수업을 받아야 한다. 또 대입 준비를
위해 Learning Assistance Program을 운영한다.
7개 영역에 걸쳐 AP 과정이 설정되어 있으며,
외국인 학생을 위한 ESL 과정도 개설되어 있다.

입학 및 학비

입학원서, 성적증명서, 자격증명서를 제출해야
한다. 면접은 필수사항이다.
종교나 인종, 국적에 따른 차별은 없다.
전화 상담이나 방문 상담이 가능하다.
원서 마감일은 없으며 전형료는 50달러이다.
학비는 기숙사비를 포함하여 2만 4,000달러이며
입학금은 1,000∼1,500달러이다. 개인지도와
운전교육 수업료는 따로 납부해야 한다. 형편이
어려운 학생들에게는 학비보조금이 지급된다.

주요 진학 대학

Boston University, Guilford College, Oberlin
College, University of Montana, University of New
Hampshire, Vanderbilt University.
졸업생들의 SAT 평균점수가 1087점이었고
SAT 언어영역에서 600점 이상은 27퍼센트,
수학영역에서 600점 이상은 15퍼센트를 보였다.

연락처

입학 담당자 Bonnie B. Irwin
Tel 603-444-0513 Fax 603-444-1258
E-mail : wmsadmissions@whitemountain.org
URL : http://www.whitemountain.org

WILBRAHAM & MONSON ACAEMY

423 Main Street
Wilbraham, Massachusetts 01095
학교장 Richard C. Malley

1971년 Monson Academy와 Wesleyan Academy가 통합하여 Wilbraham & Monson Academy라는 명칭을 갖게 되었다. 남녀공학으로 6학년부터 PG 과정까지의 교육을 담당한다.
Hartford 근처의 작은 마을에 있다.
Smith, Amherst, Hampshire, Mount Holyoke, University of Massachusetts가 비교적 가까이에 있어 대학문화를 접하기 수월하다.
캠퍼스 면적은 350에이커, 건물은 26개 동이다.

학생 분포
총 학생수는 352명이며 기숙학생은 134명이다. 총 57명의 교사들이 근무하고 있으며 학생과 교사의 비율은 1 대 7이다. 학년별로 9학년 52명, 10학년 55명, 11학년 87명, 12학년 69명, PG 과정 9명이 재학중이다. 브라질, 중국, 일본, 독일, 한국 등에서 온 외국 유학생 63명이 있다.

교과 과정
3학기제로 운영되며 학기별 수업 일수는 11주이다. 졸업학점은 54학점이며 예술, 컴퓨터, 영어, 제2 외국어, 수학, 체육, 과학, 사회를 이수해야 한다. 사회봉사 활동도 필수이다.
성적표는 1년에 6회 학부모에게 발송된다.
모든 과목에 대해서 따로 우수반을 진행하고 있으며, 학습능력이 부족하거나 성적이 부진한 학생들에 대해서는 특별지도를 해준다.
6개 영역에 대해 AP 과정이 실시되고 있다..

Honor과정과 ESL 과정도 제공된다.

입학 및 학비
6~11학년을 지원할 경우에는 SSAT 결과를, 12학년과 PG 과정에 지원할 경우에는 SAT 결과를 제출해야 한다. 면접은 반드시 거쳐야 하며, 평일 오전 8시에서 오후 4시 사이에 실시한다.
원서 마감일은 2월 15일이며 전형료는 50달러이다.
학비는 기숙사비를 포함하여 2만 3,980달러이다.

주요 진학 대학
Boston University, Hofstra University, Mount Holyoke College, The University of North Carolina at Chapel Hill, UC Berkeley.
SAT 1200점 이상인 졸업생은 전체의 7퍼센트였다.

연락처
입학 담당자 Peter Wagoner
Tel 413-596-6814 Fax 413-599-1749
E-mail: pwagoner@wma.pvt.k12.ma.us
URL: http://wma.pvt.k12.ma.us

THE WILLISTON NORTHAMPTON SCHOOL

19 Payson Avenue
Easthampton, Massachusetts 01027
학교장 Dennis H. Grubbs

1971년 Williston Seminary(1841년 설립, 대학 예비 남학교)와 Northampton School for Girls(1924년 설립)의 통합으로 생겨난 남녀공학이다. 대입을 준비하는 학교라는 성격에 맞게 엄격한 고등교육을 실시한다.
Northampton에 위치하고 있으며 주위에는 Smith, Mount Holyoke, Hampshire, Amherst Wesleyan University, University of Massachusetts 등이 있다. 캠퍼스는 100에이커이며 건물은 56개 동이다.

학생 분포
총 학생수는 530명이다. 학급당 평균 학생수는 12명으로 교사와 학생의 비율은 1 대 6이다. 학년별로 9학년 78명, 10학년 116명, 11학년 118명, 12학년 113명, PG 과정 15명이 재학중이다. 중국, 독일, 일본, 한국 출신의 외국인 유학생은 66명이다.

교과 과정
4학기제로 운영되며, 학기별 수업일수는 7주이다. 졸업학점은 19학점이며 12학년 과정에서 낙제 과목이 없어야 한다. 60점 이하이면 낙제 처리된다. 예술, 영어, 제2 외국어, 수학, 종교(성경 연구 및 신학), 자연과학, 사회를 포함해야 한다. 학생의 수준과 실력에 따라 반을 편성한다. 3월에는 Intersession이라는 특별 학과 과정이 2주간 실시되며 과목별 보충수업이 진행된다. 10개 영역에 걸쳐 Honor 과정과 AP 과정이 있다.

성적이 우수한 학생들은 Cum Laude Society에 가입할 수 있다. 여름방학 동안에는 극장 공연 위주 프로그램인 Williston Summer Workshop을 운영한다. 또 외국인 유학생을 위해서 ESL 과정도 개설되어 있다. Mexico에서 스페인어 어학연수를 받을 수 있다.

입학 및 학비
입학 결정의 기준이 되는 것은 학업 성적, 생활기록과 면접, SSAT 점수 등이다. 이때 면접과 SSAT는 필수 사항이다.
전화 상담과 방문 상담이 가능하며, 방문 가능 시간은 평일 오전 8시부터 오후 4시 30분까지이다. 원서 마감일은 없으며 전형료는 40달러이다. 학비는 기숙사비를 포함하여 2만 4,900달러이며 입학금은 917달러이다.

주요 진학 대학
Boston University, Bucknell University, Cornell University, University of Chicago, University of Massachusetts, Amherst Wesleyan University.

연락처
입학담당자 Ann C. Pickrell
Tel 413-529-3241 Fax 413-527-9494
URL : http://www.williston.com

WINCHENDON SCHOOL

172 Ash Street
Winchendon, Massachusetts 01475
학교장 J. William La Belle

1926년 L. H. Hatch가 설립한 대학 진학
예비학교이다. 1973년부터 여학생을 받아들이기
시작하여 남녀공학으로 바꾸었다. 학문적, 신체적,
사회적, 정신적으로 올바르게 성장할 수 있는 환경
마련에 노력하고 있다. 소규모 그룹 지도 혹은
개별수업을 지향한다.
Boston 근처 작은 마을에 있다.
375에이커에 이르는 캠퍼스에 건물은 22개 동이다.
학년과정은 8~12학년, PG 과정이다.

학생분포
총 학생수는 198명이다. 기숙학생은 178명으로
대부분 기숙사 생활을 한다. 학급당 평균 학생수는
6명으로 교사와 학생의 비율은 1 대 6이다.
학년별로 8학년 7명, 9학년 26명, 10학년 45명,
11학년 49명, 12학년 55명, PG 과정 16명이
재학중이다. 외국인 유학생은 30명이다.

교과 과정
졸업학점은 18학점이다. 컴퓨터, 영어, 수학, 체육,
자연과학, 사회과학, 사회 등을 포함하고 있어야
한다. 성적표는 매주 학부모에게 발송된다. 학생의
학업 수행능력을 기준으로 하여 각자에게 적합한
과목과 과제 등을 준다. 학습능력이 부족할
경우에는 보충지도를 실시한다. 그 외에 시험
결과나 지도자의 판단을 기초로 하여 Language
Arts Training 프로그램을 시행한다.
하기 프로그램으로 학과, 스포츠, 예술, 컴퓨터

수업과 ESL 과정이 운영된다.

입학 및 학비
가장 최근의 WISC 또는 WAIS 점수, subtest 점수를
제출해야 한다. PG 과정에 지원하는 경우라면
PSAT, SAT 결과서도 함께 제출해야 한다. 면접은
필수사항으로 평일 오전 8시부터 오후 4시 사이에
실시된다. 원서 마감일은 따로 정해져 있지 않으며
전형료는 50달러이다.
학비는 기숙사비를 포함하여 2만 4,420달러이며,
입학금은 2,000달러이다. 등록금은 8월과 10월에
납부해야 한다. LAT 프로그램, 음악 레슨, 운전 교육
수업료는 따로 납부해야 한다.

주요 진학 대학
American University, Boston University, Curry
College, Northeastern University, University of
Massachusetts Amherst.
SAT 평균 점수는 언어영역 500점, 수학영역
520점이었다.

연락처
입학 담당자 Daniel J. Driscoll
Tel 800-622-1119 Fax 508-297-0911
E-mail : winchendon@alumni.com
URL : http://www.winchendon.org

WOODBERRY FOREST SCHOOL

US 15, Route 622
Woodberry Forest, Virginia 22989
학교장 Dr. Dennis M. Campbell

1889년에 설립된 남학교로서 학교 시설과
커리큘럼이 뛰어나 명문교 중의 하나로 손꼽힌다.
대학 진학에 필요한 실력을 다지며 공동체 생활을
통해 질서와 준법의식을 심어주는 데 노력한다.
Charlottesville 근처에 위치하고 있다. 총면적
1,100에이커의 넓은 캠퍼스에 36개 동의 건물이
들어서 있다. 학년과정은 9~12학년 과정이 있다.

학생분포

총 학생수는 381명이며 모든 학생들이 기숙사
생활을 하고 있다. 학급당 평균 학생수는 11명으로
교사와 학생의 비율은 1 대 7이다. 학년별로 9학년
81명, 10학년 100명, 11학년 117명, 12학년 83명이
재학중이다. 외국인 학생은 15명이며 현재 한국인
학생 2명이 재학중이다.

교과 과정

3학기제로 운영하며 학기별 수업 일수는 11주이다.
성적표는 1년에 6회 학부모에게 발송된다.
졸업학점은 20학점이다. 학생들의 수준에 따라
반을 편성하여 수업을 한다. 19개 영역에 걸쳐
AP 과정이 개설되어 있으며 Honor 과정도
설정되어 있다. 여름방학에 학과별, 학생별 필요에
따라 Developmental Program, Core Curriculum
Program, Liberal Studies Program이 실시된다.
Developmental Program은 영어, 수학, 읽기를
보강하기 위한 프로그램이며, Core Curriculum
Program은 영어, 수학, 프랑스어, 스페인어를

이수하지 못한 학생을 위한 프로그램이다.
Liberal Studies Program은 영어, 미국사, 과학, 예술,
프랑스어, 스페인어 이수 희망자를 위한 것이다.
그밖에 특별 프로그램으로 Woodberry Forest
Overseas, Institute for the Methametically Gifted,
ESL 프로그램이 있다.

입학 및 학비

교사추천서, 질의서, 성적증명서, SSAT 점수를
제출해야 한다. 제출서류와 면접 결과를 종합하여
입학 여부가 결정된다.
원서 마감일은 2월 15일이며 전형료가 약간 있다.
학비는 기숙사비를 포함하여 2만 1,200달러이다.

주요 진학 대학

Davidson College, Princeton University, University
of North Carolina at Chapel Hill, University of
Virginia, Vanderbilt University, Williams College.
SAT 평균 점수가 1200점인 졸업생이 전체의
67퍼센트를 차지했다.

연락처

입학담당자 Brendon J. O' Shea
Tel 540-672-6023 Fax 540-672-0928
E-mail : wfs-admissions@woodberry.org
URL : http://www. woodberry.org

WOODLANDS ACADEMY OF THE SACRED HEART

760 East Westleigh Road
Lake Forest, Illinois 60045-3298
학교장 Claude Demoustier, RSCJ

1858년 M. S. Baret이 설립한 여학교이다. 성심 종교 재단이 운영하고 있는데, 세계 각지에 200여 개 교육기관을 설립하여 운영하고 있다. 대입 중심의 교육에 앞서 전인교육을 우선시하고 있다. 학과 수업이나 생활 전반에 대해 비교적 엄격하게 지도 감독한다. 절제력과 책임감을 지닌 인격체가 될 수 있도록 최선을 다한다.
Chicago 가까이 위치하고 있다.
면적 20에이커의 캠퍼스에 1개 건물이다.
학년과정은 9~12학년이다.

학생분포
총 학생수는 200명이며 기숙학생은 52명이다. 학급당 평균 학생수는 15명으로, 교사와 학생의 비율은 1 대 9이다. 학년별로 9학년 47명, 10학년 53명, 11학년 50명, 12학년 50명의 학생들이 재학중이다. 외국인 유학생은 25명이다.

교과 과정
4학기제로서 학년마다 5~6개 과목을 이수한다. 졸업학점은 23학점이다. 제시되는 학과목들은 대수학, 미국사, 미술, 미술사, 성서, 극작, 경제학, 영어, 영문학, 철학, 음악, 수학, 해양생물학, 그리스어, 체육, 산스크리트, 사진술, 스페인어, 세계사, 세계문학 등이다. 대학과의 교류가 활발하여 10~11학년에는 Barat 대학, Lake Forest 대학에서 학점을 이수할 수도 있다.
또 성심종교재단이 운영하고 있는 다른 나라 학교로 유학갈 수 있다.
6개 영역에 걸친 AP 과정이 마련되어 있고 외국인을 위한 ESL 과정도 개설되어 있다.

입학 및 학비
입학원서, 성적증명서, 교사 추천서, STS 점수를 제출해야 한다. 면접은 필수 사항으로 평일 오전 8시 30분부터 오후 4시 사이에 실시된다. 원서 마감일은 없으며 전형료는 30달러이다. 학비는 기숙사 사용에 따라 다르다. 주 5일제인 경우에는 1만 8,920달러이며 주 7일제인 경우에는 2만1,620달러이다. 입학금은 250달러이다.

주요 진학 대학
Boston College, Carnegie Mellon University, Georgetown University, Princeton University, University of Chicago, University of Notre Dame.

연락처
입학담당자 Jennifer McDermott
Tel 847-234-4300 Fax 847-234-4348
E-mail : jmcdermott@woodlands.lfc.edu
URL : http://www.woodlands.lfc.edu

WORCESTER ACADEMY

81 Providence Street
Worcester, Massachusetts 01604
학교장 John M. Mackenzie

1834년 Isaac Davis가 이끄는 Worcester 시민단체가 세운 학교로 남녀공학이다. 학생들의 대학 진학 외에 교내 공동체 생활, 더 넓게는 지역사회 활동 참여를 유도해낸다는 데 특징이 있다.
Boston 가까이 위치하고 있다. 주위에 많은 대학과 도서관, 과학관, 박물관 등이 있어서 문화적으로나 교육적적으로 좋은 환경을 조성하고 있다.
학년과정은 7~12학년, PG 과정이다.

학생 분포
총 학생수는 450명이며 기숙학생은 100명이다.
학급당 평균 학생수는 14명이다.
학년별로 보면 9학년 73명, 10학년 69명, 11학년 75명, 12학년 66명, PG 과정 35명이 재학중이다.
외국 유학생은 54명이다.

교과 과정
2학기제로 운영되며 학기말 고사가 실시된다.
졸업학점은 18학점이다.
일부 과목은 학생들의 수준에 따라 반 편성을 하는데, 11학년은 수학과 역사, 과학에서,
12학년은 영어, 역사, 과학 과목에서 수준별 반 편성을 실시한다.
미적분학, 미국사, 서양사, 프랑스어, 스페인어, 영어, 물리학 등 12개 영역에 걸쳐 AP과정이 있다.
Honor 과정과 ESL 과정이 개설되어 있다.
학생 개개인마다 지도교사를 지정하여 학교생활과 지역사회 생활에 대해 상담을 해준다.

입학 및 학비
주로 학업 성적, 추천서, 면접, SAT 1 점수(12학년과 PG 과정에 해당)에 기준하여 결정한다. 특히 면접은 필수 사항이다. 전화 상담과 방문 상담 모두 가능하다. 학교 방문은 평일 오전 8시부터 오후 3시 사이에 한다.
원서 마감일은 없으며 전형료는 30달러이다.
입학 희망학생은 입학 허가가 통보된 후 3주 이내에 답변해야 한다.
학비는 기숙사 사용에 따라 다르다. 주 5일제인 경우에는 1만 9,850달러이며, 주 7일제인 경우에는 2만 3,500달러이다.

주요 진학 대학
Boston College, Boston University, Emory University, Trinity College, Union College.
졸업생들 가운데 34퍼센트 정도는 SAT에서 평균 1200점 이상의 성적을 냈다.

연락처
입학담당자 David Reece
Tel 508-754-5302 Fax 508-752-2382
E-mail : dreece@dutch.worc-acad.pvt.k12.ma.us
URL : http://www.worcesteracademy.org

부록
분류별 찾아보기

지역별/학교종류별/기숙사별/원서
마감일별/영어연수별/특별과정별/
인터넷 주소별

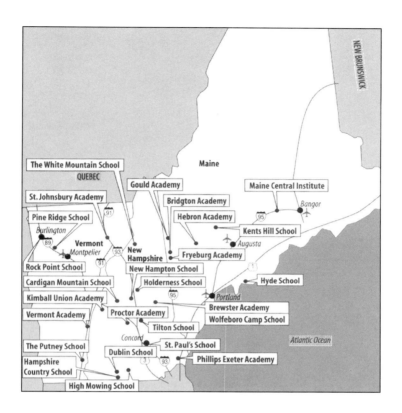

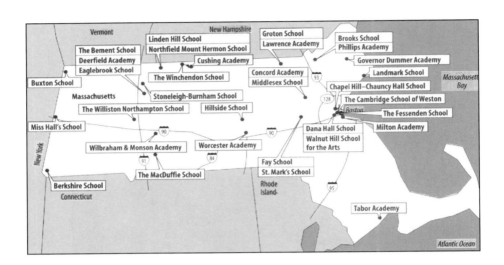

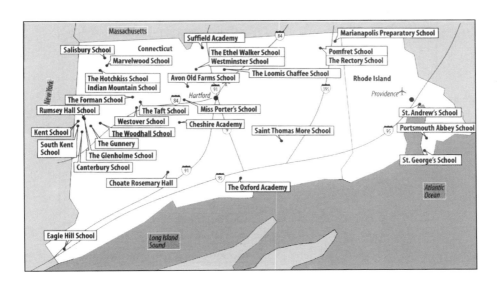

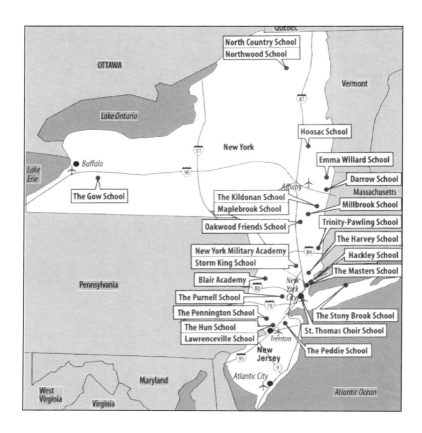

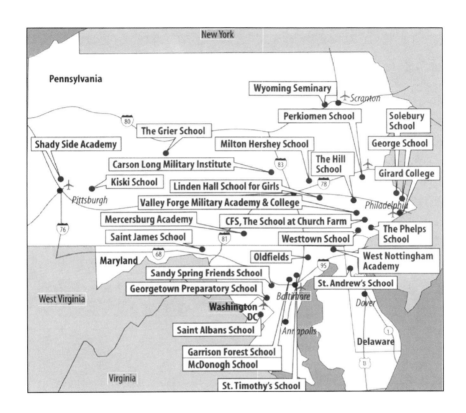

The Grier School, 814-684-3000 ... etc.

쪽	학교	전화번호
	Maryland	
267	Garrison Forest School	410-363-1500
269	Georgetown Preparatory School	301-214-1215
312	McDonogh School	410-581-4719
320	Oldfields	401-472-4800 x 208
336	Saint James School	301-733-9330
346	St. Timothy's School	410-486-7400
372	West Nottingham Academy	410-658-5556
	Pennsylvania	
268	George School	215-579-6547/6549

쪽	학교	전화번호
274	The Grier School	814-684-3000
283	The Hill School	610-326-1000
296	The Kiski School	724-639-3586
300	Linden Hall	717-626-8512
313	Mercersburg Academy	800-772-2874
324	Perkiomen School	215-679-9511
351	Solebury School	215-862-5261
365	Valley Forge Military Academy and College	
		610-989-1300
376	Westtown School	610-399-7900

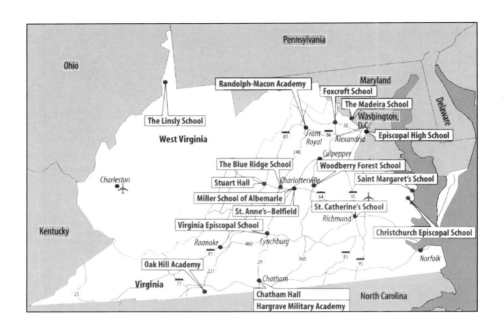

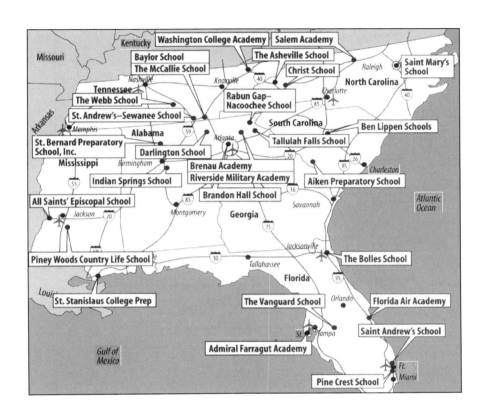

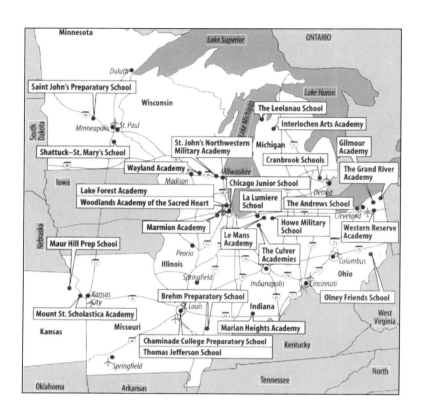

쪽	학교	전화번호
	Illinois	
297	Lake Forest Academy	847-615-3267
307	Marmion Academy	630-897-6936
382	Woodlands Academy of the Sacred Heart	847-234-4300
	Kansas	
310	Maur Hill Prep School	913-367-5482
	Ohio	
221	The Andrews School	440-942-3600
270	Gilmour Academy	440-473-8050
273	The Grand River Academy	440-275-2811
373	Western Reserve Academy	330-650-9717

쪽	학교	전화번호
	Minnesota	
338	Saint John's Preparatory School	320-363-3321
350	Shattuck-St. Mary's School	507-333-1618
	Missouri	
242	Chaminade College Preparatory School	314-993-4400 x 150
362	Thomas Jefferson School	314-843-4151
	Michigan	
202	Cranbrook Schools	248-645-3610
291	Interlochen Arts Academy	616-276-7472
299	The Leelanau School	616-334-5824

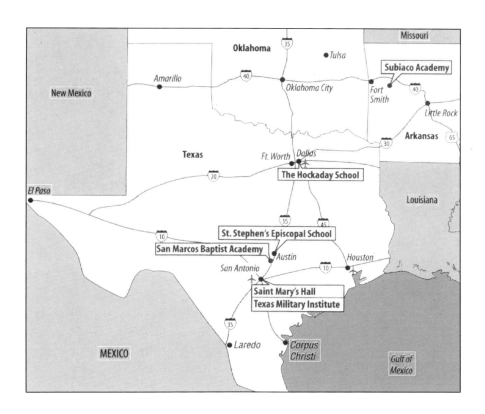

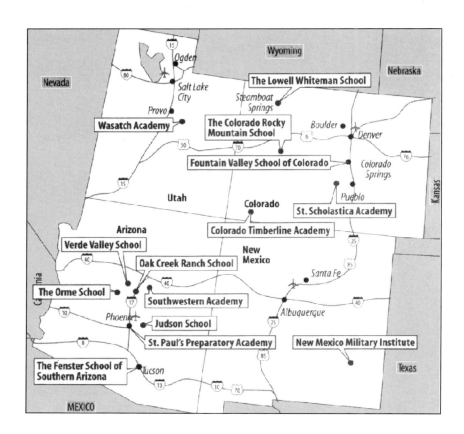

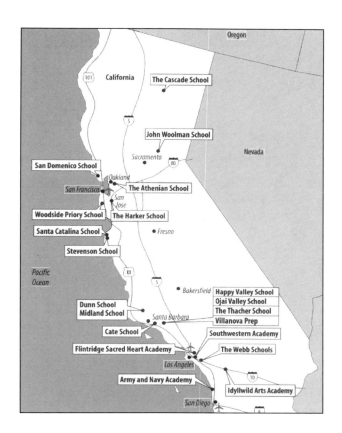

The Cascade School

California

John Woolman School

San Domenico School

The Athenian School

Woodside Priory School

The Harker School

Santa Catalina School

Stevenson School

Dunn School
Midland School

Cate School

Flintridge Sacred Heart Academy

Army and Navy Academy

Happy Valley School
Ojai Valley School
The Thacher School
Villanova Prep

Southwestern Academy

The Webb Schools

Idyllwild Arts Academy

Oregon

Nevada

Sacramento

Oakland

San Francisco

San Jose

Fresno

Pacific Ocean

Bakersfield

Santa Barbara

Los Angeles

San Diego

쪽	학교	전화번호
	California	
223	Army and Navy Academy	760-729-2385 x 261
225	The Athenian School	925-837-5375
233	Brentwood School	310-476-9633
241	Cascade School	530-472-3031
198	Cate School	805-684-4127

쪽	학교	전화번호
256	Dunn School	805-688-6471
279	The Harker School	408-871-4600
290	Idyllwild Arts Academy	909-659-2171 x 343
319	Ojai Valley Academy	805-646-1423
349	Santa Catalina School	831-655-9329
353	Southwestern Academy	626-799-5010

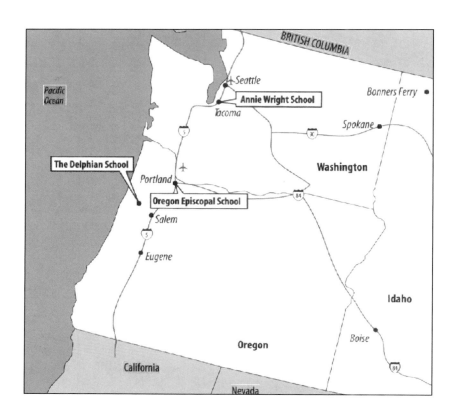

쪽	학교	전화번호
	Washington	
222	Annie Wright School	206-272-2216

쪽	학교	전화번호
	Hawaii	
281	Hawaii Preparatory Academy	808-881-4007

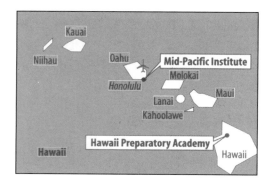

남학교

쪽	학교	주
223	Army and Navy Academy	CA
230	The Blue Ridge School	VA
235	Bridgton Academy	ME
240	Cardigan Mountain School	NH
242	Chaminade College Preparatory School	MO
247	Christ School	NC
257	Eaglebrook School	MA
263	Fessenden School	MA
269	Georgetown Preparatory School	MD
273	The Grand River Academy	OH
284	Hillside School	MA
296	The Kiski School	PA

쪽	학교	주
307	Marmion Academy	IL
310	Maur Hill Prep School	KS
311	The McCallie School	TN
321	The Oxford Academy	CT
343	St. Stanislaus College Prep	MS
345	Saint Thomas More School	CT
348	Salisbury School	CT
352	South Kent School	CT
364	Trinity-Pawling School	NY
365	Valley Forge Military Academy and College	PA
381	Woodberry Forest School	VA

여학교

쪽	학교	주
221	The Andrews School	OH
232	Brenau Academy	GA
244	Chatham Hall	VA
252	Dana Hall School	MA
258	Emma Willard School	NY
260	The Ethel Walker School	CT
265	Foxcroft School	VA
274	The Grier School	PA
285	The Hockaday School	TX
300	Linden Hall	PA
304	The Madeira School	VA
316	Miss Hall's School	MA

쪽	학교	주
317	Miss Porter's School	CT
320	Oldfields	MD
328	Purnell School	NJ
335	St. Catherine's School	VA
339	St. Margaret's School	VA
342	St. Scholastica Academy	CO
346	St. Timothy's School	MD
347	Salem Academy	NC
354	Stoneleigh-Burnham School	MA
357	Stuart Hall	VA
375	Westover School	CT
382	Woodlands Academy of The Sacered Heart	IL

중학교

쪽	학교	주
240	Cardigan Mountain School	NH
257	Eaglebrook School	MA
261	Fay School	MA

쪽	학교	주
263	The Fessenden School	MA
279	The Harker School	CA
284	Hillside School	MA

❸ 기숙사별 분류

5 일제 기숙사를 운영하는 학교

❹ 원서 마감일별 분류

마감일이 있는 학교

쪽	학교	주	쪽	학교	주
1월			258	Emma Willard School	NY
231	Boston University Academy	MA	260	The Ethel Walker School	CT
233	Brentwood School	CA	271	Gould Academy	ME
200	Choate Rosemary Hall	CT	272	Governor Dummer Academy	MA
249	Concord Academy	MA	277	The Gunnery	CT
204	Deerfield Academy	MA	283	The Hill School	PA
259	Episcopal High School	VA	286	Holderness School	NH
267	Garrison Forest School	MD	295	Kimball Union Academy	NH
275	Groton School	MA	298	Lawrence Academy	MA
206	The Hotchkiss School	CT	313	Mercersburg Academy	PA
293	Kent School	CT	315	Milton Academy	MA
208	Lawrenceville School	NJ	317	Miss Porter's School	CT
302	The Loomis Chaffee School	CT	212	Phillips Academy	MA
312	McDonogh School	MD	326	Pomfret School	CT
214	Phillips Exeter Academy	NH	348	Salisbury School	CT
336	Saint James School	MD	349	Santa Catalina School	CA
340	St. Mark's School	MA	358	Suffield Academy	CT
216	St. Paul's School	NH	360	The Taft School	CT
359	Tabor Academy	MA	369	Walnut Hill School of The Arts	MA
374	Westminster School	CT	373	Western Reserve Academy	OH
2월			375	Westover School	CT
224	The Asheville School	NC	378	Wilbraham & Monson Academy	MA
236	Brooks School	MA	381	Woodberry Forest School	VA
237	Buxton School	MA	**3월**		
238	The Cambridge School of Weston	MA	234	Brewster Academy	NH
239	Canterbury School	CT	281	Hawaii Prepartatory Academy	HI
198	Cate School	CA	320	Oldfields	MD
243	Chapel Hill-Chauncy Hall School	MA	364	Trinity-Pawling School	NY
250	Cushing Academy	MA	**9월**		
252	Dana Hall School	MA	310	Maur Hill Prep School	KS

수시로 접수하는 학교

쪽	학교	주	쪽	학교	주
219	Admiral Farragut Academy	FL	220	All Saints' Episcopal School	MS

❺ 영어연수별 분류

여름학교가 있는 학교

PG과정이 있는 학교

쪽	학교	주	쪽	학교	주
220	All Saints' Episcopal School	MS	296	The Kiski School	PA
224	The Asheville School	NC	208	Lawrenceville School	NJ
229	Blair Academy	NJ	300	Linden Hall	PA
232	Brenau Academy	GA	302	The Loomis Chaffee School	CT
234	Brewster Academy	NH	303	The Lowell Whiteman School	CO
238	The Cambridge School of Weston	MA	305	Maine Central Institute	ME
239	Canterbury School	CT	306	Marianapolis Preparatory School	CT
243	Chapel Hill-Chauncy Hall School	MA	308	Marvelwood School	CT
245	Cheshire Academy	CT	309	The Masters School	NY
200	Choate Rosemary Hall	CT	313	Mercersburg Academy	PA
250	Cushing Academy	MA	316	Miss Hall's School	MA
253	Darlington School	GA	210	Northfield Mount Hermon School	MA
254	Darrow School	NY	318	Oak Creek Ranch School	AZ
204	Deerfield Academy	MA	319	Ojai Valley School	CA
258	Emma Willard School	NY	321	The Oxford Academy	CT
260	The Ethel Walker School	CT	322	The Peddie School	NJ
265	Foxcroft School	VA	324	Perkiomen School	PA
266	Fryeburg Academy	ME	212	Phillips Academy	MA
271	Gould Academy	ME	214	Phillips Exeter Academy	NH
273	The Grand River Academy	OH	325	Pine Crest School	FL
274	The Grier School	PA	326	Pomfret School	CT
277	The Gunnery	CT	329	The Putney School	VT
282	Hebron Academy	ME	330	Randolph-Macon Academy	VA
283	The Hill School	PA	337	St. Johnsbury Academy	VT
287	Hoosac School	NY	338	Saint John's Preparatory School	MN
206	The Hotchkiss School	CT	341	Saint Mary's Hall	TX
288	The Hun School	NJ	345	Saint Thomas More School	CT
289	Hyde School	ME	346	St. Timothy's School	MD
290	Idyllwild Arts Academy	CA	348	Salisbury School	CT
291	Interlochen Arts Academy	MI	350	Shattuck-St. Mary's School	MN
292	The Judson School	AZ	351	Solebury School	PA
293	Kent School	CT	352	South Kent School	CT
294	Kents Hill School	ME	353	Southwestern Academy	CA
295	Kimball Union Academy	NH	354	Stonleigh-Burnham School	MA

AP과정이 있는 학교

쪽	학교	주	
360	The Taft School	CT	19
361	Tallulah Falls School	GA	1
362	Thomas Jefferson School	MO	12
363	Tilton School	NH	5
364	Trinity-Pawling School	NY	10
366	Verde Valley School	AZ	7
367	Vermont Academy	VT	8
368	Virginia Episcopal School	VA	12
371	The Webb School	TN	6

쪽	학교	주	
375	Westover School	CT	17
376	Westtown School	PA	10
377	The White Mountain School	NH	7
378	Wilbraham & Monson Academy	MA	6
379	The Williston Northampton School	MA	10
381	Woodberry Forest School	VA	19
382	Woodlands Academy of The Sacred Heart	IL	6
383	Worcester Academy	MA	12

ESL과정이 있는 학교

쪽	학교	주
219	Admiral Farragut Academy	FL
220	All Saints' Episcopal School	MS
221	The Andrews School	OH
222	Annie Wright School	WA
223	Army and Navy Academy	CA
225	The Athenian School	CA
227	Ben Lippen School	SC
228	Berkshire School	MA
229	Blair Academy	NJ
230	Blue Ridge School	VA
232	Brenau Academy	GA
234	Brewster Academy	NH
236	Brooks School	MA
237	Buxton School	MA
238	The Cambridge School of Weston	MA
239	Canterbury School	CT
242	Chaminade College Preparatory School	MO
243	Chapel Hill-Chauncy Hall School	MA
244	Chatham Hall	VA
245	Cheshire Academy	CT
246	Christchurch Episcopal School	VA
247	Christ School	NC
248	The Colorado Springs School	CO
250	Cushing Academy	MA

쪽	학교	주
253	Darlington School	GA
254	Darrow School	NY
204	Deerfield Academy	MA
255	Dublin School	NH
258	Emma Willard School	NY
260	The Ethel Walker School	CT
261	Fay School	MA
262	The Fenster School of Southern Arizona	AZ
264	Fountain Valley School of Colorado	CO
265	Foxcroft School	VA
266	Fryeburg Academy	ME
267	Garrison Forest School	MD
268	George School	PA
269	Georgetown Preparatory School	MD
270	Gilmour Academy	OH
271	Gould Academy	ME
272	Governor Dummer Academy	MA
273	The Grand River Academy	OH
274	The Grier School	PA
277	The Gunnery	CT
278	Hackley School	NY
281	Hawaii Preparatory Academy	HI
282	Hebron Academy	ME
285	The Hockaday School	TX

쪽	학교	주
378	Wilbraham & Monson Academy	MA
379	The Williston Northampton School	MA
380	Winchendon School	MA

쪽	학교	주
382	Woodlands Academy of the Sacred Heart	IL
383	Worcester Academy	MA

❼ 인터넷 주소별 분류

World Wide Web Address

지역	학교	주소
AZ	The Fenster School of Southern Arizona	www.fenster-school.com
	The Judson School	www.judsonschool.com
	Oak Creek Ranch School	www.ocrs.com
	Verde Valley School	www.verdevalleyschool.org
CA	Army and Navy Academy	www.army-navyacademy.com
	The Athenian School	www.athenian.org
	Brentwood School	www.brentwood.bc.ca
	Cascade School	www.cascadeschool.com
	Cate School	www.cate.org
	Dunn School	www.dunnschool.com
	The Harker School	www.harker.org
	Idyllwild Arts Academy	www.idyllwildarts.org
	Ojay Valley School	www.ovs.org
	Santa Catalina School	www.santacatalina.org
	Southwestern Academy	www.southwesternacademy.edu
CO	The Colorado Springs School	www.css.org/css
	Fountain Valley School of Colorado	www.fvs.edu
	The Lowell Whiteman School	www.whiteman.edu
	St. Scholastica Academy	www.stscholastica.com
CT	Canterbury School	www.canterbury.pvt.k12.ct.us
	Cheshire Academy	www.cheshireacademy.pvt.k12.ct.us
	Choate Rosemary Hall	www.choate.edu
	The Ethel Walker School	www.ews.pvt.k12.ct.us
	The Gunnery	www.gunnery.org
	The Hotchkiss School	www.hotchkiss.pvt.k12.ct.us

지역	학교	주소
CT	Kent School	www.kent-school.edu
	The Loomis Chaffee School	www.loomis.org
	Marianapolis Preparatory School	www.marianapolis.com
	Marvelwood School	(E-Mail) marvelwood.school@snet.net
	Miss Porter's School	www.missporters.org
	The Oxford Academy	www.oxfordacademy.pvt.k12.ct.us
	Pomfret School	www.pomfretschool.org
	The Rectory School	www.neca.com/~librslo1/rectory.htm
	Rumsey Hall School	www.rumsey.pvt.k12.ct.us
	Saint Thomas More School	www.stthomasmore.pvt.k12.ct.us
	Salisbury School	www.salisburyschool.org
	South Kent School	(E-Mail) skadmiss@mohawk.net
	Suffield Academy	www.suffieldacademy.org
	The Taft School	www.taft.pvt.k12.ct.us
	Westminster School	www.westminster.pvt.k12.ct.us
	Westover School	www.westover.pvt.k12.ct.us
FL	Admiral Farragut Academy	www.farragut.org
	Pine Crest School	www.pinecrest.edu
GA	Brenau Academy	www.brenau.edu/academy
	Darlington School	www.darlington.rome.ga.us
	Tallulah Falls School	www.tfs.pvt.k12.ga.us
HI	Hawaii Preparatory Academy	www.hpa.edu
IL	Lake Forest Academy	www.lfa.lfc.edu
	Marmion Academy	www.marmion.org
	Woodlands Academy of The Sacred Heart	www.woodlands.lfc.edu
KAN	Maur Hill Prep School	www.maurhill.com
ME	Bridgton Academy	www.bacad.bridgton.me.us
	Fryeburg Academy	www.fryeburgacademy.org
	Gould Academy	www.gouldacademy.org
	Hebron Academy	www.hebronacademy.pvt.k12.me.us
	Hyde School	www.hydeschools.org
	Kents Hill School	www.kents-hill.pvt.k12.me.us
	Maine Central Institute	www.mci-school.org
MD	Garrison Forest School	www.gfs.org
	Georgetown Preparatory School	www.gprep.org
	McDonogh School	www.mcdonogh.org

지역	학교	주소
MD	Oldfields	www.oldfieldsschool.com
	Saint James School	www.stjames.edu
	St. Timothy's School	www.sttimothysschool.com
	West Nottingham Academy	www.wna.org
MA	Berkshire School	www.berkshireschool.org
	Boston University Academy	http://academy-www.bu.edu/
	Brooks School	http://www.brooks.pvt.k12.ma.us
	Buxton School	www.buxton.williamstown.ma.us
	The Cambridge School of Weston	www.csw.org
	Chapel Hill-Chauncy Hall School	www.chapelhill-chauncyhall.org
	Concord Academy	www.concordacademy.org
	Cushing Academy	www.cushing.org
	Dana Hall School	www.danahall.org
	Deerfield Academy	www.deerfield.edu
	Eaglebrook School	www.eaglebrook.org
	Fay School	www.fayschool.org
	The Fessenden School	www.fessenden.org
	Governor Dummer Academy	www.gda.org
	Groton School	www.groton.org
	Hillside School	www.ultranet.com/~hillsid-/
	Lawrence Academy	www.lacademy.edu
	Milton Academy	www.milton.edu
	Miss Hall's School	www.misshalls.org
	Northfield Mount Hermon School	www.nmh.northfield.ma.us
	Phillips Academy	www.andover.edu
	St. Mark's School	www.stmarksschool.org
	Stoneleigh-Burnham School	www.sbschool.org
	Tabor Academy	www.taboracademy.org
	Walnut Hill School of The Arts	www.walnuthillarts.org
	Wilbraham & Monson Academy	http://wma.pvt.k12.ma.us
	The Williston Northampton School	www.williston.com
	Winchendon School	www.winchendon.org
	Worcester Academy	www.worcesteracademy.org
MI	Cranbrook Schools	www.cranbrook.edu
	Interlochen Arts Academy	www.interlochen.org
	The Leelanau School	www.leelanau.org

지역	학교	주소
MN	Saint John's Preparatory School	www.csbsju.edu/sjprep
	Shattuck-St. Mary's School	www.s-sm.org
MS	All Saints' Episcopal School	www.vicksburg.com/~allsaint
	St. Stanislaus College Prep	www.ststan.com
MO	Chaminade College Preparatory School	www.chaminademo.com
	Thomas Jefferson School	www.tjs.org
NH	Brewster Academy	www.brewsternet.com
	Cardigan Mountain School	(E-Mail) cmsadmiss@aol.com
	Dublin School	www.dublinschool.org
	Holderness School	www.holderness.org
	Kimball Union Academy	www.kua.org
	Phillips Exeter Academy	www.exeter.edu
	Proctor Academy	www.proctornet.com
	St. Paul's School	www.sps.edu
	Tilton School	(E-Mail) jrand@tiltonschool.org
	The White Mountain School	www.whitemountain.org
NJ	Blair Academy	www.blair.edu
	The Hun School	www.hun.k12.nj.us
	Lawrenceville School	www.lawrenceville.org
	The Peddie School	www.peddie.org
	The Pennington School	(E-Mail) admiss@pennington.org
	Purnell School	www.purnell.org
NY	The Dalton School	www.dalton.org
	Darrow School	(E-Mail) jkr@taconic.net
	Emma Willard School	www.emma.troy.ny.us
	Hackley School	(E-Mail) admissions@hackley.k12.ny.us
	The Harvey School	www.harveyschool.org
	Hoosac School	www.hoosac.com
	The Masters School	www.themastersschool.com
	Millbrook School	www.millbrook.org
	The Stony Brook School	www.stonybrookschool.org
	Storm King School	www.sks.org
	Trinity-Pawling School	www.tps.k12.ny.us
NC	The Asheville School	www.ashevilleschool.org
	Christ School	www.christschool.org
	Salem Academy	www.salemacademy.com

지역	학교	주소
OH	The Andrews School	www.andrews-school.org
	Gilmour Academy	www.gilmour.org
	The Grand River Academy	www.grandriver.org
	Western Reserve Academy	www.wra.net/
PA	George School	www.georgeschool.pvt.k12.pa.us
PA	The Grier School	www.grier.org
	The Hill School	www.thehill.org
	The Kiski School	www.kiski.org
	Linden Hall	www.lindenhall.com
	Mercersburg Academy	www.mercersburg.edu
	Perkiomen School	www.perkiomen.org
	Solebury School	www.solebury.com
	Valley Forge Military Academy and College	www.vfmac.edu
	Westtown School	www.westtown.edu
SC	Ben Lippen School	www.BenLippen.com
TN	Baylor School	www.chattanooga.net/baylor
	The McCallie School	www.mccallie.org
	St. Andrew's-Sewanee School	www.sewanee.edu
	Washington College Academy	www.wca-pvt.com
	The Webb School	www.thewebbschool.com
TX	The Hockaday School	www.hockaday.org
	Saint Mary's Hall	www.smhall.org
	St. Stephen's Episcopal School	www.sss.austin.tx.us
VT	The Putney School	www.putney.com
	St. Johnsbury Academy	www.state.vt.us/schools/stj/
	Vermont Academy	www.vermontacademy.org
VA	Blue Ridge School	www.blueridgeschool.com
	Chatham Hall	www.chathamhall.com
	Christchurch Episcopal School	www.christchurchva.com
	Episcopal High School	www.episcopalhighschool.org
	Foxcroft School	www.foxcroft.org
	The Madeira School	www.madeira.org
	Randolph-Macon Academy	www.rma.edu
	St. Anne's-Belfield School	www.stab.pvt.k12.va.us
	St. Catherine's School	www.st.catherines.org
	St. Margaret's School	www.sms.org

지역	학교	주소
VA	Stuart Hall	www.stuart-hall.staunton.va.us
	Virginia Episcopal Scool	www.ves.org
	Woodberry Forest School	www.woodberry.org
WA	Annie Wright School	www.aw.org
WV	The Linsly School	www.linsly.org

확실한 미국 조기유학 성공가이드

전옥경 지음

펴낸곳 | 도서출판 사람과 사람
펴낸이 | 김성호

제1쇄 발행 | 2000년 8월 1일
제3쇄 발행 | 2004년 4월 1일

등록번호 | 제1-1224호
등록일자 | 1991년 5월 29일
주소 | 서울 마포구 망원동 458-84 2F
대표전화 | (02)335-3905~6 팩스 | (02)335-3919
E-mail | 천리안 p91529@chollian.net

값은 표지 뒷면에 있습니다

ISBN 89-85541-58-7 03370